Eine Arbeitsgemeinschaft der Verlage

Böhlau Verlag · Wien · Köln · Weimar
Verlag Barbara Budrich · Opladen · Toronto
facultas.wuv · Wien
Wilhelm Fink · Paderborn
A. Francke Verlag · Tübingen
Haupt Verlag · Bern
Verlag Julius Klinkhardt · Bad Heilbrunn
Mohr Siebeck · Tübingen
Nomos Verlagsgesellschaft · Baden-Baden
Ernst Reinhardt Verlag · München · Basel
Ferdinand Schöningh · Paderborn
Eugen Ulmer Verlag · Stuttgart
UVK Verlagsgesellschaft · Konstanz, mit UVK/Lucius · München
Vandenhoeck & Ruprecht · Göttingen · Bristol
vdf Hochschulverlag AG an der ETH Zürich

Bernhard Stahl

Internationale Politik verstehen

Eine Einführung

Verlag Barbara Budrich
Opladen & Toronto 2014

Bibliografische Information der Deutschen Nationalbibliothek
Die Deutsche Nationalbibliothek verzeichnet diese Publikation in der Deutschen Nationalbibliografie; detaillierte bibliografische Daten sind im Internet über http://dnb.d-nb.de abrufbar.

Gedruckt auf säurefreiem und alterungsbeständigem Papier.

www.budrich-verlag.de

UTB-Bandnr. 8600
UTB-ISBN 978-3-8252-8600-2

Satz: R + S, Redaktion + Satz Beate Glaubitz, Leverkusen
Umschlaggestaltung: Atelier Reichert, Stuttgart
Druck: Friedrich Pustet, Regensburg
Printed in Germany

Danksagung

Vor dem Erscheinen eines Werks stehen zwei Dinge: Inspiration und Unterstützung. Zu den Inspiratoren im weitesten Sinne zählen meine ehemalige Kollegen an der Universität Trier, von denen ich sehr viel – einige werden hier einwenden: Nicht genug! – gelernt habe. Eine zweite Quelle der Inspiration waren die Studierenden der Universität Passau und anderer Hochschulen, deren Fragen und Anregungen mich dazu motiviert haben, ein solches Lehrbuch zu wagen. Ihre „warum ist das wichtig?"-Fragen haben mich darin bestärkt, angestammte Pfade zu verlassen und zumindest zu versuchen, mich in die Lage eines Neueinsteigers in die Internationale Politik hinein zu versetzen.

Darüber hinaus haben Hilfswissenschaftler, Tutoren und Mitarbeiter als wesentliche Unterstützer großen Anteil am Entstehen des Buches. Ihre Kommentare, Recherchen und Ideen sind an 1000 und einer Stelle in das Werk eingeflossen. Besonderen Dank schulde ich denjenigen Studierenden, die an der Erstellung einzelner Kapitel beteiligt waren. Ohne ihre Ausformulierungen meiner Vorlesung hätte das Projekt nicht nur Jahre länger gedauert, auch die studentische Perspektive wäre viel weniger zum Tragen gekommen. Zwei Studierenden möchte ich besonders danken: Diana Alam für ihr exzellentes Projektmanagement, angefangen von der Wissenschaftlichen Übung zu „Lehrbüchern der Internationalen Politik" bis hin zur Organisation einer Redaktionskonferenz und Rebecca Noppmann für die professionellen Formatierungs-, Edierungs- und sprachlichen Überarbeitungen. Ohne die beiden wäre das Vorhaben Gefahr gelaufen, zu einem *„never-ending-project"* zu degenerieren. Nicht zuletzt zähle ich auch all diejenigen zu moralischen Unterstützern, die mich in den letzten Monaten mit einem aufmunternden „das wird schon" bedacht haben: Merci!

Passau im März 2014

Bernhard Stahl

Inhaltsverzeichnis

Detailgliederung

	Kapitel	Behandelte Theorie
1.	**Grundlagen**	
1.1.	Internationale Politik: Inhalte und Erkenntnisgewinn • Politik, Politikwissenschaft und Internationale Politik, • Krieg und Frieden • Warum Theorien? • Bewertungen, Prognosen, Handlungsempfehlungen	Theorieschulen
1.2.	Globales Regieren durch Diplomatie • Die Entwicklung der Diplomatie • Funktion, Formen und Wandel der Diplomatie	Englische Schule
1.3.	Der Kalte Krieg (1947-89): Abschreckung und Allianzen • Konflikte zwischen den Supermächten • Sicherheitsdilemma, Abschreckung, Allianzen • Entspannung, Abrüstung	Neorealismus
2.	**Globale Fragen (1)**	
2.1.	Internationale Institutionen: Die Vereinten Nationen • Die Vereinten Nationen als Institution • Perspektiven der UN	Neoliberaler Institutionalismus
2.2.	Universelle Normen: Menschenrechte • Der Wandel in Myanmar (Fallstudie) • Entwicklung und Geltung von Menschenrechten	Transnationaler Konstruktivismus
2.3.	Globale Wohlfahrt: Die Welthandelsordnung • Entwicklung und Institutionen des Welthandels • Bewertung von Globalisierung und ein Verhandlungsmodell	Liberaler Intergouvernementalismus
2.4.	Studie zur Theoriekritik: Huntingtons Kampf der Kulturen	
3.	**Krieg**	
3.1.	Sicherheit und Identität: Der Nahostkonflikt • Stationen des Nahostkonflikts • Identitätskonflikte	Systemischer Sozialkonstruktivismus
3.2.	Die USA, 9/11 und der Irak-Krieg • US-Außenpolitik und der Irak-Krieg • Der „war on terror“	Securitization

Zur Konzeption des Buches: Lernziele, Problemorientierung und Theorieverständnis

Das Buch zielt auf „Einsteiger“ in die Internationale Politik wie Studierende des ersten Bachelorjahres oder interessierte Praktiker ab. Es ist aus zwei Vorlesungen hervorgegangen, die ich an der Universität Passau entwickelt habe. Die Vorlesungen wurden in der Folge von Studierenden protokolliert und später ausformuliert („Mitarbeit“ an den Kapiteln). Es ist insofern ein Lehrbuch von Studierenden für Studierende. Die Mitarbeit war enorm wertvoll, denn das studentische Feedback ermöglichte eine verständliche Darstellung, einen leichtgängigen Schreibstil und eine effektive Beschränkung auf das Wesentliche. Darüber hinaus war es mir nur so möglich, ein solch umfängliches Projekt in angemessener Zeit zu vollenden.

Das Lehrbuch soll eine **problemorientierte Einführung** in die Internationale Politik sein. Das bedeutet erstens, dass an beobachtbaren Ereignissen und Problemen angesetzt wird. Dies können zum einen „ewige Fragen“ sein, die die Menschheit beschäftigen, wie

- Warum gibt es Krieg?
- Warum leben wir in Frieden?
- Warum ist die Welt ungerecht?
- Wird die Welt besser?

Des Weiteren geht es aber auch um spezifischere Aufgabenstellungen, die für bestimmte Politikfelder oder Zeitabschnitte typisch sind, etwa:

- Wie und warum engagiert sich Deutschland in der EU?
- Wie können wir die Klimaerwärmung stoppen?
- Wie können wir den Angriff der USA auf den Irak (2003) bewerten?
- Was kennzeichnet die Periode des Kalten Krieges?

Problemorientierung bedeutet zweitens eine Schwerpunktsetzung in der Themenwahl. Dies stellt zunächst in Rechnung, dass sich ein deutschsprachiges Lehrbuch auf Themen beziehen sollte, die Deutschland und Europa primär ansprechen (z.B. deutsche Außenpolitik, europäische Integration, internationale Handelspolitik). Darüber hinaus soll auch das globale Schicksal der Menschen Berücksichtigung finden. Deshalb werden auch Themen behandelt, denen zwar in Deutschland relativ wenig Beachtung geschenkt wird, die in dieser Perspektive aber große Relevanz besitzen, weil sie sehr viele Menschen betreffen (z.B. Kriege im Kongo, Kooperation in Südostasien, Inselstreit zwischen China und Japan).

Problemorientierung bedeutet drittens, dass sich der Aufbau, die Auswahl der Themen und die Inhalte an den „Sachbereichen“ der Internationalen Politik orientieren. Diese Sachbereiche sind Sicherheit, Herrschaft und Wohlfahrt. „Sicherheit“ betrifft dabei typischerweise die Frage nach Krieg und Frieden und nimmt jedwede Art von Bedrohungen in den Blick. Die Oberkapitel „Krieg“ (3.) und „Frieden“ (4.) in diesem Buch nehmen sich verschiedener Aspekte des Sachbereichs Sicherheit an. Herrschaftsfragen befassen sich mit der Beziehung zwischen Herrschenden und Beherrschten. Zentral sind hierbei Fragen der Regelsetzung (*governance*) und ihrer Legitimität. Vereinfacht gesagt fragen wir für die politische Welt: Wer setzt die Regeln für globales Regieren, wie und warum? In den beiden Kapiteln zu „Globalen Fragen“ (2. und 5.) werden Sachverhalte des globalen Regierens (etwa die Vereinten Nationen oder Menschenrechtsnormen), des regionalen Regierens (Integration in Europa und Südostasien) und nationalen Regierens (deutsche Außenpolitik) erörtert. Wohlfahrt schließlich thematisiert das Verhältnis von Internationaler Politik und Wirtschaft. Wohlfahrtsaspekte wie Klimapolitik, Entwicklungszusammenarbeit und Globalisierungsfragen (Welthandelsordnung, Finanzkrise) werden gleichfalls in den Oberkapiteln „Globale Fragen“ abgehandelt. Wirtschaftliche Zusammenhänge und Theorien nehmen in diesem Buch auch deswegen eine wichtige Stellung ein, um das Verständnis für das Ineinandergreifen von Politik- und Wirtschaftswissenschaften zu erhöhen.

Nicht zuletzt hat Problemorientierung in diesem Buch eine didaktische Komponente. Es soll an den Wissensbeständen von Einsteigern in das Fach angeknüpft werden. Da viele potenzielle Leser dieses Buchs nach 1990 geboren sind, soll auch die Vermittlung zeithistorischen Wissens (Kalter Krieg, Deutsche Einheit, Europäische Integration) eine Rolle spielen. Hierbei wird der Beobachtung Rechnung getragen, dass an vielen Gymnasien, Gesamt- und Fachoberschulen der Geschichtsunterricht mit dem Zweiten Weltkrieg abschließt. Begriffe wie „die Römischen Verträge“, „die 2+4-Verhandlungen“ oder „die Kuba-Krise“ können nicht als bekannt vorausgesetzt, sondern sollen eingeführt werden. Hinzu kommt, dass Studierende über sehr heterogenes Wissen in den Bereichen Politik und Geschichte verfügen – der Einführungsband möchte dies berücksichtigen.

Etablierte Lehrbücher zur Internationalen Politik wählen in der Regel ein deduktives[1] Vorgehen und beginnen mit der Vorstellung von Theorien, was dem Selbstverständnis der Disziplin geschuldet ist. Sie folgen damit der wissenschaftstheoretischen Erkenntnis, dass ein rein induktives[2] Vorgehen – „erst die Tatsachen festzustellen und dann daraus Wissen abzuleiten“ (Chalmers 2007: 14) – streng genommen unmöglich ist. Was und wie wir etwas beobachten und beschreiben, wird von unseren Vorstellungen (Theorien im weiteren Sinne) geprägt (Berger/Luckmann 2010: 23). Gleichwohl wird hier einer induktiven Struktur aus didaktischen Gründen der Vorzug gegeben vor einem deduktiven Vorgehen. Beobachtungsaussagen zu Phänomenen der Internationalen Politik sind am ehesten geeignet, um an vorhandene Wissensbestände bei den Lesern anzuschließen – sei es Wissen aus dem Geschichtsunterricht, aus der Tagespresse oder der täglichen Arbeit.

Die wenigen induktiven Beiträge in der Literatur gehen entweder von Methoden aus, was wiederum eher für fortgeschrittene Studierende geeignet erscheint, oder gehen auf Lehrbeispiele ein, die sich primär an Lehrende wenden.[3] Das vorliegende Konzept ist vergleichsweise innovativ, weil es eine Brücke bauen möchte zwischen dem zeithistori-

1 Ein deduktives Vorgehen bedeutet im Lern- und Wissensprozess ein Prozess „von oben nach unten“, indem man versucht, von allgemeinen Deutungen, Mustern und „Gesetzen“ auf Einzelbeobachtungen zu schließen.

2 Ein induktives Vorgehen bedeutet im Lern- und Wissensprozess ein Prozess „von unten nach oben“, indem man versucht, von Einzelbeobachtungen zu ihrer Deutung, zu Verallgemeinerungen und schließlich zu „Gesetzen“ zu kommen.

3 Für Erstere Banning (2011) und Siedschlag (2006), für Letzteres etwa Kas und Brosig (2008).

schen und aktuellen Fakten- und Meinungswissen einerseits und dem analytischen und theoretischen Wissen der Disziplin andererseits. Mit Hilfe von Übungsfragen am Ende eines jeden Kapitels (s.u.) sowie von Studien und Einstiegsereignissen sollen die Leser dazu angeregt werden, politikpraktische Probleme analytisch *und* theoretisch zu interpretieren.

Aufbau der Einzelkapitel

Jedes Kapitel ist gleich aufgebaut, um die Strukturierung des Wissenserwerbs zu erleichtern. Es beginnt jeweils mit einem **Einstieg** (1), der in völlig unterschiedlicher Weise den Leser für das Thema sensibilisieren soll. Darauf folgt die **Leitfrage** (2), die in einem kurzen Fragesatz umreißt, worum es in dem Kapitel geht. Die Struktur der Einzelkapitel wird im Folgenden durch verschiedene Wissensformen bzw. Wissensgüter geleistet. Der Band nähert sich den Wissensbeständen der Internationalen Politik durch gängige W-Fragen: Was ist passiert? (**Beschreibung**, 3), Wie ist es dazu gekommen? (**Analyse**, 4), Warum ist es passiert? (**Erklärung**, 5), Was wird passieren (**Prognose**, 6 oder 7), Wie ist das zu bewerten? (**Bewertung**, 6 oder 7), Was soll die Politik tun? (**Handlungsempfehlung**, 8). Die Untergliederung nach Wissensformen bietet mehrere Vorteile. So entspricht eine solche Unterteilung den verschiedenen Produzenten von Wissensgütern, die auch in verschiedener Weise veröffentlicht werden. Deskriptives Wissen (3) etwa wird durch Nachrichtenagenturen und Zeitungen zur Verfügung gestellt, während die Mehrzahl der Fachbücher analytisches Wissen (4) produziert. Handlungsempfehlungen und Prognosen (6-8) finden sich typischerweise bei Thinktanks und Politikberatungen, aber die Theorieproduktion (5) konzentriert sich in spezifischen Fachjournalen und Theoriebüchern (v.a. Dissertationen). Auf diese Weise wird bereits durch den Aufbau die verschiedene Güte von Wissen der Internationalen Politik kennengelernt. Darüber hinaus werden durch diese Vorgehensweise die vielfachen Schwierigkeiten berücksichtigt, mit Theorien überhaupt umzugehen (ein häufiges Problem in Qualifikationsarbeiten). Über die Anwendung von Analysen und Theorien auf Fälle und Ereignisse werden sie mit Hilfe der Erklärungsfunktion von Theorien an abstraktes Denken herangeführt.

Unterstützt werden sie dabei von einem Glossar, das die wichtigsten analytischen Begriffe eines jeden Kapitels enthält. Ein indexiertes **Sachwörterverzeichnis** mit den wichtigsten analytischen und theoretischen Begriffen findet sich darüber hinaus am Ende des Bandes.

Am Ende eines jeden Kapitels sollen **Übungsfragen** das Gelesene absichern und verdeutlichen helfen. Die Fragen weisen einen aufsteigenden Schwierigkeitsgrad auf und beziehen sich zunächst nur auf das jeweilige Kapitel. Eine abschließende „Transferfrage" nimmt jedoch Bezug zu anderen Kapiteln und fördert so das „Überkreuzdenken" und Denken in Alternativen. Eine ähnliche Funktion haben die vier zwei bis dreiseitigen **Studien** in dem Band, die sich Einzelaspekten widmen, welche in den Kapiteln nicht behandelt wurden.

Ein **Filmtipp** am Ende eines jeden Kapitels schlägt die Brücke zu einem völlig anderen Genre, um das Erlernte in einem gänzlich anderen Kontext zu sehen.

Jedes Kapitel schließt mit einem kleinen **Literaturverzeichnis,** das jeweils enthält:

- einen empfohlenen Hintergrundtext zum Weiterlesen (deskriptiv)
- einen empfohlenen Theorietext
- einen Originaltext zur Theorie

- die übrige, im Kapitel verwendete Literatur.

Die Kapitel und Studien werden eingerahmt durch einen Grundlagen- und einen kurzen Schlussteil. Im Grundlagenteil (1.) werden zunächst Inhalte und Einführungswissen der Internationalen Politik vorgestellt (1.1.), bevor zwei inhaltliche Kapitel wesentliches institutionelles (Diplomatie, 1.2.) und historisches (Kalter Krieg, 1.3.) Basiswissen bereitstellen. Den Abschluss des Buches bietet der Teil „Theoriedebatten verstehen“ (6.), in dem der Faden des Grundlagenteils 1.1. wieder aufgenommen und ein inhaltliches Fazit gezogen wird.

Theorieverständnis

Es geht in diesem Buch nicht an erster Stelle um eine Vorstellung von Theorien, ihrer Hauptvertreter und der theoretischen Debatten. Vielmehr soll das Buch einen leicht zugänglichen Einstieg in die Internationale Politik mittels empirischer Beschreibungen, Analysen und fallbezogenen Erklärungen bieten – und soll auf diese Weise „Appetit auf mehr“ machen. Hiermit wird ein komplementäres Studienbuch zu theoretisch orientierten Büchern wie dem von Schieder und Spindler (2010) oder Joergensen (2010) vorgelegt. Das bedeutet jedoch keineswegs, dass das Studienbuch theorielos wäre, aber das hier verwendete Theorieverständnis ordnet sich der dargestellten Problemorientierung unter: Theorien werden hier nicht als Selbstzweck, disziplinäre Vergewisserung, Debattenbeitrag oder gar als Ideologie verstanden, sondern als Werkzeug zum Verständnis beobachteter empirischer Phänomene. Jedem beobachteten Problem wird in der Folge eine Theorie zugeordnet, mit deren Hilfe das Problem besser verstanden werden kann – die Explikationsfunktion von Theorien steht mithin im Vordergrund.

Mit der Auswahl und der Zuordnung der Theorien zu bestimmten Themen (vgl. Detailgliederung) soll mitnichten ausgesagt werden, dass nur eine Theorie das ausgesuchte Phänomen erklären kann. Genauso wenig wird behauptet, dass es nicht noch weitere wichtige Theorien gibt, die keinen Eingang in das Buch gefunden haben. Doch glaube ich, in der Auswahl und Anzahl eine nachvollziehbare Auslese getroffen zu haben. Erst in einem gesonderten Schlussteil („Theoriedebatten verstehen“) werden die verwendeten Theorien nach bestimmten Kriterien geordnet und auch theoretischen Debatten zugewiesen.

Verwendete Literatur

Banning, Tim (Hrsg.) (2011): Politikwissenschaftliches Arbeiten in den internationalen Beziehungen: Methoden und Perspektiven. Berlin: LIT-Verlag.

Berger, Peter/Luckmann, Thomas (2010): Die gesellschaftliche Konstruktion der Wirklichkeit. Eine Theorie der Wissenssoziologie. Frankfurt a. M: Fischer.

Brosig, Malte/Kas, Kinga (Hrsg.) (2008): Teaching theory and academic writing: A guide to undergraduate lecturing in political science. Opladen: Verlag Barbara Budrich.

Chalmers, Alan F. (2007): Wege der Wissenschaft. Einführung in die Wissenschaftstheorie. Berlin: Springer.

Joergensen, Knud E. (2010): International Relations Theory: A New Introduction. Basingstoke: Palgrave Macmillan.

Schieder, Siegfried/Spindler, Manuela (2010): Theorien der internationalen Beziehungen. Opladen: Verlag Barbara Budrich.

Siedschlag, Alexander (Hrsg.) (2006): Methoden der sicherheitspolitischen Analyse: Eine Einführung. Wiesbaden: VS Verlag für Sozialwissenschaften.

1. Grundlagen

1.1. Internationale Politik: Inhalte und Erkenntnisgewinn

Politik, Politikwissenschaften und Internationale Politik

„**Politik**“ ist das Einnehmen von Positionen und das Ringen um Kompromisse. Nach einer weithin akzeptierten Definition von Patzelt (2013: 22) bezeichnet es „jenes menschliche Handeln, das auf die Herstellung und Durchsetzung allgemein verbindlicher Regelungen und Entscheidungen (d.h. von „allgemeiner Verbindlichkeit“) in und zwischen Gruppen von Menschen abzielt“. In der politischen Sphäre wird also um Regelungen gerungen, die in einem politischen System gelten sollen. Die politische Auseinandersetzung um Begriffe (wie „Krieg“), Konzepte (wie „Nachhaltigkeit“) oder Strategien (wie „Heranführungsstrategie für den Balkan“) in der Politik aber hat zunächst noch nichts mit Wissenschaft zu tun. Deshalb sind geläufige Begriffe, die in Politik und Gesellschaft weithin Verwendung finden – wie „Islamisten“, „Flüchtlingsstrom“ oder „Friedensmacht“ – keine wissenschaftlichen Termini, zumindest solange die Wissenschaft sie nicht aufnimmt und als solche kennzeichnet.

Wissenschaft sucht nach Mustern in der politischen Welt. Dabei kann man „**Wissenschaft**“ als ein regelgeleitetes Spiel verstehen, das durch Publikation und wechselseitige Kritik versucht, Erkenntnisgewinn zu erzeugen. Es geht um die Gewinnung generalisierbarer Aussagen, die bis zu ihrer Widerlegung Bestand haben. „Generalisierbare Aussagen“ sind solche, die über den Einzelfall hinaus Geltung beanspruchen können. Neue wissenschaftliche Ideen in Fachzeitschriften und Büchern zu veröffentlichen ist deshalb wichtig, weil Ideen so kritisiert und für gut befunden werden können. Natürlich mögen auch individuelle Gedanken, die am heimischen Stammtisch geäußert werden, schlau sein – doch sie sind nicht Teil des wissenschaftlichen Prozesses und insofern „unwissenschaftlich“. „**Politikwissenschaft**“ setzt sich demzufolge zum Ziel, die Hauptschwächen des Alltagswissens zu überwinden. Im Alltag ist häufig eine gewisse Verachtung wissenschaftlichen Vorgehens anzutreffen, das mit einem „in der Praxis läuft es sowieso anders“ begründet wird. Woher aber wissen wir, wie und warum Dinge in der Praxis funktionieren? Sicherlich, so mag man einwenden, lernen wir das oft von Praktikern selbst. Aber diese Art von Organisations- oder Individualwissen soll gerade nicht Verbreitung finden und geteilt werden, sondern rechtfertigt bspw. eine individuell höhere Bezahlung oder einen Produktivitätsvorteil einer Organisation gegenüber einer anderen. Es ist somit grundsätzlich anderer Natur als das im Wissenschaftsprozess entstandene Wissen, das offen, für alle zugänglich und geteilt werden soll, um das Wissen der Menschheit insgesamt zu mehren.

Gemeinhin wird die Politikwissenschaft in drei Teildisziplinen gegliedert:

Quelle: Eigene Darstellung.

Zwischen all diesen Teildisziplinen gibt es Überschneidungen. So beschäftigt sich bspw. die Transformationsforschung mit dem Übergang von Diktatur zur Demokratie und nutzt hierzu Erkenntnisse der Regierungslehre, genauso wie solche der Demokratieforschung der Politischen Theorie. Im Rahmen der Europaforschung finden zugleich Konzepte der Gewaltenteilung aus der Regierungslehre Anwendung, wie solche der Außenpolitikforschung der Internationalen Politik. Schließlich etabliert sich zunehmend eine Schnittmenge zwischen Internationaler Politik und Politischer Theorie in Form des Nachdenkens über die Weltgesellschaft (International Political Theory, Joergensen 2010).

„**Internationale Politik**" betrifft alle Handlungen internationaler Akteure, die die Sachbereiche Sicherheit, Wohlfahrt und Herrschaft berühren (Czempiel 2012: 6-7). Für die Fachdisziplin im Rahmen der Internationalen Politik (IP) hat sich in der Wissenschaft der Begriff der „Internationalen Beziehungen" (International Relations) eingebürgert. Dabei wird der Forschungsgegenstand der „internationalen Beziehungen (**iB**; z.B. die internationalen Beziehungen zwischen Deutschland und Großbritannien) von der Disziplin **IB** (z.B. Theorien der Internationalen Beziehungen) unterschieden. Weitere geläufige Begriffe für den Untersuchungsbereich sind „globale Politik" und „Weltpolitik", die inhaltlich das gleiche meinen, deren Perspektive aber über die bloß „inter-nationale", also zwischenstaatliche, hinauszugehen verspricht. Die Politikwissenschaften im Allgemeinen sowie die IP im Besonderen gehören zu den Sozialwissenschaften und bedienen sich natürlich auch der Wissensbestände der Nachbardisziplinen (mit Beispielen für Schnittmengen):

Graphische Darstellung 1: Nachbardisziplinen der IB

Quelle: Eigene Darstellung.

Erkenntnisgewinn in den Internationalen Beziehungen

Wie werden Probleme der iB bearbeitet, um Erkenntnisgewinn zu erzielen? Erkenntnisgewinn kann verschiedene Formen annehmen. Es gilt, verschiede Wissensgüter zu produzieren, die auf verschiedene Forschungsfragen Antwort geben. Dies soll am Beispiel der politikpraktisch wichtigen Abzugsentscheidung aus Afghanistan für Deutschland verdeutlicht werden.

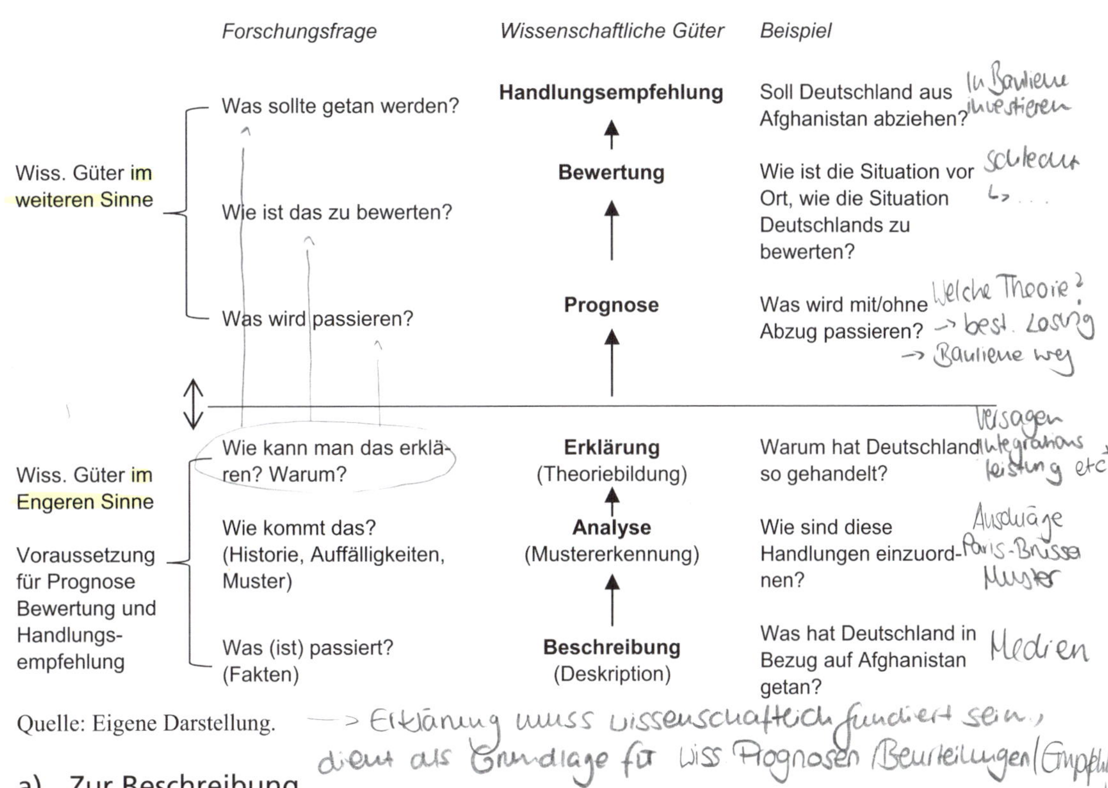

Quelle: Eigene Darstellung.

a) Zur Beschreibung

Am Anfang der Wissensproduktion steht die Sammlung von Fakten durch Beobachtungen. Typische „Beobachter“ dieser Welt sind Nachrichtenagenturen (dpa, Reuters, AFP), die Nachrichten zusammenstellen. In der Folge nehmen Nachrichtenmedien einen Teil auf und verdichten die gesammelten Fakten zu Beschreibungen. Solche Deskriptionen geben Antwort auf die **Forschungsfrage „was (ist) passiert?“**. Das Wissen des Tages wird typischerweise von Tageszeitungen gebündelt. Tageszeitungen mit international orientierter Berichterstattung sind etwa die Frankfurter Allgemeine Zeitung (FAZ), Le Monde, El Pais, der Guardian, die International Herald Tribune (IHT) und die Neue Züricher Zeitung (NZZ). Wochenzeitungen wie Die ZEIT oder der Economist bereiten dann dieses Wissen auf. Jahrbücher nehmen sich dann der weiteren Verdichtung des Wissens an und liefern die aus ihrer Perspektive wichtigsten Fakten eines Jahres. So enthalten etwa die „Jahrbücher der europäischen Integration“ beschreibendes Wissen über einzelne europäische Länder wie auch über einzelne Politikfelder der EU.

Zwar gelten **Deskriptionen** als relativ anspruchslos, doch sie bilden die notwendige Grundlage für die Produktion aller übrigen Wissensgüter: Ohne beschreibendes Wissen bleiben Analysen, Erklärungen und Prognosen leblos. Die Produktion von Beschreibungen in den Nachrichtenmedien zeigt jedoch Krisensymptome. Erstens haben Nachrichtenmedien immer weniger Interesse an Berichterstattung über iB. Sie reduzieren deshalb internationale Politikinhalte durch lokale und nationale oder ersetzen sie durch Infotainment. Zweitens führt die mangelnde Nachfrage und die Konkurrenz durch das Internet zur Unterfinanzierung des Nachrichtensystems: Nachrichtenagenturen und Tageszeitungen geben auf, dünnen den internationalen Teil aus oder kopieren Inhalte von anderen. Drittens tragen die sozialen Medien dazu bei, dass kondensierte Beschreibungen zunehmend durch eine Vielzahl ungeordneter Meinungen und individueller Erlebnisse (twitter, blogs, youtube) ersetzt werden. Zwar nimmt die Meinungsvielfalt hierdurch zu, das gemeinsame belastbare Wissen in Form von geteilten Beschreibungen jedoch ab.

Aber natürlich geben sich schon Tageszeitungen und noch weniger Wochenzeitungen mit bloßen Berichten zufrieden, sondern versuchen bereits, den Wust an unübersichtlichen Fakten zu ordnen. Denn reine Beschreibungen – so zeigt bereits die Erfahrung des Protokollschreibens einer Sitzung – sind praktisch unmöglich, da immer eine Auswahl des zu Beschreibenden erfolgen muss („was ist wichtig?“).

b) Zur Analyse

Eine Untergliederung und das Arrangieren von Beobachtungen geschehen in **Analysen**. Ein Ereignis wird demzufolge „zerlegt“, um das Typische, Wesentliche herauszuarbeiten. Hierzu empfiehlt es sich…

- bewusst Begriffe einzusetzen, die definiert werden (z.B. „Konflikt“ und „Krieg“).
- Kriterien zu finden, die die Beschreibung eingrenzen, rahmen und leiten (im einfachsten Fall eine zeitliche Begrenzung [chronologisches Vorgehen], oder das Kriterium „Art des Akteurs“).
- womöglich Typologien und Taxonomien zu verwenden (wie Super-, Groß- und Mittelmacht oder Kleinstaat).
- ein Modell zu verwenden. Ein Modell ist eine vereinfachte Abbildung eines Vorgangs, das verallgemeinerungswürdige Muster jenseits des Einzelfalls herausarbeiten möchte. Ein Modell erfüllt den gleichen Zweck wie ein Rezept beim Kochen: Es zeigt, wie ein Ergebnis in der Regel zustande kommt.

Analysen antworten auf die **Forschungsfragen „wie ist es zu dem Ereignis gekommen?“** und **„was ist wichtig und typisch?“**. Sie sind zentraler Bestandteil des Erkenntnisgewinns in der IP, was am Beispiel des klassischen Problems von „Krieg und Frieden“ vertieft werden soll.

Beispiel zur Analyse: Krieg und Frieden

Beginnen wir mit der Beobachtung von Spannungen zwischen zwei Staaten, was als „**Konflikt**“ kategorisiert werden kann: „Ein Konflikt ist ein kritischer Spannungszustand bzw. Spannungsprozess, der durch das Auftreten unvereinbarer Tendenzen in einer die Akteure umfassenden Interaktionseinheit verursacht wird und dessen Organisation und Struktur bedroht“ (Link 1979: 35). Führt dieser Spannungsprozess zu massiver Gewaltanwendung, stellt sich die Frage, ob es sich um einen „Krieg“ handelt. Hierauf könnte die Antwort jedoch unterschiedlich ausfallen, je nachdem, welcher **Definition von Krieg** man folgt:

- Krieg ist die Fortführung der Diplomatie mit anderen Mitteln (v. Clausewitz 1832-1834);
- Krieg ist die militärische Auseinandersetzung unter Beteiligung von mindestens einem Staat mit mindestens 1000 Toten (Singer/Small 1972);

- Krieg ist der Versuch von internationalen Akteuren, ihre Ziele mit organisierter militärischer Gewalt durchzusetzen (Meyers 1994: 24).

Während also Clausewitz „Krieg“ als ein übliches Mittel von Staaten sieht, stellen modernere Definitionen auf dessen Charakter und Umfang ab. Singer und Smalls Definition zeigt gleichfalls die Zentralität des Staates, weswegen die Frage aufkommt, ob militärische Gefechte zwischen Bürgerkriegsverbänden immer einer staatlichen Partei bedürfen, um als „Krieg“ zu gelten. Zudem wirkt die Schwelle von „1000 Toten“ willkürlich – hierin zeigt sich das Problem, einen „Krieg“ von einem „Gefecht“ oder einem „militärischen Konflikt“ plausibel abzugrenzen. Meyers Definition („organisierte militärische Gewalt“) bleibt diesbezüglich offener, stellt jedoch eine Beziehung zwischen dem Verhalten des internationalen Akteurs und seinen Zielen her. Ganz gleich, welcher Definition man folgt, **cyber war**[4], der **war on terror** (vgl. hierzu das Kap. USA, 9/11) oder „Handelskriege“ (*trade wars)* erfüllen die wissenschaftlichen Kriterien eines Krieges nicht und sind politischen Diskursen über Krieg zuzuordnen.

Welche **Kriegsformen** lassen sich unterscheiden (Frage nach Mustern, Typologie)? Einerseits kennen wir nach wie vor zwischenstaatliche Kriege, die die Entwicklung des Völkerrechts und Militärstrategien lange geprägt haben. Allerdings machen die Kriege zwischen Staaten nur noch etwa ein Viertel aller Kriege aus, während drei Viertel auf innerstaatliche entfallen. Bürgerkriege, Guerillakriege und Sezessionskriege wie in Jugoslawien (vgl. Kap. Intervention) prägen die heutigen iB. Solche Kriege sind häufig eingebettet in sogenannte „**low intensity conflicts**“, schwelende gewalttätige Konflikte, in denen Anschläge, Unruhen und Unterdrückung von Zeit zu Zeit in massive Gewalttätigkeiten umschlagen.

In einer weitergehenden Analyse von Kriegsformen geht Mary Kaldor (1998) davon aus, dass sich der Charakter von Kriegen gewandelt hat. Lag das Verhältnis von militärischen zu zivilen Opfern Anfang des 20. Jahrhunderts noch bei ca. 8:1, hat es sich zu Beginn des 21. Jahrhunderts umgekehrt und liegt nun bei ca. 1:8. Darüber hinaus weisen die „**Neuen Kriege**“ folgende Eigenschaften auf:

- Vermischung mit anderen Gewaltformen wie z.B. Terror
- Anwesenheit der (medialen) Welt
- Wandel der Kriegseigenschaft vom Interessenkonflikt zum Identitätskonflikt (vgl. 4. in Kap. Nahost)
- Kriegsführung: Furcht und Hass („Angstmanagement“) in Kombination mit massiven Verbrechen gegen Zivilisten
- Globalisierte Kriegsökonomie (die Finanzströme zur Finanzierung des Krieges sind nicht lokal begrenzt, sondern global)
- Privatisierung von Gewalt (kein funktionierender Staat, der Gewalt monopolisiert (vgl. 4. im Kap. Staatszerfall))
- Krieg wird zur „Lebensform“ (Münkler 2004: 29): Da der Krieg den Krieg ernähren muss, kommt es zu mehr Gewalt gegen Zivilisten. Immer mehr Menschen richten ih-

---

4 „Cyberwar (…) means disrupting if not destroying the information and communications systems (…) on which an adversary relies in order to ‘know’ itself: who it is, where it is, what it can do when, why it is fighting, which threats to counter first, etc.“ (Arquilla/Roufeldt 1992: 30).

ren Alltag und berufliche Perspektive nach dem Krieg aus. Die lokalen Gewaltunternehmer entwickeln ein Eigeninteresse, den Krieg immer weiter zu führen.

Rechtfertigen diese Charakteristika es tatsächlich, von „Neuen Kriegen“ zu sprechen? In historischer Perspektive wäre einzuwenden, dass etwa der Dreißigjährige Krieg (1618-48) wie auch die Partisanenbekämpfung im Zweiten Weltkrieg bereits viele der genannten Charakteristika aufgewiesen hatten. Gleichwohl – die Unterschiede der Neuen Kriege zu traditionellen, zwischenstaatlichen Kriegen (sogenannte Kabinettskriege des 18. Jahrhunderts, Erster Weltkrieg, Korea-Krieg [1950-55]) stechen ins Auge. Als Haupteigenschaft Neuer Kriege stellen viele Autoren die „Asymmetrie“ der Kriegsparteien heraus, die sich vor allem auf die Bewaffnung und die Kriegstaktik bezieht. In den westlichen Staaten, vor allem in den USA, brach sich einerseits mit der IT-Entwicklung eine **revolution in military affairs** Bahn: Ferngesteuerte Drohnen, satellitengestützte Aufklärung und computergesteuerte Zielsysteme revolutionierten die Kriegsführung und zementieren die dominante Rolle der USA in der Militärtechnologie. Andererseits kämpfen Aufständische und Rebellen in Afrika und Asien weiterhin mit relativ einfachen Waffen und agieren vor allem mit der Hilfe von zivilen Verkehrsmitteln.

Beispiel: Der Zweite Vietnam-Krieg (1963-73) als **asymmetrischer Krieg**

> „Hinsichtlich der Kriegsmittel und Bewaffnung hätte das materielle Gefälle im Vietnamkrieg kaum größer sein können. Die USA stellten eine vollmotorisierte Armee ins Feld, während die Guerilla oft mit Hilfe von Fahrrädern ihr Kriegsgerät durch das Dickicht des Ho-Chi-Minh-Pfades wuchtete. Der Luftraum gehörte amerikanischen Helikoptern, Jagdbombern und atomwaffenfähigen B-52, vor den Küsten ankerten US-Flugzeugträger – Waffensysteme, denen mit Kalaschnikows, überalterter Flak oder Patrouillenbooten nicht beizukommen war. Beispiele dieser Art können beliebig zitiert werden. Sie illustrieren stets den gleichen Sachverhalt: dass die schwache Seite nur überlebt, wenn sie sich nicht auf die Art der Kriegsführung einlässt, auf die der Starke vorbereitet ist und die er am besten beherrscht. Unter asymmetrischen Bedingungen die offene Feldschlacht zu wagen oder in einem Wettlauf um gleichartiges Kriegsmaterial einzutreten, wäre für den Schwachen das sichere Ende. Er kann noch nicht einmal damit rechnen, eine zweite Chance zu bekommen.“ (Greiner 2007:45)

„Frieden“ fungiert als Gegenbegriff zu „Krieg“. In einer Minimal-Definition versteht man unter „**Frieden**“ die Abwesenheit von Krieg. Dem intuitiven Einwand folgend, Frieden müsse doch mehr sein als eine Art dauerhafter Waffenstillstand, hat Johan Galtung eine anspruchsvollere Definition vorgelegt. So definiert er Frieden als „die Abwesenheit von struktureller Gewalt“. „**Strukturelle Gewalt**“ wiederum meint vorenthaltene Chancen und die strukturelle und systematische Schlechterstellung von Menschen (Galtung 1981: 12ff.). In Sub-Sahara Afrika etwa sterben viel mehr Menschen an AIDS als in der EU. Dieser klare Fall von struktureller Gewalt bedeutet, dass die EU mit der Region nicht in Frieden lebt. An diesem Beispiel wird einerseits der hohe Anspruch von Galtungs Definition deutlich, andererseits bleibt es bei einer negativen Begriffsbestimmung von „Frieden“ – Frieden als Abwesenheit von etwas. Einen eher positiv aufgeladenen Friedensbegriff sehen Ansätze vor, die Frieden als Prozess verstehen. Eine erste Möglichkeit bestünde darin, Frieden mit der Zivilisierung der iB in Verbindung zu bringen (vgl. 5. im Kap. Dt. Außenpolitik): Je mehr internationale Institutionen, Normen und Regeln bestehen, desto friedlicher würden die Beziehungen zwischen den internationalen Akteuren. Eine zweite Variante würde Frieden mit Demokratisierung verknüpfen. Demokratien – so die Erkenntnis der Theorie des Demokratischen Friedens (vgl. 4. im gleichlautenden Kap.) führen keine Kriege gegeneinander. Demokratieförderung, so die Schlussfolgerung, ist demzufolge Friedenspolitik. Bereits ein flüchtiger Blick auf die Weltkarte bestätigt, dass in der Tat diejenigen Regionen der Welt, die hoch institutionalisiert sind, in denen Demokratie herrscht und die viel Handel miteinander treiben, seit einigen Jahrzehnten keinen Krieg mehr kennen. Diesen **„zones of peace"** in der Europäischen Union, in Nord- und Südamerika stehen allerdings die **„zones of turmoil"** (Singer/Wildavsky 1993) gegenüber.

Graphische Darstellung 2: Weltkarte verzerrt nach der Anzahl der Kriegstoten 1945-2000

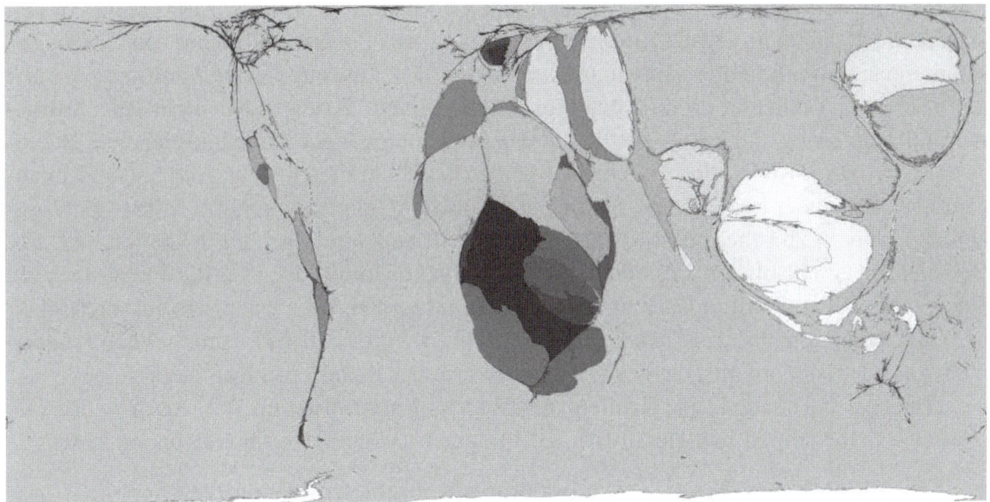

Quelle: Worldmapper, online unter: http://www.worldmapper.org/display.php?selected=287 [letzter Zugriff am 6.2.2014].

Allein diese analytische Beobachtung einer zweigeteilten Welt verlangt nach Erklärungen: Warum ist das so?

c) Zur Erklärung: Theorien

Während Analysen das Beobachtungswissen ordnen und systematisieren, gehen Erklärungen einen Schritt weiter. Erklärungen bilden das Herzstück der IB, da sie versprechen, Antworten auf Warum-Fragen zu geben: Warum ist es zu gewissen Entwicklungen gekommen? Wie kann man Phänomene in den iB erklären? Wie lassen sich komplexe politische Zusammenhänge verstehen? Antworten auf diese Fragen führen notwendigerweise in den Bereich der Theorie, wobei allerdings verschiedene Theorien unterschiedliche Antworten geben.

Theoretisches Wissen beruht auf einer abstrahierenden und verallgemeinernden Betrachtung und Auseinandersetzung mit Beobachtungen (Schimmelfennig 2010: 41). Angelehnt an verschiedene Definitionen (Blaikie 2010: 124ff.) soll **Theorie** hier in einem weiten Sinne verstanden werden als Versuch Wie- und Warum-Fragen zu beantworten, indem eine systematische und einheitliche Erklärung für eine Zusammenstellung von Beobachtungen angeboten wird. Theorien stellen Analysewerkzeuge zur Untersuchung zur Verfügung, geben Definitionen, machen allgemeine Aussagen und bringen Ursachen oder Gründe in einen Zusammenhang mit den Beobachtungen (Van Evera 1997: 7f.). In manchen Theorien werden die allgemeinen Aussagen sogar zu einem Wirkungsmechanismus verdichtet. Ein **Wirkungsmechanismus** stellt eine Beziehung zwischen zwei Phänomenen her, wobei ein Phänomen ein anderes erklärt. Je nach Theorie werden verschiedene Begriffe für Phänomen 1 benutzt: Erklärende Variable, unabhängiger Faktor, Explanans, Motiv, Input. Für Phänomen 2 finden sich Benennungen wie erklärte Variable, abhängiger Faktor, Explanandum, Ergebnis, Output oder Outcome.

Wie in den einzelnen Kapiteln deutlich werden wird, machen Theorien sehr verschiedene Aussagen darüber, wie streng der Zusammenhang zwischen den Phänomenen sein soll. Wenn der Zusammenhang strikt ist und die erklärende Variable „Aufrüstung" das zu erklärende Phänomen „Krieg" immer bestimmt, spricht man von einem „kausalen Zusammenhang": Aufrüstung führt immer zu Krieg. Der Zusammenhang kann jedoch auch ein loser sein. Vielleicht ermöglicht „Aufrüstung" einen „Krieg", aber nicht jede Aufrüstung führt zu Krieg. Aufrüstung ist dann eine notwendige, aber keine hinreichende Bedingung für Krieg. Oftmals lassen sich die beiden Variablen aber nicht getrennt und unabhängig voneinander konzipieren. So ist die zurückhaltende Außenpolitik Japans nicht unabhängig davon zu sehen, dass Japans Gesellschaft außenpolitisch zurückhaltend ist. Ein Beispiel für einen solchen Zusammenhang ist ein „konstitutiver": Auf die Frage, was die japanische Außenpolitik ausmacht, können wir antworten, dass es Japans Friedfertigkeit ist. Das bedeutet nicht, dass Japan nie Krieg führen würde – der Zusammenhang ist eben nicht kausal – sondern nur, dass es vergleichsweise friedliche Lösungen bevorzugt.

Was leisten Theorien? Sie erfüllen verschiedene **Funktionen** im Wissenschaftsprozess, die sich – Schieder und Spindler (2010: 23f.) folgend – wie folgt zusammenfassen lassen:

• Explikationsleistung	Die Erklärung beobachteter Phänomene.
• Definitionsleistung	Die Schöpfung analytischer Begriffe.
• Selektionsleistung	Das Auswählen von Wichtigem.
• Systematisierungsleistung	Das Arrangieren und Ordnen von Aussagen.
• Integrationsleistung	Das Zusammenführen von vormals getrennten Phänomenen.
• Abstraktionsleistung	Die Loslösung vom konkreten Einzelfall zu Gunsten von Verallgemeinerungsfähigkeit.

In Bezug auf die Selektionsleistung und die Schöpfung analytischer Begriffe unterscheiden sich Theorien etwa in Bezug auf...

die Akteursdefinition:	**Welche Akteure beeinflussen die iB?**
Internationale Politik (im engeren Sinn)	Staaten
Intergouvernementale Politik	Regierungen (z.B. bei Verhandlungen)
Internationale Organisationen (IO)	i.d.R. intergouvernemental organisiert (auch: Rat der EU)
Supranationale Politik der EU (autonome Entscheidungen ohne Weisungen des Nationalstaats möglich)	Kommission, Europäischer Gerichtshof (EuGH), Europäisches Parlament, Europäische Zentralbank (EZB) (vgl. Kap. Vertiefung der EU)
Transnationale Politik (über die Staatsgrenzen hinweg)	Non-Governmental Organisations (NGO), Unternehmen (Transnational Corporations – TNC)

Quelle: Eigene Darstellung.

Je nachdem, welches Politikfeld interessiert, sind andere internationale Akteure relevant: Intergouvernementale Politik spielt typischerweise in internationalen Verhandlungen eine Rolle (vgl. Kap. Welthandelsordnung), transnationale Politik befasst sich mit Unternehmen und NGOs (vgl. Studie transnationale Politik) und supranationale Akteure finden sich im EU-System (vgl. Kap. Vertiefung der EU & Erweiterung der EU).

Theorien unterscheiden sich darüber hinaus, was sie als…

die relevante Struktur der iB ansehen	
Welche Strukturen prägen die Politik?	**Beispiele**
System souveräner Staaten	Staatenwelt
Internationale „Sicherheitsarchitektur“, Bündnissysteme	NATO
Weltwirtschaftssystem	Welthandelsorganisation (WTO)
Normative Systeme, z.B. universelle Menschenrechte	Europäische Menschenrechtscharta (EMRK)
Kulturen, Zivilisationen, Religionen	„Clash of Civilisations“ (vgl. Studie Theoriekritik)
Der Nord-Süd-Konflikt	1. Welt gegen 3. Welt

Quelle: Eigene Darstellung.

Theorien unterscheiden sich zudem darin, welche Bedeutung sie dem Staat beimessen. Mit Staat wird ein politisch verfasstes, mit einem Herrschaftssystem ausgestattetes Gemeinwesen bezeichnet. Traditionell bildet der Staat die wichtigste, aber nicht die einzige Bündelung sozialer Macht. Seine wichtigste Aufgabe besteht darin, Sicherheit eines Gemeinwesens nach außen und innen zu gewährleisten. Die Vorstellung einer „Staatenwelt“, deren Basis funktionierende Staaten bilden, wird häufig mit dem Begriff des **Westfälischen Staatensystems** umschrieben. Es spielt damit auf den Westfälischen Frieden nach dem Ende des Dreißigjährigen Krieges in Europa an (1648). In der Folge wurden Staaten als die bestimmenden internationalen Akteure akzeptiert. Dies bedeutete auch die Anerkennung von Staatsgrenzen und die formaljuristische Gleichstellung der Staaten als höchste politische Gewalt, die keiner übergeordneten Instanz unterworfen ist. Ausdruck eines solchen Verständnisses bildet eine Weltkarte, auf der die Staaten mit ihren Grenzen abgebildet sind. Zentral in diesem Verständnis ist der Begriff der **Souveränität**:

> „Souveränität [wird] in Politikwissenschaft, Staatslehre und Völkerrecht verstanden als den modernen Staat nach innen und außen konstituierender Herrschaftsanspruch wie auch als eine der wesentlichen Begründungen für sein Herrschaftsmonopol. Der moderne, territorial definierte souveräne Staat ist demnach in seinem Handeln ein unabhängiges, gegenüber anderen Staaten prinzipiell gleiches und freies Subjekt wie auch der wesentliche Akteur im internationalen System.“ (Seidelmann 2010: 961)

Staat und Nation

Eine Nation ist eine politische Gemeinschaft, die sich auf gemeinsame Merkmale gründet. Diese Merkmale können ethnischer Natur sein (Sprache, Religion, Herkunft, Kultur) oder auf gemeinsamen Werten beruhen („Freiheit, Gleichheit, Brüderlichkeit“). Nationalismus ist eine in Europa verbreitete Idee, eine solche politische Gemeinschaft mit einem Staat in Deckung zu bringen. Viele Analysen und Theorien tendieren dazu, diese spezifisch europäische Konstruktion auf die außereuropäische Welt zu übertragen. Die Deckungsgleichheit kommt in den Begriffen „Nationalstaat" (häufiger im Engl. *nation-state*) zum Ausdruck. Staaten ohne Nation betreiben zuweilen *nation-building*, um eine Nation zu werden (z.B. Malaysia, Ruanda), während Nationen ohne Staat darum kämpfen, einen Staat zu bekommen (z.B. Kurden, Palästinenser).

Schließlich machen Theorien unterschiedliche Annahmen darüber, was die relevante **Analyseebene** ist. Wo beginnen wir mit unserer Suche, wenn wir Phänomene der iB analysieren und erklären wollen? Kenneth Waltz hat in seinem Buch *Man, the state and war* (1959) einen ersten Ordnungsversuch unternommen. Danach können wir als Orientierungshilfe zunächst drei Ebenen (**levels of analysis**) unterscheiden. Waltz benennt diese Ebenen nun mit *first, second* und *third image*. Ursachen für Krieg können bspw. auf allen Ebenen gefunden werden:

Graphische Darstellung 3: Levels of Analysis am Beispiel Krieg

1st image
Individuum

„Bad men lead to war"

Ursache für den II. Weltkrieg:

Hitler

Mögliche Analysekategorien: Denk- und Feindbilder, biographische Eigenschaften, indiv. Pathologien etc.

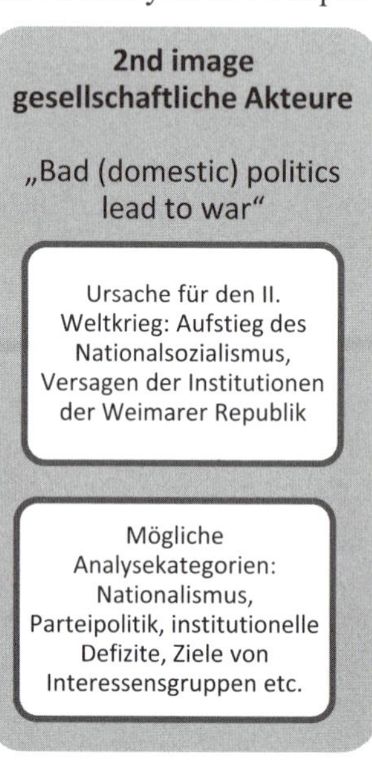

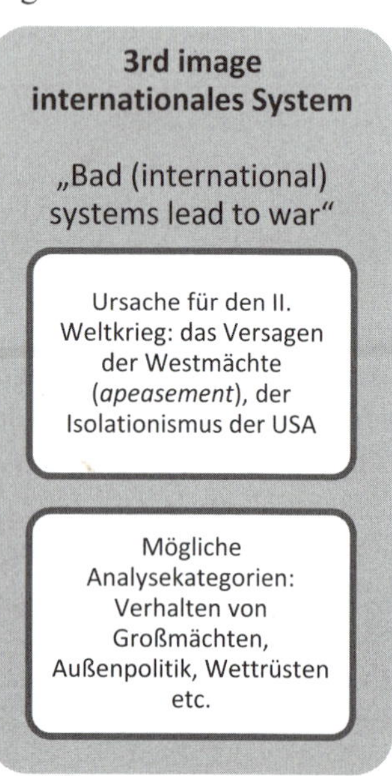

Quelle: Eigene Darstellung.

Theorien lassen sich nach gemeinsamen Kriterien gruppieren. Eine Gruppe solcher verwandter Theorien wird als **Theorieschule** bezeichnet. Einer Gruppierung von Wight und Porter (1991) folgend, können zunächst drei Theorieschulen unterschieden werden[5]: Revolutionäre, rationalistische/liberale und realistische Theorieschulen treffen völlig verschiedene Annahmen über die Natur der Welt („Weltsicht", s.u.) sowie die Natur des Menschen („Menschenbild").

5 Wight und Porter selbst sprechen nicht von Theorieschulen, sondern von *traditions*. Aus Gründen der Einfachheit werden an dieser Stelle keine weiteren Unterteilungen wie Theorieströmungen, -stränge, Großtheorien oder Metatheorien eingeführt.

	Revolutionäre Theorieschule	Rationalistische/Liberale Theorieschule		Realistische Theorieschule
		Idealisten (reason)	Handel (commerce)	
Weltsicht	Ausgangspunkt: Ungerechte Weltgesellschaft	Ausgangspunkt: Völkerrecht repräsentiert Vernunft	Handelswelt bringt Frieden und Demokratie	Ausgangspunkt: Anarchie der Staatenwelt
	Geschichte hat einen Sinn • es gibt historischen Auftrag (religiös, ideologisch) zur Veränderung • Welt ist revolutionär veränderbar, wenn ihr Sinn erkannt wird	Geschichte als Lernprozess	Handelswelt kanalisiert Egoismen	• Geschichte wiederholt sich: gleiche Muster, statisch, unveränderbar Welt konfliktgetrieben, aber Konflikte können friedlich bleiben
		• Welt ist wandel- und reformierbar • Institutionen als Schlüssel für Recht und Handel • gerechtere Welt durch evolutionären Wandel möglich		
Menschenbild	Dreigeteilt: • Avantgarde (Elite, die Sinn der Geschichte erkannt hat)	• lernender, aufgeklärter Mensch	• Nutzenmaximierer (homo oeconomicus)	• machtorientiert • egoistisch
	• „träge Masse“ (das Volk, das aufgeweckt und überzeugt werden muss)	• positives Menschenbild • Bildung als Treiber des Fortschritts	• Egoismus, der nützt • adaptiver Lerner (*trial and error*)	• Klugheit hilft • Einsicht in die Mechanismen der Macht privilegiert einzelne Staatsmänner
	• Feinde (eine gesellschaftliche Klasse, Ethnie oder Anhänger einer Religion)			

Quelle: Eigene Darstellung.

Typische Ausprägungen dieser Theorieschulen finden sich bei:

Revolutionäre Theorieschule	Rationalistische/Liberale Theorieschule	Realistische Theorieschule
Lenin (1917/1979) • Ziel: proletarische Weltrevolution • Diktatur des Proletariats • gegen „imperialistische Großmächte“	Wilson (US-Präsident) → 14-Punkte-Plan (1918) • freie Meere • Selbstbestimmungsrecht der Völker • Gründung eines Völkerbunds • Abschaffung der Geheimdiplomatie	Machiavelli (1531/2008) • Macht & Herrschaft durch Gewalt • Herrscher legitimiert durch Furcht • elendes Leben, weil Gewalt & Konflikte vorherrschen

Quelle: Eigene Darstellung.

In den 1990er Jahren hat sich in der Auseinandersetzung mit den drei Theorieschulen eine weitere herausgebildet: der Sozialkonstruktivismus. Dieser stellt die Bedeutungen in der Welt der Ideen, wie Sprache, Zeichen, soziale Praxis und Interpretation in den Mittelpunkt. Die Weltsicht wird hier also nicht von materiellen Grundlagen bestimmt, sondern beschäftigt sich damit, wie und ob über etwas gesprochen wird. Damit wird die Welt als kurzfristig statisch verstanden, weil sich Bedeutungen nur langsam verändern, gleichwohl die Frage nach einem mittel- und langfristigen Wandel von Ideen, Ideologien, Weltbildern und Identitäten für Sozial-Konstruktivisten wesentlich ist. Der Sozialkonstruktivismus definiert sein Menschenbild über den kommunikativen und interpretierenden Menschen (homo sociologicus), der sich den Regeln der zugehörigen Gemeinschaft anpasst (logic of appropriateness).

Die Unterschiede der vier Theorieschulen werden etwa deutlich, wenn die Rolle von „Macht" – eines Kernbegriffs der Politikwissenschaft – betrachtet wird:

Revolutionismus	Sozialkonstruktivismus	Rationalismus/ Liberalismus	Realismus
Senghaas (1972) *Imperialismus und strukturelle Gewalt – Analysen über abhängige Reproduktion*	Wendt (1992) *Anarchy is what states make of it: The social construction of power politics*	Nye (1990) *Bound to lead – The changing nature of American Power*	Morgenthau (1948) *Politics among nations – The struggle for power and peace*
• Macht äußert sich in Ungerechtigkeit und **struktureller Gewalt** (Galtung, s.o.) • strukturelle Abhängigkeit der armen Länder von reichen	• Zuschreibung von Autorität und Macht durch Geführte und „Machtlose" • **Legitimität** der Machtzuschreibung wird zentral	• **„soft power"** • weiche Faktoren einer leading nation entscheidend (intangible assets) →Attraktivität →moralische Autorität →„Vorleben"	• Anderen eigene Ziele aufzwingen • Macht ist Ziel und Instrument jeder Politik • materielle Machtmittel entscheidend →**„Nationales Interesse"** ist Machtorientierung in einer bestimmten Situation

Quelle: Eigene Darstellung.

In Bezug auf Themenauswahl und Theorieentwicklung dominieren westliche, vor allem US-amerikanische Forscher die IB – mithin stehen auch Probleme der westlichen Welt im Vordergrund der Theoriebildung. Während in einzelnen Bereichen sehr viel Literatur existiert (z.B. über die „Hegemonie der USA"), wird in anderen ein Theoriedefizit diagnostiziert (z.B. Außenpolitik der afrikanischen Staaten). Der Befund wird noch dadurch verstärkt, dass auch Wissenschaften gewissen Moden unterliegen – bestimmte Themen werden von Medien aufgenommen, Drittmittelgeber schreiben diesbezügliche Angebote aus und Forschungsnetzwerke folgen mit der Ausschreibung von Graduiertenkollegs. In der Folge erscheinen mehr und mehr Dissertationen zu diesem Thema. Der schnelle Wandel der Politik und die vielen beobachteten Ereignisse führen insgesamt dazu, dass wir viele Forschungslücken konstatieren müssen und demzufolge weniger gesichertes Wissen in der IP haben als in der Regierungslehre oder der Politischen Theorie.

Wo findet sich IB-Forschung – wo stößt man auf Theorien? Doktorarbeiten werden vor allem in Fachverlagen veröffentlicht. Fachverlage geben zugleich Fachzeitschriften heraus, die sich nach theoretischem Anspruch, Theorieschulen, disziplinärer Anbindung, thematischem Schwerpunkt und methodischem Zugang unterscheiden (im Folgenden eine Auswahl).

- Fachverlage (int.): Sage, University Presses, Lynne Rienner, Palgrave Macmillan, Westview Press, Routledge, etc.
- Verlage (D): Verlag für Sozialwissenschaften (VS), Nomos, Barbara Budrich, Peter Lang, LIT, UTB, Oldenbourg, etc.
- Fachzeitschriften (kleine Auswahl): International Organization, International Security, Survival, Foreign Policy Analysis, World Politics, European Journal of International Relations, Millenium, European Foreign Affairs Review, Cooperation and Conflict, Zeitschrift für Internationale Beziehungen (ZIB), Zeitschrift für Außen- und Sicherheitspolitik etc.

Die Unterschiede der vier oben genannten Theorieschulen zu kennen, ist unentbehrlich für ein gewinnbringendes Studium der Internationalen Politik. Dies ergibt sich u.a. daraus, dass die Wissensgüter im weiteren Sinne, nämlich Prognose, Bewertung und Handlungsempfehlung sämtlich einer soliden Erklärung – und somit einer Theorieunterfütterung – bedürfen: Ohne zu wissen warum etwas passiert, können keine fundierten Vorhersagen, keine nachvollziehbaren Bewertungen und keine plausiblen Empfehlungen abgegeben werden.

Veranschaulichung

Ohne zu wissen, wie Wetter entsteht, bleiben Prognosen über das morgige Wetter anekdotisch. Auch Bewertungen wie „Es ist heute zu kalt für diese Jahreszeit" oder Empfehlungen wie „Du solltest am Nachmittag nicht ohne Schirm aus dem Haus gehen", lassen sich nicht ohne theoretisches Wissen substanziell beantworten (das uns dann über die Wettervorhersage dargebracht wird). Das heißt natürlich nicht, dass die Wettervorhersage sich nicht irren und Einzelne nicht ein treffsicheres Gefühl für das morgige Wetter entwickeln mögen. Doch Letzteres bleiben Einzelmeinungen, sie sind weder verallgemeinerungsfähig noch im Detail nachvollziehbar oder belastbar – mithin unwissenschaftlich.

d) Zu Bewertungen, Prognosen und Handlungsempfehlungen

Bewertungen erscheinen vor allem in Form von Kommentaren in Tages- und Wochenzeitungen, in Talkshows oder in Blogs. In der Regel findet sich allerdings kein expliziter Hinweis auf das Theorieverständnis oder die Weltsicht des Kommentators. Vielmehr muss man das Theorieverständnis aus den Äußerungen „herauslesen".

Prognosen und Handlungsempfehlungen werden vor allem von Forschungsinstituten (sog. Thinktanks) produziert. Zumeist liefern ihre Publikationen zugleich eine informative Analyse eines Sachverhalts. Allerdings meiden viele Analysen gleichfalls jede Theorieanbindung. Es sind also letztlich faktengetränkte Meinungsäußerungen des jeweiligen Autors oder des Instituts, die aber keine Generalisierbarkeit beanspruchen können. Aufgrund der langen Dominanz der realistischen Theorieschule neigen theorielose Studien dazu, verklärte realistische Analysen zu sein. Ein Indikator hierfür ist die weitgehende Verwendung analytischer Begriffe, die die realistische Theorieschule geprägt hat, z.B. „nationales Interesse" oder „Machtgewinn".

Forschungsinstitute (Auswahl)

Stiftung Wissenschaft und Politik (SWP), Institut für europäische Politik (IEP), Hessische Stiftung Friedens- und Konfliktforschung (HSFK), Deutsche Gesellschaft für Auswärtige Politik (DGAP), in F: Institut Français des Relations Internationales (IFRI), Institut des Relations Internationales et Stratégiques (IRIS), Fondation pour la Recherche Stratégique (FRS), Institut Robert Schumann, im UK: Chatham House, Center for Defence and International Security Studies, Foreign Policy Center, in den USA: International Crisis Group, Brookings Institute, RAND Corporation, American Enterprise Institute, Heritage Foundation, etc.

Darüber hinaus weisen Thinktanks in den meisten Ländern eine große Regierungsnähe auf. In der Folge übernehmen sie häufig die Agenda der Regierung und beschränken ihre Empfehlungen auf das „politisch Mögliche“.

Aus all diesen Gründen lehnen es viele Sozialwissenschaftler ab, Prognosen, Bewertungen und Handlungsempfehlungen überhaupt als wissenschaftliche Güter zu bezeichnen. Gleichwohl – allein die personelle Fluktuation zwischen praktischer Politik, Thinktank und Universität, wie sie etwa in den USA üblich ist, spricht für ein Verständnis dieser drei Güter als wissenschaftliche Güter der IP „im weiteren Sinne“. In den jeweiligen Kapiteln werden demzufolge diese drei auch Erwähnung finden, allerdings werden Prognosen, Bewertungen und Handlungsempfehlungen stets auf Basis der jeweiligen behandelten Theorie vorgenommen.

In den letzten Absätzen wurde die Wichtigkeit der Theoriebildung für die Disziplin hervorgehoben. In der Tat stehen Theorien mit ihrem Versuch, Antworten auf das „warum?“ zu geben, im Zentrum der IB. Gleichwohl erfüllen alle eingeführten wissenschaftlichen Güter wichtige Funktionen, indem sie wertvolles Wissen über die iB produzieren. Die folgenden Einzelkapitel werden aus diesem Grund alle wissenschaftlichen Güter berücksichtigen. Die Schlussbemerkungen werden dann den Faden der Theorieentwicklung wieder aufnehmen, indem die Erklärungen der Einzelkapitel systematisiert und eingeordnet werden.

Glossar

Politik, Politikwissenschaft, Wissenschaft
internationale Beziehungen (Forschungsgegenstand)
Internationale Beziehungen (Disziplin IB)
Internationale Politik
Intergouvernementale Politik
Transnationale Politik
Supranationale Politik
Staat, Nation, Souveränität, Westfälisches Staatensystem
Konflikt, low intensity conflict
Krieg, Kriegsformen, Frieden, strukturelle Gewalt, Neuer Krieg, asymmetrischer Krieg
Zones of peace– zones of turmoil
Beschreibung, Analyse, Erklärung, Theorie, Theoriefunktionen, Theorieschule
Analyseebenen (levels of analysis: first, second, third image)
Realistische, liberale, revolutionäre und sozialkonstruktivistische Theorieschule

Empfohlene Einführung in die Disziplin IB

Krell, Gerd (2009): Weltbilder und Weltordnung. Einführung in die Theorie der internationalen Beziehungen. Studienkurs Politikwissenschaft. Baden-Baden: Nomos, S. 17–54.

Empfohlener Einstieg in die Theorien der IB

Joergensen, Knud E. (2010): International Relations Theory: A New Introduction. Basingstoke: Palgrave Macmillan (darin das Kapitel „Why theorize IR"), S. 6-32.

Empfohlener zeithistorischer Text zum Überblick über die Weltpolitik seit 1989

Wirsching, Andreas (2012): Der Preis der Freiheit. Geschichte Europas in unserer Zeit. München: Beck.

Übrige verwendete Literatur

Arquilla, John/Ronfeldt, David (1993): Cyberwar is Coming! In Comparative Strategy 12:2, S. 141–165.

Blaikie, Norman (2010): Designing Social Research – The Logic of Anticipation. Cambridge: Polity Press.

Clausewitz, Carl von (1832–1834): Vom Kriege. Hinterlassenes Werk. Bd. 1–3. Berlin: Dümmler.

Czempiel, Ernst-Otto (2012): Internationale Beziehungen: Begriff, Gegenstand und Forschungsabsicht. In: Staack, Michael (Hrsg.): Einführung in die Internationale Politik. Studienbuch, 5. Aufl., München: Oldenbourg Verl., S. 2–30.

Galtung, Johan (1981): Strukturelle Gewalt. Beiträge zur Friedens- und Konfliktforschung. Hamburg: Rororo.

Greiner, Bernd (2007): Krieg ohne Fronten. Die USA in Vietnam. Hamburg: Hamburger Edition.

Kaldor, Mary (1998): New and old wars. Organized violence in a global era. Stanford: Standford University Press.

Lenin, Wladimir I. (1917/1979): Der Imperialismus als höchstes Stadium des Kapitalismus. Berlin: Dietz.

Link, Werner (1979): Überlegungen zum Begriff, Konflikt 'in den internationalen Beziehungen – Versuch der Begriffsklärung. In: Politische Vierteljahresschrift, 20 (1), S. 33–50.

Machiavelli, Niccollò (1531/2008): Der Fürst. Frankfurt a.M.: Inselverlag.

Meyers, Reinhard (1994): Begriff und Probleme des Friedens. Opladen: Leske + Budrich.

Morgenthau, Hans Joachim (1948): Politics among nations – The struggle for power and peace. New York: Alfred A. Knopf.

Münkler, Herfried (2004): Die Neuen Kriege. Reinbek bei Hamburg: Rowohlt.

Nye, Joseph S. (1990): Bound to lead – The changing nature of American Power. New York: Basic Books.

Patzelt, Werner (2013): Einführung in die Politikwissenschaft. Grundriss des Faches und studiumbegleitende Orientierung. Passau: Wissenschaftsverlag Richard Rothe.

Schieder, Siegfried/Manuela Spindler (2010): Theorien der internationalen Beziehungen. 3., überarbeitete und aktualisierte Auflage. Opladen: Verlag Barbara Budrich.

Schimmelfennig, Frank (2010): Internationale Politik. Paderborn: Schöningh.

Seidelmann, Reimund (2010): Stichwort „Souveränität". In: Nohlen, Dieter/ Schultze, Rainer-Olaf (Hrsg.): Lexikon der Politikwissenschaft. Theorien, Methoden, Begriffe. München: C. H. Beck. S. 961–63.

Senghaas, Dieter (1972): Imperialismus und strukturelle Gewalt. Analysen über abhängige Reproduktion. Frankfurt a.M.: Suhrkamp Verlag.

Singer, Joel David/Small, Melvin (1972): The wages of war 1816-1965. A Statistical Handbook. New York: Wiley.

Singer, Max/ Wildavsky, Aaron B. (1993): The real world order. Zones of turmoil. Chatham, N.J.: Chatham House Publishers.

Van Evera, Steven (1997): Guide to Methods for Students of Political Science. New York: Ithaca.

Waltz, Kenneth (1959): Man, the State and War. A Theoretical Analysis. New York: Columbia University Press.

Wight, Martin (1991): The Three Traditions of international theory. In: Wight, Gabriele/Porter, Brian (Hrsg.): International Theory. The three traditions. London: Leicester University Press, S. 7–24.

Wendt, Alexander (1992): Anarchy is what states make of it. The social construction of power politics. In: International Organization 46: 2, S. 391–425.

Wilson, Woodrow (1918): Rede am 08.01.1918 vor beiden Häusern des Kongresses. In: Deutsches Historisches Museum, Inhalt auf Deutsch, online unter: http://www.dhm.de/lemo/html/dokumente/14punkte/, englische Zusammenfassung: http://history.state.gov/milestones/1914-1920/Fourteen Points [letzter Zugriff am 06.02.2014].

1.2. Globales Regieren durch Diplomatie

Mitarbeit: Regina Welsch

1. Einstieg

Nachdem der Ex-Soldat Bradley Manning im Jahr 2010 über 700.000 geheime Dokumente an die Enthüllungsplattform Wikileaks weiterleitete und damit u.a. Depeschen von US-Botschaften, Einsatzberichte von US-Soldaten und geheime Details von Inhaftierten in Guantanamo Bay veröffentlicht wurden, empörten sich US-Diplomaten:

> „Horror and disbelief that our diplomatic communications had been released and were available on public websites for the world to see." (Dibble[6] zit. nach Ramstack 2013) „Wikileaks has put at risk not only the cause of human rights but also the lives and work of these individuals. We condemn in the strongest terms the unauthorized disclosure of classified documents and sensitive national security information." (White House 2013)

2. Leitfrage: Was leistet Diplomatie für globales Regieren?

3. Beschreibung: Die Entwicklung der Diplomatie

a) Entstehung

Diplomatie im weiteren Sinne entstand mit den ersten politisch organisierten Gesellschaften. Kommunikation zwischen unterschiedlichen Gruppierungen konnte erst zustande kommen, wenn sie durch einen Entsandten überbracht und am Ziel empfangen wurde. Zu diesem Zweck könnten die ersten Privilegien für Entsandte entstanden sein.

Diplomatie in Form von ständigen Gesandten bildete sich im frühen mittelalterlichen Europa: Die zunächst kurzzeitigen, problembezogenen Entsendungen wurden immer öfter und dauerhafter eingesetzt. Das Papsttum bspw. pflegte diplomatische Beziehungen mit dem byzantinischen Kaiser in Konstantinopel durch Gesandte, die den Papst am Hof des Kaisers dauerhaft vertraten. Erst im späten Mittelalter wurden nach und nach ständige Gesandtschaften errichtet. Einige Elemente des venezianischen diplomatischen Systems der Renaissance (15. Jh.) trugen zur Entwicklung und Ausbreitung von ständigen Vertretungen in ganz Europa bei. Auch der Dreißigjährige Krieg (1618-1648) förderte die Entwicklung diplomatischer Gepflogenheiten. Nach 1648 bildete sich in Europa eine gemeinsame zwischenstaatliche Kommunikation in Form von Abläufen und Symbolen, die zum Teil bereits während des westfälischen Kongresses ausgehandelt und später auch vom Osmanischen Reich übernommen wurden. Im 18. Jh. wurden zunächst Rangklassenfragen im sogenannten „Wiener Reglement" schriftlich niedergelegt, während Diplomatenrecht auf gewohnheitsrechtlicher Basis angewandt wurde. Im 19. Jh. wurden dann dip-

6 Elizabeth Dibble (principal deputy U.S. Assistant Secretary of State for Near Eastern Affairs) anlässlich des Gerichtsprozesses von Bradley Manning.

lomatische Normen in der Convention on Special Missions und schließlich das Diplomatenrecht im **Wiener Übereinkommen über diplomatische Beziehungen** (WÜD) auf der Wiener Konferenz 1961 kodifiziert und für universell gültig erklärt. Angesichts der zunehmenden Bedeutung von internationalen Organisationen wurde 1975 das „Übereinkommen über die Vertretung von Staaten in ihren Beziehungen zu internationalen Organisationen universellen Charakters" verabschiedet.

b) Diplomatie als Institution

Die moderne Diplomatie beruht auf dem **Westfälischen Staatensystem**, wie es sich nach dem Ende des Dreißigjährigen Krieges in Europa herausgebildet hat. Ein wichtiges Merkmal ist das **Repräsentationsprinzip** – der Personenbezug, wie er bspw. in diplomatischen Beziehungen der ständischen Gesellschaft vorherrschte, wurde durch die Entstehung der Staaten als gleichberechtigt handelnde Akteure im internationalen System ersetzt. Daher ist ein Diplomat ein unmittelbarer Repräsentant des entsendenden Staates und an dessen Weisungen gebunden.[7] Diese Funktion wird durch das Rotationsprinzip der im Ausland eingesetzten Diplomaten unterstrichen, was zugleich der Gefahr vorbeugen soll, dass ein Diplomat sich zu sehr mit seinem Zielland identifiziert (*going native*, Berridge 2010: 107). Der Status der Diplomaten als Repräsentant des Staates soll auch besonderen Schutz genießen (vgl. Art. 22ff. WÜD). So gelten bspw. die Botschaftsgebäude, das Diplomatengepäck und die Kommunikation der Diplomaten als besonders schützenswert und werden wechselseitig geachtet. Die Handlung gegenüber Vertretungen und Diplomaten wird dadurch besonders ernst genommen, da sie als Handlung gegenüber dem Staat selbst bewertet wird (Black 2010: 15). Die Diplomaten eines Staates genießen im Empfängerland **Immunität** – sie können also nicht für eventuelle Verfehlungen im Empfängerland vor Gericht gestellt werden. Im schlimmsten Falle droht ihnen die Ausweisung und ihnen wird verboten, das Land nochmals zu betreten (**persona non grata**). Unter den Diplomaten hat sich im Laufe der Zeit darüber hinaus ein spezifischer **ésprit de corps** entwickelt, da viele sich untereinander kennen und sie die gleichen Privilegien genießen. Deswegen wird verständlich, warum die Veröffentlichung von geheim gehaltener Information von Diplomaten als klarer Verstoß gegen die Institution Diplomatie gewertet wird.

Derzeit existieren 229 deutsche Auslandsvertretungen. Sie fungieren als „Augen, Ohren und Stimme Deutschlands" (Auswärtiges Amt 2013) im jeweiligen Gastland. Die Hauptaufgabe der 153 Botschaften besteht darin, politische Beziehungen und deutsche Wirtschaftsinteressen im Gastland zu fördern, sowie deutsche Staatsbürger vor Ort zu betreuen. Generalkonsulate sind auf den regionalen Amtsbezirk begrenzt und vor allem für Rechtsfragen, Wirtschafts- und Kulturförderung und Öffentlichkeitsarbeit zuständig. Neben den klassischen Missionen in Form von Botschaften und Konsulaten entwickelte sich im Zuge der stetigen Vernetzung internationaler Beziehungen eine Form multilateraler Mission. Deutschland etwa wird durch zwölf „Ständige Vertretungen bei internationalen Organisationen" bei den Vereinten Nationen in New York und deren europäischen Büros und Unterorganisationen in Genf und Wien, bei der EU und der NATO in Brüssel, bei der OECD und der UNESCO in Paris, beim Europarat in Straßburg sowie bei den internationalen Organisationen in Rom repräsentiert (Auswärtiges Amt 2013).

---

7 Art. 3 Abs. 1a WÜD.

4. Analyse: Funktion, Formen und Wandel der Diplomatie

Diplomatie dient vor allem dem Zweck der Interessensdurchsetzung gegenüber anderen Völkerrechtssubjekten durch Kommunikationsprozesse. In diesem Zusammenhang ist die Diplomatie ein Werkzeug für außenpolitisches Handeln, ein „process of dialogue and negotiation by which states (…) conduct their relations and pursue their purposes by means short of war“ (Watson 1982: 12). Diplomatie stellt somit die *hard ware* für die Außenpolitik eines Landes zur Verfügung, indem es das „Außen“ zu ordnen und organisieren hilft (vgl. Kap. deutsche Außenpolitik). Welche Funktionen erfüllt Diplomatie? Nach Art. 3 Abs. 1 WÜD erstrecken sich die Aufgaben einer diplomatischen Mission auf mindestens fünf Bereiche, die wie folgt zusammengefasst werden können: Repräsentation, Schutz (von Staatsbürgern im Ausland), Verhandlung, Berichterstattung und Förderung (von staatlichen Zielen wie Entwicklungszusammenarbeit, aber auch von Unternehmen).

Jeder Staat verfügt über einen diplomatischen Werkzeugkasten, mit Hilfe dessen er entweder seine Billigung und Unterstützung einer Politik oder seine Missbilligung und Ablehnung zum Ausdruck bringen kann. Zu den positiven Instrumenten gehört öffentliches Lob, Einladungen, vertragliche Zusagen und Versprechen, die Anerkennung eines Staates, finanzielle Unterstützungsmaßnahmen bis hin zur Bildung einer Allianz, Waffenlieferungen und militärische Unterstützung in einem bewaffneten Konflikt. Diplomatische Missbilligung äußert sich u.a. in bewusstem Schweigen und Ignorieren, öffentlichen Zurückweisungen, Ausladungen, Einbestellen des Botschafters, Nicht-Anerkennung eines Staates, Wirtschaftssanktionen (Boykott, Embargo, Strafzoll, Einfuhrverbot etc.) bis hin zu Kriegserklärungen und militärischen Aktionen.

Dieses traditionelle System der Diplomatie der Botschaften, der Verhandlungen und der internationalen Organisationen wird durch neuere Entwicklungen ergänzt, aber auch auf die Probe gestellt.

Eine erste Entwicklung betrifft den Charakter der Geheimdiplomatie. Abkommen werden meistens geheim ausgehandelt, um Dritten nicht zu erlauben, Vereinbarungen bereits in einer Frühphase zu torpedieren. Nach dem Ersten Weltkrieg hatte der US-Präsident Woodrow Wilson mehr **offene Diplomatie** *(open diplomacy)* gefordert. Einige Ergebnisse der Vorortkonferenzen von Paris (1919-23) wurden daraufhin veröffentlicht (Wilhelm 2006: 181). Offene Diplomatie beinhaltet nachvollziehbare und transparente diplomatische Wege und entfernt sich von geheimdienstlichen Aktivitäten und Verhandlungen, die der Öffentlichkeit unzugänglich bleiben. Zweck dieser Entwicklung ist das Bedürfnis einer Absicherung gegenüber der Bevölkerung. Auch Dritte sollen wissen, was vereinbart wird, um einen Entscheidungsprozess zu legitimieren. Regierungen, insbesondere in Demokratien, sehen immer mehr die Notwendigkeit, sich vor der Öffentlichkeit zu erklären und ihre Politik glaubhaft zu machen (*public diplomacy*).

Doch **public diplomacy** wurde zunehmend von Regierungen als eine Art *public relations-tool* verstanden. Nicht nur in der Sowjetunion bediente man sich der Medien, um Botschaften der Machthaber zu verbreiten. Auch in Demokratien haben Regierungen und Parteien ein Interesse daran, Medien mit bestimmten Informationen zu beliefern und damit die öffentliche Meinung zu beeinflussen. Da immer mehr Menschen von Medien erreicht werden, versuchen Regierungen die öffentliche Diskussion mit ihren Themen zu beherrschen (*agenda-setting*). Auch durch das Vorenthalten von Information können Regierungen auf die veröffentlichte Meinung Einfluss nehmen. Medien ihrerseits haben nicht den Anspruch, tiefgründige politische Analysen zu liefern, sondern möchten das Interesse an bestimmten Themen wecken oder hochhalten. Deshalb sind Medien stets in der Versuchung, die Agenda der Regierung zu übernehmen. *Public diplomacy* kann demzufolge sehr erfolgreich sein und ersetzt funktional in gewisser Weise das, was vormals mit dem Begriff der „Propaganda" bezeichnet worden ist (Berridge 2010:181).

Auch die **coercive diplomacy** (erzwingende Diplomatie) ist eine neue Form der Diplomatie, welche erst in den letzten Jahrzehnten durch den wachsenden diplomatischen Einfluss der UN entstanden ist. Hierbei handelt es sich um die Erzwingung von Kompromissbereitschaft durch die Androhung oder den tatsächlichen Einsatz militärischer Mittel. *Coercive diplomacy* wurde beispielsweise von der NATO angewendet, um Serbien zur Beendigung von Kampfhandlungen in Kosovo und Bosnien zu bewegen (vgl. Kap. Intervention). Friedliche Mittel werden dabei meist im Wechselspiel mit militärischen Mitteln eingesetzt. Die Grenze zwischen kriegerischen Auseinandersetzungen und diplomatischen Mitteln ist dabei häufig nicht klar zu ziehen – etwa, wenn ein Embargo nur mit militärischen Mitteln durchgesetzt werden kann.

Durch die wachsende diplomatische Macht von internationalen Organisationen hat auch die sogenannte **Gipfeldiplomatie** an Bedeutung gewonnen. Diplomatische Treffen von Staats- und Regierungschefs (Gipfeltreffen) haben oft symbolische Bedeutung und fördern gegenseitiges Vertrauen. Gipfeldiplomatie dient auch der Klärung letzter, in Vorverhandlungen offen gebliebener Fragen, bringt jedoch nicht selten unbefriedigende Ergebnisse hervor. Medial lassen sich Gipfeltreffen hervorragend aufarbeiten und sind bei den Medien entsprechend beliebt. Von den Beteiligten werden Kompromisse häufig in Nachtverhandlungen erzielt und erfordern daher auch körperliche Fitness der Verhandelnden. Trotz der hohen Kosten nimmt diese Form der Diplomatie zu, zumal sie zugleich der Nachfrage nach mehr offener Diplomatie und medialer Nähe entgegenkommt.

5. Erklärung: Die Englische Schule

a) Annahmen

Zur Erklärung von Diplomatie wird hier auf eine Forschungsrichtung zurückgegriffen, deren Ursprünge bereits in den 1950er Jahren liegt und die der Kooperation zwischen Staaten besondere Aufmerksamkeit widmet. Die **Englische Schule** ist in Großbritannien entstanden und wurde dort auch popularisiert. Sie geht nicht auf einen Hauptvertreter zurück, sondern bildet eine Art lose Forschergruppe von Wissenschaftlern aus dem Commonwealth, die wiederum in einen älteren Strang (Martin Wight, Herbert Butterfield, Adam Watson und Hedley Bull u.a.) und einen jüngeren Strang (Tim Dunne, Barry Buzan, Ian Clark, Andrew Hurrell u.a.) aufgeteilt werden kann (Daase 2010: 256). In der Systematik der vier Theorieschulen ist sie schwer zu erfassen, weil sie Elemente der realistischen, liberalen, revolutionären und sozialkonstruktivistischen Theorieschulen in sich vereint.

Hedley Bulls Werk *The anarchical society. A study of order in World Politics* wird häufig als Hauptwerk der Englischen Schule bezeichnet. Ähnlich dem Realismus sieht Bull die iB als „the politics of states with regard to their external aspects" (Devlen et al 2005: 180). Die Annahme einer „Staatenwelt" ist dabei weder wünschenswert noch zwangsläufig, aber es gilt, die weiterhin zentrale Ordnungsrolle des Staates nicht zu unterschätzen (Hurrell 2009: 9, 26). In der Frage der Zustandsbeschreibung der politischen Welt weicht Bull von der realistischen Theorieschule ab. Nicht ein „internationales System“ (die Staaten haben so viel Kontakt und Interaktion, dass die Handlungen des einen in die Pläne des anderen einfließen), sondern eine „**internationale Gesellschaft**“ sei typisch:

> “A society of states (or: international society) exists when a group of states, conscious of certain common interests and common values, form a society in a sense that they conceive themselves to be bound by a common set of rules in their relations with one another, and share in the working of common institutions.” (Bull 1977:13)

In einer *international society* sind sich die Staaten also gemeinsamer, bindender Regeln bewusst. Dies lässt sich bspw. schon daran erkennen, dass ein Staat den anderen als legitimen Souverän seines Volkes anerkennt (Wight 1977). Die Behauptung, dass Staaten untereinander eine Gesellschaft bilden, beruht auf der historisch fundierten Beobachtung, dass sich in der Regel alle Staaten an international gesetzte Normen halten, auch dann, wenn keine Sanktionen bei Nichteinhaltung drohen oder wenn Normen den eigenen Interessen widersprechen. Dieser Aspekt läuft der realistischen Auffassung, Staaten würden nur dann Normen und Regeln einhalten, wenn sie dabei deren eigene nationale Interessen verfolgen können, zuwider. Im Gegenteil: Wie Watson (2009) gezeigt hat, hat der Grad diplomatischer Kooperation in langfristiger Perspektive beständig zugenommen.

Zur Beurteilung politischer Zusammenhänge ist nach Ansicht der Englischen Schule vor allem der historische Kontext entscheidend (Dunne 2010: 139). Mit Hilfe des **Pendelmodells** (s.u.) kann veranschaulicht werden, dass in historischer Hinsicht die Autonomie und die Handlungsmöglichkeiten eines Staates nicht statisch sind, sondern durchaus variieren. Es lassen sich drei idealtypische Hauptzustände der internationalen Gesellschaft unterscheiden. Ein erster möglicher Zustand ist der der **Anarchie** in den internationalen Beziehungen. Anders als auf nationaler Ebene bestehen im rein anarchischen internationalen Raum keine hierarchischen Strukturen. Jeder Staat regelt seine außen- und innenpolitischen Angelegenheiten autonom und verteidigt seine nationalen Interessen. Auch in einem anarchischen System kann durch diplomatische Bemühungen Vertrauen geschaffen werden.

Ein zweiter idealtypischer Zustand ist der der **Hegemonie**: Der Begriff der „Hegemonie“ stammt aus dem Griechischen (ηγεμονία) und bedeutet Oberherrschaft. Der Hegemon (Führer, Wegweiser) hat eine leitende Funktion und sucht andere durch Zwang, aber auch durch Anreize und die Kraft des Vorbilds zu dominieren. Außenpolitisch richten sich die Staaten am Hegemon aus, während die innenpolitischen Angelegenheiten jedoch autonom geregelt werden. Dieser Zustand ist charakteristisch für ein hegemoniales System, das in der Weltgeschichte die Regel ist. Im Zustand hegemonialer Stabilität wird die fehlende Weltregierung durch dominierende Großmächte ersetzt, die vor allem Sicherheit und Stabilität gewährleisten, sowie Kooperation und Kommunikation vereinfachen. Die Souveränität von Einzelstaaten wird dabei von einem Hegemon nur bedingt und eher auf freiwilliger Basis eingeschränkt. Als hegemoniales System kann beispielsweise der Zusammenschluss der NATO-Mitglieder unter Ägide der USA oder auch die Unterordnung vieler kontinentaleuropäischer Staaten unter das Frankreich Ludwig des XIV bezeichnet werden.

Schließlich finden wir in bestimmten historischen Abschnitten die Herrschaft eines Imperiums: Der Begriff „Imperium“ stammt aus dem Lateinischen und bedeutet vor allem

Herrschaft, Befehl oder Gewalt. Im Gegensatz zur Hegemonie setzt ein Imperium auf die Durchsetzung der Herrschaft durch Gewalt und Eroberung. Als Beispiele für ein imperiales System kann das Römische Reich (nicht aber der lose Staatenverbund des Heiligen Römischen Reiches Deutscher Nation), das Britische Empire und der Warschauer Pakt genannt werden. Das **Empire** reguliert sowohl die Außen- als auch die Innenpolitiken seiner nicht souveränen Einheiten. Die Regeldurchsetzung in den Einheiten erfolgt notfalls durch Zwang. Allerdings ist zwischen einem hegemonialen System und einem Empire die Grenze fließend. Die Verletzung von Souveränitätsrechten von kleineren Staaten durch die Supermächte im Kalten Krieg in Form von Regimeumstürzen verdeutlicht dies (vgl. Kap. Abschreckung und Allianzen). Die Staaten sehen sich also historischen Bedingungen – eben diesen drei Idealtypen – ausgesetzt. Buzan und Little (2009) haben Watsons Argumentation mit Hilfe eines Pendelmodells (*model of world history*) veranschaulicht.

Graphische Darstellung 4: Drei Idealtypen der „international society"

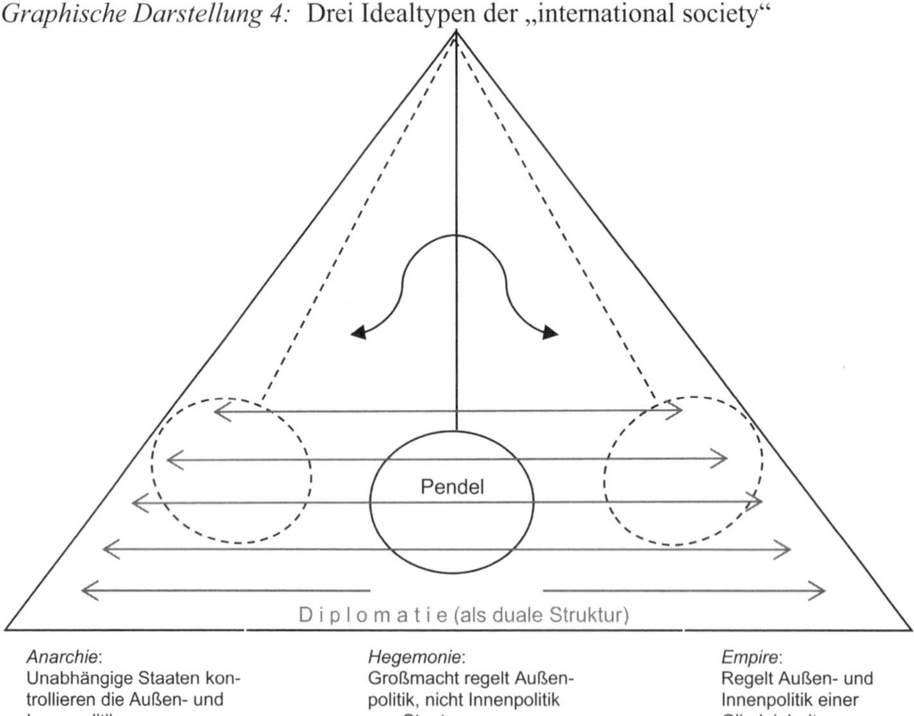

Quelle: Modifiziert aus Buzan/Little (2009): xxviii.

Dabei ist jeder Zustand nur stabil, wenn die Staaten mit ihm zufrieden sind. Diese Zufriedenheit bezeichnet Watson (2009: 315) als **legitimacy** des Systems. Auch das Imperium und der Hegemon sind also gezwungen, bestimmte Anreize zu bieten, um die Zufriedenheit mit dem System zu fördern und es zu erhalten.

In welchem Weltzustand sich die Staaten nun auch befinden, in jedem wünschen die Akteure ihre Situation dadurch abzusichern, dass sie bestimmte Regeln einführen. Die *international society* ist im Zuge historischer Katastrophen und Lernprozesse entstanden, beschleunigt durch die Auflösung der großen Imperien. Insofern lassen sich die diplomatischen Regeln der internationalen Gesellschaft als **super-structure** im Pendelmodell verstehen – als eine Art duale Struktur des Systems.

Zwei Kernpunkte der Englischen Schule sind in Auseinandersetzung mit dem Pendelmodell bereits deutlich geworden: Die Rolle von Geschichte für das Verständnis internationaler Politik und die Zustandsbeschreibung der Welt als *international society*. Ein dritter Aspekt betrifft die **normative Dimension von Politik**. Für die Englische Schule stellt der Ausgangspunkt des Nachdenkens über iB die Frage dar „was sollen wir tun und wie wollen wir leben?“ (Dunne 2010: 140). Stets verknüpft mit Fragen der Machtverteilung und Stabilität (*order*) sind Überlegungen zur Gerechtigkeit (*justice*). Dies kann wiederum mit Blick auf die Geschichte begründet werden: Lösungen für Ordnungsfragen der iB gingen immer mit inhaltlicher Werteentwicklung einher. Der Aufbau der Westfälischen Ordnung brachte den Wert der Souveränität und das Verbot der Einmischung in die inneren Angelegenheiten eines Staates. Das Ende des Ersten Weltkriegs bedeutete auch den Durchbruch des Rechts auf Selbstbestimmung und mündete in die Transformation der internationalen Ordnung im Zuge der Dekolonisierung. Der Ordnungsversuch nach dem II. Weltkrieg sah die Gründung einer Weltorganisation vor, die sich mit der Charta der UN ein Wertesystem gab (vgl. Kap. Internat. Institutionen). Hatte Bull im Zweifel Stabilität der Gerechtigkeit vorgezogen, so sehen jüngere Vertreter der Englischen Schule den Akzent eher auf der (Weiter-)Entwicklung von globaler Gerechtigkeit (Vincent 1986), die letztlich die *international society* zu einer *global society* verändern könnte (Dunne 2010: 150). Eine solche würde sich dadurch auszeichnen, dass die Individuen, transnationale Akteure und letztlich die Weltbevölkerung in den Fokus der Analyse rücken müssten, zu Lasten einer klassischen, staatszentrierten Betrachtung (Buzan 2004: 7).

b) Theorieanwendung

Diplomatie ist ein Kernelement der internationalen Gemeinschaft von Staaten, die sämtlich versuchen, mit den jeweils historisch bedingten Strukturen zurechtzukommen. So schreiben sich Staaten gegenseitig Souveränität zu, in der Gewissheit, dass andere Staaten die gesetzten diplomatischen Regeln achten werden. Das historisch bewährte Sanktionsinstrument ist hierbei die **Reziprozität** (Gegenseitigkeit): Wenn ein Staat die Regeln bricht, folgt auch ein Regelbruch der anderen Seite. Da beide Seiten von der Regeleinhaltung der jeweils anderen Seite profitieren, ist ein Staat grundsätzlich nicht daran interessiert, als Erster einen Regelbruch zu begehen und das gegenseitige Vertrauen aufzulösen. Die wechselseitigen Ausweisungen von Diplomaten sind ein typisches Instrument dieser Gegenseitigkeit. Zwischenstaatliche Vereinbarungen über allgemeingültige Normen und Richtlinien haben eben primär diese Annahme als Ausgangspunkt und Zielsetzung. Damit ist Diplomatie der Versuch, ein Mindestmaß an Vertrauen und Sicherheit herzustellen.

In welchem Zustand sich die Staaten auch befinden, das duale System, die „Superstruktur der Diplomatie“ ermöglicht ihnen stets Kooperation und eröffnet so Lösungswege. Zugegebenermaßen erscheint der Bedarf an Diplomatie im Empire gering – doch selbst in diesem Fall besteht eine Nachfrage nach Prinzipien, mit Hilfe derer die Beziehung des Zentrums zu seinen Gliedeinheiten geregelt werden kann. Im Zustand der Hegemonie bindet Diplomatie auch den Hegemon, für den es riskant ist, die Regeln zu missachten, denn dann würde die *legitimacy* des Systems leiden und die Hegemonie geschwächt werden. In der Anarchie werden die diplomatischen Errungenschaften der *in-*

ternational society noch wichtiger, weil sie ein Mindestmaß an Ordnung aufrechterhalten.

6. Bewertung

Aus Sicht der Englischen Schule ist die aktuelle Entwicklung in der Welt problematisch, da immer weniger *order* durchzusetzen ist. Dies hat zum einen damit zu tun, dass vielerorts der Staat als zentrale Ordnungseinheit ausfällt, für eine funktionierende internationale Gesellschaft werden jedoch starke Staaten benötigt. Das Phänomen der *failing states* (vgl. Kap. Staatszerfall und sexuelle Gewalt) etwa führt dazu, dass diplomatische Grundsätze nicht mehr weitreichend durchzusetzen sind. Der Angriff auf das US-Konsulat in Libyen im September 2012 mit der Ermordung des US-Botschafters kann hierfür als Beispiel dienen. Die im Einstieg angerissenen Ereignisse um Wikileaks zeigen überdies, dass diplomatische Prinzipien der *international society* missachtet werden und so das Vertrauen in das System leidet. Könnte man gegen diese traditionelle Bewertung von Wikileaks nicht einwenden, dass eine neue Stufe der offenen Diplomatie erreicht ist, in der Informationen der Weltgesellschaft zugänglich gemacht werden? In der Argumentation der Englischen Schule wäre dem nur zuzustimmen, wenn aus der Krise neue, bessere Institutionen einer heraufziehenden *global society* entstehen würden. Dies ist aber bislang kaum erkennbar.

Bewertung der Theorie

Hedley Bull (1966) hat sich stets dafür eingesetzt, dass auch die großen Fragen der Geschichte und Politik in der Forschung eine Rolle spielen sollten. Nur wenn die Nähe der IB zur Geschichte und Philosophie erhalten bliebe, könnten Selbstreflektion, Urteilsvermögen und Kritikfähigkeit der Disziplin weiter entwickelt werden.[8] Zugegebenermaßen wirken die vielen statischen, unhistorischen Theorien der IB wie Neorealismus und Neoliberalismus (vgl. Kap. Abschreckung und Allianzen, Internat. Institutionen) auf den historisch Gebildeten zunächst merkwürdig. „Lernen aus der Geschichte“ ist doch eine naheliegende und allerorten zu hörende Forderung. Doch „was lernen wir genau?“ würden Skeptiker gegen die Englische Schule einwenden. Aus ihrer Sicht stellen deren Erkenntnisse nur „nette Geschichten“ dar, die durch den Wissenschaftsprozess nicht systematisch überprüft werden könnten.

Wie sieht es mit dem Erklärungswert der Theorie aus? Schließlich stimmt die Zustandsbeschreibung einer internationalen Gesellschaft mit vielen Alltagsbeobachtungen überein, was für ihren Erklärungswert spricht. Neuere Publikationen der Englischen Schule suchen zugleich, die Staatszentriertheit des Ansatzes zu relativieren, indem etwa transnationale und supranationale Akteure (vgl. 1.1. und Studie transnationale Akteure) Berücksichtigung finden (Hurrell 2009: 95ff.). Die sich rapide verändernden Kommunikationsmittel und -formen zwängen dazu, Diplomatie – und vielleicht auch die *international society* – neu zu definieren.

---

8 Mit diesen Forderungen hatten sich Vertreter der Englischen Schule als „Traditionalisten“ in der sogenannten „Zweiten Debatte der IB“ gegen die Anhänger einer stärker an den Naturwissenschaften orientierten Forschung in Stellung gebracht (vgl. hierzu das Schlusskapitel).

7. Prognose

Die Englische Schule lehnt Kausalitäten, also strenge Ursache-Wirkungsmechanismen, ab (vgl. hierzu die Schlussbemerkungen), weswegen die Theorie keine stringenten Prognosen abzugeben vermag. Lediglich Tendenzaussagen können anhand einer Mustererkennung aus der Geschichte abgeleitet werden. Eine naheliegende wäre: Die Hegemonie der USA schwindet. Dies ist vor allem auf die Entscheidung von G. W. Bushs Regierung zurückzuführen, ohne völkerrechtliche Legitimation und ohne die Zustimmung wichtiger Verbündeter den Irak anzugreifen (vgl. Kap. USA, 9/11). Aber auch Vorkommnisse wie das Abhören westlicher Regierungschefs wie Angela Merkel (Oktober 2013) erschüttert die moralische Führungsfunktion der einzigen Supermacht. In der Diktion des Pendelmodells bewegen wir uns weiter vom hegemonialen System in den Bereich der Anarchie hinein.

8. Handlungsempfehlung

Aus Sicht der Englischen Schule muss die Diplomatie unbedingt respektiert und gepflegt werden, um die negativen Folgen des hegemonialen Systems wie auch der heraufziehenden Anarchie abzumildern. Weiterentwicklungen in Richtung einer Weltgesellschaft sind dabei durchaus willkommen: Der **Internationale Strafgerichtshof** (ICC) wird dabei als sinnvolles Instrument für die Regeldurchsetzung in einer internationalen Gesellschaft bewertet. Problematisch ist allerdings, dass die USA, China und Russland den ICC nur halbherzig unterstützen.

ICC (International Criminal Court)

Seit 2002 gibt es den Internationalen Strafgerichtshof (IStGH/ICC), der nicht Teil des UN-Systems ist. Dem IStGH gehören gegenwärtig 122 Länder an (Stand: April 2013). Er stellt eine bedeutende Innovation im Völkerrecht dar, da zum ersten Mal persönliche Verbrechen vor einem internationalen Gericht geahndet werden können. 2010 stellte der IStGH erstmalig einen Haftbefehl gegen einen amtierenden Politiker aus: Dem sudanesischen Staatspräsidenten Umar al-Bashir werden Völkermord, Verbrechen gegen die Menschheit und Kriegsverbrechen im Dafour-Konflikt vorgeworfen.

Die Staaten sollten sich für eine Stärkung der *international society* einsetzen, das hieße Reform und Stärkung der Vereinten Nationen, Gründung von internationalen Umweltschutz- und Finanzorganisationen, Stärkung der Welthandelsordnung sowie Entwicklung völkerrechtlicher Standards für die Nutzung der Informationstechnologie.

Glossar

Repräsentationsprinzip	Offene Diplomatie
Coercive diplomacy	Gipfeldiplomatie
Public diplomacy	Englische Schule
International society	Pendelmodell
Anarchie, Hegemonie, Empire	Legitimacy
Superstructure	

Übungsfragen

1. Welche Anforderungen ergeben sich aus der Geschichte und den Funktionen von Diplomatie für das Berufsbild des Diplomaten? Was ist in diesem Sinne ein „guter“, was ein „schlechter“ Diplomat?
2. Im Jahr 2013 sorgte Ex-Geheimdienstmitarbeiter Edward Snowden für die Veröffentlichung geheimdienstlicher Aktivitäten des amerikanischen Dienstes NSA (National Security Agency). Detaillierte Schilderungen über das Abhören von elektronisch gespeicherten Daten von US-Bürgern und Bürgern verbündeter Staaten (einschließlich Bundeskanzlerin Merkel) durch das Programm PRISM gingen um die Welt und verursachten weltweit Unmut gegenüber den USA. Sind Geheimdienste aus Ihrer Sicht noch zeitgemäß? Argumentieren Sie Pro und Contra mit Hilfe der Funktionen von Diplomatie!
3. Transferfrage: Lesen Sie das Kap. USA, 9/11 (1.-4.). Welche Auswirkungen hat globaler Terrorismus auf die international society? Diskutieren Sie Folgerungen und Handlungsempfehlungen aus Sicht der Englischen Schule!
4. Transferfrage: Welche Unterschiede und Gemeinsamkeiten der Englischen Schule sehen Sie zur realistischen und liberalen Theorieschule (vgl. 1.1.)

Filmtipp: Der ewige Gärtner (2005), Fernando Meirelles [Spielfilm]

Kurz nachdem er sich in die Journalistin Tessa (Rachel Weisz) verliebt hat, heiratet der britische Diplomat Justin Quayle (Ralph Fiennes) sie, damit sie ihn nach Nairobi begleiten kann. Erst nach ihrem mysteriösen Tod erfährt er, welchen Skandal sie aufdecken wollte; Quayle ist erschüttert als er herausfindet, wer alles involviert ist.

Empfohlener Text zur Diplomatie

Wilhelm, Andreas (2006): Außenpolitik – Grundlagen, Strukturen und Prozesse. München: Oldenbourg, S. 177-193.

Empfohlener Text zur Theorie

Suganami, Hidemi (2011): The English School, History and Theory. In: Ritsumeikan International Affairs 9, S. 27-50.

Originaltext zur Theorie

Bull, Hedley (1977): The anarchical society. A study of order in World Politics. New York: Columbia University Press.

Übrige verwendete Literatur

Auswärtiges Amt, Auslandsvertretungen, online unter: http://www.auswaertiges-amt.de/DE/AAmt/Auslandsvertretungen/STV_node.html [letzter Zugriff: 24.9.2013].

Berridge, G. R. (2010): Diplomacy. Theory and Practice. Basingstoke: Palgrave Macmillan.

Black, Jeremy (2010): A History of Diplomacy. London: Reaktion Books.

Buzan, Barry (2004): From international to world society? English School Theory and the social structure of globalisation; Cambridge: Cambridge University Press.

Buzan, Barry/Little, Richard (2009): Introduction to the 2009 reissue. In: Watson, Adam (Hrsg.): The Evolution of the International Society. A comparative historical analysis; London und NY: Routledge, S. ix–xxxv.

Daase, Christopher (2010): Die Englische Schule. In: Schieder,Siegfried/Spindler, Manuela (Hrsg.): Theorien der Internationalen Beziehungen. Opladen: Verlag Barbara Budrich, S. 255–280.

Devlen, Balkan et al, (2005): The Englisch School, International Relations, and Progress. In: International Studies Review 7, S. 171–197.

Dunne, Tim (2010): The English School. In: Ders. (Hrsg.): International Relations Theories. Discipline and Diversity. Oxford: Oxford University Press, S. 135–156.

Hurrell, Andrew (2009): On Global Order: Power, Values and the Constitution of International Society. Oxford: Oxford University Press.

Ramstack, Tom (2013): UPDATE 2-Manning leaks caused diplomatic 'horror and disbelief' –testimony, online unter: http://www.reuters.com/article/2013/08/01/usa-wikileaks-manning-idUSL1N0G21GB20130801 [letzter Zugriff: 19.8.2013].

The White House: Statement by the Press Secretary vom 28.11.2010; online unter: www.whitehouse.gov/the-presds-office/2010/11/28/statement-press-secretary [letzter Zugriff: 24.10.2012].

Vincent, R.J. (1986): Human Rights in International Relations. Cambridge: Cambridge University Press.

Watson, Adam (1982): Diplomacy: The dialogue between states. London: Eyre Methuen.

Watson, Adam (2009): The Evolution of International Society. A Comparative Historical Analysis; Reissue with a new introduction by Barry Buzan and Richard Little. London and New York: Routledge.

Wight, Martin (1977): Systems of States. Leicester: Leicester University Press.

1.3. Der Kalte Krieg (1947-89): Abschreckung und Allianzen

Die zeithistorische Epoche des Kalten Krieges hat wie keine andere das politische Denken der Eliten wie die Entwicklung der Disziplin Internationale Beziehungen beeinflusst, weswegen sie grundlegend für das Verständnis weiterführender Probleme der IB ist.

1. Einstieg

„Der 26. September 1983 ist der Tag, an dem sich Stanislaw Petrows Leben völlig veränderte. Der 44-jährige Oberstleutnant der Sowjetarmee arbeitet als leitender Offizier im Kontrollraum der Kommandozentrale der Satellitenüberwachung Serpuchowo 15. (...) Im Kontrollraum deutet nichts darauf hin, dass diese Nacht dramatisch verlaufen wird. Die Offiziere der Schicht sitzen konzentriert an ihren Bildschirmen, die Lage ist ruhig. Vor Petrows Platz hängt eine große Wandkarte, die das Territorium der USA aus der Perspektive des erdnahen Weltraums zeigt.
Kurz nach Mitternacht geht plötzlich ein markerschütternder Alarm los. Kein Telefonanruf, kein *Erhebe dich,* kein Probealarm – sondern ein realer Atomalarm. ‚Es fühlte sich an wie ein Schlag in mein Nervensystem', berichtete Petrow später. ‚Alle im Kontrollraum sprangen von ihren Stühlen auf und sahen mich an.' Auf der Wandkarte blinkt ein Warnlicht: An der Ostküste der Vereinigten Staaten ist eine Minuteman-Rakete gestartet, in Richtung Sowjetunion.
Ein roter Knopf mit der Leuchtschrift ‚Start' blinkt an Petrows Dienstplatz. ‚Fünfzehn Sekunden lang standen alle wie unter einem Schock.' Zunächst ruft Petrow die Kommandozentrale seiner Dienststelle an. Dort ist man bereits informiert: ‚Bleiben Sie ruhig, tun Sie Ihre Pflicht!', sagt eine Stimme. Daraufhin weist Petrow seine Untergebenen an, das Computersystem zu überprüfen. Dazu sind nacheinander 30 einzelne Tests nötig. Unterdessen meldet der Satellit Kosmos 1382 den Start einer zweiten, einer dritten und schließlich einer vierten Minuteman-Rakete, alle von derselben Raketenbasis an der Ostküste der Vereinigten Staaten abgefeuert.
Wie die Testläufe ergeben, arbeitet das Computersystem einwandfrei. Das heißt: Vier Interkontinentalraketen, jede mit maximal zehn Atomsprengköpfen bestückt, rasen über den Nordpol auf die Sowjetunion zu. Es bleiben etwa fünfzehn Minuten, bis sie sowjetisches Territorium erreichen. Dann kommt eine neue Meldung. Eine fünfte Rakete ist gerade gestartet, wieder von derselben Basis. Die Situation scheint klar, das lang schon Befürchtete eingetreten: Die Vereinigten Staaten haben einen Atomangriff begonnen. An Petrows Dienstplatz blinkt nach wie vor der rote Knopf für das Signal ‚Start'.
Die Vorschriften legen fest, dass Petrow die Leitung der Kommandozentrale zu informieren hat, die dann über das Kommandosystem Krokos den Generalstab im Moskauer Stadtteil Arbat benachrichtigen muss. Der Generalstab wird daraufhin Jurij Andropow in Kenntnis setzen. Nur der Generalsekretär des Zentralkomitees der Kommunistischen Partei kann einen atomaren Gegenschlag auslösen. Was Petrow nicht weiß: Der Generalstab ist bereits automatisch über den Alarm informiert worden. (...)
Über das, was nun folgte, liegen keine gesicherten Erkenntnisse vor. So ist nicht bekannt, wann genau Petrow seine Entscheidung traf. Die Vereinigten Staaten würden, so wusste Petrow, einen atomaren Erstschlag nicht von einer einzigen Raketenbasis aus starten. Und sie würden einen Überfall nicht mit wenigen Atomraketen unternehmen. Das wäre Selbstmord, die Sowjetunion wäre immer noch zu einem Gegenschlag in der Lage gewesen. Ein atomarer Überfall würde von allen Basen mit

der größtmöglichen Anzahl von Raketen gestartet werden. Es sprach also alles für ein Missverständnis. So traf Petrow seine einsame Entscheidung – noch bevor die Meldung der Radarstationen eintraf – und meldete offiziell einen Fehlalarm. Bange Minuten vergingen, die sich endlos hinzogen. Dann kam die befreiende Nachricht des Bodenradars: Es befanden sich keine Raketen im Anflug, der Himmel über der sowjetischen Arktis war leer. (...)
Atomare Fehlalarme gab es auch auf amerikanischer Seite, allein zwischen November 1979 und Juni 1980 dreimal. Alle wurden innerhalb weniger Minuten als solche erkannt: Mal war ein irrtümlich eingespieltes Übungsband für einen Probealarm die Ursache, mal waren es fehlerhafte Computerchips. Doch so nah wie in jener Septembernacht vor 25 Jahren kam die Welt der Katastrophe wohl nie.
2004 wurde die amerikanische Association of World Citizens, die ‚Vereinigung der Weltbürger', auf Petrow aufmerksam. Einige ihrer Mitglieder besuchten ihn an seinem Wohnort Frjasino bei Moskau. Nach Meinung der Vereinigung hatte Petrow den Dritten Weltkrieg verhindert. Man dankte es ihm mit einem Scheck über 1000 Dollar." (Sietz 2008)

2. Leitfrage: Was leisten Abschreckung und Allianzen zur Erlangung von Sicherheit?

3. Beschreibung: Der Kalte Krieg

Nach dem Ende des Zweiten Weltkrieges im September 1945 gab es kurzzeitig die Hoffnung, die Siegermächte USA, Sowjetunion (SU) und das Vereinigte Königreich (UK) würden sich auf eine neue Weltordnung einigen können. Sichtbarer Ausdruck dieser Hoffnung war die Gründung der Vereinten Nationen (UN), die noch im Sommer 1945 gelungen war (vgl. Kap. Internationale Institutionen). Doch mehrten sich in den nächsten Jahren die Konflikte zwischen den Westmächten (USA, UK, Frankreich) auf der einen und kommunistischen Bewegungen, unterstützt von der SU, auf der anderen Seite. Wichtige Wegmarken waren der Bürgerkrieg in Griechenland (1946-49), der chinesische Bürgerkrieg mit dem Sieg der Kommunisten (1949) und die Verhinderung einer demokratischen Entwicklung in der Tschechoslowakei (CSSR) 1948. Folgenschwer war insbesondere die Berlin-Krise 1948/49, als die SU die Transportwege nach West-Berlin sperrte. Um weder West-Berlin aufgeben zu müssen, noch einen direkten Konflikt mit der SU zu riskieren, beschlossen die Westmächte die Stadt aus der Luft mit der sogenannten „Luftbrücke" zu versorgen.

Unter dem Einfluss von George F. Kennan, einem der bedeutendsten Diplomaten der USA, verkündete der amerikanische Präsident Truman am 12.3.1947 die sogenannte Truman-Doktrin, die vorsah „bedrohten Völkern beizustehen", wenn ihre Freiheit von innen und außen in Gefahr geriet. Dies wird gemeinhin als Beginn der amerikanischen Eindämmungsstrategie (*containment*) gegenüber der SU gewertet – die „Teilung der Welt" (Loth 2000) war vollzogen.

Der Kalte Krieg lässt sich durch mehrere Charakteristika kennzeichnen (im folgenden Fließtext fett). Zunächst bildeten sich mit den USA und der SU **rivalisierende Machtzentren** heraus. Um sie herum scharten sich eine ganze Anzahl von Staaten, die die jeweilige Einflusszone markierten. Die Grenze zwischen den Einflusszonen war in Europa besonders ausgeprägt durch den sogenannten **Eisernen Vorhang** (*iron curtain*[9]), der von Nord-Norwegen bis zur Türkei verlief.

9 Diesen Begriff prägte Winston Churchill in seiner berühmt gewordenen Züricher Rede vom 19.9.1946.

Graphische Darstellung 5: Grenzverlauf der Einflusszonen (Eiserner Vorhang)

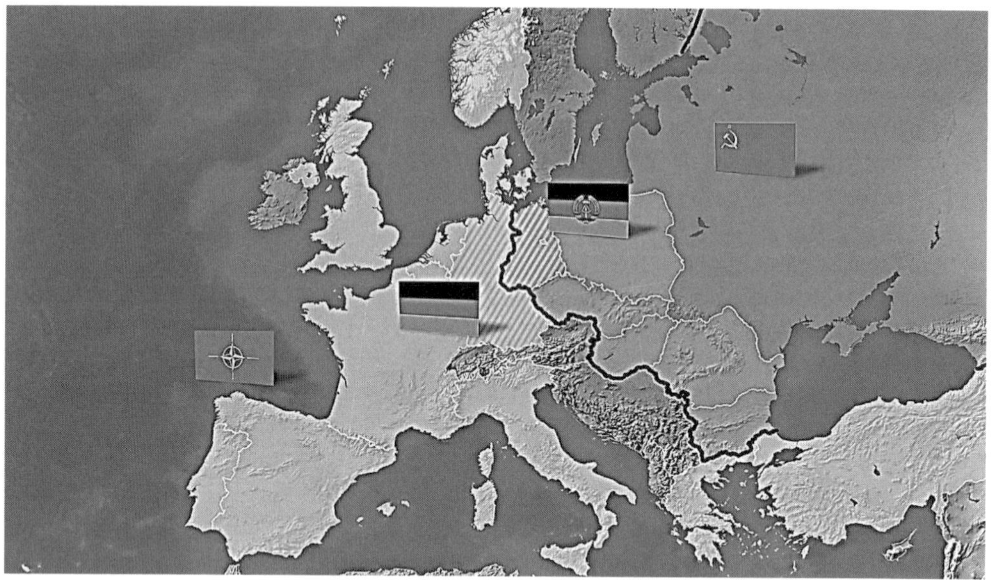

Quelle: © ARTE 2010 – Mit offenen Karten (http://ddc.arte.tv/de); Eine Sendung von Jean-Christophe Victor. Produktion Arte France, in Zusammenarbeit mit Le Lépac.

Die jeweiligen Machtzentren Washington und Moskau suchten nun jeweils ihre Einflusszone zu stabilisieren. Zwischen den beiden entwickelte sich das gentlemen's agreement, militärische Interventionen und verdeckte Operationen (covert actions) innerhalb der jeweiligen Einflusszone jeweils zu tolerieren. So intervenierte die SU mehrmals militärisch in ihren „Satellitenstaaten", wenn die Herrschaft der kommunistischen Partei in Gefahr war (DDR 1953, Ungarn 1956, CSSR 1968), ohne dass der Westen eingeschritten wäre. Die USA stürzten mit geheimdienstlichen Mitteln unliebsame Regierungen und Herrscher (Lumumba im Kongo 1960, Allende in Chile 1973, Sihanouk in Kambodscha 1970, Mossadegh im Iran 1953), initiierten Bürgerkriege (Nicaragua 1981-90) und versuchten, das kommunistische Castro-Regime auf Kuba mit Hilfe einer gelenkten Invasion zu beseitigen („Schweinebuchtdesaster" 1961). An der Peripherie der Einflusszonen kam es auch zu „heißen Konflikten", sobald eine Supermacht versuchte, auf Kosten der anderen an Einfluss zu gewinnen. Als etwa das kommunistische Nordkorea seinen südlichen Nachbarn überrannte, intervenierte eine UN-legitimierte „Koalition der Willigen" unter Führung der USA und trieb die Invasoren nach Norden zurück (Korea-Krieg 1950-53). Da die amerikanischen Truppen aber über die vormalige Grenze des 38. Breitengrades nach Nordkorea vordrangen, wurden sie von chinesischen „Freiwilligenverbänden" wieder in den Süden gezwungen. Nach dem Rückzug der Franzosen aus Indochina (Niederlage gegen die kommunistische Guerilla bei Dien Bien Phu 1954) engagierten sich die USA mehr und mehr in Vietnam, um die Machtübernahme der Kommunisten im Süden zu verhindern. Erst als 1975 das pro-amerikanische südvietnamesische Regime endgültig zusammenbrach, mussten die USA ihre Niederlage eingestehen (vgl. auch Abschnitt zu asymmetrischen Konflikten in 1.1.). Die SU wiederum intervenierte 1979 in Afghanistan, um ihren Einflussbereich auszuweiten, musste sich aber nach hohen Verlusten im Kampf gegen die von den USA unterstützten Mujaheddin zehn Jahre später zurückziehen.

Besonders in Afrika, wo die Grenzen der Einflusszonen beständig im Fluss waren, kam es häufig zu „Stellvertreterkriegen“ (z.B. zwischen Äthiopien und Somalia). Dabei wurden die Konfliktparteien jeweils von einer Supermacht militärisch unterstützt, ohne dass diese mit eigenen Verbänden eingegriffen hätte. Ein Paradebeispiel für einen **Stellvertreterkrieg** stellt der jahrzehntelange Bürgerkrieg in Angola dar (1975-2002). Dabei hatten südafrikanische Verbände zugunsten westlicher Rebellengruppierungen eingegriffen und die USA zwei Rebellengruppen mit Waffen ausgerüstet, während kubanische Truppen auf Seiten der kommunistischen Partei MPLA (Movimento Popular de Libertação de Angola) intervenierten. Selbst nach dem Ende des Kalten Krieges dauerte es noch Jahre, bis die Rebellen den Kampf aufgaben.

Ein weiteres Merkmal des Kalten Krieges war der **Wettstreit der Ideologien**. Auch dies ergab sich historisch aus den beiden Siegern des II. Weltkriegs: Einerseits verbreiteten sich mit den amerikanischen Truppen, mit dem Marshall-Plan und der US-dominierten Handelsordnung demokratische Werte und die Marktwirtschaft. Andererseits hatten viele kommunistische Widerstandsbewegungen überall in Europa gegen den Faschismus gekämpft und Stalin setzte überall in Osteuropa kommunistische Staatsführungen durch. Der Ost-West-Konflikt hatte insoweit auch eine ideologische Dimension, die wiederum eine politische und eine wirtschaftliche Komponente aufwies.

Westen*:*	**Ostblock***:*
Demokratie, Menschenrechte, Freiheit • Unterstützung nicht-kommunistischer Parteien und Regime	Kommunismus / Sozialismus • Unterstützung kommunistischer Parteien und Bewegungen
Marktwirtschaft („Kapitalismus“) • Marshallplan für Europa (1947) • Welthandelssystem (GATT) • Bretton-Woods-System (-1972) (Währungssystem mit US-Dollar und Gold als Ankerwährungen)	Planwirtschaft • Rat für Gegenseitige Wirtschaftshilfe (RGW) • Sozialistische Arbeitsteilung • Devisenbewirtschaftung und Transferrubelsystem (keine Annahme der Währung außerhalb des Landes)

Quelle: Eigene Darstellung.

Nach dem Ende des Zweiten Weltkriegs hatten die USA ihre Streitkräfte im Vertrauen auf ihr Atomwaffenmonopol demobilisiert. Doch bereits zwei Jahre später gelang der SU ihr erster Atomtest und so etablierte der Kalte Krieg ein **„Gleichgewicht des Schreckens“**. Durch die Aufrüstung der Nukleararsenale waren beide Seiten in der Lage, den jeweiligen Gegner vielfach zu vernichten. Nur ein solches Arsenal bewahrte jede Seite – so das Kalkül – vor einem Überraschungsangriff. Diese Abschreckungsstrategie (*deterrence*, vgl. 4.) hat zwar im Kalten Krieg funktioniert, führte jedoch auch zu konventioneller, d.h. nicht-atomarer Aufrüstung (vgl. „Sicherheitsdilemma“ unter 4.). Dies wird nachvollziehbar, wenn man sich einen konventionellen Angriff auf Westdeutschland vorstellt: Wie hätten die USA auf einen solchen Angriff reagieren sollen? Ein atomarer Vergeltungsschlag hätte u.U. das Ende der Welt bedeutet, zu einem konventionellen Krieg aber hätte es Jahre der Mobilmachung bedurft. Aus diesem Grund rüstete West-Europa konventionell auf: Die Bundeswehr wurde 1955 ins Leben gerufen.

Neben der Abschreckung und der konventionellen Aufrüstung bildeten **Allianzen** (vgl. Punkt 4) einen weiteren Baustein des Kalten Krieges. Bereits 1949 wurde die North Atlantic Treaty Organisation (NATO) gegründet, sechs Jahre später folgte der Warschauer Pakt und beide Supermächte gingen vertragliche sicherheitspolitische Verpflichtungen gegenüber ausgewählten Staaten außerhalb Europas ein (USA: Japan, Taiwan, Australien, Südkorea; SU: Kuba, Vietnam).

Die NATO

Die intergouvernementale NATO wurde als Verteidigungsbündnis der westlichen Welt gegen einen möglichen Angriff der SU ins Leben gerufen, es umfasst geographisch also Westeuropa und Nordamerika nördlich des Wendekreises des Krebses. Nach den 12 Gründungsmitgliedern (USA, UK, F, I, L, B, NL, N, DK, P, IS, CDN) traten bis 1989 auch Deutschland, Griechenland, die Türkei und Spanien der Allianz bei. Als wesentliches Prinzip gilt das Gebot der gegenseitigen Unterstützung im Falle eines Angriffs (**kollektive Verteidigung**): Ein Angriff auf einen Mitgliedstaat wird automatisch als ein Angriff gegen alle Mitgliedstaaten verstanden (Art. 5 NATO-Vertrag). Allerdings bleibt es den Mitgliedern überlassen, wie sie konkret reagieren. Eine automatische militärische Beistandsverpflichtung, wie sie bspw. vor dem Ersten Weltkrieg üblich war, existiert nicht. Im Kalten Krieg musste der Bündnisfall nie ausgerufen werden, dies geschah erst 2001 nach den terroristischen Anschlägen auf die USA.

North **A**tlantic **T**reaty **O**rganisation

Politische Organisation	Militärische Organisation
• Nordatlantik-Rat (i.d.R. Botschafter bei der NATO) • Generalsekretär • Partnership for Peace (seit 1994), Dialoge mit Nachbarstaaten • Spezieller NATO-Russland-Rat	• Militärausschuss (Stabschefs) • Supreme Allied Commander Europe (SACEUR)

Quelle: Eigene Darstellung.

Die NATO hat sich im Laufe des Kalten Krieges als sehr stabiles Verteidigungsbündnis erwiesen, trotzdem hatte sie – sowohl vor, wie nach 1989 – auch einige **Krisen** zu bewältigen, wenn große Differenzen zwischen den Mitgliedstaaten zu beobachten waren:

- Suez-Krise (1956): Nachdem Frankreich, UK und Israel den von Ägypten verstaatlichten Suez-Kanal besetzt hatten, zwangen die USA und die SU sie zum Rückzug.
- NATO-Doppelbeschluss (1982): Als Antwort auf die Stationierung von sowjetischen Mittelstreckenraketen (SS-20) in Osteuropa, beschloss die NATO Pershings und Cruise Missiles in Westeuropa zu stationieren. Hierüber gab es große innenpolitische

Spannungen etwa in den Niederlanden und der Bundesrepublik („Friedensbewegung"), in dessen Gefolge die sozialliberale Koalition zerbrach.
- Bosnien-Kriege (1992-1995): Aufgrund der Eskalation der Bosnien-Kriege beschloss die Clinton-Administration, ihre Zurückhaltung aufzugeben und auf Seiten der Bosniaken und Kroaten in den Konflikt einzugreifen. Frankreich und mehr noch das UK wollten dessen ungeachtet an einer neutralen Positionierung (vgl. Kap. Sicherheit durch Intervention) festhalten.
- Irak (2002-2003): Nach der Ausrufung des Bündnisfalls nach Art. 5 erhielt die Bush-Administration große Unterstützung für ihren Feldzug in Afghanistan. Als die USA ein Jahr später den Irak angriffen, verweigerten sich dem einige NATO-Partner (Deutschland, Frankreich, Griechenland, vgl. Kap. USA, 9/11).

Schließlich war der Kalte Krieg durch wechselseitige **Perioden der Spannung und Entspannung** *(détente)* gekennzeichnet. Spannungsphasen zeichneten sich durch harsche Rhetorik, Wirtschaftssanktionen, symbolische Boykotte, Unterbrechung von Verhandlungen und eine Intensivierung von Geheimdienstaktivitäten aus. Beispiele waren die Berlin-Krise (1949), der Mauerbau (1961), die Kuba-Krise (1962) und der Einmarsch der Roten Armee in Afghanistan (1979).

Die Kuba-Krise

Nachdem US-Aufklärungsflugzeuge im Oktober 1962 sowjetische Mittelstreckenraketen auf Kuba entdeckten, die in Kürze einsatzbereit sein sollten, verlangte US-Präsident Kennedy von Chruschtschow den sofortigen Abzug der Raketen und drohte mit einer Seeblockade und der Invasion Kubas. Die sowjetische Regierung beugte sich schließlich inoffiziell in einem geheimen Briefwechsel dem amerikanischen Druck unter der Bedingung des Abzugs der in der Türkei stationierten amerikanischen Raketen. Auf diese Weise konnte ein drohender Atomkrieg verhindert werden.

Quelle: Bundeszentrale für politische Bildung, online unter: http://www.bpb.de/izpb/ 10339/vom-kalten-krieg-zur-aera-der-entspannung?p=0 [letzter Zugriff am 30.01.2014].

Oft folgten auf solche Krisen Entspannungsphasen. So wurde in der Folge der Kuba-Krise ein „heißer Draht", eine ständige Fernschreibverbindung, zwischen dem US-Präsidenten und dem Vorsitzenden des Zentralkomitees der SU eingerichtet (1963), um Konflikte auf höchster Ebene entschärfen zu können. In den frühen 1970er Jahren begannen Bemühungen um eine Kontrolle der atomaren Aufrüstung, die schrittweise zu einer Reduzierung der Atomwaffenarsenale der Supermächte führte.

Abrüstung

SALT (Strategic Arms Limitation Talks/Treaty): Gespräche, die 1972 und 1979 zur Unterzeichnung von Verträgen zwischen den USA und der SU zur Begrenzung nuklearstrategischer Waffen geführt haben.

START (Strategic Arms Reduction Treaty): Vertrag zur Reduzierung strategischer Nuklearwaffen, den die USA und die SU 1991 unterzeichnet haben.

MBFR (Mutual and Balanced Force Reduction): Letztlich erfolglose Verhandlungen zwischen den USA und der SU (1973-1989) über gegenseitige Verminderung von konventionellen Streitkräften und Rüstungen.

NEW START: Neuer START-Vertrag, der die strategischen Trägersysteme und die Gefechtsköpfe reduzieren soll und 2010 von den USA und Russland unterzeichnet wurde.

Quelle: Bundeszentrale für politische Bildung (2011), online unter: http://www.bpb.de/ gesellschaft/ kultur/filmbildung/63123/chronik-der-nuklearruestung [letzter Zugriff am 19.2.2014].

In Europa setzte die sozialliberale Koalition in Bonn eine Aussöhnungs- und „**Entspannungspolitik**" mit der DDR, Polen und der SU in Gang („Ostverträge", 1970-75). Dieser Prozess konnte in einen nordatlantischen Rahmen eingebettet werden – die Konferenz für Sicherheit und Zusammenarbeit in Europa (KSZE). Im Abschlussdokument der Konferenz von Helsinki (1975) einigten sich Ost und West auf die Anerkennung bestehender Grenzen, wirtschaftlichen Austausch und die Einhaltung der Menschenrechte. Nach dem Ende des kalten Krieges wurde die KSZE zur Organisation für Sicherheit und Zusammenarbeit (OSZE). Ziel der 56 Mitgliedstaaten (2012) ist die Pflege guter Nachbarschaft, insbesondere die friedliche Beilegung von Konflikten und die Zusammenarbeit in wirtschaftlichen, technisch-wissenschaftlichen und ökologischen Bereichen. Ihre Schwerpunkte heute liegen u.a. in der Wahlbeobachtung von Transitionsstaaten.

Unter der Ägide des neuen Generalsekretärs Michail Gorbatschow wandelte sich die Politik in der Sowjetunion im Laufe der 1980er Jahre. Mit Umgestaltung (Perestroika) und Offenheit (Glasnost) versuchte er die immensen wirtschaftlichen Probleme und ethnischen Spannungen in der sowjetischen Gesellschaft zu lösen. Die außenpolitische Umgestaltung führte zum Sturz der kommunistischen Regime in Osteuropa und zur deutschen Vereinigung (vgl. 2+4 Verhandlungen in 5.3.). In der Folge kam es zu Unabhängigkeitserklärungen einzelner Teilrepubliken, und schließlich zu einem Putsch gegen Gorbatschow, in dessen Folge die Sowjetunion aufhörte zu existieren (1991). Der RGW (Rat für gegenseitige Wirtschaftshilfe) und der Warschauer Pakt zerfielen gleichfalls und die kommunistischen Regime in Osteuropa wurden friedlich gestürzt (Ausnahmen: Rumänien und Jugoslawien). Der Kalte Krieg war zu Ende.

4. Analyse: Sicherheitsdilemma, Abschreckung und Allianzen

Aus der Vielzahl der Aspekte der Epoche des Kalten Krieges sollen drei näher beleuchtet werden: Das sogenannte „Sicherheitsdilemma", „Abschreckung" und die „Allianz".

a) Das Sicherheitsdilemma

Der deutsch-amerikanische Wissenschaftler John Herz (1950) hat zum Verständnis der Rüstungsspirale zwischen Ost und West das Modell des *security dilemmas* eingeführt. Danach erhöht die Aufrüstung des Einen die Unsicherheit des Anderen, weswegen dieser gleichfalls aufrüstet. Dies wiederum lässt die Bedrohung aus Sicht des Einen größer werden, so dass dieser nachrüstet usw.

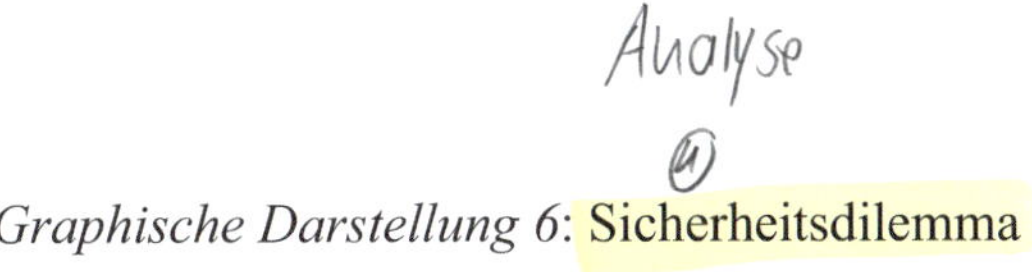

Graphische Darstellung 6: Sicherheitsdilemma

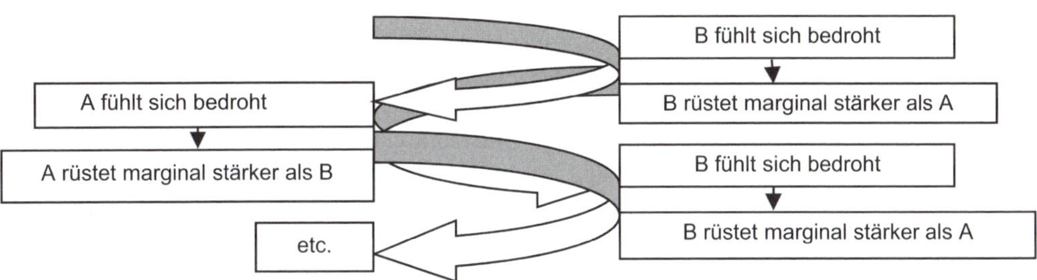

Im Ergebnis führt das Streben nach Sicherheit auf diese Weise zu allseitiger Unsicherheit – ein Sicherheitsdilemma: „A structural notion in which the self-help attempts of states to look after their security needs tend, regardless of intention, to lead to rising insecurity for others as each interprets its own measures as defensive and measures of others as potentially threatening" (Herz 1950: 157).

b) Abschreckung

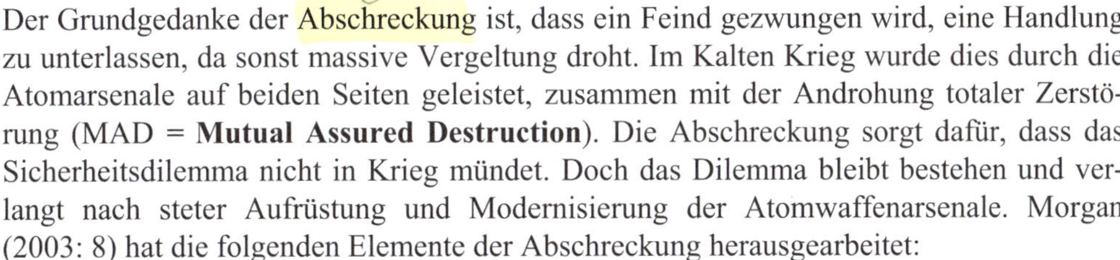

Der Grundgedanke der Abschreckung ist, dass ein Feind gezwungen wird, eine Handlung zu unterlassen, da sonst massive Vergeltung droht. Im Kalten Krieg wurde dies durch die Atomarsenale auf beiden Seiten geleistet, zusammen mit der Androhung totaler Zerstörung (MAD = **Mutual Assured Destruction**). Die Abschreckung sorgt dafür, dass das Sicherheitsdilemma nicht in Krieg mündet. Doch das Dilemma bleibt bestehen und verlangt nach steter Aufrüstung und Modernisierung der Atomwaffenarsenale. Morgan (2003: 8) hat die folgenden Elemente der Abschreckung herausgearbeitet:

- ein gravierender Konflikt als Ausgangspunkt
- die Vergeltungsandrohung
- das Konzept des inakzeptablen Schadens
- die Stabilität der Abschreckung (ein Erstschlag kann nicht gewinnen)
- die Rationalität der (staatlichen) Akteure
- die Glaubwürdigkeit der Außenpolitik

Aus Sicht des Abschreckungskonzepts sind Verteidigungsanstrengungen mit dem Ziel, anfliegende Atomraketen abschießen zu können, durchaus problematisch, denn sie untergraben die wechselseitige Abschreckung und machen einen Erstschlag möglich. Dies erklärt u.a. die russischen Vorbehalte gegen die Einführung eines Raketenschirms in Europa seit 2010. Wie im Kapitel „USA 9/11" deutlich wird, hat die G.W. Bush-Administration 2003 argumentiert, dass Abschreckung gegenüber Terroristen u.a. deshalb nicht funktioniert, weil die Rationalitätsannahme nicht mehr gelten würde.

c) Allianzen

„An alliance is a formal agreement between two or more nations to collaborate on national security issues" (Holsti 1992: 1002). Konstituierend für Allianzen ist dabei die Bedrohungswahrnehmung. Das Ende des Kalten Krieges stellte die NATO vor zwei große Herausforderungen: Erstens strebten mehr und mehr Staaten danach, in das Bündnis aufgenommen zu werden und zweitens war ihr Feind weggefallen. So beschloss die NATO eine neues Sicherheitskonzept, das „neue Sicherheitsbedrohungen" definierte und neue Instrumente vorsieht, um diesen Herr zu werden (z.B. schnelle Eingreifverbände = Combined Joined Task Forces). Im Zuge eines „erweiterten Sicherheitsbegriffs" fasst das Bündnis nicht mehr nur unmittelbare militärische Bedrohungen als sicherheitsrelevant auf. Die neuste Überarbeitung der NATO-Strategie vom November 2010 etwa sieht mögliche Angriffe auf Energieversorgungsleitungen und aus dem Cyberspace (*cyberwar* vgl. Fußnote 4) als neue Gefahren.

Nach dem Ende des Kalten Krieges ist die NATO zum sicherheitspolitischen Stabilitätsanker für fast alle Mittel- und Osteuropäischen Staaten geworden, die dem Bündnis beigetreten sind. Ein Diskussionspunkt in diesem Zusammenhang ist die Frage, inwieweit kleine Beitrittsstaaten die Sicherheit des Bündnisses noch vermehren können, oder ob ihr Beitritt aus Sicht der USA, die letztlich den militärischen Beistand garantieren, nur eine Risikozunahme bedeutet?

5. Erklärung: Die neorealistische Theorie

a) Annahmen

Wie können wir den Kalten Krieg und Konflikte in den iB allgemein erklären? Der **Neorealismus** nach Kenneth N. Waltz (1979) sucht Erklärungen für Krieg und Konflikt im internationalen Staatensystem und gehört somit zu den **Strukturtheorien**: Nicht Akteure, sondern Strukturen bestimmen die Ergebnisse von Politik. Damit grenzt sich Waltz vom Klassischen Realismus – etwa vertreten von Morgenthau (1948/2006) – ab, der den Grund für Konflikte in der Natur des Menschen gesehen hatte (vgl. die realistische Theorieschule in 1.1.). Waltz geht vielmehr von der „**Anarchie**" des Staatensystems aus: Es gibt keine übergeordnete Instanz für die Staaten des Systems und deshalb leben sie in permanenter Unsicherheit. Internationale Politik ist aus diesem Grund immer zuvörderst Sicherheitspolitik – „Sicherheit" bedeutet in diesem Verständnis die Abwesenheit von Gefahr und Furcht (Del Rosso Jr. 1995: 183). Die Anarchie ist bei weitem das wichtigste *ordering principle* (Waltz 1986: 81-84) des internationalen Systems. Weitere sind die Selbstbezogenheit seiner Einheiten (*self-regarding*) und die Dezentralisation des Systems (ebd. 84).

Staaten stellen die einzig wesentlichen Akteure des internationalen Systems dar (ebd. 88f.). Weder innenpolitische Akteure und Zwänge haben außenpolitische Relevanz, noch können transnationale Akteure im internationalen System die Ergebnisse internationaler Politik nennenswert beeinflussen. Insofern ähnelt der Staat konzeptionell einer *black box* – die Vorgänge innerhalb des Staates sind ohne Belang für die Ergebnisse internationaler Politik. Staaten streben sämtlich nach Überleben (**survival**) und Macht (*power*), eben weil sie sich nur auf sich selbst verlassen können (**self-help principle**, ebd. 85). Waltz argumentiert, dass Staaten sich im internationalen System eher defensiv verhalten: „The first concern of states is not to maximize power but to maintain their position in the system" (Waltz 1979: 126). Aus diesem Grund wird er innerhalb der realistischen Theorieschule den „defensiven Realisten" zugeordnet, während für die „offensiven" der Machtgewinn an erster Stelle steht.

Die Ordnungsprinzipien wirken gleichermaßen auf alle Staaten, erzeugen jedoch im Ergebnis ein sehr hierarchisiertes System. Während die grundsätzliche Unsicherheit eines Staates im System aus der Anarchie folgt, wird die Position eines Staates durch seine Machtressourcen (**capabilities**) bestimmt. Die wesentlichen *capabilities* sind militärischer Natur – sie entscheiden darüber, wer wen angreifen und vernichten kann und wer glaubwürdig drohen kann, um die eigene Politik durchzusetzen. Einem Staat verbleiben also nur zwei Möglichkeiten, seine Machtressourcen zu mehren, um sein langfristiges Überleben zu sichern: Entweder er rüstet auf, um so an Macht zu gewinnen, oder er findet Alliierte. Allerdings verspricht Aufrüstung nur dann einen Machtgewinn, wenn sich die relative Position zu anderen verbessert (**relative gain-seeking**): Erhöhen die USA ihr Verteidigungsbudget um drei Prozent, die SU aber um vier Prozent, haben die USA relativ an Macht verloren. Die zweite Möglichkeit besteht darin, sich mit anderen Staaten in einer Allianz gegen den mächtigsten Staat zusammen zu schließen (**balancing behaviour**). Solche Allianzen sind jedoch nur solange stabil, wie sich die Machtstrukturen nicht wesentlich ändern. Gelingt es einem Herausfordererstaat, mächtigster Staat zu werden, zerfällt die Allianz, um den neuen Mächtigen zu „balancieren" (Waltz 1979: 125ff.). In einem solchen System kann eine gewisse Stabilität nur erreicht werden, wenn die zwei mächtigsten Staaten in etwa gleich stark sind (Machtgleichgewicht = **balance of power**). Bilden sich um zwei gleichstarke Gegner zwei Bündnisse heraus, kann dieses System auch langfristig stabil sein („**bipolares System**").

Graphische Darstellung 7: Bipolares System

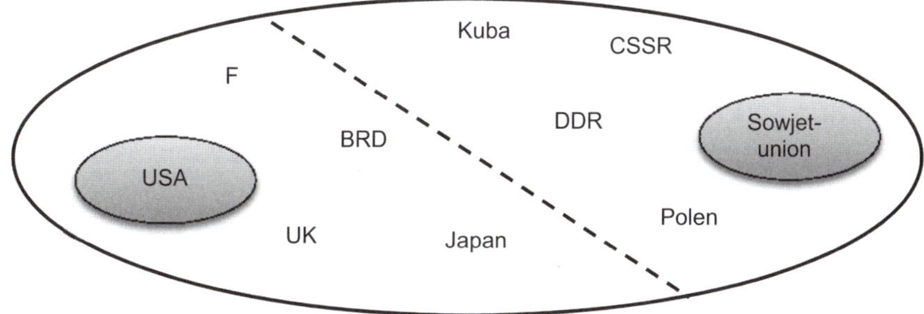

Quelle: Eigene Darstellung.

b) Anwendung auf den Kalten Krieg

Aufgrund der etwa gleichstarken *capabilities* glich der Ost-West-Konflikt einem bipolaren System, das einige Stabilität für sich beanspruchen konnte. Atomraketen und Abschreckung erhöhten diese Stabilität. Das Gleiche gilt für die Stabilität der Einflusszonen, für die der jeweils mächtigste Staat sorgt: Interventionen und *covert actions* im eigenen Einflussbereich sind insoweit zu erwarten und im Sinne der Stabilität des Gesamtsystems positiv zu bewerten. Die beidseitigen Aufrüstungen vermochten die Sicherheit nicht wirklich zu verbessern und führten zu einer Rüstungsspirale (Sicherheitsdilemma). Beidseitige Abrüstungsbemühungen und Entspannungsphasen können deshalb gleichfalls der Systemstabilisierung dienen, solange sie das „Gleichgewicht des Schreckens" nicht gefährden und die „Mutual Assured Destruction" erhalten bleibt.

Probleme ergeben sich in diesem System vor allem durch den Versuch, die eigene Machtposition (natürlich auf Kosten des anderen) zu verbessern. Solche Versuche führen zu manifesten Krisen des Systems (Kuba 1962, Berlin 1948/49, Afghanistan 1979). Die jeweils herausgeforderte Seite wird dann mit allen Mitteln versuchen, den Status quo ante wieder herzustellen oder wenigstens die relativen Gewinne des anderen zu minimieren. In dieser Perspektive ist es sinnvoll, Stellvertreterkriege zu finanzieren und auch militärisch verlorene Konflikte möglichst lange weiter zu führen oder schwelen zu lassen (Vietnam, aus Sicht der USA).

6. Prognose

Der Neorealismus schätzt die Stabilität eines bipolaren Systems sehr hoch ein. Umso mehr musste das plötzliche Ende des Kalten Krieges überraschen. Den Zusammenbruch der SU aufgrund interner, gesellschaftlicher Faktoren konnte die Theorie nicht vorhersehen – liberale oder sozialkonstruktivistische Theorien weisen diesbezüglich einen besseren Erklärungsbeitrag auf. In neorealistischer Lesart ist nach 1991 ein unipolares (nicht etwa ein „multipolares"!) System entstanden, dem Neorealisten große Instabilität vorhergesagt haben (Mearsheimer 1990). Wir müssten angesichts der überwältigenden militärischen Überlegenheit der USA – die *capabilities* der USA sind größer als die aller übrigen Groß- und Regionalmächte zusammengenommen – erwarten, dass sich alle anderen Staaten dieser Welt gegen die USA zusammenschließen würden (balancing). Die NATO würde zerfallen und stattdessen wären Allianzen mit China und Russland gegen die USA zu erwarten. Doch selbst der enorme Ansehensverlust der USA in Folge des Irak-Krieges (vgl. Kap. USA, 9/11), die relativen Machtgewinne Chinas und die zunehmende wissenschaftliche Beschäftigung mit Regionalmächten wie Brasilien, Russland, Indien, China und Südafrika (sog. „BRICS") können nicht darüber hinwegtäuschen, dass die neorealistischen Prognosen praktisch keinen Erklärungswert für die Zeit nach dem Endes des Kalten Krieges reklamieren können.

7. Bewertung

Die neorealistische Theorie gehört bis heute zu den einfluss- und folgenreichsten der IB-Geschichte. Zu ihren Meriten gehört die Verwissenschaftlichung der Disziplin IB und eben der gute Erklärungsbeitrag für den Kalten Krieg. Sie ist sicherlich die bis heute am meisten gelehrte Theorie an Hochschulen und Militärakademien und ihre Terminologie gehört heute zum Gemeingut von Politikberatern bis hin zu Nachrichtenkorrespondenten. Doch bereits im Kalten Krieg offenbarten sich eklatante Schwächen der Theorie, denn die offensichtlichen Unterschiede in der außenpolitischen Positionierung von ähnlich mächtigen Staaten (Japan, Westdeutschland, Frankreich und UK) und deren Anlehnung an die USA (**bandwagoning** – eine Allianz mit dem Stärksten) konnten genauso wenig erklärt werden wie die Supranationalisierung der EU (vgl. Kap. Vertiefung der EU), das Phänomen der Neutralität (Schweiz, Schweden) oder der Blockfreien-Bewegung[10]. In der Folge

10 Die Blockfreien-Bewegung war eine Gruppe von Staaten der sogenannten „Dritten Welt", die sich nicht einer der beiden Supermächte zurechnen lassen wollte, sondern stattdessen eine selbstbestimmte und unabhängige Außenpolitik versuchte (Matthies 1985: 77).

bildeten sich neo-realistische Unterschulen heraus (z.B. *balance of threat*, Defensiver, Offensiver und Neo-klassischer Realismus), die die Annahmen von Waltz aufzuheben versuchten, um den Erklärungswert der Theorie zu erhöhen.

Durch das Aufkommen transnationaler Akteure in der Weltpolitik (Terroristen-Netzwerke, Befreiungsbewegungen), 9/11 und den Wandel des Krieges hat der Erklärungswert des Neorealismus weiter gelitten, da er nicht-staatlichen Akteuren keine Relevanz beimisst. Auch auf die vielfältigen Probleme fragiler und zerfallender Staaten (Somalia, Jugoslawien) und die Entwicklung von „Zonen des Friedens“ sowie internationaler Normen liegen außerhalb seines Erklärungsanspruchs. Aus all diesen Gründen hat der Neorealismus viel Kritik auf sich gezogen und Kritiker sprechen von einem „degenerativen Forschungsprogramm“ (Vasquez 1997).

8. Handlungsempfehlung

Handlungsempfehlungen – so die Annahme in 1.1. – werden vor allem von Politikberatern vorgebracht, sollten aber durch eine theoretische Grundlage fundiert sein. Was wären jetzt die Handlungsempfehlungen für die USA, wenn wir uns dem Neorealismus verpflichtet fühlten? Im unipolaren System müssten die USA darauf achten, nicht relativ an Macht gegenüber den Herausforderern zu verlieren. Empfehlenswert wäre demnach eine aktive Bündnispolitik, um alte Verbündete (Europa, Japan) weiter an die USA zu binden, die Eindämmung von potenziellen Herausforderern (China) und Investitionen in neue Militärtechnologien, um den Vorsprung an *capabilities* zu halten.

Glossar

Kollektive Verteidigung
Relative Gewinne (relative gains)
Sicherheitsdilemma
Neorealismus
Balancing/bandwagoning
Stellvertreterkrieg
Mutual Assured Destruction (MAD)
Verdeckte Operationen (covert actions)
Survival
Entspannungspolitik
Balance of power
Strukturtheorie
Capabilities
Anarchie
Self-help principle
Erweiterter Sicherheitsbegriff

Übungsfragen

1. Inwieweit können wir nachvollziehen, warum der Westen den Aufstandsbewegungen in der DDR, in Ungarn und der CSSR nicht aktiv geholfen hat? Argumentieren Sie historisch und analytisch!
2. Können Sie die Anschläge auf das World Trade Center (9/11) und das Aufkommen von global agierenden Terrornetzwerken wie al-Qaida (vgl. Kap. USA, 9/11) neorealistisch erklären?
3. Obwohl der Erklärungswert realistischer Theorien für viele Phänomene der iB sehr zweifelhaft ist, erfreuen sie sich bei Thinktanks, Politikern, Journalisten und Militärs immer noch großer Beliebtheit. Diskutieren Sie, warum das so ist!

4. Transferfrage: Lesen sie Punkt 5 des Kap. Sicherheit und Identität. Versuchen Sie, den Kalten Krieg alternativ mit Wendts Sozialkonstruktivismus zu erklären!

Filmtipp: Thirteen Days (2000), Roger Donaldson [Spielfilm]

Heißer als während der dreizehn Tage der Kubakrise wurde der Kalte Krieg nicht. Präsident Kennedy (Bruce Greenwood) muss zwischen Pentagon und Beratern, darunter O'Donnell (Kevin Costner), abwägen, wie ein Atomkrieg am wahrscheinlichsten vermieden werden kann.

Empfohlener beschreibender Text zum Verständnis des Kalten Krieges

Steininger, Rolf (2003): Der Kalte Krieg. Frankfurt a.M.: Fischer.

Empfohlener Text zum Verständnis des Neorealismus

Schörnig, Niklas (2010): Neorealismus. In: Schieder, Siegried/Spindler, Manuela (Hrsg.): Theorien der Internationalen Beziehungen. Opladen: Verlag Barbara Budrich, S. 65–96.

Originaltext zur Theorie

Waltz, Kenneth N. (1986): Political Structures. In: Keohane, Robert O. (Hrsg.): Neorealism and its critics. New York: Columbia Univ. Press, S. 70–97.

Übrige verwendete Literatur

Del Rosso Jr., Stephen J. (1995): The insecure state: Reflections on "the state" and "Security" in a changing world. In: What Future for the State?. Daedalus 124, 2. Cambridge: Spring, S. 175–207.

Herz, John H. (1950): Idealist Internationalism and the Security Dilemma. In: World Politics 2, 2, S. 171–201.

Holsti, Ole (1992): Regional associations: Alliances. In: Hawkesworth, Mary/Kogan, Maurice (Hrsg.): Encyclopaedia of Government and Politics. Volume 2. London: Routledge, S. 1002–1024.

Loth, Wilfried (2000): Die Teilung der Welt. Geschichte des Kalten Krieges 1941–1955. München: dtv.

Matthies, Volker (1985): Die Blockfreien. Ursprünge, Entwicklung, Konzeptionen. Opladen: Leske + Budrich.

Mearsheimer, John J. (1990): Back to the Future: Instability in Europe after the Cold War. In: International Security 15, 1, S. 5–56.

Morgan, Patrick J. (2003): Deterrence now. Cambridge Studies in International Relations. New York: Cambridge Univ. Press.

Morgenthau, Hans J. (1948/2006): Politics among Nations. The Struggle for Power and Peace. Boston: McGraw-Hill Higher Education.

Sietz, Henning: Petrows Entscheidung. Wie ein Oberstleutnant der sowjetischen Armee vor 25 Jahren den Untergang der Welt verhinderte und dafür zum Dank 1000 Dollar erhielt. In: Die ZEIT Nr. 39 v. 18.09.2008, S.110.

Vasquez, John A. (1997): The Realist Paradigm and Degenerative versus Progressive Research Programs: An Appraisal of Neotraditional Research on Waltz's Balancing Proposition. In: American Political Science Review 91, 4, S. 899–912.

Waltz, Kenneth (1979): The Theory of International Politics. New York: McGraw-Hill.

2. Globale Fragen (1)

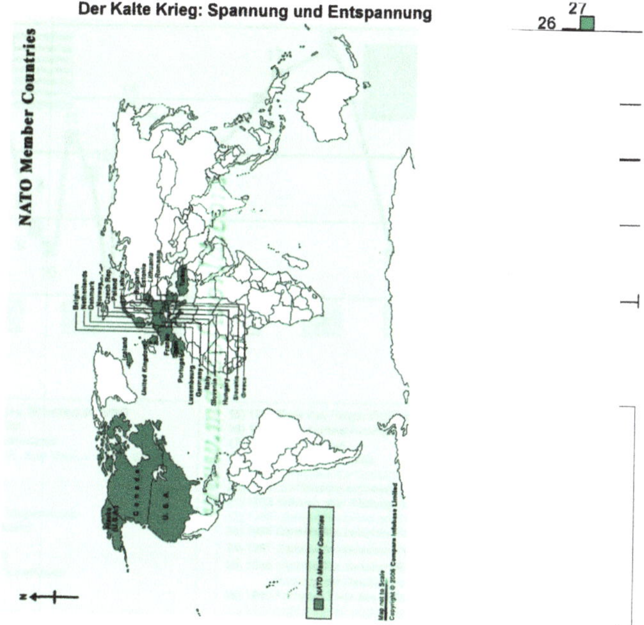

Glossar

- Berlin-Krise
- Marshall-Plan
- OECD
- RGW
- Domino-Theorie
- Warschauer Pakt
- SALT / START
- Kuba-Krise
- Stellvertreter-Kriege
- Mutual assured destruction
- Flexible response
- Kollektive Verteidigung
- Partnership for peace
- KSZE/OSZE
- Neorealismus
- Balancing/bandwagoning
- Capabilities
- Anarchie
- Survival
- Self-help
- Relative Gewinne (relative gains)

2.1. Internationale Institutionen: Die Vereinten Nationen

Mitarbeit: Vanessa Jansche

1. Einstieg

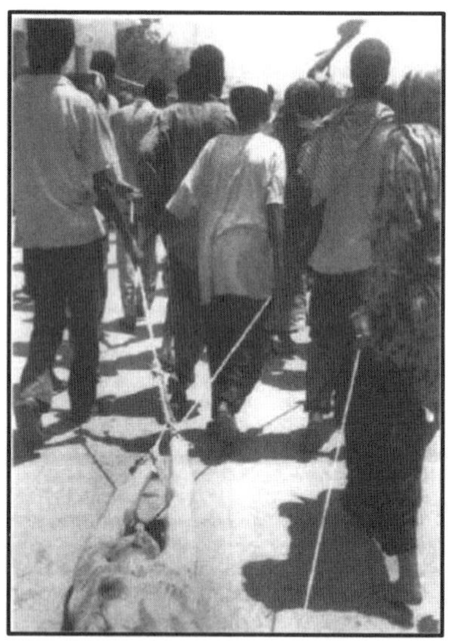

Graphische Darstellung 8:
Somalische Melizen schleifen tote US-Marines durch die Straßen Mogadischus
Quelle: Münkler (2004): 51.

Nach dem Kalten Krieg war die Hoffnung groß, dass die Blockade der Vereinten Nationen (United Nations – im Folgenden: UN) durch die beiden Supermächte USA und SU ein Ende nehmen und die internationale Organisation endlich ihre Aufgabe – die Sicherung des Weltfriedens – würde umfassend wahrnehmen können. Die Lage in Somalia war die erste Herausforderung der neu geeinten Staatengemeinschaft. Das Land am Horn von Afrika war nach jahrelangen Bürgerkriegen im Zerfall begriffen. Der Sicherheitsrat der Vereinten Nationen beschloss die Entsendung von UN-Truppen zur Befriedung des Landes (Gareis 2007: 130). Doch die UNOSOM (United Nations Operation in Somalia) endete in einem Desaster: Trotz der 37.000 stationierten UN-Soldaten gelang es den somalischen Clan- und Milizenführern immer wieder Nahrungsmittellieferungen anzugreifen, woraufhin die Transporte von US-Marines bewacht werden mussten. Im Oktober 1993 kam es schließlich zu einem tragischen Zwischenfall in der Hauptstadt Mogadischu: Zwei Hubschrauber der US-Marines wurden von somalischen Milizen abgeschossen.[11] Die Leichen der getöteten US-Soldaten wurden daraufhin von einer aufgebrachten Menge durch die Straßen Mogadischus geschleift.

Die Bilder der geschändeten Leichen gingen um die Welt und bewirkten den Abzug der UN-Truppen, was als „CNN-Effekt" in die Geschichte eingehen sollte: Das Land wurde von der internationalen Gemeinschaft aufgegeben. Seitdem sind die Somalis sich selbst überlassen. Während sich im Norden ein stabiles System aus Claneliten etablieren konnte, herrscht im Süden seitdem politisches Chaos – gekennzeichnet durch Warlords, islamische Milizen und fallweise militärische Interventionen der Nachbarstaaten (Äthiopien 2006; Kenia 2011).

11 Der Kriegsfilm „Black Hawk Down" (2001) von Ridley Scott thematisiert dieses Ereignis.

2. Leitfrage: Was kann die UN für globales Regieren leisten?

3. Beschreibung: Die Vereinten Nationen als Institution

a) Genese und Ziele der UN

Die Vorgängerorganisation der UN war der 1920 gegründete **Völkerbund** (League of Nations). Kernelement des Völkerbunds waren die „14 Punkte" des US-Präsidenten Woodrow Wilson, die er angesichts des Ersten Weltkrieges und anlässlich des Kriegseintritts der USA 1917 entworfen hatte. Letztlich scheiterte der Völkerbund, da die Achsenmächte Deutschland, Japan und Italien austraten, während die USA dem Bund fernblieben.[12] Dennoch war die Idee des Völkerbunds nicht ohne Wirkung, machte doch die Katastrophe des Zweiten Weltkriegs die Notwendigkeit eines globalen Regierungssystems deutlich.

US-Präsident Franklin D. Roosevelt hatte bereits 1937 erste Versuche zur Gründung einer internationalen Organisation unternommen, um die isolationistische Haltung der US-Bürger aufzubrechen und mehr globales Engagement seitens der USA zu fördern. 1941, auf dem Höhepunkt der deutschen Expansionspolitik, kam es zur Kooperation zwischen dem Britischen Empire und den USA – der sogenannten „**Atlantik-Charta**". Die Charta sah eine internationale Sicherheitsorganisation vor, die den Weltfrieden überwachen sollte (Gareis 2007: 22). Ein Jahr später gelang es Roosevelt neben dem Vereinigten Königreich auch die Sowjetunion und China mit einzubeziehen. In Jalta kam es 1945 schließlich zur Einigung in Bezug auf die Gründung einer neuen Organisation – den Vereinten Nationen (United Nations – UN).

> **Die Jalta-Formel**
>
> Während der Konferenz in Jalta im Februar 1945 einigten sich die „Großen Drei" (UK, SU, USA) auf ein Abstimmungsverfahren im Sicherheitsrat, das bis heute gültig ist. Die sog. „Jalta-Formel" beinhaltet, dass heute eine qualifizierte Mehrheit von 9 von 15 Mitgliedern notwendig ist, um eine Resolution zu verabschieden. Die fünf Staaten China, Frankreich, Großbritannien, Russland und die USA genießen ein Vetorecht. Es ermöglicht ihnen, Entscheidungen des Sicherheitsrats zu blockieren, die sie nicht wünschen.

In San Francisco unterzeichneten schließlich die 51 Gründerstaaten die UN-Charta, die am 24.10.1945 in Kraft trat.[13]

Die Charta ist das Gründungsdokument der UN und besteht aus 19 Kapiteln sowie einer Präambel. Die Präambel ist in pathetischer Sprache verfasst und kündigt an, die Menschheit von der „Geißel des Krieges" befreien zu wollen. Die Ziele der UN und ihre Handlungsmaxime werden in Art. 1 dargelegt. So soll „der Weltfrieden und die internati-

12 Die USA vertraten zu Beginn des 20. Jh. die Strategie, sich aus internationalen Konflikten herauszuhalten. Dies änderte sich mit dem Angriff Japans auf die USA (Pearl Harbor) 1941.

13 Die vollständige UN-Charta findet man online unter: http://www.un.org/en/documents/charter/ [letzter Zugriff: 12.06.2012]. Die deutsche Übersetzung bietet u.a. das United Nations Regional Information Centre for Western Europe, online unter: http://www.un.org/Depts/german/un_charta/charta.pdf [letzter Zugriff: 06.11.2013].

onale Sicherheit" gewahrt werden, wozu auch Kollektivmaßnahmen getroffen werden können. Zudem sollen freundschaftliche Beziehungen auf Grundlage der Gleichberechtigung und Selbstbestimmung der Völker gefördert und die Menschenrechte geachtet werden. Hauptziel der UN ist also der Frieden, wobei dieser nicht näher definiert wird. Dieser positive Friedensbegriff[14] umfasst nicht nur die Abwesenheit von Krieg, sondern auch die Achtung der Menschenrechte und das Bemühen um soziale Gerechtigkeit (Gareis 2007: 35).

Das Bestreben der Vereinten Nationen nach Durchsetzung der Menschenrechte und Förderung sozialer Gerechtigkeit zeigt sich beispielsweise in den **Millenniumszielen**, die sie sich zum Jahrtausendwechsel gesetzt hatten:

Ziel 1	den Anteil der Weltbevölkerung, der unter extremer Armut und Hunger leidet, halbieren
Ziel 2	allen Kindern eine Grundschulausbildung ermöglichen
Ziel 3	die Gleichstellung der Geschlechter fördern und die Rechte von Frauen stärken
Ziel 4	die Kindersterblichkeit verringern
Ziel 5	die Gesundheit der Mütter verbessern
Ziel 6	HIV/AIDS, Malaria und andere übertragbare Krankheiten bekämpfen
Ziel 7	den Schutz der Umwelt verbessern
Ziel 8	eine weltweite Entwicklungspartnerschaft aufbauen

2010 verfasste die UN einen Bericht mit einer gemischten Zwischenbilanz (MDG Report 2010). So stagniert die Bekämpfung der Armut seit der Finanzkrise, aber vor allem bei der Bekämpfung von AIDS, Malaria und Tuberkulose konnten Fortschritte verzeichnet werden, was hauptsächlich an der breiten Aufklärung und der Verteilung imprägnierter Netze liegt. Auch die Zahl der Kinder, die eine Grundschule besuchen, ist beständig gestiegen, gleichwohl wird das Millenniumsziel 2015 nicht erreicht werden können.

Neben dem Erreichen sozialer Gerechtigkeit steht das Ziel „Sicherheit" im Zentrum der Charta. Die Mitgliedstaaten verpflichten sich, auf gegenseitige Gewalt zu verzichten. Dieses Gewaltverbot erfährt nur zwei Einschränkungen. Zum einen hat jeder Staat das Recht, sich selbst gegen einen militärischen Angriff zu verteidigen (Selbstverteidigungsrecht, Art. 51). Zum anderen kann der Sicherheitsrat in bestimmten Fällen Gewaltmaßnahmen androhen oder gar beschließen (Kap. VII der Charta). Zu beachten ist, dass die UN mitnichten ein „Gewaltmonopol" innehaben, wie wir es in Gesellschaften mit einem funktionierenden Staat kennen. Denn erstens verfügen die Vereinten Nationen selbst über keinerlei Militär, sondern müssen die Mitglieder darum bitten, Truppen zu stellen, und zweitens haben die Mitglieder das Recht auf Selbstverteidigung behalten.

Art. 2 legt die **Grundsätze** fest, mit denen die Ziele der UN erreicht werden sollen. Dazu wird die Stellung der Mitgliedstaaten sowie deren Rechte und Pflichten festgelegt, die Grundstruktur der UN geklärt und die Kompetenzen der Organisation gegenüber den Staaten definiert. Die wichtigsten Punkte umfassen:

---

14 In der Präambel der UN-Charta heißt es, dass „[w]ir, die Völker der Vereinten Nationen – fest entschlossen [sind] (...), Bedingungen zu schaffen, unter denen Gerechtigkeit und die Achtung vor den Verpflichtungen aus Verträgen und anderen Quellen des Völkerrechts gewahrt werden können [und] den sozialen Fortschritt und einen besseren Lebensstandard in größerer Freiheit zu fördern".

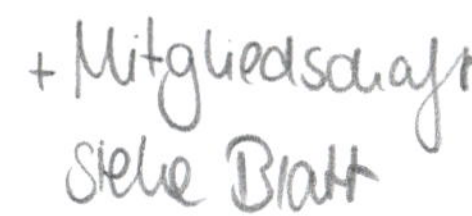

- die Gleichheit der Mitglieder, Achtung ihrer Souveränität
- die Verpflichtung zur friedlichen Streitbeilegung
- das Verbot der Androhung und Anwendung von Gewalt
- die Beistandspflicht bei Maßnahmen der UN
- das Interventionsverbot bei inneren Angelegenheiten

Die UN-Charta schreibt mit der Achtung der Souveränität ein Prinzip weltweit fest, das sich im Zuge der Westfälischen Staatenordnung (vgl. 1.1.) in Europa nach dem Dreißigjährigen Krieg entwickelt hatte. Hiernach wird einem Staat die innere Herrschaft und äußere Repräsentanz für ein bestimmtes Territorium und eine bezeichnete Bevölkerung zugesprochen. Das Interventionsverbot leitet sich aus dem Souveränitätsprinzip ab. Staaten ist es grundsätzlich untersagt, sich in die inneren Angelegenheiten eines anderen Staates einzumischen. Waffenlieferungen an Rebellen, die Planung eines Staatsstreichs oder die Unterstützung einer spezifischen politischen Partei durch einen anderen Staat widersprechen dem Interventionsverbot.[15] Nur die UN selbst, respektive der Sicherheitsrat (siehe unten), dürfen hiervon abweichen. So mischten sich in den 1960ern und 70ern die UN in „innere Angelegenheiten" ein, indem sie Sanktionen gegen Rhodesien (Simbabwe) und Südafrika aufgrund der dort herrschenden Apartheid[16] verhängten.

b) Die Organisation der UN

Außer dem Internationalen Gerichtshof (IGH) in Den Haag haben alle Organe ihren Sitz in New York. Die Hauptorgane können Neben- und Hilfsorgane bilden, um ihre Aufgaben zu erfüllen. In der Zusammensetzung der Hauptorgane wird der intergouvernementale Charakter der UN deutlich: Die zu politischen Entscheidungen befugten Organe setzen sich aus Delegationen der einzelnen Staaten zusammen (Gareis 2007: 42). Eine Ausnahme bilden das Sekretariat und der IGH, die eigene Mitarbeiter, beziehungsweise unabhängige Richter haben.

Die UN verfügen über fünf Hauptorgane:

- Generalversammlung
- Sicherheitsrat
- Sekretariat
- Internationaler Gerichtshof
- Wirtschafts- und Sozialrat

Die **Generalversammlung** ist das Herzstück der UN. Es herrscht das Prinzip „ein Staat – eine Stimme", wobei die Mitglieder von Delegationen von bis zu fünf Repräsentanten vertreten werden. Die Arbeit vollzieht sich in den sechs Hauptausschüssen, in denen alle Mitgliedstaaten vertreten sind:

- Internationale Sicherheit und Abrüstung
- Wirtschaftliche und finanzielle Fragen

15 Wie im Kapitel zum Kalten Krieg deutlich geworden ist, haben die Supermächte manches Mal gegen das Interventionsverbot verstoßen. Aufgrund der Lähmung des Sicherheitsrats (Veto-Recht) blieben diese Verstöße jedoch völkerrechtlich folgenlos.

16 „Apartheid" ist Afrikaans und bedeutet Rassentrennung. Die Trennung von Weißen und Schwarzen im öffentlichen und privaten Bereich war in Südafrika bis 1994 rechtlich vorgeschrieben.

- Humanitäre und kulturelle Angelegenheiten
- Spezielle politische Fragen (z.B. Dekolonisierung, Flüchtlinge)
- Administration und Haushalt
- Fortentwicklung des Völkerrechts

Entscheidungen bedürfen in der Regel einer einfachen Mehrheit. Ausnahmen sind die Wahl der nicht-ständigen Mitglieder des Sicherheitsrats und die Aufnahme eines neuen Mitgliedstaates, für die eine 2/3-Mehrheit notwendig ist. Die Generalversammlung hat interne und externe Kompetenzen: Intern fungiert sie als Legislative, nach außen fehlt ihr diese Kompetenz. Hier haben Resolutionen lediglich den Charakter von Empfehlungen. Doch hat sie das Recht, sich mit jedem beliebigen Thema von internationaler Bedeutung auseinander zu setzen. Neben der Ausübung öffentlichen Drucks als „moralische Instanz“ kann die Generalversammlung auch im Rahmen der sogenannten Notstandssondersitzungen Fragen des Weltfriedens behandeln, falls der Sicherheitsrat aufgrund einer Blockade durch die Vetomächte handlungsunfähig ist (Gareis 2007: 44). Daneben beaufsichtigt die Generalversammlung zahlreiche Programme und Fonds wie UNDP (United Nations Development Programme), UNEP (United Nations Environment Programme), UNHCR (United Nations High Commissioner for Refugees) oder UNICEF (United Nations Children’s Fund). Ebenfalls angebunden sind eigenständige Organisationen wie die Atomenergieaufsichtsbehörde IAEA (International Atomic Energy Agency) und die WTO (World Trade Organization), die der Generalversammlung Bericht erstatten.

Der **Sicherheitsrat** setzt sich aus 15 Mitgliedern zusammen, wobei die fünf ständigen Mitglieder (die sogenannten Permanent Five – P5 China, Frankreich, Großbritannien, Russland und USA) mit einem Vetorecht ausgestattet sind. Die übrigen zehn werden für zwei Jahre von der Generalversammlung gewählt, wobei jedes Jahr fünf neue bestimmt werden. Die Verteilung der Sitze erfolgt nach einem Regionalschlüssel. Beschlüsse kommen zustande, wenn 9 der 15 Mitglieder zustimmen und keines der fünf ständigen Mitglieder ein Veto einlegt (vgl. Infobox „Jalta-Formel“). Vom Sicherheitsrat beschlossene Resolutionen sind völkerrechtlich bindend. Zur Unterstützung kann der Sicherheitsrat Nebenorgane bilden, wie Friedensmissionen und die Sondertribunale für das ehemalige Jugoslawien und Ruanda. Die Funktion des Sicherheitsrats besteht hauptsächlich in der Wahrung des Weltfriedens. Dazu ist er auch befähigt, gemäß Kapitel VII Gewalt anzuwenden, wobei er die Durchführung der Zwangsmaßnahmen an andere Organisationen übertragen kann. Da viele Entscheidungen der Generalversammlung von einem Votum des Sicherheitsrats abhängen, hat der Rat auch innerhalb der UN großen Einfluss. So müssen die Richter des IGH und der Generalsekretär zunächst vom Sicherheitsrat vorgeschlagen werden, bevor sie von der Generalversammlung ernannt werden können. Eines der Hauptprobleme des Sicherheitsrats ist seine Zusammensetzung (siehe „Genese der UN“ oben). Bereits 1966 wurde die Anzahl der nichtständigen Mitglieder von sechs auf zehn angehoben. Gegenwärtig werden neue Reformen diskutiert, wie eine Umgestaltung des Sicherheitsrats aussehen könnte, die bisher unterrepräsentierte Regionen beachtet und gleichzeitig effizientere Arbeitsweisen ermöglicht.

Reformvorschläge zur Umstrukturierung der UNO (Auswahl)

Group of 4: Brasilien, Deutschland, Indien, Japan

- Erweiterung des Sicherheitsrats auf 25 Mitglieder
  - 6 ständige Sitze: Brasilien, Deutschland, Indien, Japan, zwei afrikanische Staaten
  - 4 nichtständige Sitze
- Vetorecht der P5 wird beibehalten, neue ständige Mitglieder erhalten kein Vetorecht

Uniting for Consensus (UfC): u.a. Italien, Argentinien, Pakistan, Kanada und Mexiko

- Erweiterung des Sicherheitsrats auf 25 Mitglieder
  - 10 neue nichtständige Mitglieder

Afrikanische Union (AU)

- Erweiterung des Sicherheitsrats auf 26 Mitglieder
  - 5 ständige Sitze
  - 6 nichtständig Sitze
  - Je zwei für afrikanische Staaten
- Vetorecht auch für die neuen ständigen Mitglieder

Um den Sicherheitsrat umgestalten zu können, müsste die UN-Charta abgeändert werden. Dazu bedarf es neben einer 2/3-Mehrheit in der Vollversammlung der Zustimmung aller ständigen Mitglieder im Sicherheitsrat. Bisher ist es noch keinem Vorschlag gelungen, diese institutionelle Hürde zu nehmen.

Der **Wirtschafts- und Sozialrat**, für den im Deutschen auch oft die englische Abkürzung „ECOSOC" gebräuchlich ist, besteht aus 54 Mitgliedern, die von der Generalversammlung ernannt werden. Die Mitglieder werden auf drei Jahre gewählt, wobei sie unmittelbar wiedergewählt werden können. Er stellt unter anderem das Bindeglied zu den zahlreichen Neben- und Sonderorganisationen dar, wie beispielsweise die FAO (Food and Agriculture Organization), ILO (International Labour Organization), UNESCO (United Nations Educational, Scientific and Cultural Organization), WHO (World Health Organization), World Bank Group und IMF (International Monetary Fund). Ein Großteil der Arbeit wird von Nebenorganen geleistet, wie der Menschenrechtsrat oder die fünf regionalen Wirtschaftskommissionen. Beim ECOSOC sind derzeit etwa 3500 NGOs registriert, die sie beraten.

Die Verwaltung der UN ist beim **Sekretariat** angesiedelt. Der Generalsekretär wird auf Vorschlag des Sicherheitsrates von der Generalversammlung gewählt. Seine Amtszeit beträgt fünf Jahre, wobei die Möglichkeit einer einmaligen Wiederwahl besteht. Der Generalsekretär koordiniert die Arbeit zwischen den Hauptorganen (mit Ausnahme des IGH), er stellt den Haushaltsplan auf, registriert völkerrechtliche Verträge und repräsentiert die UN nach außen. Zu seinen politischen Aufgaben gehört es laut Art. 99, die Aufmerksamkeit des Sicherheitsrats auf relevante Themen zu lenken. Er fungiert damit als Chefmanager und Impulsgeber.

Der **Internationaler Gerichtshof** (IGH; engl.: Internat. Court of Justice, IJC) in Den Haag ist mit seinen 15 Richtern für die Rechtsprechung und die Auslegung des Völkerrechts zuständig. Vor den IGH können ausschließlich Staaten treten, wobei Verfahren nur dann erfolgen können, wenn die in die Streitigkeiten involvierten Staaten die Gerichtsbarkeit des IGH anerkennen. Damit unterscheidet sich der IGH von den Sondertribunalen für Kriegsverbrechen in Jugoslawien, Ruanda, Kambodscha und Sierra Leone, die auch einzelne Personen zur Verantwortung ziehen.

c) Wie können die UN Sicherheit herstellen?

Gemäß ihrer Grundsätze ist es das erklärte Ziel der UN, den weltweiten Frieden zu wahren. Sie orientieren sich eher an der Erhaltung des Status-quo als an der aktiven Erschaffung einer neuen Friedensordnung. Wie können die UN nun Konflikte zwischen Staaten beilegen?

Bestehen beispielsweise verschiedene Interpretationen über einen genauen Grenzverlauf, können beide Staaten den IGH anrufen und eine Klärung des Falles erbitten. Wenn es zwischen verschiedenen Ethnien oder Bevölkerungsgruppen zu Streitigkeiten kommt, kann der Sicherheitsrat mit Bezug auf Kapitel VI einvernehmliche Maßnahmen wie Moderation, Einrichtung von Pufferzonen oder die Entsendung von UN-Truppen, sog. Blauhelmsoldaten, zum Zwecke der Friedenssicherung (*peace keeping*) beschließen. Schwieriger liegt der Fall bei größeren gewaltsamen Konflikten. Bei einem Kriegsausbruch sind grundsätzlich zwei Szenarien denkbar: Entweder es handelt sich um einen klassischen zwischenstaatlichen Krieg oder um einen Bürgerkrieg, der die internationale Sicherheit und den Weltfrieden gefährdet. In beiden Fällen greift zunächst Kapitel VII der UN-Charta, das „Maßnahmen bei Bedrohung oder Bruch des Friedens und bei Angriffshandlungen" vorsieht. Zunächst werden die Staaten aufgefordert, den Konflikt friedlich beizulegen. Sollten sie dazu selbst nicht mehr in der Lage sein, besteht die Möglichkeit, um internationale Hilfe zu bitten.

Das konkrete Vorgehen zur Konfliktlösung und Friedenssicherung im Falle eines zwischenstaatlichen Krieges zeigt sich beispielsweise am **Zweiten**[17] **Golfkrieg (1990/91)**. Als der Irak 1990 seinen Nachbarstaat Kuwait überfiel, verurteilte der Sicherheitsrat in der Resolution 660 die irakische Invasion und verhängte Sanktionen gegen das Land. Als sich die Lage zuspitzte, kam es zur Resolution 678, die vorsah, dass der Irak bis zum 15.1.1991 seine Truppen aus Kuwait abzuziehen hätte. Anderenfalls behielt es sich der Sicherheitsrat vor, militärische Gewalt anzuwenden. Nachdem der Irak das Ultimatum ignoriert hatte, begannen die Koalitionsstreitkräfte unter Führung der USA auf Grundlage der Resolution 678 die Militäroperation Desert Storm zur Befreiung Kuwaits. Der Feldzug stellte den Status quo ante wieder her: Die Souveränität Kuwaits ohne den Sturz des irakischen Regimes unter Saddam Hussein.

Seit den 1990ern haben Interventionen auf Grundlage von Kap. VII zugenommen. Während allerdings der Einmarsch in Afghanistan (2001) nach 9/11 mit Kapitel VII legitimiert wurde, gelang dies in der Kosovo-Krise (1998/99) und dem Dritten Golfkrieg (2003) nicht. Da insbesondere letzterer keine humanitären Ziele beanspruchen konnte, untergrub er das Monopol des Sicherheitsrats zur Legitimierung von Gewaltanwendung.

4. Analyse: Was sind die UN?

Gemeinhin werden die UN als „**System kollektiver Sicherheit**" bezeichnet. Im Gegensatz zu einer Allianz (vgl. Analyse im Kap. Abschreckung), die sich gegen einen potenziellen äußeren Aggressor richtet, legt die UN-Charta Regeln und Prinzipien für die Mitglieder des Systems selbst fest. Die Akzeptanz des Gewaltverbots steht dabei im Mittelpunkt. Wird dieses Gebot verletzt, sieht die Charta Maßnahmen vor, den Vor-Aggressionsstatus (status quo ante) wieder herzustellen (s.o.).

---

17 Da der bei weitem blutigste aller Golfkriege zwischen dem Irak und dem Iran (1980-88) im Westen schnell vergessen wurde, ist in den Medien auch häufig vom „Ersten Golfkrieg" die Rede.

Darüber hinaus lassen sich die UN laut Clive Archer (1992: 131ff) aus drei Perspektiven betrachten:

a) als Arena zum Austausch von Meinungen. Diese Sichtweise betont den Forumscharakter der UN, vor allem der Generalversammlung. Ähnlich der Prozesse innerhalb eines demokratischen Staates bietet die Generalversammlung auch die Möglichkeit, extreme und von der herrschenden Meinung abweichende Sichtweisen „im Parlament der Welt" zu popularisieren;
b) als Akteur: Völkerrechtlich gesehen ist der Sicherheitsrat die einzige Instanz, die die Anwendung von Gewalt legitimieren kann und wird daher als Vorläufer einer zukünftigen Weltregierung gesehen. Zusätzlich zum Sicherheitsrat schaffen der IGH und die Sondertribunale internationales Recht und Normen (vgl. hierzu das Kap. Universelle Normen). Der Generalsekretär fungiert als agenda setter und personifiziert die UN in der Weltöffentlichkeit;
c) als Instrument. Die UN sind dieser Ansicht nach nur ein politisches Werkzeug der Großmächte. Sie dienen demnach einzig dem Erhalt und Ausbau der Hegemonie der USA, oder wahlweise des Nordens, des Westens oder des Kapitalismus. Auch die übrigen P5 sind in der Lage, ihnen unliebsame Beschlüsse zu verhindern („Veto-Mächte") und sich fallweise gegen die USA zu positionieren (v.a. China, Russland). Auf diese Weise wird mit zweierlei Maß gemessen, da die P5 Entscheidungen gegen sich verhindern können.

5. Erklärung: Der Neoliberale Institutionalismus

Warum gibt es die UN? Hierauf gibt der **Neoliberale Institutionalismus** eine Antwort, der der liberalen Theorieschule zuzuordnen ist (vgl. 1.1.). Als Hauptvertreter gilt Robert Keohane, der sich mit *After Hegemony* (1984) und *International Relations and State Power: Essays in International Relations Theory* (1989) für zwei Standardwerke der Theorie verantwortlich zeichnet.[18]

a) Annahmen

Ähnlich wie der Realismus geht der Neoliberale Institutionalismus aufgrund der Abwesenheit einer übergeordneten Instanz von einem anarchischen Zustand zwischen den Staaten aus. Doch während die Realisten aus diesem Tatbestand ein immerwährendes Konflikt- und Kriegspotential ableiten, sehen die Vertreter des Liberalismus in der Kooperation zwischen Staaten eine Möglichkeit zur Überwindung des Sicherheitsdilemmas (vgl. Analyse im Kapitel Abschreckung). Der Neoliberale Institutionalismus trifft nun drei Annahmen zur Struktur des Internationalen Systems, die die Chancen zur Kooperation und zur Überwindung von Konflikten deutlich besser erscheinen lassen. Erstens nehmen liberale Institutionalisten an, dass Staaten nutzenmaximierende, rational-egoistische Akteure sind. Nutzen ist aber sehr viel besser teil- und vermehrbar als Macht und dies hat weitreichende Konsequenzen für die Institutionenbildung, wie zu zeigen sein wird. Liberale Theoretiker gehen grundsätzlich davon aus, dass Staaten nach Gewinnen streben. Im Gegensatz zu den Realisten reichen aber **„absolute Gewinne"**, ein Streben nach „relativen Gewinnen" wie im Neorealismus finden Liberale unplausibel. Schon aus diesem Grund sind Liberale viel optimistischer als Realisten, was das Zustandekommen und die Langlebigkeit von Institutionen angeht. Solange eine Institution nur allen absolute Gewinne verspricht, ist sie erhaltenswert. Für Realisten hingegen ist das Problem einer gerechten Gewinnverteilung in Institutionen fast unlösbar, weil

---

18 Zur Diskussion zwischen Neorealismus und Neoliberalismus siehe auch den Band *Cooperation under anarchy* (1986) von Oye.

immer ein Staat mehr profitieren wird als andere. Sie sehen deshalb nur zeitweilige Bündnisse gegen Dritte als möglich an. Erzielt China im Rahmen der Institutionen des globalen Welthandels etwa 7 Prozent Wachstum, die USA jedoch nur 2 Prozent, so würden die USA in neorealistischer Interpretation relativ verlieren: Die USA hätten deshalb kein Interesse am Erhalt des Welthandelsregimes. Aus Sicht der neoliberalen Theorie aber wäre es aufgrund der Produktion absoluter Gewinne positiv und erhaltenswert.

Welche Art von Nutzen können Institutionen stiften? Zunächst einmal – hier wird die Nähe des neoliberalen Ansatzes zur Neuen Institutionenökonomie in der Volkswirtschaftslehre deutlich – sparen sie **Transaktionskosten.** Das sind Kosten zur Beschaffung von Informationen über die Regeleinhaltung, zur Anbahnung von Verhandlungen, die Verhandlungskosten selbst sowie solche Kosten, die zur Durchführung und Überwachung von Sanktionen anfallen. Institutionen ermöglichen es, das Verhalten ihrer Mitglieder offen zu legen, zu überwachen und gegebenenfalls zu sanktionieren. In ökonomischer Perspektive ist „economizing on transaction costs" (Williamson 1985: 17) zentral, um zu begründen, warum es Institutionen überhaupt gibt. Hinzu kommt die Ersparnis von Informationskosten, denn Institutionen erleichtern die Generierung und den Fluss von Informationen – als Beispiel sind hier **Epistemic Communities** zu nennen, also Gruppen von Sachkundigen, die ihre Expertise einer Institution wie der UN zur Verfügung stellen (Haas 1992, vgl. auch 5. im Kap. Vertiefung der EU).

Eine zweite Annahme zum Charakter des internationalen Systems betrifft die Erwartungssicherheit von Politik. Institutionen werden noch lohnender, wenn man annimmt, dass Staaten unter Ungewissheit handeln: Weder die Art, noch die Kosten-Nutzen-Relation, noch die Eintrittswahrscheinlichkeit der zukünftigen Politikalternativen von Staaten sind heute bekannt (Williamson 1985: 79). In einer solchen **bounded rationality**-Situation (Simon 1972: 163) ergeben Institutionen selbst dann Sinn, wenn sie nur einen kleinen Nutzen stiften. Durch gegenseitige Übereinkunft und Festsetzung von verbindlichen Regeln gelingt es den Staaten, Unsicherheit zu überwinden und folglich die Zusammenarbeit untereinander – jede Art von Transaktionen, vor allem den Handel – zu erleichtern. Über einen längeren Zeitraum betrachtet nehmen die laufenden Kosten der Institutionalisierung immer weiter ab, da durch die Ermöglichung von Kooperation und Handel höhere Gewinne für die Zukunft in Aussicht gestellt werden. Je größer die Zukunftsorientierung der Akteure – je länger ihr **shadow of the future** – desto eher verhalten sie sich kooperativ (Axelrod 1986). Ein weiteres Argument lenkt den Blick auf mögliche Politikalternativen: Einer Institution nicht anzugehören, kann aus zwei Gründen teuer werden. Erstens entgehen einem außerhalb der Institution stehenden Staat die Institutionsgewinne, etwa, weil ein Bündnis einen Staat geschützt, oder eine Wirtschaftsunion höhere Gewinne versprochen hätte. Solche **Opportunitätskosten** (Kosten des Nutzenentgangs) stabilisieren Institutionen. Zweitens stellt Keohane (1984: 259) fest: „Maintainig unrestrained flexibility can be costly, if insistence on it makes a government an undesirable partner for others".

Die dritte Annahme in Bezug auf die Natur des internationalen Systems besteht darin, dass dieselben Akteure immer wieder in ähnlichen Situationen aufeinander treffen. In der Terminologie der von Liberalen auch verwendeten Spieltheorie[19] heißt das: Die Spiele

19 Gegenstand der Spieltheorie ist die Analyse von strategischen Entscheidungssituationen [deren charakteristische Eigenschaften] Interessenskonflikte und/oder Koordinationsprobleme [sind]" (Holler: 2006: 1). Vgl. 5. im Kap. Globale Klimapolitik.

wiederholen sich. In einer solchen Struktur bildet sich das Prinzip der **Reziprozität** („wie du mir so ich dir") heraus. So ist beispielsweise in der WTO genau geregelt, welcher Staat in welcher Höhe Strafzölle gegen einen erheben kann, der die Regeln gebrochen hat (vgl. Kap. Welthandelsordnung). Reziprozität als Prinzip von Staaten, die immer wieder miteinander verhandeln, macht das Nachgeben in Verhandlungen attraktiver, denn man kann hoffen, für die nächsten Runden einen Bonus zu erhalten.

Das dauerhafte Miteinander bringt einen weiteren positiven Effekt: Institutionen schaffen **Vertrauen und Erwartungssicherheit**: Das Verhalten des anderen Staates wird dank der allgemein verbindlichen Regeln kalkulierbar, die Zukunft wird ein wenig berechenbarer. Dadurch werden alle Transaktionen zwischen Staaten betroffen: Die Risikoaufschläge für jede Direktinvestition, für jedes Exportgeschäft und für jedes Devisengeschäft verringern sich: Vertrauen zahlt sich aus.

Was sind nun „Institutionen" aus Sicht des Neoinstitutionalismus? Keohane (1989: 3) definiert internationale Institutionen als „persistent and connected sets of rules (...) that prescribe behavioral roles, constrain activity, and shape expectations". Dergestaltige Institutionen können drei Formen annehmen:

Form der Institution	Konkretes Beispiel	Eigenschaften (nach Keohane)
Internationale Organisation	UN, EU, NATO, OSZE, ILO, WTO	Bürokratisch organisiert, explizites Regelwerk/Satzung → Akteursqualität (eigenständige Körperschaft), spezifische Aufgabenverteilung, eigene Organe/Gremien
Internationales Regime	Kyoto-Protokoll, Landminen-Regime, Regime zum Erhalt der Ozonschicht	Explizites Regelwerk, betrifft spezielle Aufgaben in den IP; zwischenstaatliche Regelung für abgegrenzte Sachbereiche (issue areas), keine Akteursqualität
Internationale Konvention	Verzicht auf Beleidigungen anderer Staats- und Regierungschefs	Implizite Regeln, formen eine gewisse Erwartungshaltung, „Verhaltenskodex", keine vertragliche Fixierung

Quelle: Eigene Darstellung.

Internationale Regime sind *negotiated orders*, von Regierungen in einem bewussten Aushandlungsprozess entstandene „(...) set(s) of implicit or explicit principles, norms, rules, and decision-making procedures around which actors' expectations converge in a given area of international relations" (Krasner 1982: 186).

Beispiel für ein „internationales regime"

Das Übereinkommen über das Verbot des Einsatzes, der Lagerung, der Herstellung und der Weitergabe von Antipersonenminen und über deren Vernichtung („Ottawa-Konvention").

Die im Dezember 1997 verabschiedete Ottawa-Konvention verbietet die Herstellung, Lagerung, und den Einsatz von sowie den Handel mit Landminen. Das Regime trat am 1. März 1999 in Kraft und wurde bis heute von 161 Staaten ratifiziert. Neben dem umfassenden Verbot von Antipersonenminen verpflichtet die Konvention zur Zerstörung der Minenbestände eines Staates innerhalb von vier Jahren und zur Räumung bereits verlegter Minen binnen zehn Jahren. Die Vertragsstaaten sagen sich zudem untereinander Unterstützung bei

der Minenräumung zu. Das Abkommen sieht jährliche Vertragsstaatenkonferenzen und alle fünf Jahre eine Überprüfungskonferenz vor.
Das Ottawa-Übereinkommen ist ein wichtiges Element des humanitären Völkerrechts und kann als solches Erfolge vorweisen: So ist der Handel mit Landminen praktisch zum Erliegen gekommen und auch die Zahl der Herstellerländer ist auf lediglich 13 geschrumpft. Seit seinem Inkrafttreten sind mehr als 40 Millionen Antipersonenminen vernichtet worden. 140 Vertragsstaaten, darunter Deutschland, haben ihre Lagerbestände vollständig zerstört.

Quelle: Auswärtiges Amt, online unter: http://www.auswaertiges-amt.de/DE/Aussenpolitik/Friedenspolitik/Abruestung/MinenKleinwaffen/Minen-Start_node.html [letzter Zugriff am 4.2.2014].

Konventionen sind demgegenüber eher *spontaneous orders*, entstanden durch Gewohnheit und menschliche Umgangsformen. In diesem Sinne war das *gentlemen's agreement* im Kalten Krieg zwischen den Supermächten, nicht in die europäische Interessenssphäre des jeweils anderen zu intervenieren, eine solche Konvention. Im Bereich der Diplomatie finden sich viele Konventionen, die den Umgang der Diplomaten verschiedener Länder untereinander regeln (vgl. Kap. Diplomatie).

Internationale Organisationen sind „organschaftlich strukturierte, (…) zwischenstaatliche Institutionen, die auf international vereinbarten Prinzipien, Normen und Regeln basieren, welche die Verhaltenserwartungen der beteiligten Akteure so angleichen, dass diese Organisationen repräsentiert durch ihre Organe gegenüber ihrer Umwelt selbst als Akteure auftreten können“ (Rittberger et al. 2013: 21). Die Akteurseigenschaft ist der entscheidende Unterschied zu anderen Institutionsformen. Im neoliberalen Weltbild treten neben Staaten deshalb Internationale Organisationen als Akteure auf – im Unterschied zum Neorealismus.

b) Theorieanwendung auf die UN

Aufgrund ihrer bürokratischen Organisationsstruktur und ihrem expliziten Regelwerk bildet die UN eine Internationale Organisation und grenzt sich damit von anderen Formen der internationalen Institutionen wie Regimen und Konventionen ab, da letztere zwar auch ausdrückliche Rechtsvereinbarungen und zwischenstaatliche Abkommen in bestimmten Sachbereichen aufweisen, aber keine Akteursqualitäten besitzen (keine eigene Verwaltung oder eigenes Budget). Unter der Annahme, dass Staaten rational und nutzenmaximierend sind, ist die Existenz der UN aus deren Sicht sinnvoll,

- weil sie Anreize für kooperatives Verhalten schafft
- weil sie Transaktionskosten spart
- weil sie Vertrauensprobleme mindert
- weil sie für die Zukunft Erwartungssicherheit schafft.

Das Grundproblem der Anarchie im Staatensystem bewirkt, dass gewisse Handlungsalternativen in der Zukunft (wie Kriegsführung) enorm teuer sein können. Wenn die Vereinten Nationen nur deren Eintrittswahrscheinlichkeit reduzieren können, erfüllen sie aus Sicht der Staaten einen guten Zweck. Durch die sich wiederholende Anwendung und Einübung von Regeln entstehen zudem bestimmte Verhaltensmuster, die mit der Zeit verinnerlicht werden (Keohane 1989: 5). Die Kooperation im Rahmen der Vereinten Nationen wird auf diese Weise für die Staaten noch günstiger, ein Austritt aber brächte unkalkulierbar hohe Opportunitätskosten mit sich.

6. Bewertung

Der Erhalt und die Weiterentwicklung von Institutionen hängen vom Nutzen der sie tragenden Staaten ab, insofern kommt den Vereinten Nationen nur eine komplementäre, unterstützende Rolle zu. Im Hinblick auf die begrenzten Mittel, die der UN zur Verfügung stehen, ist die bisherige Bilanz der Organisation durchaus positiv zu bewerten.

Organisation/Staat/Kommune	Haushaltsmittel (für 2012)
Vereinte Nationen	5,2 Mrd. US $[20] ≈ 3,9 Mrd. €
Europäische Union	129,1 Mrd. €[21]
Bundesrepublik Deutschland	311,6 Mrd. €[22]
München	5,2 Mrd. €[23]

Quelle: Eigene Darstellung.

Dennoch wird vor allem von Seiten der USA immer wieder Kritik an der Effizienz der UN laut, was unter anderem zu Struktur- und Verwaltungsreformen unter Generalsekretär Kofi Annan geführt hat. Eine gängige allgemeine Kritik betrifft das Veto-Recht der P5. Eine neoliberale Sichtweise würde gegenüber dieser Kritik zu bedenken geben, dass die Effektivität der UN vom nutzenstiftenden Charakter für die sie tragenden Staaten abhängt. Direkt formuliert: Warum sollten sich die USA einem Mehrheitsprinzip im Sicherheitsrat beugen, obwohl die faktische Last der Exekution der Maßnahmen und die Finanzierung vor allem ihnen zufällt? In dieser Perspektive ist das Veto-Recht der USA viel unproblematischer als das der anderen vier Staaten.

Was die Anwendbarkeit des Neoliberalen Institutionalismus zur Erklärung der UN betrifft, so ist auch diese durchaus positiv zu bewerten: Der Theorie gelingt es, die Existenz der UN sowie ihre Stärken (die UN erleichtert die Kooperation zwischen Staaten) und Schwächen (die UN hängen vom Gewinnstreben der Mitglieder ab) zu erklären. Dennoch vermag der Neoliberale Institutionalismus das Phänomen UN nicht restlos zu erfassen. So ist es dem Ansatz nicht möglich, die Eigendynamik der Organisation zu erklären. Diese zeigt sich darin, dass die Organisation als Ganze Entscheidungen unabhängig vom Interesse der sie tragenden Akteure trifft. So nahm die UNESCO im Oktober 2011 Palästina als Vollmitglied auf, gegen den ausdrücklichen Wunsch der USA, Deutschlands und Israels. Die USA stellten daraufhin ihre Zahlungen an die UNESCO ein. Dem Neoliberalen Institutionalismus gelingt es hier nicht, das eigenständige Handeln der UNESCO theoretisch zu erfassen, da er organisatorisches Handeln als nur abgeleitet von staatlichen Präferenzen begreift.

---

20 Zweijahreshaushalt für 2012-2013 inklusive spezieller politischer Missionen von 1,083 Milliarden US-Dollar, online unter: http://www.un.org/en/hq/dm/pdfs/oppba/Regular%20Budget.pdf [letzter Zugriff: 15.01.2014].

21 Mittel für Zahlungen, online unter: http://ec.europa.eu/budget/figures/2012/2012_de.cfm [letzter Zugriff: 15.01.2014].

22 Inkl. 1. und 2. Nachtragshaushalt, online unter: http://www.bundeshaushalt-info.de/startseite/#/2012/soll/einnahmen/einzelplan.html [letzter Zugriff: 15.01.2014].

23 Einzahlungen gemäß des 2. Nachtragshaushaltsplanes, online unter: http://www.muenchen.de/rathaus/dms/Home/Stadtverwaltung/Stadtkaemmerei/Dokumente/Presse_Publikationen/Presse/2012/121012_PM_2_Nachtrag_2012.pdf [letzter Zugriff: 15.01.2014].

Ebenfalls schwer verständlich ist aus Sicht des Neoliberalen Institutionalismus der **Funktionswandel der UN**. Zum ursprünglichen Ziel, den Krieg zu ächten und den Weltfrieden zu fördern, haben sich immer mehr Ziele hinzu gesellt: Heute gehört es unter anderem zu den Aufgaben der UN, die weltweite Armut und Krankheiten wie AIDS und Malaria zu bekämpfen. Der Neoliberale Institutionalismus kann sich diese Ausweitung der Kooperation zwischen Staaten nur durch Kostenersparnis aus Sicht der einzelnen Staaten erklären.

Außerdem lässt sich das Kosten-Nutzen-Kalkül, das Institutionalisten jedem Akteur als grundlegendes Handlungsmuster unterstellen, nicht hinreichend quantifizieren. Worin genau besteht beispielsweise der Nutzen der UN für Deutschland? Da sich dieser nur schwer in Zahlen ausdrücken lässt, bleibt nur die Möglichkeit, auf den wahrgenommenen Vorteil der UN für die Bundesrepublik zu verweisen. Doch damit würde die liberale Theorie ihren objektiven Maßstab aufgeben, den sie zuvor mittels des unterstellten absoluten Gewinnstrebens der Akteure eingeführt hat.

7. Prognose

Institutionen entstehen und entwickeln sich aus Sicht des Neoliberalen Institutionalismus nur, solange sie den Staaten nützen. In Bezug auf einen möglichen Funktionswandel der UN von einem System der kollektiven Sicherheit hin zu einer Art Weltregierung heißt das: Die Großmächte sehen schlichtweg darin für sich keinen Gewinn. Aus diesem Grund sind die bisherigen Reformen der UN gescheitert und die Organisation muss sich weiterhin mit den vorgegebenen Strukturen und einem niedrigen Budget arrangieren. In der Vergangenheit kam es immer wieder zu Blockaden und zu einer Instrumentalisierung der UN durch die ständigen Mitglieder des Sicherheitsrats. Es sind vor allem zwei Aspekte zu nennen, die die Weiterentwicklung der UN als Koordinator globalen Regierens hemmen: Zum einen ist es das Verhalten der USA, die sich weigern, die Organisation zu stärken. Zum anderen ist eine schleichende Delegitimierung auch durch die Europäer zu beobachten, die bspw. immer seltener dazu bereit sind, den UN Truppen für *peace-keeping operations* zur Verfügung zu stellen.

8. Handlungsempfehlung

Die UN erscheinen vor allem in zwei Bereichen als besonders reformbedürftig: Zum einen gilt es, das Entscheidungssystem und insbesondere die Zusammensetzung des Sicherheitsrats zu überdenken. Eine geographische Erweiterung des Sicherheitsrats und eine Ausweitung des Veto-Rechts auf andere Staaten würden zwar die Legitimität erhöhen, aber die Effektivität des Systems weiter schwächen. Solange die UN auf die Beiträge der Staaten angewiesen bleibt, liegt es letztlich bei den USA, inwieweit sie Beschlüssen der UN Geltung verschaffen (vgl. Bewertung). Eine Veränderung der Entscheidungsfindung ist demzufolge nur sinnvoll, wenn sie mit einer Reform der Eigenmittel und dem Aufbau von Kapazitäten einherginge.

Deshalb muss zweitens das Finanzsystem reformiert werden, so dass die UN eigene Kapazitäten aufbauen kann. So sollte sie über ein eigenes Budget und eigene Truppen verfügen können und nicht mehr von den finanziellen und militärischen Mitteln ihrer

Mitgliedstaaten abhängig sein. Das Problem bei all diesen Vorschlägen besteht darin, dass sie nur mit Unterstützung der USA und der übrigen P5 umzusetzen sind. Gemäß des Neoliberalen Institutionalismus wird es auf längere Sicht hin keine substanziellen Reformen der UN geben, solange die P5 darin keinen Nutzen für sich sehen.

Glossar

UN als Arena, Akteur und Instrument	Absolute Gewinne
Funktionswandel der UNO	System kollektiver Sicherheit
Internationale Organisationen	Internationale Regime
Konventionen	Transaktionskosten
Schatten der Zukunft (shadow of the future)	Opportunitätskosten
Reziprozität	Bounded rationality

Übungsfragen:

1. Welche Aspekte der Gründungsgeschichte der UN werden durch die Theorie des Neoliberalen Institutionalismus nicht berücksichtigt?
2. Welche Bestimmungen der UN sind geeignet, das Sicherheitsdilemma (vgl. Analyse des Kap. Abschreckung) zu überwinden?
3. Wie würden Sie das System der UN mit Hilfe der Englischen Schule erklären (vgl. Kap. Diplomatie)?
4. Transferfrage: Lesen Sie die Teile 3 der Kapitel zur Vertiefung der EU und der Gemeinschaftsbildung in Südostasien. Versuchen Sie, die Existenz von Regionalorganisationen wie der EU und die ASEAN mit dem Neoliberalen Institutionalismus zu erklären!

Filmtipp: Die Dolmetscherin (2005), Sydney Pollack [Spielfilm]

UNO-Dolmetscherin Silvia Broome (Nicole Kidman) überhört Pläne für einen Mordanschlag auf einen afrikanischen Diktator; unklar ist, inwiefern sie darin verwickelt ist. US-Geheimagent Tobin Keller (Sean Penn) wird eingesetzt, um sie zu beschützen und gleichzeitig zu überwachen. Spannender Thriller, der Einblicke in den UNO-Alltag gewährt.

Empfohlene Literatur zu den Vereinten Nationen

Gareis, Sven/Varwick, Johannes (2007/2014): Die Vereinten Nationen. C Berlin: Verlag Barbara Budrich.

Empfohlene Literatur zur Theorie

Hasenclever, Andreas/Meyer, Peter/Rittberger, Volker (1997): Theories c national Regimes. Cambridge: Cambridge UP, S. 27–44.

Originaltext zur Theorie

Keohane, Robert (1989): Neoliberal Institutionalism: A Perspective on World Politics. In: Ders. (Hrsg.): International Relations and State Power: Essays in International Relations Theory. Boulder: Westview Press: S. 1–20.

Übrige verwendete Literatur

Archer, Clive (1992): International Organizations. London/New York: Routledge.

Axelrod, Robert (1986): The Evolution of Cooperation. New York: Basic Books.

Charta der Vereinten Nationen, online unter: http://www.un.org/en/documents/charter/ oder http://www.un.org/Depts/german/un_charta/charta.pdf [letzter Zugriff: 15.01.2014].

Haas, Peter M. (1992): Introduction: Epistemic Communities and International Policy Coordination. In: International Organization 46, S. 1–35.

Holler, Manfred et al. (2006): Einführung in die Spieltheorie. Berlin: Springer.

Keohane, Robert. (1984/2005): After Hegemony. Cooperation and Discord in the World Political Economy. Princeton: Princeton UP.

Krasner, Stephan D. (1982): Structural Causes and Regime Consequences: Regimes as Intervening Variables. In: International Organisation 36, S. 185–205.

MDG Report (2010), online unter: http://www.un.org/depts/german/millennium/MDG%20Report%202010%20German.pdf [letzter Zugriff: 28.10.2013].

Münkler, Herfried (2004): Die neuen Kriege. Reinbek bei Hamburg: Rohwolt Verlag.

Oye, Kenneth (1986): Cooperation under anarchy. Princeton: Princeton UP.

Rittberger, Volker et al. (2013): Internationale Organisationen – Politik und Geschichte. Wiesbaden: Springer VS.

Simon, Herbert (1972): Theories of bounded rationality. In: Radner, R./McGuire, C.B. (Hrsg.): Decision and Organisation. Amsterdam/London: North Holland Publication, S. 161–176.

Williamson, Oliver E. (1985): The Economic Institutions of Capitalism. Firms, Markets, Relational Contracting. New York/London: Palgrave Macmillan.

UNO aktuell

16

- versorgt 90 Millionen Menschen in 75 Ländern mit Nahrung
- impft 58% der Kinder und rettet somit 2,5 Millionen Leben im Jahr
- unterstützt 34 Millionen Flüchtlinge
- erhält den Frieden mithilfe von 120,000 Blauhelmsoldaten
- mobilisiert $12,4 Mrd für humanitäre Hilfe
- setzt Diplomatie ein um Konflikte vorzubeugen; unterstützt jedes Jahr Wahlen in über 50 Ländern
- Bekämpft Armut, hat in den vergangenen 30 Jahren 370 Millionen Armen in ländlichen Gegenden geholfen

2.2. Universelle Normen: Menschenrechte

Mitarbeit: Esther Nicola Straub

1. Einstieg

See the nation through the people's eyes
See tears that flow like rivers from the skies
Where it seems there are only borderlines
Where others turn and sigh
You shall rise

Diese Zeilen aus dem Lied *Living Darfur* (Mattafix, 2007) sollten im Rahmen des globalen Netzwerks Save Darfur auf den Darfurkonflikt und die damit verbundenen Verbrechen gegen die Menschheit aufmerksam machen. Die Gruppe von über 180 Nichtregierungsorganisationen appellierte an Politiker und die Vereinten Nationen, sich gegen die Verletzungen der Menschenrechte im Sudan einzusetzen.

Im Jahre 2009, so schien es, wurde der Appell erhört: Der Internationale Strafgerichtshof (vgl. 8. im Kap. Diplomatie) in Den Haag stellte einen Haftbefehl auf den sudanesischen Präsidenten Umar al-Bashir aus. Die Vorwürfe: Kriegsverbrechen und Verbrechen gegen die Menschheit, begangen seit 2003 gegen mehrere ethnische Gruppen in Darfur. Menschenrechtsorganisationen jubelten, sprachen von einem Meilenstein der Geschichte des Völkerstrafrechts und von einem Sieg der Menschenrechte – und doch ist Umar al-Bashir noch immer auf freiem Fuß, denn internationale Gerichte verfügen über keine Polizei, sind auf die Kooperation und den politischen Willen der einzelnen Nationen angewiesen. Also doch kein Sieg der Menschenrechte?

2. Leitfrage: Wie können Menschenrechtsnormen Wirkung entfalten?

3. Beschreibung: Der Wandel in Myanmar (Fallstudie)

Um die Wirkung von Normen im Allgemeinen und Menschenrechtsnormen im Speziellen analytisch und theoretisch einordnen zu können, wird kurz die Situation in einem Land vorgestellt, das in diesem Kapitel als Beispiel dienen soll: Myanmar.

Die südostasiatische Republik der Union Myanmar (auch Birma oder Burma) erreichte die Unabhängigkeit von der Kolonialmacht Großbritannien 1947. Die folgenden politisch instabilen Jahre fanden 1962 durch einen Staatsstreich des Militärs ein Ende. Die Militärs unter General Ne Win errichteten ein repressives Regime, wobei der Geheimdienst an Macht gewann, Parteien verboten, ausländische Investitionen untersagt und Konzerne verstaatlicht wurden. Myanmar wurde eines der ärmsten Länder der Welt und isolierte sich auf internationalem Parkett zunehmend. Die schlechte wirtschaftliche sowie die angespannte innenpolitische Situation führten 1988 zu Massendemonstrationen, die das Militär blutig niederschlug. Nach unabhängigen Schätzungen wurden tausende Menschen verhaftet, tausende kamen ums Leben. Angesichts dieser Ereignisse und unter Druck der sich bildenden Oppositionspartei National League für Democracy (NLD) um Friedensnobelpreisträgerin Aung San Suu Kyi und anderer internationaler Organisationen, beschlossen EU und USA umfassende Sanktionen, die das Land weiter außenpolitisch isolierten. Unter diesem Druck der Weltöffentlichkeit ließ das Militär 1990 freie Wahlen zu, die NLD um Aung San Suu Kyi mit über 80 Prozent für sich zu entscheiden vermochte. Das Militärregime erkannte das Wahlergebnis jedoch nicht an, verschärfte ihr repressives Verhalten und stellte Aung San Suu Kyi unter Hausarrest. Nach 1992 stand mit Tan Shwe ein autoritär agierender erster General an der Spitze Myanmars. Das ihm unterstehende Militär zeigte insbesondere in Gebieten der ethnischen Minderheiten hohe Präsenz; Menschen wurden vertrieben oder verschwanden, Land wurde ohne Entschädigung konfisziert, Häuser und Ernten wurden zerstört, Menschen zur Zwangsarbeit genötigt oder willkürlich inhaftiert, Kinder verschleppt und zu Soldaten ausgebildet (vgl. AI Reports).

Außenpolitisch völlig isoliert trat Myanmar 1997 schließlich der ASEAN bei (vgl. Kapitel Gemeinschaftsbildung). Parallel wurde eine innenpolitische Entspannungspolitik initiiert, im Rahmen derer die Repressionen gegen die Oppositionspartei NLD und Aung San Suu Kyi gelockert wurden. Doch Hoffnungen auf eine weitere Öffnung des Landes verflogen, denn das Militärregime unterdrückte in den Folgejahren jegliche Opposition, so auch einen Aufstand der Mönche im Jahr 2007, der blutig niedergeschlagen wurde. Zu weiteren Verletzungen der Menschenrechte kam es 2008 in Folge des Zyklons Nargis, der bis zu 100.000 Menschen das Leben kostete, da das Militär die nationale Hilfe an Bedingungen knüpfte und ausländischen Helfern die Einreise verweigerte. Erst der Besuch des UN-Generalsekretärs veranlasste das Militär, Hilfe zuzulassen.

Parallel dazu kündigte das Militärregime ein Referendum über den Entwurf einer neuen Verfassung an, in dessen Zuge 2010 Parlamentswahlen stattfinden sollten, gleichwohl die NLD an dem Prozess der Verfassungsausarbeitung seit 1995 nicht mehr beteiligt war und infolgedessen die Wahlen 2010 boykottierte. Dennoch stellten Referendum und Wahl die ersten Versuche in Richtung Reformen und Demokratisierung dar, die in der schrittweisen Öffnung Myanmars mündete. Im Zuge der Öffnung und der politischen Reformen wurde Aung San Suu Kyi aus dem Hausarrest entlassen und ihre NLD in Nachwahlen 2012 in das Parlament votiert; auch andere Oppositionsparteien wurden wieder zugelassen, politische Häftlinge freigelassen und erste private Zeitungen publiziert. Die internationale Staatengemeinschaft unterstützte die angestoßenen Reformen, setzte Wirtschaftssanktionen aus und hochrangige Politiker suchten Kontakt. So reisten UN-Generalsekretär Ban Ki-Moon, die EU-Außenbeauftragte Ashton, US-Präsident Obama, Großbritanniens Premier Cameron und auch der deutsche Außenminister Westerwelle nach Myanmar, um der neuen Führung als auch Aung Suu San Kyi ihre Unterstützung bei der Öffnungspolitik zu zusichern.

4. Analyse: Entwicklung und Geltung von Menschenrechten

In der Analyse werden die Definition, die Entwicklung sowie der Geltungsanspruch von Menschenrechten im Mittelpunkt stehen.

a) Definition von Menschenrechten

Menschenrechte schützen das Individuum bei der Teilhabe am gesellschaftlichen und politischen Leben, indem sie als Grundrechte einen Mindeststandard an persönlicher Freiheit und gesellschaftlicher Gleichheit definieren:

> „Der Begriff der Menschenrechte bezeichnet im politischen Sprachgebrauch im Allgemeinen den Inbegriff derjenigen Freiheitsansprüche, die der einzelne aufgrund seines Menschseins erheben kann und die von einer Gesellschaft aus ethischen Gründen rechtlich gesichert werden müssen. In diesem Sinne ist von natürlichen, vorstaatlichen, angeborenen und unveräußerlichen Rechten die Rede, in deren Achtung und Sicherung sich ein politisches Gemeinwesen legitimiert." (Dicke 1998: 240)

Menschenrechte sind universell gültig und einklagbar. Der elementare Zweck des Menschenrechtskataloges ist die Wahrung der Menschenwürde, die unantastbar ist und die freie Entfaltung des Einzelnen gewährleisten soll. Trotz der völkerrechtlichen Normen, die jeden Staat zur Wahrung der Menschenrechte anhalten, kommt es oftmals zu Verletzungen der Fundamentalrechte.

b) Die Entwicklung der Menschrechte

Das Konzept der Menschenrechte leitet aus der Natur des Menschen Freiheitsrechte ab und stellt die Frage nach dem Verhältnis von Staat und Mensch. Um die zeitgenössische Entwicklung der Menschenrechte zu beschreiben, zieht das völkerrechtliche System meist das **Generationenmodell** heran, welches drei Generationen **der Menschenrechte** unterscheidet (Fritzsche 2004: 24f.). Diese Generationen oder auch Dimensionen charakterisieren sich durch ihren jeweiligen historischen und sozioökonomischen Kontext. Die **erste Generation** zeichnet sich durch die Formulierung der Abwehrrechte gegen willkürliche Staatsgewalt aus, mithin die klassischen bürgerlichen und politischen Freiheits- und Beteiligungsrechte, wie sie seit der Französischen Revolution in der *Déclaration des Droits de l'Homme et du Citoyen* gefordert werden. Dazu gehören das Recht auf Leben, die Verbote der Folter, der Sklaverei und der Zwangsarbeit, als auch die Rechte auf persönliche Freiheit und Sicherheit, Gedanken-, Religions-, Meinungs-, Versammlungs-, Vereinigungsfreiheit sowie justizbezogene Rechte. Das deutsche Grundgesetz orientiert sich weitestgehend an dieser Generation. Die **zweite Generation** der Menschenrechte konzentriert sich auf Teilhaberechte, auf wirtschaftliche, soziale und kulturelle Belange, auf Arbeitsrechte, auf soziale Sicherheit, Ernährung, Wohnen, Wasser, Gesundheit und Bildung. Diese verpflichten den Staat zu aktiver Sozialpolitik, die im 19. Jahrhundert infolge der Industriellen Revolution an Relevanz gewonnen hatte. Die Allgemeine Erklärung der Menschenrechte (AEMR) aus dem Jahr 1948 berücksichtigt diese Generation der Menschenrechte und ist insofern moderner als das deutsche Grundgesetz. Die **dritte Generation** ist die Generation der abstrakteren, kollektiven Rechte, der Solidarrechte, die das Gemeinwesen schützen sollen. Hierunter fallen das Recht auf saubere Umwelt, auf Entwicklung und Frieden sowie das Recht auf die Selbstbestimmung der Völker.

c) Der Geltungsanspruch der Menschenrechte

Die internationale Ebene des Menschenrechtsschutzes wird durch die **UN-Charta** und die **Allgemeine Erklärung der Menschenrechte** (AEMR) dominiert. Die UN-Charta, 1945 in

Kraft getreten, enthält zwar keinen Menschenrechtskatalog, dennoch verankerte sie die Idee der Menschenrechte in ihren Artikeln.[24] Da auch die westlichen Siegerstaaten eigene Probleme mit den Menschenrechten hatten[25], war es damals nicht möglich, einen expliziten Katalog zu erstellen – was das Argument, die UN-Charta sei die Weltverfassung, schwächt. Dennoch wurde die grundsätzliche Idee des internationalen Menschenrechtsschutzes niedergeschrieben und weltweit anerkannt, bis dahin ein großer und einmaliger Schritt.

Die AEMR der UN von 1948 gilt als die Konkretisierung der UN-Charta und definierte erstmals den Begriff der Menschenrechte. Seitdem wird die Menschenrechtssituation nicht mehr als rein innere Angelegenheit der Staaten aufgefasst. Mit dem internationalen Pakt über bürgerliche und politische Rechte (IPbpR)[26] und dem internationalen Pakt über wirtschaftliche, soziale und kulturelle Rechte (IPwskR)[27] 1966 enthält die AEMR schon die damals modernen und neuen Grundrechte der zweiten Generation. Inzwischen ist die AEMR in allen menschenrechtlichen Fragen maßgeblich und wird von den UN-Mitgliedstaaten faktisch beachtet. Prüft die UN die Menschenrechtssituation in einem Staat, so ist die AEMR der Maßstab – was steigende Wichtigkeit und Geltung bedeutet.

Neben der AEMR gibt es regionale Systeme des Menschenrechtsschutzes, die den Normen jeweils partiell Geltung verschaffen, wobei die Wahrung der Normen insbesondere vom Europarat verfolgt wurde. Die Europäische Menschenrechtskonvention (EMRK) ist seit dem 03.09.1950 in Kraft. Sie und ihre 14 Zusatzprotokolle umfassen 47 Vertragsstaaten und haben vor allem die erste Generation der Menschenrechte zum Inhalt. Sie bauen auf die AEMR sowie auf die zwei Pakte von 1966 auf. Europäische Institutionen wie die Europäische Menschenrechtskommission (EKMR), der Europäische Gerichtshof für Menschenrechte (EGMR) und das Ministerkomitee des Europarates überwachen die Einhaltung der EMRK. Die Europäische Sozialcharta (ESC)[28] erweiterte den vertraglich garantierten Menschenrechtsschutz in Europa um die zweite Generation, die Leistungsrechte.

Auch in Amerika, Afrika sowie in der islamischen Welt, gibt es Bemühungen, einen eigenen regionalen Menschenrechtsschutz zu etablieren. Partiellen Geltungsanspruch erheben die Menschenrechtsnormen auch auf nationalem Raum, wobei die jeweilige Verfassung Grundrechte garantiert, die oftmals mit den Menschenrechten übereinstimmen. So garantiert beispielsweise das Grundgesetz (GG) der Bundesrepublik Deutschland grundlegende Freiheits-, Gleichheits- und Unververletzlichkeitsrechte, die dem Einzelnen in Deutschland gegenüber dem Staat, aber auch allgemein in der Gesellschaft zustehen (Art.1-17, 33, 101-104 GG).

---

24 Art.1 Nr.3, 13 Abs. 1 lit. c, 55 lit. c, 56, 60, 62 Abs. 2-4, 68 UN-Charta.

25 So verstanden sich Frankreich und Großbritannien noch als Kolonialmächte und in den USA war die Rassentrennung noch alltäglich.

26 In Kraft seit 23.3.1976, 167 Vertragsstaaten.

27 In Kraft seit 3.1.1976, 160 Vertragsstaaten.

28 Die Charta wurde 1961 erarbeitet und ist seit 1965 in Kraft. Sie beinhaltet 19 Grundrechte: Unter anderem das Recht auf Arbeit, das Koalitionsrecht sowie das Recht auf Kollektivverhandlungen, das Recht auf soziale Sicherheit und auf gesetzlichen, wirtschaftlichen und sozialen Schutz der Familie. Auch der Jugend- und Mutterschutz, das Recht auf erschwinglichen Wohnraum, kostenlose Schulbildung und ein Verbot der Zwangsarbeit sind in der Charta enthalten. 1999 trat eine novellierte Fassung der Sozialcharta in Kraft, in der unter anderem das Recht auf würdiges Altern hinzugefügt wurde. Heute haben 43 der 47 Staaten des Europarats die Charta ratifiziert, wenn auch nicht sämtliche Zusatzprotokolle, Deutschland ratifizierte einzig die Fassung aus dem Jahr 1961.

5. Erklärung: Transnationaler Konstruktivismus

Im vorhergehenden Kapitel wurden Entstehung als auch Geltung internationaler (Menschenrechts-)Normen aufgezeigt. Um zu erklären, wie diese Normen Wirkung entfalten können, wird im Folgenden die Theorie des Transnationalen Konstruktivismus vorgestellt, die maßgeblich von einem Forschungsteam um Thomas Risse (Risse et al. 2002) entwickelt wurde.

a) Annahmen

Der Transnationale Konstruktivismus geht vom **homo sociologicus** aus, der nach intersubjektiven Erwartungen und Werten sucht, um angemessen zu handeln. Handlungsentscheidungen sind norm-, wert- und regelgeleitet, wobei sozial vermittelte und historisch geprägte Erfahrungen als Leitfaden dienen (Boekle et al. 1999: 4).

Der Theorie des Transnationalen Konstruktivismus liegt die **Logik der Angemessenheit** zugrunde, die sich wiederum an der folgenden Frage orientiert: Welche Norm ist zu beachten und welches (angemessene) Handeln folgt daraus? Normen werden dabei als „shared expectations about appropriate behaviour held by a community of actors" (Finnemore 1996: 22) verstanden. Zu beachten ist hierbei, dass Normen nur in einer Gemeinschaft entstehen können. Hat sich eine Norm in einer Gemeinschaft durchgesetzt, folgt daraus zugleich, welche Optionen des Verhaltens in diesem Netzwerk als angemessen angesehen werden. Normen sind demnach „collectively shared standards of appropriate behavior that validate social identities" (Katzenstein 1996: 19).

Da auch die internationale Ebene als eine soziale Ebene mit Normen, Identitäten und Interessen konstruiert wird, gilt die Logik der Angemessenheit auch hier. Die Mitglieder dieser Ebene, einer Gemeinschaft gleich, orientieren sich an den internationalen Normen ihrer Umwelt. Da das Handeln auf internationaler Ebene von einer starken Gleichförmigkeit gekennzeichnet ist (vgl. Kapitel Diplomatie), erstarken die Normen als Verhaltenswegweiser zunehmend (Finnemore 1996: 22). Allerdings ist es der kulturellen Heterogenität der nationalen gesellschaftlichen Normen geschuldet, dass ein gänzlich gleichförmiges Verhalten auf internationaler Ebene ausbleibt. So wird das Verhalten einerseits durch universelle Normen und Werte der internationalen Umwelt eines Staates gelenkt, andererseits beeinflussen auch partielle Normen regionaler und sozialer Subsysteme die Entscheidungen bezüglich des angemessenen Verhaltens. Dadurch entsteht ein Angebot an Normen, deren Beachtung erwartet wird (Boekle et al. 1999: 15).

Fraglich ist jedoch, wie die Normen, die Staaten in ihren Handlungsentscheidungen leiten, Gültigkeit erlangen? Nach Risse, Ropp und Sikkink sind es transnationale Netzwerke, die die Etablierung internationaler Normen wie den Menschenrechtsschutz vorantreiben:

> "[T]he diffusion of international norms in the human rights area crucially depends on the establishment and the sustainability of networks among domestic and transnational actors who manage to link up with international regimes, to alert Western public opinion and Western governments." (Risse/Ropp/Sikkink 1999: 5)

Diese transnationalen Netzwerke, in sogenannten **advocacy coalitions**[29] zusammengeschlossen, vermögen die internationale Politik durch Normsetzung zu beeinflussen: „Norms do not appear out of thin air; they are actively built by agents having strong notions about appropriate or desirable behaviour in their community" (Finnemore/Sikkink 1998: 896). Diese Netzwerke treten als **norm entrepreneurs** auf und können mithilfe eines Sozialisationsprozesses auf internationaler Ebene eine Wandlung alter Normen oder die Entstehung neuer Normen initiieren und begleiten. Durch den transnationalen Prozess entsteht eine transnationale Öffentlichkeit, die wiederum den Diskurs bezüglich der Norm bekräftigt und so Etablierung und Internalisierung der Norm unterstützt. Ist eine Norm schließlich internalisiert, folgt auch auf internationaler Ebene die Handlungslogik der Angemessenheit, wonach sich Staaten in ihrem Verhalten an der Norm orientieren. Dieser Prozess wird nachstehend mithilfe des Spiralmodells aufgeschlüsselt, wobei das Modell des *norm life circle* als Basis dient.

b) Das Basis- und das Spiralmodell

Das Modell des **norm life circle** nach Finnemore und Sikkink gründet auf einem dreiteiligen Sozialisationsprozess, der von *norm emergence* über *norm acceptance* zu *norm internalization* führt (Finnemore/Sikkink 1998: 895). Akteure und Staaten lernen im Laufe des Prozesses, ihren Handlungsspielraum im Sinne des angemessenen Verhaltens an die Norm anzupassen und ihre Präferenzen, Interessen und Identitäten danach auszurichten. Hat eine hinreichende Anzahl von Staaten und Akteuren die Norm anerkannt, kommt es zu einem Punkt (*tipping point)*, an dem die Norm und ihre Handlungsempfehlung der Angemessenheit als Standard anerkannt und nicht mehr in Frage gestellt wird (ebd. 901ff.).

Die „Konstanzer Forschungsgruppe Menschenrechte", bestehend aus Sieglinde Gränzer, Anja Jetschke, Thomas Risse und Hans Peter Schmitz, untersuchte die Rolle transnationaler Menschenrechtsnetzwerke bei der innenpolitischen Durchsetzung internationaler Menschenrechtsnormen. Als theoretische Basis dient das **Spiralmodell** der Menschenrechte, das die Prozesse von Normbildung, Normdiffusion als auch von Normachtung nachzeichnet. Dabei erkennt ein Regime eine Norm mithilfe eines Sozialisationsprozesses, initiiert durch transnationale Netzwerke, anfänglich nur oberflächlich, dann aber aus Angst vor Reputationsverlust schließlich substantiell an (Risse et al. 1999: 17ff.). Das Modell gliedert sich in fünf Phasen, wobei mit vier **Interaktionsebenen** gearbeitet wird:

- zwischen Regierung und Opposition
- zwischen Opposition und Menschenrechtsnetzwerk
- zwischen Menschenrechtsnetzwerk und internationalen Organisationen/westlichen Staaten
- zwischen internationalen Organisationen und westlichen Regierungen.

Das Phasenmodell sieht wie folgt aus:

29 *Advocacy coalitions* sind Netzwerke, bestehend aus verschiedensten Akteuren aller Ebenen, die sich mit *policy*-Problemen auseinandersetzen.

Graphische Darstellung 9: Spiralmodell des Menschenrechtswandels

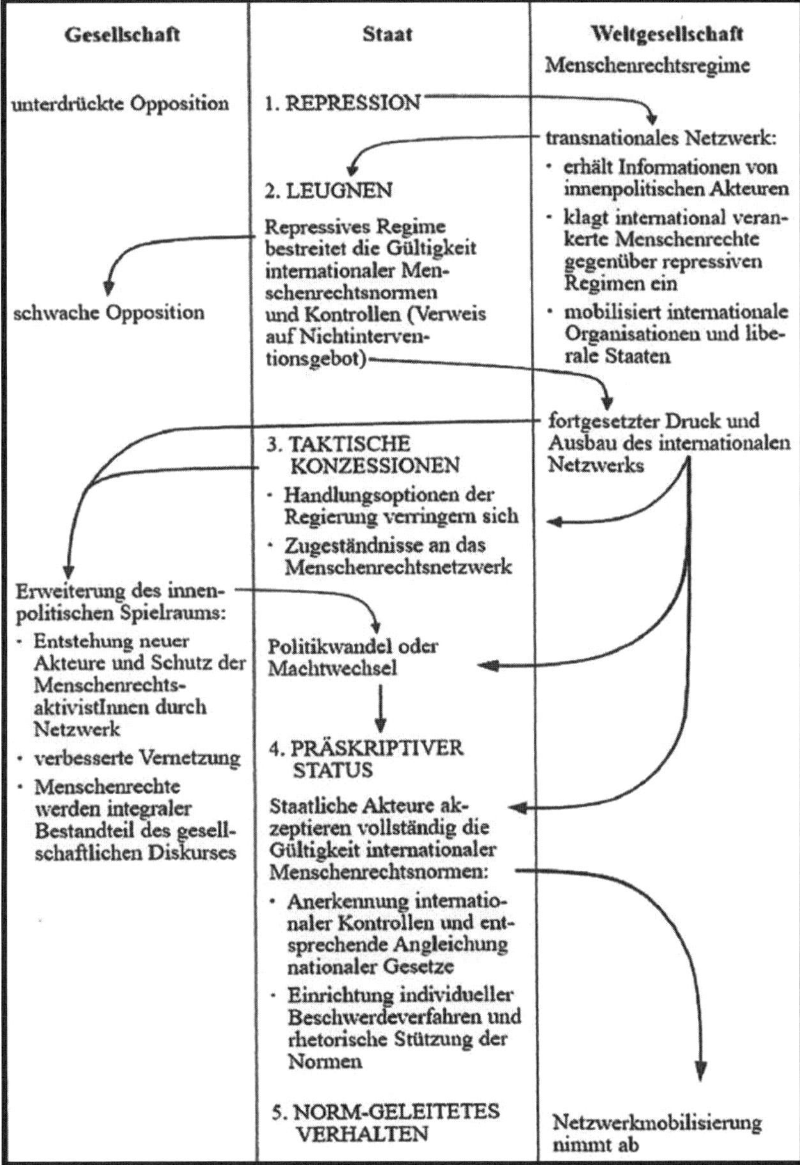

Quelle: Forschungsgruppe Menschenrechte 1998: 14.

Phase 1 – Repression: Ausgangssituation des Modells ist die Existenz eines autoritären, repressiven Regimes, das systematisch Menschenrechte verletzt. Diese Phase kann aufgrund der internationalen Ignoranz und des hohen Repressionsgrades, der oppositionelle Bewegungen erstickt, lange andauern. Gelingt es einem oppositionellen transnationalen Netzwerk dennoch, die Repression zu durchbrechen – beispielsweise durch Informationsweitergabe der lokalen Opposition an die internationale Gemeinschaft – folgt die zweite Phase des Modells (Forschungsgruppe Menschenrechte 1998: 13).

Phase 2 – Leugnen: Die transnationalen Netzwerke machen auf die Normverletzung aufmerksam. Sie versuchen, ein öffentliches Bewusstsein zu schaffen und insbesondere die westliche Staatengemeinschaft einzubinden, da diese weit mehr Druck auf den Normen verletzenden Staat ausüben kann. Auch wenn der Druck auf das betroffene Regime steigt, negiert es in dieser Phase den universellen Geltungsanspruch internationaler Normen und beruft sich auf seine Souveränität und die Norm der Nichteinmischung in innere Angelegenheiten. Auf nationaler Ebene werden oppositionelle Akteure zunehmend unterdrückt und diskreditiert.

In dieser Phase wirkt die erste Aktion des transnationalen Netzwerkes kontraproduktiv; gleichwohl bekräftigt die Reaktion des Staates die Existenz internationaler Normen, da er sich gezwungen sieht, auf den Vorwurf der Verletzung zu reagieren. Verfügt das transnationale Netzwerk über genügend Stärke, schafft es den Übergang in die dritte Phase:

> „Je stärker es dem transnationalen Netzwerk gelingt, internationalen moralischen Druck gegen das menschenrechtsverletzende Regime zu mobilisieren, und je verwundbarer die Regierung gegenüber diesem internationalen Druck ist, desto eher wird die nächste Phase des Spiralmodells erreicht." (Risse/Jetschke/Schmitz 2002: 39)

Phase 3 – Taktische Konzessionen: Das repressive Regime wird zunehmend in seiner Handlungsfähigkeit eingeschränkt. International wie auch national gerät es unter Druck und es sieht sich gezwungen, taktische Konzessionen im Sinne einer kontrollierten Liberalisierung zu unternehmen. So erstarken die Netzwerke national wie international, der angestoßene Diskurs ist inzwischen nicht mehr zu negieren. Nun rückt der nationale Teil des Netzwerkes in den Fokus, das in einen Dialog mit der Regierung tritt. Diese kann aufgrund des Drucks von oben wie unten die Geltung universeller Normen nicht mehr in Frage stellen (Forschungsgruppe Menschenrechte 1998: 16). Vermag es das soziale transnationale Netzwerk, die Verletzung der internationalen Norm in den Diskurs der breiten Öffentlichkeit zu integrieren und so die Öffentlichkeit nachhaltig zu mobilisieren, bleibt der Druck auf das Regime bestehen und es sieht sich gezwungen, einen tief greifenden Politikwandel einzuleiten. Risse, Ropp und Sikkink betonen hierbei, dass der Politikwandel meist einen Regimewechsel bedingt.

Phase 4 – Präskriptiver Status: Die Institutionalisierung der Normen bedeutet einen Schritt zu international angemessenem Verhalten, indem internationale Normen in positives Recht[30] umgesetzt werden. Auch wenn es in dieser Phase noch zu einzelnen Norm- und Regelverletzungen kommt, ist der bestehende Diskurs hinreichend stark, die Regierung auf dem Kurs des angemessenen Verhaltens zu halten (Forschungsgruppe Menschenrechte 1998: 16f.). Den Übergang zu Phase 5 vermag nur in dem Land zu gelingen, dessen Netzwerke nach wie vor aktiv für die **Internalisierung** der Normen einstehen und die ihr Engagement nicht bei marginalen Verbesserungen einstellen.

Phase 5 – Normgeleitetes Verhalten: In dieser Phase werden internationale Normen institutionalisiert und durch Sanktionen wie auch aktive Netzwerke dauerhaft gewährleistet. Die Wahrung der Menschenrechte in der politischen Alltagspraxis wird verwirklicht;

30 Der Begriff des positiven Rechts stammt aus dem lateinischen ius positivum. „Positiv" (von lateinisch ponere „setzen", positum „gesetzt") bedeutet dabei „durch Rechtsetzung entstanden". Der Ausdruck positives Recht ist demnach die Gesamtheit des gültigen Rechts, geschrieben und ungeschrieben.

kommt es dennoch zu Verletzungen, werden diese juristisch verfolgt und sind nicht mehr systematische Politik des Staates selbst (Forschungsgruppe Menschenrechte 1998: 14).

Anwendung der Theorie auf das Fallbeispiel Myanmar

Bewertet man die Entwicklung in Myanmar mithilfe der Theorie des Transnationalen Konstruktivismus, so ist zu erkennen, dass sich – aufgrund des durch die Weltöffentlichkeit entstandenen Drucks – das Militär 1990 gezwungen sah, taktische Konzessionen zu unternehmen und eine kontrollierte Liberalisierung mittels Wahlen zuzulassen. Doch leider vermochten es die transnationalen Netzwerke nicht, den Druck soweit zu erhöhen, um Phase 4 zu erreichen. Das Land stagnierte in der dritten Phase, der anvisierte Politik- bzw. Regimewandel fand nur insoweit statt, als dass nach 1992 zwar mit Tan Shwe ein neuer Erster General an der Spitze Myanmars stand – dieser jedoch wie seine Vorgänger autoritär regierte. Das Land fiel zurück in die zweite Phase, die Phase des Leugnens. Doch die stetigen Berichte über systematische Verstöße gegen das humanitäre Völkerrecht und die Menschenrechte trugen dazu bei, den Druck auf das Militärregime Myanmars aufrecht zu erhalten; auch hielten sie die EU als auch die USA dazu an, ihre Sanktionen nicht zu lockern und Myanmars Agieren auf dem internationalen Parkett politisch wie wirtschaftlich stark einzuschränken.

Außenpolitisch wie auch wirtschaftlich handlungsunfähig beugte sich das Land schließlich dem Druck der internationalen Öffentlichkeit: Es trat 1997 der ASEAN bei und kündigte eine innenpolitische Entspannungspolitik an, in deren Zuge die Repressionen gegen die Oppositionspartei NLD und Aung San Suu Kyi gelockert wurden. Doch die Hoffnungen auf weiteren Fortschritt wurden enttäuscht, denn weder den transnationalen Netzwerken noch der lokalen Opposition gelang es, einen Politik- oder Regimewechsel einzuleiten. Eine Rolle dabei spielte wohl auch die Asienkrise, die die wirtschaftlichen Erwartungen zunichtemachte.[31] Die Schwäche der transnationalen Netzwerke und die ausbleibende transnationale Mobilisierung sind die Gründe für den nicht hinreichenden zwischenstaatlichen Druck, der den erneuten Rückschritt Myanmars zu verantworten hat. Die Repressionen nahmen abermals zu, die humanitäre Lage blieb angespannt.

Der Wandel seit 2008 selbst – Referendum, Parlamentswahlen, Demokratisierung und Öffnung – ist nur unzureichend mit dem Ansatz des Transnationalen Konstruktivismus zu erklären; dennoch – aus Sicht der Theorie hat Myanmar nach einigen Rückschlägen Phase 4 des Spiralmodells erreicht, in welcher, soweit Normen internalisiert sind, die Regierung auf ihrem reformerischen Kurs gehalten werden kann. Gelingt es Aung San Suu Kyi und ihren transnationalen Verbündeten, mithilfe der Weltöffentlichkeit den Druck auf die westlichen Staaten als auch auf die Regierung Myanmars aufrecht zu erhalten, erscheint

31 Hier ist jedoch anzumerken, dass es keine systematische Korrelation zwischen ökonomischem Entwicklungsstand und Menschenrechtssituation gibt, wie auch die Länderanalysen der Forschungsgruppe Menschenrechte über Saudi-Arabien, Botswana, Philippinen und Uganda gezeigt haben. Diese fehlende Korrelation widerlegt die Annahme der Modernisierungsoptimisten, wonach ökonomische Entwicklung die wichtigste Voraussetzung für eine Demokratisierung darstellt (Forschungsgruppe Menschenrechte 1998: 33f.). Denn im Allgemeinen unterstellen Modernisierungstheorien einen direkten Zusammenhang zwischen der sozio-ökonomischen Entwicklung eines Landes und der Bildung einer bürgerlichen Gesellschaft oder Demokratie, vgl. auch 4. in Kap. Entwicklungszusammenarbeit.

es möglich, dass Myanmar die Phase der dauerhaften und umfassenden Menschenrechtsachtung erreicht.

6. Prognose

Wie oben ausgeführt sind die Prognosen für die weitere Entwicklung Myanmars positiv; die Chancen auf kontinuierliche Netzwerkmobilisierung zur Unterstützung der ständigen Akzeptanz und Wahrung der Menschenrechte sind hoch. Doch auf internationaler Ebene ist die allgemeine Prognose eine andere: Aufgrund der mangelhaften Kohärenz der westlichen Staatengemeinschaft und der vielfach schwachen Oppositionen in repressiven Ländern, ist eine Verschlechterung der Menschenrechtssituation zu erwarten. Die angesprochene mangelhafte Kohärenz folgt zum einen aus der Uneinigkeit wichtiger westlicher Länder in Bezug auf den Stellenwert von Menschenrechten etwa gegenüber China. Zum anderen sorgen das anhaltende Desinteresse der USA an normativer Weltordnungspolitik sowie die rückläufige Medienberichterstattung zu Autokratien für nachlassende Unterstützung für Oppositionsbewegungen.

7. Bewertung

Mit dem Fokus auf der Durchsetzung von Menschenrechten leistet die Theorie indirekt einen substanziellen Beitrag zur Verbesserung der Welt. Mit der Loslösung der Menschenrechtsfrage von rein rechtlichen oder politischen Debatten hin zu einer theoretischen Diskussion verhalf sie der sozialkonstruktivistischen Theorieschule in Deutschland zum Durchbruch. Allerdings befeuerte dies auch das Vorurteil im liberalen und realistischen Lager, sozialkonstruktivistische Forschung beschäftige sich lediglich mit „Gutmenschen" und „edlen", aber aus ihrer Sicht weitgehend irrelevanten Themen wie Menschenrechten. Prämissen des Kausalmodells sind zum einen das bereits in der Analyse oben angesprochene Menschenrechtsregime, zum anderen die Existenz transnationaler Netzwerke (Forschungsgruppe Menschenrechte 1998: 13). Des Weiteren können in diesem Modell einzig souveräne Staaten analysiert werden, denn bei Gruppen wie beispielsweise Warlords oder internationalen Terrororganisationen kann das Spiralmodell nicht ansetzen (Janz/Rissen 2007: 98), was Erklärungsreichweite und Verallgemeinerungsgrad begrenzt.

Einen wichtigen Mehrwert stellt die Möglichkeit dar, die Theorie mittels empirischer Daten zu überprüfen. Gleichwohl bedürfen Fragen wie „warum scheitert die Sozialisierung von Normen?" und „warum gibt es Rückschritte?" noch weitergehender Forschung. Einen problematischen Faktor birgt die theorieimmanente praktische Handlungsanweisung an Diktatoren in sich, die besagt, dass massive Oppositionsunterdrückung den Machterhalt sichern hilft.

8. Handlungsempfehlung

Aus der Prognose der fehlenden politischen Kohärenz der westlichen Staatengemeinschaft folgt zugleich eine Handlungsempfehlung: Lokale wie auch international agierende Gruppen und Organisationen müssen aufrütteln, aktivieren und ein Bewusstsein schaffen. Schließlich hängt die Durchsetzung internationaler Menschenrechtsnormen entscheidend davon ab, ob es transnationalen Menschenrechtsnetzwerken – einschließlich INGOS einerseits und der gesellschaftlichen Opposition im Innern der normverletzenden Staaten andererseits – gelingt, autokratische Regime „von oben“ und „von unten“ unter Druck zu setzen. Nur transnationale Netzwerke vermögen es, nationale Regierungen hinsichtlich ihrer Orientierung und ihrem Einsatz für die Menschenrechte zu bestärken und auf Kurs zu halten. Eine finanzielle und organisatorische Stärkung von Menschenrechtsnetzwerken wäre demnach zu fordern.

Glossar	
Generationenmodell der Menschenrechte	Norm entrepreneur
Logik der Angemessenheit	Advocacy coalition
Norm life cycle	Spiralmodell
Homo sociologicus	Normeninternalisierung
Interaktionsebene	

Übungsfragen:

1. Oft wird in Diskussionen unterstellt, Menschenrechte seien kulturabhängig. Welche Argumente sprechen dagegen?
2. Warum verbessert sich die Menschenrechtslage in China nicht? Argumentieren Sie mit Hilfe des Spiralmodells!
3. Inwieweit kann man auch die Verbreitung von diplomatischen Normen (vgl. Kap. Diplomatie) mit dem Transnationalen Konstruktivismus erklären?
4. Welche Rolle spielen Menschenrechtsnormen in realistischen Theorien (vgl. die realistische Theorieschule in 1.1. und Kap. Abschreckung)?
5. Transferfrage: Lesen Sie die Theoriekritik (5.) der Kap. Demokratischer Frieden und Welthandelsordnung. Finden Sie Argumente aus liberalen Theorien, um zu erklären, warum Staaten Menschenrechte achten.

Filmtipp: Jagd nach Gerechtigkeit: Das Tribunal von Den Haag (2005), Charles Binamé [TV-Spielfilm]

Die wahre Geschichte der Chefanklägerin Louise Arbour, der es gelingt am Internationalen Jugoslawientribunal in Den Haag gegen Slobodan Milošević Anklage zu erheben. Internationale Produktion, in der die Hürden sowie Erfolge des Prozesses dargestellt werden; mit Heino Ferch, William Hurt und John Corbett.

Empfohlener Text zu Menschenrechten

Fritzsche, Karl Peter (2004): Menschenrechte: Eine Einführung mit Dokumenten. Paderborn: Schöningh UTB.

Empfohlener Text zu Myanmar

Amnesty International Reporte von Myanmar, online unter: http://www.amnesty.de/laenderbericht/myanmar? country=27&topic=&node_type=ai_annual_report&from_month=0&from_year=&to_month =0&to_year=&submit.x=34&submit.y=1&result_limit=10&form_id=ai_core_search_form [letzter Zugriff am 31.01.2014].

Empfohlener Original-Text zur Theorie

Forschungsgruppe Menschenrechte (Gränzer, Sieglinde/Jetschke, Anja/Risse Thomas/ Schmitz, Hans Peter) (1998): Internationale Menschenrechtsnormen, transnationale Netzwerke und politischer Wandel in den Ländern des Südens. In: Zeitschrift für Internationalen Beziehungen (ZIB),5, 1, S. 5–41.

Übrige verwendete Literatur

Dicke, Klaus (1998): Menschenrechte. In: Woyke, Wichard (Hrsg.): Handwörterbuch Internationale Politik. Opladen: VS Verlag für Sozialwissenschaften, S. 240.

Boekle, Henning/Rittberger, Volker/Wagner Wolfgang (1999): Normen und Außenpolitik: Konstruktivistische Außenpolitiktheorie. In: Tübinger Arbeitspapiere zur Politik und Friedensforschung. Tübingen.

Janz, Nicole/Thomas Risse (2007): Menschenrechte – Globale Dimensionen eines universellen Anspruchs. Baden-Baden: Nomos.

Finnemore, Martha/Sikkink, Kathryn (1998): International Norm Dynamics and Political Change. In: International Organization 52: 4, S. 887–917.

Finnemore, Martha (1996): National Interests in International Society. Ithaca, New York: Cornell University Press.

Human Rights Watch Report, online unter http://www.hrw.org/burma [letzter Zugriff am 31.01.2014].

Katzenstein, Peter J. (1996): Cultural Norms and National Security. Police and Military in Postwar Japan. Ithaca, NY: Cornell University Press.

Risse, Thomas/Jetschke, Anja/Schmitz, Hans Peter (2002): Die Macht der Menschenrechte: Internationale Normen, kommunikatives Handeln und politischer Wandel in den Ländern des Südens. Baden-Baden: Nomos.

Risse, Thomas/Ropp, Stephen C./Sikkink, Kathryn (1999): The Power of Human Rights: International Norms and Domestic Change. Cambridge: Cambridge University Press.

Risse, Thomas/Sikkink, Kathryn (1999): The socialization of international human rights norms into domestic practices: introduction. In: Risse, Thomas/Ropp, Stephen C./Sikkink, Kathryn (1999): The Power of Human Rights: International Norms and Domestic Change. Cambridge: Cambridge University Press, S. 1–38.

2.3. Globale Wohlfahrt: Die Welthandelsordnung

Mitarbeit: Diana Alam

1. Einstieg

Graphische Darstellung 10: Weltkarte verzerrt unter Berücksichtigung der wirtschaftlichen Bedeutung

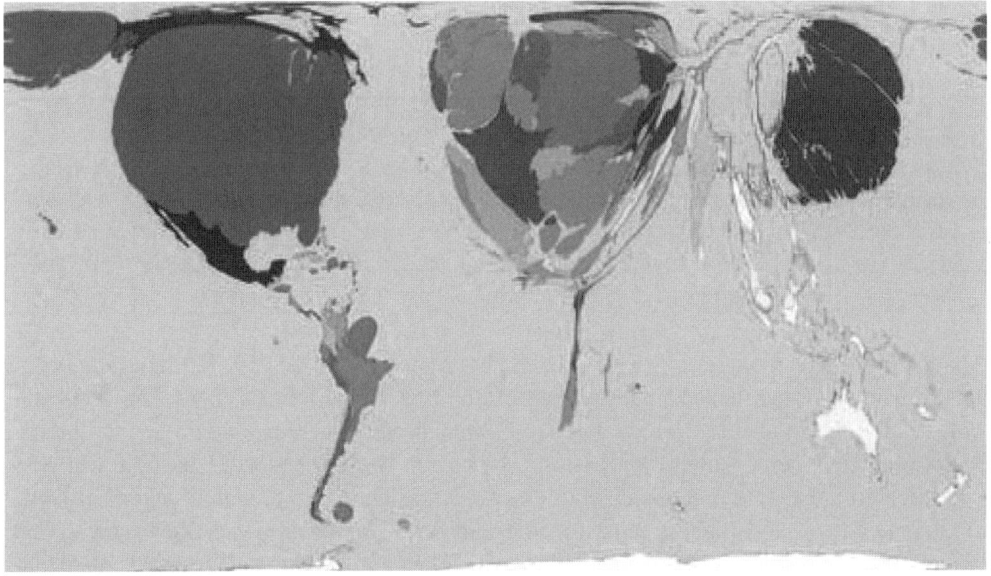

Quelle: Worldmapper, Online unter: http://www.worldmapper.org/display.php?selected=169 [letzter Zugriff am 31.01.2014]

2. Leitfrage: Wie wird der Welthandel politisch gestaltet?

3. Deskription: Entwicklung und Institutionen des Welthandels

Der internationale Handel ist ein wichtiges und zugleich sehr umstrittenes Thema der iB, wie an den heftigen Protesten im Vorfeld sämtlicher Welthandelskonferenzen in Seattle, Cancun, und Genf abzulesen war. Aber auch die fehlenden Einigungen auf den Gipfeltreffen und das langjährige Tauziehen um ein Weiterkommen in der aktuellen Handelsrunde, der Doha-Runde, zeigen, dass der Welthandel ein Schlüsselthema für viele Länder darstellt, in dem Kompromisse ungern eingegangen werden. Im Folgenden wird zunächst die historische Entwicklung des Welthandels nachgezeichnet, um im Anschluss zum einen auf dessen Institutionalisierung durch das Allgemeine Zoll- und Handelsabkommen (General Agreement on Tariffs and Trade, GATT) bzw. die Welthandelsorganisation (World

Trade Organisation, WTO) einzugehen und zum anderen einen Blick auf die aktuelle Handelsrunde der WTO zu werfen.

a) Entwicklung des Welthandels

Allein seit 1945 ist der Welthandel – also der Handel zwischen Staaten – rein nominell um den beeindruckenden Faktor 180 gestiegen und wächst doppelt so schnell wie die Weltwirtschaft (Welt-BIP). Beigetragen haben dazu der technologische Fortschritt und die beachtliche Verringerung von Transport- und Kommunikationskosten, aber auch politische Entscheidungen. Diese Attribute sind durchaus auch der **Globalisierung** zuzuschreiben, ohne die eine Betrachtung der Entwicklung des Welthandels nicht möglich ist. Während über den Inhalt des Begriffs weitgehend Einigkeit herrscht, sind der zeitliche Umfang, ihre Bedeutung für den Staat und ihre Auswirkungen umstritten (vgl. hierzu die Analyse).

Globalisierung

Globalisierung bezeichnet einen „Prozess zunehmender Verbindungen zwischen Gesellschaften und Problembereichen dergestalt (...), dass Ereignisse in einem Teil der Welt in zunehmendem Maße Gesellschaften und Problembereiche in anderen Teilen der Welt berühren. Bei diesen Verbindungen ist erstens eine quantitative Zunahme, zweitens eine qualitative Intensivierung und drittens eine räumliche Ausdehnung feststellbar" (Woyke 2011).

Als erste große Globalisierungswelle bezeichnet man die Zeit des 19. Jahrhunderts bis zu den frühen Anfängen des 20. Jahrhunderts. Die Zeit im Anschluss, zwischen 1914 und 1945, sticht jedoch als die Periode der „De-Globalisierung" heraus. Die Folgen der beiden Weltkriege und der Großen Depression[32] bewegten viele Länder dazu, sich weltwirtschaftlich zurückzuziehen und sich eher einer staatsgelenkten, nationalen Wirtschaftspolitik zuzuwenden. Als Ergebnis ging der internationale Handel in dieser Zeit stark zurück und die Weltwirtschaft stellte nicht mehr die vorher angestrebte integrierte Einheit dar, sondern zerfiel in viele koloniale, später nationale, Bruchstücke. Mit der Zeit nach 1945, die als „Re-Globalisierung" bezeichnet werden kann, wurde diese negative Entwicklung umgekehrt und es wurde an das Wachstum vor 1914 angeknüpft. Neu an dieser zweiten Welle der Globalisierung war die Schaffung internationaler Institutionen wie die UN (vgl. Kapitel Internationale Institutionen), der Internationale Währungsfond (IMF), die Weltbank und das Allgemeine Zoll- und Handelsabkommen (GATT). Diese Institutionen sollten den neu erlangten Frieden bewahren und den ökonomischen Nationalismus eindämmen.

Die Wirtschaft der meisten Länder der Erde ist heute so offen wie nie zuvor. Seit den 1970er Jahren verfolgen viele Länder eine weitaus offenere Handelspolitik, als man es vorher kannte. Viele Schwellenländer wie Mexiko, Indien, Ghana und Marokko haben unilateral, ohne die Forderung eines Entgegenkommens eventueller Handelspartner, ihre Handelspolitik liberalisiert. Dass der Handel in der internationalen Politik eines der Hauptinstrumente in den Händen eines Staates ist, kann auch an der Anzahl der Handels-

32 Vgl. hierzu den Kasten im Teil 3 des Kap. Finanzkrise.

abkommen gemessen werden, die auf der ganzen Welt abgeschlossen werden. Diese können die Form bilateraler oder regionaler Freihandelsabkommen (Vereinbarungen über Reduzierung von Zöllen und Handelshemmnissen) annehmen. Entschieden zur Entwicklung des Welthandels hat aber auch die achte multilaterale Handelsrunde, die sogenannte Uruguay-Runde, beigetragen. Sie kam nach sechs Jahren Verhandlungszeit 1994 zum Abschluss und fand im Rahmen des GATT statt, setzte jedoch gleichzeitig den Grundstein für die WTO. Die Uruguay-Runde liberalisierte den Handel sowohl unter den Industrieländern als auch den zwischen Schwellen- und Entwicklungsländern und integrierte letztere weiter in die Weltwirtschaft. Der in diesem Zusammenhang stattgefundene Abbau von Handelshemmnissen zielte zunächst vor allem auf den Zollabbau bei Gütern ab. Nachdem Zölle aber ein allgemein niedriges Niveau erreicht hatten (der Durchschnittszoll sank von 6,3 Prozent im Jahre 1993 vor Abschluss der Uruguay-Runde auf 3,8 Prozent), verlagerte sich der Schwerpunkt von den Warenzöllen auf den Dienstleistungssektor. Gleichzeitig stieg die Bedeutung **nicht-tarifärer Handelshemmnisse** (Non-Tariff Barriers to Trade, NTBs). NTBs sind protektionistische Maßnahmen, die von Staaten getroffen werden, um ihre heimischen Wirtschaften auf indirektem Wege – also nicht über Zölle, Subventionen, Steuern – zu schützen und den Außenhandel durch Erschwerung des Marktzutritts ausländischer Anbieter zu beschränken. Obwohl es kein Geheimnis ist, dass eine offene Marktwirtschaft langfristig für die Wohlfahrt eines Landes die beste Politik ist, greifen die Regierungen dennoch häufig zu handelsbeschränkenden Mitteln. Beliebte indirekte protektionistische Maßnahmen sind zum Beispiel Mengenrestriktionen, Umweltschutzvorschriften oder technische Standards, Preiskontrollen und Local-Content Klauseln, in welchen festgelegt wird, dass ein bestimmter Anteil des Endproduktes (z.B. eines fertig montierten Autos) aus inländischer Produktion stammen muss. Für diese Mischung aus multilateraler Handelspolitik unter dem Vorbehalt nationaler Wirtschaftspolitik, die die wirtschaftliche Nachkriegsordnung kennzeichnet, hat sich die Bezeichnung **embedded liberalism** (Ruggie 1982) eingebürgert.

Neue Akteure, allen voran die großen Schwellen- und Entwicklungsländer und die sich schnell industrialisierenden asiatischen Länder, gewannen im Laufe der Zeit und im Verlauf der Handelsrunden immer mehr an Bedeutung. Während die Schwellen- und Entwicklungsländer im Jahre 1980 mit nur 34 Prozent an den Weltexporten beteiligt waren, stieg die Zahl 2011 auf 47 Prozent und damit auf fast die Hälfte des Gesamtexportvolumens. Gleichzeitig sank der Anteil der Industrienationen von 66 Prozent auf 53 Prozent (World Trade Report 2013: 45).

Generell ist zu beobachten, dass Länder sich hinsichtlich ihrer Exporte immer weniger spezialisieren. Die Verbesserungen in den Bereichen Transport, Telekommunikation, Informationstechnologie auf der einen Seite und die steigende ökonomische Integration und generelle Öffnung der Märkte auf der anderen führen zu einer verbesserten Mobilität der Produktionsfaktoren Arbeit, Kapital und Wissen. Daraus folgt, dass sich die Exporte vieler Länder weniger auf ein Produkt konzentrieren, sondern sich in Hinblick auf das Angebot der Exportprodukte insgesamt angleichen. Der sogenannte „Komparative Vorteil“, verliert damit für viele Länder an Bedeutung.

Adam Smith (1723-1790)	**David Ricardo** (1772-1823)
„Absoluter Vorteil"	„Komparativer Vorteil"
Der englische Nationalökonom gilt wegen seines Hauptwerkes *Der Wohlstand der Nationen* als Begründer der Wirtschaftswissenschaft. Der Arbeitsteilung kommt nach Smith eine besondere Bedeutung zu, weil sie mit einer Spezialisierung einhergeht, die zur Steigerung der Produktivität sowie zu technischem und menschlichem Fortschritt führt. Dadurch kann – bei gleichen Ressourcen – ein Land mehr produzieren als ein anderes, welches keine Spezialisierung vollzieht. Das Land hat somit bei der Produktion dieses Gutes einen absoluten Vorteil. Zugleich ist Smith für seine Befürwortung eines freien Marktes bekannt, der sich – einer *invisible hand* gleich – selbst regulieren würde.	Ricardo entwickelte Smiths Konzept weiter. Ein Land muss keinen absoluten Vorteil in der Herstellung eines Produktes haben, damit sich Spezialisierung lohnt. Auch wenn ein Staat bei der Produktion aller Güter weniger produktiv sein sollte als ein anderer, kann sich Handel für beide Länder auszahlen. Dies ist dann der Fall, wenn sich das Land auf das Produkt, das es – relativ zu den anderen Produkten gesehen – am günstigsten produzieren kann, spezialisiert. Der internationale Handel zwischen den Ländern eröffnet den Staaten dann die Möglichkeit, auch an diejenigen Güter zu kommen, die nicht im eigenen Land hergestellt werden.

Seit 1990 regionalisiert sich der Handel darüber hinaus zunehmend, vor allem im asiatischen Raum, während intra-regionale Handelsströme in Europa und Nordamerika entweder konstant bleiben oder sogar abnehmen. Neben den Welthandelsliberalisierungen im Rahmen des GATT sind auch regionale Handelsabkommen (EU, NAFTA, AFTA, APEC, MERCOSUR) abgeschlossen worden, deren Bedeutung – zusammen mit bilateralen Abkommen – mit dem Stocken der Doha-Runde noch zugenommen hat. Mehr als die Hälfte des Welthandels findet innerhalb regionaler Handelsabkommen statt. Es stellt sich vor diesem Hintergrund die Frage, inwiefern die regionalen Handelsblöcke die Bedeutung des Welthandels relativieren. Zwei weitere Beobachtungen unterstützen die These, dass die Globalisierung eher eine „Multipolarisierung" ist: Zum einen ist es die Dominanz der sogenannten **Triade** (EU, Ostasien, USA), die einen Großteil der Handelsströme auf sich vereint, wie in folgender Grafik zu sehen ist. Zum anderen verwehren noch bestehende Handelsbarrieren (z.B. im Agrarbereich) vor allem den ärmeren Entwicklungsländern die effektive Partizipation am Welthandel.

Graphische Darstellung 11: Globale Warenströme 2000 und 2010

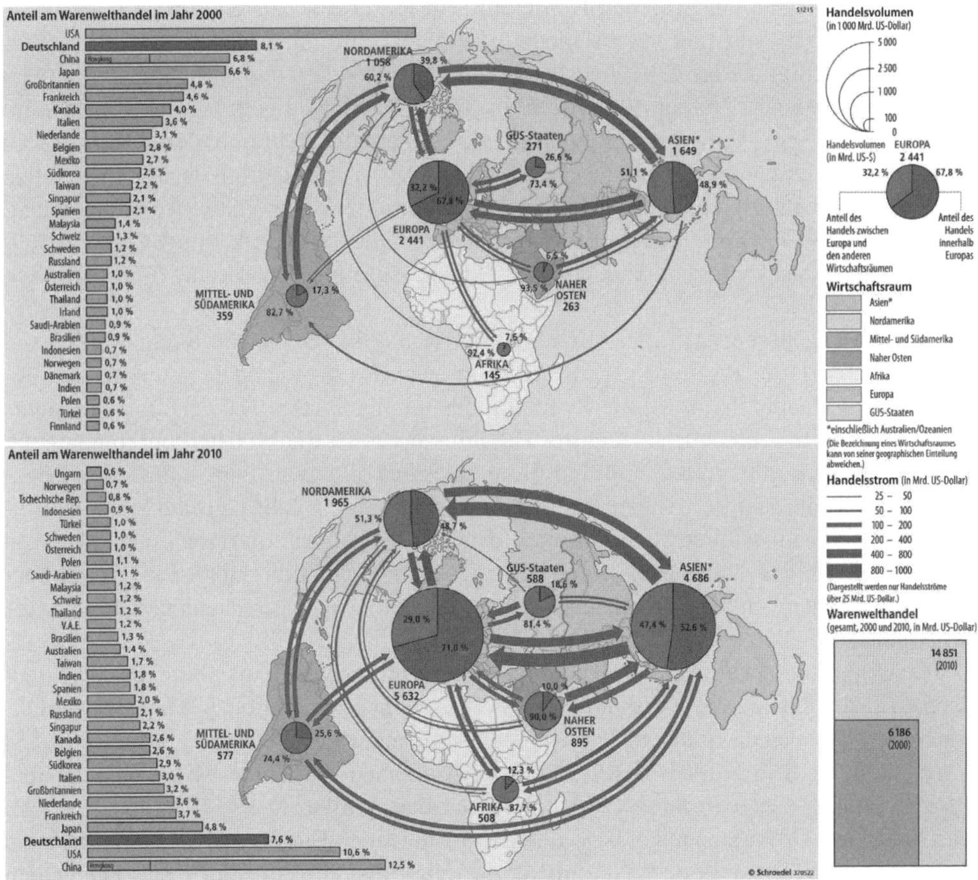

Quelle: Seydlitz Weltatlas, S. 265.4, © Bildungshaus Schulbuchverlage Westermann Schroedel Diesterweg. Schöningh Winklers GmbH.

b) Institutionalisierung des Welthandels[33]

Die Organisation der Weltwirtschaft wird primär durch Märkte geleistet, wobei verschiedene internationale Institutionen, wie Weltbank, Internationaler Währungsfonds, G7/G20 (vgl. Kap. Finanzkrise) und die Welthandelsorganisation (WTO) eine unterstützende Rolle einnehmen (Rode 2001). Die Ursprünge der WTO reichen bis in den Zweiten Weltkrieg zurück, als Briten und Amerikaner im Rahmen der Atlantik-Charta über die Errichtung einer Nachkriegsordnung berieten. Dabei kam die Idee auf, neben dem Internationalen Währungsfonds und der Weltbank eine dritte Organisation zu gründen, die für die Regelung des Welthandels und die Sicherstellung des Freihandels Sorge tragen sollte. Den Hintergrund bildete die Überzeugung, dass die protektionistische Politik der Industrienationen eine wichtige Ursache für die katastrophalen Ausmaße der Weltwirtschaftskrise der 1930er Jahre – die wiederum dem europäischen Faschismus den Boden bereitet hatte

33 Dieser Teil ist eine aktualisierte Fassung von Stahl/Lütticken 2007: 789-792.

– darstellte (May 1994: 8f.). Tatsächlich wurde bereits 1947, auf einer von den Vereinten Nationen in Havanna einberufenen Konferenz, ein Regelwerk zur Gründung einer International Trade Organisation verabschiedet, das jedoch nie umgesetzt wurde. Als Überbleibsel blieb lediglich das GATT bestehen, ein in den Vorbereitungskonferenzen zu Havanna ausgearbeiteter Vertrag, worin sich insgesamt 23 Staaten gegenseitige Zollsenkungen zusicherten und verbindliche Regeln für den Güterhandel vereinbarten. Ursprünglich nur als Provisorium gedacht, entwickelte sich das GATT zum Zentrum der internationalen Handelspolitik und zu einer der wichtigsten Institutionen der Weltwirtschaftsordnung. Obwohl das GATT vor Gründung der WTO 1994 rechtlich nur ein Vertragswerk darstellte, betrachtete man es bereits ab Ende der 1960er Jahre als eine De-facto-Organisation (Senti 1986: 21).

Der WTO gehören nach der Aufnahme der Republik Jemen 160 Staaten an (Stand Dezember 2013), die zusammen mehr als 90 Prozent des Welthandels untereinander abwickeln. Ihre Hauptaufgabe ist die Regelung des internationalen Handels und besonders die Förderung des Freihandels. Höchstes Beschlussorgan ist die Ministerkonferenz, in der alle Mitgliedsländer vertreten sind und die mindestens alle zwei Jahre stattfindet. Ebenfalls beschlussfähig ist der Allgemeine Rat, der mehrmals im Jahr tagt und sich aus Botschaftern, Delegationsleitern und Beamten der Mitgliedstaaten zusammensetzt. Der von der Ministerkonferenz für jeweils zwei Jahre gewählte Generaldirektor verfügt zwar über keine Entscheidungsbefugnisse, leitet aber das Sekretariat und verschiedene Unterorgane und Arbeitsgruppen.

Die Organisation stützt sich vor allem auf drei Vertragswerke, nämlich zum einen auf das GATT, den historischen Vorläufer der WTO, das den internationalen Handel mit Gütern regelt. Die beiden anderen, das General Agreement on Trade in Services (GATS) sowie das unter dem Kürzel TRIPS bekannte Agreement on Trade Related Intellectual Property Rights folgen in ihren Grundprinzipien dem Aufbau des GATT und betreffen den Handel mit Dienstleistungen bzw. den Schutz geistigen Eigentums. Das Grundprinzip des GATT/der WTO stellt der **„Grundsatz der Nichtdiskriminierung“** dar. Die beiden wichtigsten darin enthaltenen Unterprinzipien sind das „Prinzip der Meistbegünstigung“ (**most-favored-nation principle**) und das „Prinzip der Inländerbehandlung“. Ersteres meint, dass die einem Land gewährten Handelserleichterungen grundsätzlich auch allen anderen Ländern zu gewähren sind. Das Prinzip der Inländerbehandlung legt fest, dass ausländische Waren nicht gegenüber inländischen benachteiligt werden dürfen, es sei denn durch Zölle (Jackson 1997: 157-174).

Eine wichtige Kompetenz der WTO bildet des Weiteren die Lösung von Handelskonflikten mit Hilfe ihres Streitschlichtungsmechanismus „DSM“ (Dispute Settlement Mechanism).

Fallbeispiel: USA vs. Venezuela 1995/96[34]

Die USA wenden strengere Regeln für importiertes Benzin an und verstoßen damit gegen das Prinzip der Inländerbehandlung.

34 In Anlehnung an: Understanding the WTO: Settling Disputes, online unter: http://wto.org/english/thewto_e/whatis_e/tif_e/disp3_e.htm [letzter Zugriff am 21.2.2014].

Venezuela beschwert sich bei dem Streitbeilegungsgremium der WTO und bittet um **Konsultationen** mit den USA, welche daraufhin stattfinden, aber ohne Einigung enden.	→	Venezuela bittet das Streitbeilegungsgremium um ein **Streitbeilegungspanel**, welches in der Folge benannt wird, zusammentritt und einen Bericht erstellt.	→	Der Bericht wird beiden Parteien zugeleitet. Sie **einigen sich** darüber, dass der diskriminierende Bruch mit den WTO-Regeln von den USA durch eine Änderung ihrer Gesetze innerhalb von 15 Monaten abgestellt wird. Das Streitbeilegungsgremium nimmt den Bericht an.

Quelle: Eigene Darstellung.

Wird ein Staat von diesem mit neutralen Experten besetzten Gremium verurteilt, so werden die Klägerstaaten autorisiert, Strafzölle bis zu einer gewissen Höhe gegen den verurteilten Staat zu verhängen. Da im DSM nicht das sonst in der WTO dominierende Konsensprinzip gilt, besitzen die Beschlüsse eine für internationale Organisationen hohe Bindungskraft.

Im Zusammenhang mit der Organisationsstruktur gibt es allerdings auch einige Kritikpunkte. Die personelle und finanzielle Ausstattung an sich ist für eine internationale Organisation eher bescheiden, woran der Forumscharakter der WTO und letztlich die Dominanz der Mitgliedstaaten erkennbar werden. Trotz der formalen Gleichsetzung aller Mitgliedstaaten durch das Konsensprinzip, besitzen unterschiedliche Staaten ein sehr unterschiedliches Gewicht innerhalb der WTO. Zum einen beeinflusst die Größe des Binnenmarktes eines Staates seine Verhandlungsmacht, wodurch die gängige Verhandlungspraxis, Konzessionen in einem Bereich gegen Entgegenkommen in anderen Bereichen zu tauschen, wirtschaftlich schwächere Staaten benachteiligt, da sie über weniger Verhandlungsmasse (sprich Marktgröße) verfügen. Zum anderen stellt die hohe Komplexität der technischen und juristischen Detailfragen eine große Herausforderung für kleinere nationale Administrationen dar.

Bemerkenswert sind auch die Ausnahmeregelungen zu den erwähnten GATT-Grundprinzipien. Wichtige Ausnahmen betreffen z.B. die Schaffung von regionalen **Präferenz- bzw. Integrationszonen** (EU-Binnenmarkt, NAFTA u.a.) oder die Entwicklungsländer, zu deren besonderem Schutz 1965 ein weiterer Teil zum GATT hinzugefügt wurde. Die Vielfalt dieser Ausnahmeregelungen gefährdet einerseits den Grundgedanken des Freihandels, indem diskriminierende Effekte regionaler Wirtschaftsintegration hingenommen werden. Andererseits hätte das GATT ohne diesen Pragmatismus wohl nie derartige Bedeutung erlangt (Senti 1986: 110-126).

c) Die WTO in der Krise?

Als generelle Tendenz lässt sich beobachten, dass die Verhandlungsdauer der Handelsrunden, in denen die Regierungsdelegationen der Mitgliedstaaten um Kompromisse ringen, von Runde zu Runde zugenommen hat, während der Output der Verhandlungen abnimmt. Ebenso wie das Ende der Uruguay-Runde früher erwartet und erhofft wurde (1986 auf vier Jahre angesetzt, endete sie erst im Dezember 1993, weil Frankreich den Abschluss jahrelang blockierte), lässt auch die aktuell neunte Handelsrunde, die Doha-Runde, auf ihren Abschluss warten. Seit über einem Jahrzehnt wird ohne wirklich nennenswerte Ergebnisse verhandelt und schon mehrmals wurde das Scheitern der Doha-

Runde deklariert und damit ein Ende der WTO prophezeit. Offensichtlich befindet sich die Welthandelsorganisation in einer Krise.

Mit dem Kompromiss der WTO-Ministerkonferenz in Bali im Dezember 2013 kam allerdings neuer Schwung in die Verhandlungen der Doha-Runde. Eine der größten Unstimmigkeiten während der Doha-Verhandlungsrunde, die auch „Doha-Entwicklungsrunde“ genannt wird, ist der Dissens zwischen den Industrienationen und den Schwellen- und Entwicklungsländern. Die Industrieländer drängen auf einen erleichterten Marktzugang ihrer Industrieprodukte und Dienstleistungen in die Schwellenländer, während die Schwellen- und Entwicklungsländer erstrangig eine Öffnung der europäischen und amerikanischen Agrarmärkte anstreben. Vor allem Indien trat dabei als Verteidiger der Interessen der Schwellen- und Entwicklungsländer auf und plädierte für besondere Schutzmaßnahmen für seine heimischen Kleinbauern, die einen elementaren Teil der indischen Bevölkerung darstellen. Im Speziellen forderte Indien unbefristete Ausnahmeregeln für die Subventionierung der Nahrungsmittelversorgung für 820 Millionen Einwohner, welche aber die Grenzen der WTO für erlaubte Agrarsubventionen überschritten hätten (Euronews 7.12.2013).

4. Analyse: Bewertung von Globalisierung und ein Verhandlungsmodell

Anknüpfend an die Einteilung aus dem deskriptiven Teil, wird hier im Folgenden zunächst in Teil a) die Globalisierung analytisch eingebettet, in dem sie aus der Sicht von drei größeren Lagern bewertet wird. In Teil b) wird dann auf den zweiten Teil des institutionellen Ablaufs von Verhandlungen eingegangen, indem Robert Putnams Modell des **„Two-Level-Game“** als Analyseinstrument herangezogen wird.

a) Bewertung der Globalisierung

Der Prozess oder das Phänomen der Globalisierung können unterschiedlich bewertet werden (vgl. für das Folgende: Glenn 2007):

Die Gruppe der **Globalisten** sieht in der Globalisierung ein neuartiges Phänomen in der Weltgeschichte, durch das die Nationalstaaten zugunsten von Märkten und transnationalen Unternehmen entmachtet werden. Daraus folgt, dass Staaten den Primat der Akteursqualität in den iB verlieren und neue wichtige Akteure hervortreten. Deshalb lässt sich die Globalisierung kaum von staatlicher Seite aufhalten und schreitet gewissermaßen automatisch voran. Die **Skeptiker** sehen Handelsausweitung und Verflechtungen als Fortsetzung der seit Jahrhunderten existierenden internationalen Arbeitsteilung (vgl. Kasten zu Adam Smith oben) und erkennen nichts grundsätzlich Neues darin, sondern betrachten „Globalisierung“ eher als ein Modewort. Des Weiteren bezweifeln sie, dass Globalisierung mit einem Machtverlust von Staaten einhergeht. Staaten waren schon immer Nutznießer und treibende Kraft des Freihandels, weshalb etwa die Liberalisierung der Finanzmärkte sich nicht automatisch vollzog, sondern von staatlicher Seite bewusst zugelassen wurde (vgl. Kap. Finanzkrise). Sie stellen zudem fest, dass sich auch heute noch der Großteil wirtschaftlicher Aktivitäten innerhalb der Staatsgrenzen abspielt und das Ausmaß der Globalisierung insofern überschätzt wird. Die **Transformationalisten** nehmen eine Mittelposition zwischen den beiden Lagern ein und vereinen Argumente beider Seiten. Sie billigen Staaten zwar weiterhin eine große Handlungsautonomie zu, deren Wesen sich aber dennoch im Zuge der Globalisierung verändert.

Aber die Globalisierung hat nicht nur Befürworter, sondern auch – teilweise vehemente – Gegner. Globalisierungskritiker bemängeln, dass nicht alle Staaten gleich stark von der zunehmenden wechselseitigen Abhängigkeit profitieren. Die genannte Triade zieht demnach einen großen Vorteil aus den asymmetrischen Beziehungen, während Lateinamerika, Asien und insbesondere Afrika zu den sogenannten Globalisierungsverlierern gehören. Relativ gesehen sei der Abstand zwischen den am wenigsten entwickelten Ländern und den aufstrebenden Schwellen- und Industrienationen noch größer geworden. Eine gängige Kritik an der Globalisierung ist außerdem, dass sie sozial unverträgliche Unternehmenspraktiken fördere, welche zulasten der Beschäftigten und der Bevölkerung gingen (ein Beispiel hierfür wäre die eingestürzte Textilfabrik in Bangladesh 2013). So wird auch häufig vor einer weltweiten Niedriglohnpolitik, einem *race to the bottom*, gewarnt. Darüber hinaus entzündet sich die Kritik an der Globalisierung am Machtverlust der Nationalstaaten – insofern sind Globalisierungskritiker i.d.R. Globalisten –, denn es wird befürchtet, dass politische Steuerungsinstrumente an Wirksamkeit einbüßen und somit der Aktionsradius von Staaten gegenüber weltweit tätigen Unternehmen eingeengt wird.

b) Das „Zwei-Ebenen-Spiel" (*Two-Level-Game*)

Robert D. Putnam hat in dem Artikel *Diplomacy and Domestic Politics: The Logic of Two-Level-Games* (1988) ein Modell vorgeschlagen, das zwei Betrachtungsebenen miteinander verbindet: Die internationale Ebene, auf der die Verhandlungen zwischen Staaten stattfinden, und die nationale Ebene, auf der sich die Interessen der Staaten bilden. Mit diesem Modell lassen sich internationale Verhandlungen wie die der Welthandelsrunde als Wechselspiel dieser beiden Ebenen verstehen.

Die Regierung als Exekutivorgan (*chief negotiator*) steht dabei als Bindeglied zwischen den beiden Ebenen (Level). Auf Level 1 (siehe die Grafik unten) handelt die Regierung bzw. der Verhandlungsführer Abkommen und Verträge aus (*bargaining*). Gleichzeitig ist sie innenpolitisch (Level 2) auf die Zustimmung der Legislative angewiesen, die die international ausgehandelten Verträge ratifizieren muss, bevor sie Gültigkeit erlangen können. Demzufolge muss die Regierung auf Level 1 berücksichtigen, welche der auszuhandelnden Verhandlungsergebnisse auf Level 2 überhaupt ratifiziert werden könnten. Bildlich gesprochen kann man sich die Verhandelnden janusköpfig vorstellen: Stets ist der Blick nicht nur auf die Verhandlungen selbst, sondern auch auf die Durchsetzungschancen „zuhause" gerichtet. Das Problem auf Ebene 2 ist, dass dies in der Regel nur noch Ja- oder Nein-Entscheidungen sind. Diejenigen Verhandlungsergebnisse, die eine Chance auf Ratifizierung haben, bezeichnet Putnam als **win-set** (Putnam 1988: 438). Grundsätzlich muss jede Regierung daran interessiert sein, eine großzügige Mandatierung für die Verhandlungen zu bekommen, damit das *win-set* möglichst groß ist. Je autonomer ein Staat von seinen nationalen Ratifikationsorganen (Ebene 2) agieren kann – je größer seine Exekutivbefugnisse gegenüber Legislative und Judikative – desto kleiner wird seine Verhandlungsmacht auf Ebene 1, denn der Staat kann sehr viele Ergebnisse akzeptieren. Ein kleines *win-set* muss deshalb für einen Staat nicht zwingend von Nachteil sein und zum Scheitern der Verhandlungen führen. Oft kann es auch als Druckmittel und Verhandlungsjoker auf Ebene 1 eingesetzt werden. Die Regierung kann argumentieren, dass sie zwar gerne zustimmen würde, das Ergebnis aber niemals das nationale Ratifikationsorgan passieren würde und somit kein mögliches Verhandlungsergebnis darstelle.

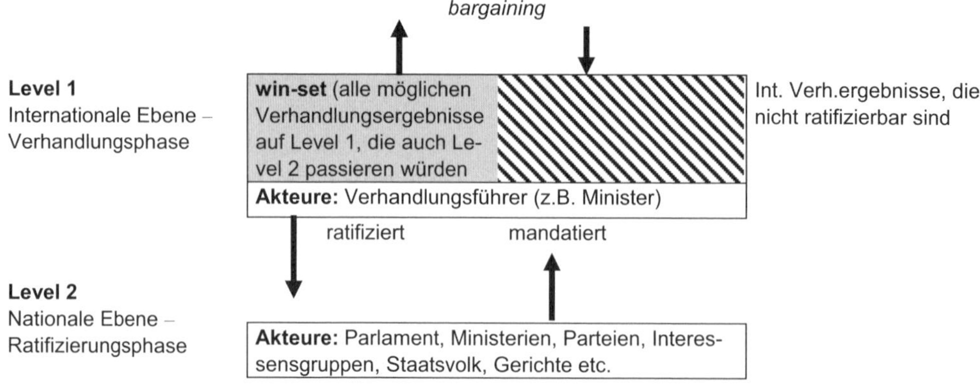

Quelle: Eigene Darstellung

Ein Scheitern der Verhandlungen kann bewusst betrieben werden, aber auch unintendiert sein. Mit der sogenannten **involuntary defection** ist die gescheiterte Ratifikation eines bereits von den Verhandlungsführern auf Level 1 verabschiedeten Vertrages gemeint (Putnam 1988: 441). Die Regierung hat auf Level 1 in bestem Wissen den Vertragsabschluss unterschrieben, aber das nationale Parlament lässt ihn auf Level 2 scheitern, wenn der Status Quo vorzuziehen ist und die Kosten eines Abbruchs aus Sicht des innenpolitisch orientierten Parlaments vernachlässigbar gering sind. Beispiele für solch unfreiwilliges Scheitern finden sich zuhauf in der europäischen Integration, wenn etwa die französischen und niederländischen Bürger ein fertig verhandeltes Vertragspaket wie den Verfassungsvertrag in einem Referendum ablehnen (vgl. Kasten in 3. im Kap. Vertiefung der EU).

Die Größe des *win-sets* und mithin die Chancen eines erfolgreichen Verhandlungsabschlusses hängen von den Präferenzen, der Machtverteilung und den politischen Institutionen auf Level 2 ab:

- Je niedriger die Kosten einer Nicht-Einigung, desto kleiner wird das *win-set* (ebd. 443).
- Je stärker die Kooperationsgegner (z.B. Populisten), desto kleiner das *win-set.*
- Sind die Ziele der Interessensgruppen „homogen" – nur die Höhe des Verhandlungsergebnisses ist umstritten (Zollsenkung vier Prozent vs. sechs Prozent) – so kann die Regierung durch eine einfache Maximierungsstrategie auf Level 1 zum Erfolg kommen (ebd. 445).
- Sind die Ziele der Interessensgruppen „heterogen" – das Verhandlungsziel an sich ist umstritten (Zollsenkung 6 Prozent vs. mehr Schutz für die Automobilindustrie) – so ist die Verhandlungsführung komplizierter, doch das *win-set* wahrscheinlich größer (ebd. 445f.).
- Paketlösungen (*issue linkages*), bei denen zwei oder mehrere inhaltliche Fragen nur als Paket innenpolitisch angenommen oder abgelehnt werden können; vergrößern das *win-set.*
- Die Größe des *win-sets* hängt vom institutionellen Gefüge und dem Zusammenspiel der drei Gewalten eines Staates ab (z.B. formelle Beschränkungen: 2/3-Mehrheiten als Ratifizierungsbeschränkung, Vorbehalt des Verfassungsgerichts) (ebd. 448f.).
- Verhandlungsführer haben grundsätzlich Interesse daran, das *win-set* zu vergrößern, indem sie etwa Verhandlungspartnern mehr Optionen anbieten (z.B. durch das Anbieten von „Neben-Zahlungen" – *side-payments*), da das die Chance auf eine Einigung erhöht.

Das *Two-Level-Game* ist ein gängiges Modell zur Darstellung internationaler Verhandlungen und dient zugleich als Basis für die weitergehende Theoriebildung.

5. Erklärung: Der Liberale Intergouvernementalismus (LI)

Der Liberale Intergouvernementalismus von Andrew Moravcsik (1997, 1998) hat sich für die Erklärung der Handelspolitik auf nationaler und internationaler Ebene als besonders geeignet herausgestellt. Ursprünglich hatte Moravcsik seine Theorie insbesondere zur Erklärung der europäischen Integration formuliert, doch sein Anspruch zielt auf die Erklärung jeglicher zwischenstaatlicher Kooperation (Steinhilber 2006: 175).

a) Annahmen

Hintergrund der Theorie bildet der analytische Begriff des **Intergouvernementalismus**, der Mitte der 1960er Jahre als Variante der realistischen Theorieschule entstand. Stanley Hoffmann (1966) argumentierte, dass das Stocken der europäischen Integration insbesondere auf das Beharrungsvermögen der Nationalstaaten zurückzuführen sei: Ihre verschiedenen geopolitischen Interessen und ihr Machtstreben ließen keine Kompromisse in den zwischenstaatlichen Verhandlungen mehr zu und führten so zur Lähmung der EG. Diesen Gedanken, der den Annahmen der neofunktionalistischen Theorie widersprach (vgl. 5. im Kap. Vertiefung der EU), nahm Moravcsik auf und entwickelte ihn weiter. Gemeinsamer Bezugspunkt ist dabei der Staat, vertreten durch die Regierung, der der einzig ernstzunehmende Akteur im internationalen System ist. Allerdings geht der Liberale Intergouvernementalismus einen wesentlichen Schritt weiter, indem er die Ziele des Staates in den Verhandlungen (seine „Präferenzen") mit einem Interessensbildungsprozess in der Gesellschaft begründet. Hierzu modelliert er intergouvernementale Verhandlungen, wie Handelsrunden, als *Two-Level-Games* (vgl. 4b.). Da der Ansatz die Erklärung für Phänomene der iB auf der gesellschaftlichen Ebene sucht, gehört er deshalb zu den *2nd image*-Ansätzen (vgl. 1.1.).

Moravcsik beginnt seine Argumentation jedoch beim Individuum, das liberale Ansätze in der Regel als rational kalkulierend und risikoscheu charakterisieren. Die Individuen wiederum organisieren sich in einer pluralistischen Gesellschaft in Interessensgruppen jeder Art, um möglichst großen Einfluss auf die Regierung auszuüben (Moravcsik 1992: 5ff.). Moravcsik geht also davon aus, dass iB letztlich von Individuen und privaten, gesellschaftlichen Gruppen (wie z.B. Gewerkschaften oder Verbände) gestaltet werden. Diese versuchen ihre jeweiligen Präferenzen innerhalb des Staates und im transnationalen Umfeld durchzusetzen und streben nach materiellem und ideellem Wohlstand. Die Definition der Interessen dieser gesellschaftlichen Akteure ist in der liberalen Theorie von zentraler Bedeutung. Individuen und gesellschaftliche Gruppen definieren ihre Interessen unabhängig von der Politik und versuchen diese dann im politischen Austausch und in Form von kollektivem Handeln zu verwirklichen. Von der Annahme privater Ziele von Individuen bis hin zu internationalen Verhandlungsergebnissen ist es ein langer Weg, weswegen die Theorie einen Dreischritt vorsieht: eine liberale Theorie der nationalstaatlichen Präferenzbildung (I), eine Analyse der zwischenstaatlichen Verhandlungen (II) sowie die Institutionenbildung im internationalen System (III).

Graphische Darstellung 12: Dreischritt-Modell im LI

Quelle: Eigene Darstellung.

Zentrales Element dieses *bottom-up*-Prozesses stellt die **nationale Präferenzbildung** dar (I). Wie kommt es zu der innerstaatlichen Willensbildung der nationalen Präferenzen? Nationale Präferenzen gehen aus einem Kosten-Nutzen-Denken der dominanten innerstaatlichen Akteure hervor und reflektieren themenspezifische Interessen. Die Herausbildung nationaler Präferenzen schreibt Moravcsik hauptsächlich dem Einfluss der bedeutendsten innerstaatlichen Gruppierungen zu, die aus Produzenten verschiedener Bereiche wie Industrie, Landwirtschaft und Dienstleistungen bestehen und sich gegen schwächere Gruppierungen, wie zum Beispiel Konsumenten und Steuerzahler, durchsetzen können. Dieser von den Produzenten ausgeübte Druck gilt für Moravcsik als Hauptquelle für die Formulierung nationaler Präferenzen. Dabei haben diejenigen Lobbygruppen mehr Aussicht auf Erfolg, deren Interessen konzentriert, intensiv und klar formuliert sind (Moravcsik 1998: 36). Je konkreter also das Interesse, je kleiner die Interessensgruppe und je stärker ihre finanzielle Basis, desto größer ihre politische Durchschlagskraft und ihr Zugang zu Regierungsentscheidungen (Steinhilber 2006: 178f.).

Zu registrieren ist hierbei die sekundäre Rolle des Staates. In der liberalen Konzeption der innerstaatlichen Politik ist der Staat kein Akteur, sondern lediglich eine repräsentative Institution, ein „transmission belt (...) constantly subject to capture and recapture, construction and reconstruction by coalitions of social actors“ (Moravcsik 1997: 518). Durch diesen *transmission belt* werden die Präferenzen und die gesellschaftliche Macht der Individuen und Gruppen zu staatlicher Politik. Die Beziehung zwischen Regierung und Gesellschaft wird als ein *principal-agent*-Modell verstanden, das die liberale Herausbildung staatlicher Präferenzen erklären soll: In diesem Zusammenhang handelt es sich bei dem *principal* um einen sogenannten Auftraggeber, der an seinen *agent*, oder Auftragnehmer, Verantwortung überträgt, unter der Voraussetzung, dass dieser in seinem Interesse handelt. Gesellschaftliche *principals* delegieren (oder begrenzen) die Macht der *governmental agents* (Moravcsik 1993: 483).

Wenn privates Handeln ein gewisses Ziel allein nicht effektiv erreichen kann, wenden sich Individuen an den Staat. Die Präferenzen eines Staates formieren sich also durch gesellschaftlichen Druck, der durch repräsentative Institutionen und Praktiken übertragen wird. Staatliche „Präferenzen“ werden dabei als konzeptioneller Begriff von nationalen

„Strategien“ und „Taktiken“ klar unterschieden. Präferenzen umfassen bei Moravcsik ein „*set of fundamental interests*“, das unabhängig von den Strategien anderer Akteure definiert wird und damit zwischenstaatlichen politischen Interaktionen, externen Gefahren, Anreizen, Manipulationen und anderen Taktiken vorgelagert ist. Strategien und Taktiken sind dagegen *policy options*, die erst in Bezug auf die Positionen der anderen Akteure definiert werden (Moravcsik 1997: 519).

Diejenigen Präferenzen, die sich auf der nationalen Ebene durchgesetzt haben, werden von der Regierung aufgenommen und dann nach außen hin als Präferenz des Staates artikuliert. Das hauptsächliche Interesse der Regierung ist dabei der Machterhalt, also die Wiederwahl. In demokratischen Gesellschaften ist dafür die Unterstützung breiter Vereinigungen von Wählern, Parteien und Interessengruppen, etc. notwendig, weswegen angenommen werden kann, dass die Regierung das Ergebnis der Präferenzbildung zu ihrer Politik macht. Diese Präferenzen sind sektor- und problemspezifisch; sie reflektieren in der Agrarpolitik zum Beispiel die Kosten-Nutzen-Kalküle und Kräfteverhältnisse landwirtschaftlicher Produzenten und Konsumenten und in der Energiepolitik dementsprechend die Präferenzen der dominanten energiewirtschaftlichen Interessengruppen. Die Regierungen, so die Annahmen der Theorie, spielen für die innenpolitischen Kräfte die Rolle eines *gate-keepers*, der zwischen den innenpolitischen Präferenzen und denen der internationalen Akteure vermittelt.

In den **intergouvernementalen Verhandlungen (II)** sind die Regierungen also nur durch ihre inhaltlichen Interessen gebunden und handeln somit auf dem internationalen Parkett ungebunden in ihren Aktivitäten und Entscheidungen (Moravcsik 1998: 23). Wie verlaufen nun diese zwischenstaatlichen Verhandlungen? Die Präferenzen der Nationalstaaten stehen im Mittelpunkt. Ihre Durchsetzung im *bargaining*-Prozess würde anderen Staaten entweder zusätzliche Kosten aufbürden oder zusätzliche Erträge bescheren. Die Gesamtschau dieser latenten Kosten und Erträge wird als **policy interdependence** bezeichnet. Je nachdem, ob die staatlichen Präferenzen harmonieren, konvergieren oder divergieren, ist das *win-set* groß, klein oder Null (Schieder 2010: 197). Welche Faktoren beeinflussen darüber hinaus das Verhandlungsergebnis? Zunächst spielt die **relative Machtposition** der Regierung eine Rolle (Moravcsik 1998: 7): Je weniger sie im konkreten Politikfeld auf ein positives Verhandlungsergebnis angewiesen ist, desto größer ihre Verhandlungsmacht. Bestehen mächtige nationale Interessengruppen auf einen positiven Abschluss, ist der gesellschaftliche Druck auf die Regierung groß und dementsprechend gering ist ihre Verhandlungsmacht. Entsprechend wird sie u.U. gezwungen sein, andere Staaten, die wenig Interesse an einem Abschluss haben, mit **side-payments** zu einem Abschluss zu bewegen. Eine weitere Option wäre, verschiedene Politikfelder so zusammen zu schnüren (*linkage politics*), dass für alle ein Vorteil entsteht (vgl. auch Analyse unter 4.). Ein bekanntes Beispiel hierfür waren die Römischen Verträge der EG 1958, die eine Atomgemeinschaft (Vorteil Frankreich) mit einem Gemeinsamen Markt (Vorteil Deutschland) kombinierten. Schließlich gäbe es noch die negative Anreizstrategie, einem sich widersetzenden Staat mit dem Ausschluss aus den Verhandlungen zu drohen (Moravcsik 1991: 47).[35] Ist nun ein Verhandlungsergebnis erzielt, ergibt sich ein abgeleitetes Problem: Wie kann gewährleistet werden, dass das Verhandlungsergebnis transparent umge-

35 Ein Ausschluss könnte für einen Staat zukünftig hohe Opportunitätskosten bedeuten, vgl. 5. im Kap. Internationale Institutionen.

setzt und auch eingehalten wird? Dies ist die Frage nach der vernünftigen institutionellen Lösung (**institutional choice**).

Die **Institutionenbildung im internationalen System** (III) folgt dem Ergebnis der **bargaining**-Prozesse und reflektiert den Willen der Nationalstaaten. Es bedarf aus deren Sicht einer Institution, die sicherstellt, dass die Verhandlungsergebnisse von Dauer sind und eventuelle Nichteinhaltung erkannt und sanktioniert wird (vgl. 5. im Kap. Internationale Institutionen). Die Nationalstaaten „poolen" und delegieren nur denjenigen Teil ihrer Souveränität an diese neue Institution, die nötig ist, um die Glaubwürdigkeit ihres Handelns (**credible commitments**) zu garantieren (Moravcsik/Nikolaides 1999: 76). Je nach Fall und Politikfeld können solche Institutionen Expertengremien, Gerichtshöfe bis hin zu supranationalen Agenten wie der Europäischen Kommission sein.

b) Theorieanwendung

In der Handelspolitik haben die Staaten unterschiedliche Interessen, die durch die sehr verschiedenen Präferenzbildungsprozesse in den Ländern begründet sind. Während die Industrieländer überwiegend freie Märkte im Bereich der Konsumgüter und Kapitalgüter anstreben, fürchten viele Entwicklungsländer hier die Konkurrenzsituation, da ihre Unternehmen dem Wettbewerbsdruck nicht standhalten würden. Umgekehrt wünschen sie eine Öffnung der Agrarmärkte etwa Japans, der EU und der USA. Doch in diesen Ländern sorgen sehr gut organisierte Lobbyverbände dafür, dass diese Märkte nicht geöffnet werden sollen. Die enorme Zahl an Verhandelnden und die sehr verschiedenen relativen Machtpositionen – komplexe *policy interdependence* – machen den Verhandlungsprozess selbst sehr schwierig und lassen kaum transparente, rationale Entscheidungen zu. Vor diesem Hintergrund lässt sich der *institutional choice* in Bezug auf die WTO und den Dispute Settlement Mechanism in der Uruguay-Runde gut erklären: Gerade das von Experten dominierte, an sachlichen Gründen orientierte und transparente Sanktionsverfahren des DSM sorgt dafür, dass Liberalisierungszusagen eingehalten und NTBs effektiv bekämpft werden können.

Für die Blockade des Verhandlungsprozesses in der Doha-Runde ist die indische Position instruktiv. Sie ist durch eine protektionistische Haltung zum Schutz von Kleinbauern und gewissen Wirtschaftszweigen wie Textil und Leder gekennzeichnet, während sie der Öffnung der Industriegütermärkte wenig Priorität einräumt (Narlikar 2006: 72). Indien forderte für die Doha-Runde eine Food Security Box, die es Entwicklungsländern ermöglichen soll, ihre Agrarproduktion zu schützen, um Nahrungsmittelsicherheit für ärmere Bevölkerungsschichten sicher zu stellen (WTO 2001). Im indischen Präferenzbildungsprozess haben Industrieverbände, Thinktanks, aber auch die Produzenten im Agrarsektor kaum Einfluss, so dass sich die diffusen protektionistischen Interessen der Millionen Kleinbauern in der Welthandelsrunde durchsetzen. Im Ergebnis ist der *win-set* leer und so scheiterten bislang alle Versuche, die Doha-Runde abzuschließen.

6. Prognose

Durch Zugeständnisse an Indien konnte der Teil-Kompromiss von Bali 2013 erzielt werden. Dieser beschränkt sich allerdings auf den Abbau einiger bürokratischer Einfuhrhemmnisse, Handelsvorteile für Entwicklungsländer im Agrarbereich durch die Abschaffung von Exportsubventionen und eine zusätzliche finanzielle Förderung zugunsten der am wenigsten entwickelten Länder dank eines besseren Zugangs zu den Märkten der Industrie- und Schwellenländer. Der Kompromiss ist aber längst nicht so umfassend wie erhofft und stellt nur einen kleinen Fortschritt in Hinblick auf den Abschluss der Doha-Runde dar. Die weiteren Aussichten für einen Gesamtabschluss bleiben unter Berücksichtigung der Einsichten des Liberalen Intergouvernementalismus trüb:

> „Indien, Kuba, Venezuela, Bolivien und Nicaragua haben auf Bali klar gemacht, wie groß das Erpressungspotenzial ist, wenn Einstimmigkeit gilt. Der Preis einer Deblockierung ist nun fixiert. In Zukunft wird es mit Sicherheit nicht billiger, sondern teurer werden, weitere Kompromisse zu finden. (...) Wenn es nur ein 'alles oder nichts' gibt, also keine einzelnen Sektoren oder Themen gesondert, sondern nur sämtliche Dossiers in einer großen Schlussabstimmung am Stück entschieden werden können, solange also ein einzelnes Land alles verhindern kann, selbst wenn alle anderen dafür sind, solange wird die WTO den Anschluss an die Wirklichkeit verlieren. Und weil ein Übergang zu einem Verfahren der Mehrheitsentscheidung der Einstimmigkeit bedarf, wird sich daran auch nichts ändern lassen." (Staubhaar 2013)

7. Bewertung

Die Theorie des Liberalen Intergouvernementalismus gilt als eine der ausgefeiltesten und theoretisch versiertesten in der liberalen Theorieschule. Ihre klaren Annahmen, der Dreischritt und die eindeutige Faktorenbenennung machen sie zu einer Theorie, die eine hohe theoretische Stringenz aufweist. Kritik in Bezug auf ihren Erklärungswert wurde ihr vor allem deswegen zuteil, weil sie – als Theorie des Intergouvernementalismus – ausgerechnet den Anspruch formuliert hat, die einzige supranationale Institution, die EU, erklären zu wollen.

Wie andere liberale Theorien geht sie von vorgegebenen Interessen aus, die sich – *bottom-up* – in der Gesellschaft und dann in den Verhandlungen durchsetzen. Aber warum organisieren sich latent mächtige Interessensgruppen wie im indischen Fall nicht oder schlecht? Problematisch wird es auch dann, wenn sich die Interessen im Zeitablauf verändern, vielleicht auch durch Druck von außen (*top-down*). Wieso etwa hat Indien nun doch einem kleinen Kompromiss in Bali zugestimmt? Darüber hinaus wird transnationalen Akteuren wie NGOs und global tätigen Unternehmen jenseits der innergesellschaftlichen Präferenzbildung keine Bedeutung beigemessen. In Bezug auf die letztgenannten Kritikpunkte würden sozialkonstruktivistische Erklärungen vielleicht besser greifen. Gleiches gilt für längere Blockade-Politiken eines Nationalstaats, die einen „irrationalen" Charakter annehmen, weil sie einem Land mehr schaden als nutzen (Stahl 2006: 145-190).

8. Handlungsempfehlung

Die Handlungsempfehlung der Theorie für Politiker fällt sehr knapp aus, weil die Theorie ihnen nur die Rolle des *gate-keepers* zugewiesen hat. Während die Regierung im *Two-Level-Game* noch eine relativ große Autonomie hat, wird sie im Liberalen Intergouvernementalismus zum bloßen Umsetzer der dominierenden gesellschaftlichen Präferenzen. Immerhin kann sie im *bargaining process* im zweiten Schritt versuchen, durch Paketlösungen und *side-payments* das *win-set* zu vergrößern. Im dritten Schritt wird sie auch strikt rational agieren und keinen Souveranitätstransfers an eine Institution zustimmen, die nicht unbedingt nötig sind, um die Verhandlungsergebnisse zu sichern.

Glossar	
Nicht-tarifäre Handelshemmnisse	Bargaining
Grundsatz der Nichtdiskriminierung	Credible commitments
Most favored nation principle	Embedded liberalism
Globalisierung, Globalisten, Skeptiker, Transformationalisten	
Two-Level-Game	Win-set
Involuntary defection	Side-payments
Issue linkage	Intergouvernementalismus
Policy interdependence	Institutional choice
Nationale Präferenzbildung	

Übungsfragen:

1. Diskutieren Sie verschiedene politische Handlungsempfehlungen für ein „Management" der Welthandelsordnung je nach Bewertung der Globalisierung (4a.)!
2. Wendet man Putnams *Two-Level-Game* (4b.) auf das Außenhandeln der Europäischen Union an, würde aus dem Two-Level-Game ein „Three-Level-Game" (1. nationale Präferenzbildung, 2. *bargaining* in der EU über Verhandlungsmandat für EU, 3. *bargaining* der EU mit anderen Staaten). Welche Folgen und Implikationen hat dies für die Außenvertretung der EU?
3. Viele Analytiker sprechen heute von der „Krise der internationalen Institutionen". Wie stellt sich das aus der Sicht des Liberalen Intergouvernementalismus dar?
4. Transferfrage: Versuchen Sie die Welthandelsordnung mit Hilfe der Argumente der Globalisierungsgegner (siehe 4.) und der Neo-Gramscianischen Theorie zu kritisieren (Lesen Sie dazu Teil 5. im Kap. Finanzkrise).

Filmtipp: Battle in Seattle (2007), Stuart Townsend [Spielfilm]

1999 treffen nicht nur Wirtschaftsminister und andere Teilnehmer zur WTO-Konferenz in Seattle ein, sondern auch Demonstranten, die friedlich Aufmerksamkeit erregen wollen. Gezeigt wird, wie aus einer friedlichen Demonstration eine gewaltsame Auseinandersetzung zwischen Polizei und Demonstranten wird. Mit Stars wie Charlize Theron, Ray Liotta und Channing Tatum besetzt, ist der Film dennoch mehr Action-Doku als Hollywood *feel-good.*

Empfohlener Text zur Entwicklung des Welthandels/WTO

Milner, Helen (2013): International Trade. In: Carlsnaes, Walter/Risse, Thomas/Simmons, Beth (Hrsg.): Handbook of International Relations. London: SAGE Publications Ltd., S. 720–746.

Empfohlener Text zur Theorie

Steinhilber, Jochen (2006): Intergouvernementalismus. In: Bieling, Hans-Jürgen/Lerch, Marika (Hrsg.): Theorien der europäischen Integration. Wiesbaden: VS Verlag für Sozialwissenschaften, S. 91–116.

Empfohlener Originaltext zur Theorie

Moravcsik, Andrew/Schimmelfennig, Frank (2009): Liberal Intergovernmentalism. In: Wiener, Antje/Diez, Thomas (Hrsg.): European Integration Theory. Oxford: Oxford University Press, S. 67-87.

Übrige verwendete Literatur

Euronews vom 7.12.2013, online: http://de.euronews.com/2013/12/07/historischer-welthandelspakt/ [letzter Zugriff am 1.3.2013].

Glenn, John (2007): Globalization: North-South Perspectives. London: Routledge.

Hoffmann, Stanley (1966): Obstinate or Obsolete: The Fate of the Nation State and the Core of Western Europe. In: Daedalus 95: 3, S. 862–915.

Jackson, John H. (1997): The World Trading System: Law and Policy of International Economic Relations, 2. Aufl. Cambridge, Massachusets: MIT Press.

May, Bernhard (1994): Die Uruguay-Runde. Verhandlungsmarathon verhindert trilateralen Handelskrieg. Arbeitspapiere zur internationalen Politik; 86. Bonn: Europa-Union.

Moravcsik, Andrew (1991): Negotiating the Single European Act. In: Keohane, Robert/Hoffmann, Stanley (Hrsg.): "The new European community". Decision Making and Institutional Change. Oxford: Westview, S. 41-84.

Moravcsik, Andrew (1992): Liberalism and International Relations Theory; The Center for International Affairs, Working Paper No. 92-6, Harvard University.

Moravcsik, Andrew (1993): Preferences and Power in the European Community: A Liberal Intergovernmentalist Approach. In: Journal of Common Market Studies 31, 4, S. 473–524.

Moravcsik, Andrew (1997): Taking Preferences Seriously: A Liberal Theory of International Politics. In: International Organization 51, 4, S. 513–553.

Moravcsik, Andrew (1998): The Choice for Europe. Social Purpose & State Power from Messina to Maastricht. Ithaca, NY: Cornell University Press.

Moravcsik, Andrew/Nicolaides, Kalypso (1999): Explaining the Treaty of Amsterdam: Interests, Influence, Institutions. In: Jounal of Common Market Studies 37, 1, S. 59–85.

Narlikar, Amrita (2006): Peculiar Chauvinism or Strategic Calculation? Explaining the Negotiating Strategy of a rising India. In: International Affairs 82, 1, S. 59–76.

Putnam, Robert D. (1988): Diplomacy and Domestic Politics: The Logic of Two-Level Games. In: International Organization 42, 3, S. 427–460.

Rode, Reinhard (2001): Weltregieren durch internationale Wirtschaftsorganisationen. Halle: rr Verlag.

Ruggie, John Gerard (1982): International regimes, transactions, and change: embedded liberalism in the post-war economic order. In: International Organization 36, 2, (Spring), S. 195–231.

Schieder, Siegfried (2010): Neuer Liberalismus. In: Ders./Spindler, Manuela (Hrsg.): Theorien der Internationalen Beziehungen. Opladen: Verlag Barbara Budrich, S. 187–222.

Senti, Richard (1986), GATT. Allgemeines Zoll- und Handelsabkommen als System der Welthandelsordnung. Zürich: Polygraph. Verlag.

Stahl, Bernhard/Lütticken, Florian (2007): Welthandelsorganisation. In: Schmidt, Siegmar/Hellmann, Gunther/Wolf, Reinhard (Hrsg.): Handbuch zur Deutschen Außenpolitik. Wiesbaden: VS Verlag für Sozialwissenschaften, S. 789–801.

Stahl, Bernhard (2006): Frankreichs Identität und außenpolitische Krisen. Verhalten und Diskurse im Kosovo-Krieg und der Uruguay-Runde des GATT, Nomos.

Hoffmann, Stanley (1966): Obstinate or Obsolete? The Fate of the Nation-State and the Case of Western Europe. In: Daedalus 95,3, S. 862–915.

Staubhaar, Thomas (2013): Bali ist kein Neuanfang, sondern das Ende der WTO. In: Die Welt am 09.12.2013, online unter: http://www.welt.de/wirtschaft/article122726072/Bali-ist-kein-Neuanfang-sondern-das-Ende-der-WTO.html [letzter Zugriff am 31.01.14].

Woyke, Wichard (2011): Handwörterbuch Internationale Politik, Opladen: Verlag Barbara Budrich.

WTO: World Trade Report 2013. Genf: WTO Publications.

WTO (2001): Negotiations on WTO Agreement on Agriculture: Proposals of India in the areas of Food Security, Market Access, Domestic Support, and Export Competition (15 January 2011), G/AG/NG/W/102, Special Session, Committee on Agriculture.

2.4. Studie zur Theoriekritik: Huntingtons Kampf der Kulturen

Mitarbeit: Verena Maier

Ziel dieser Studie ist es, dazu anzuregen, IB-Theorien kritisch zu hinterfragen, in den wissenschaftstheoretischen Kontext einzuordnen und deren empirische Anwendbarkeit zu prüfen.

a) Die Hauptaussagen

Huntingtons 1996 erschienenes Werk *Kampf der Kulturen* (*Clash of Civilizations*), eine Fortführung seines drei Jahre zuvor erschienenen Aufsatzes, fand große Resonanz sowohl in der breiten Öffentlichkeit als auch in der Fachwelt und löste eine Welle an kontroversen Debatten aus. Huntingtons Hauptthese beruht auf einer Neugestaltung der Weltpolitik, die zukünftig nicht mehr durch politische Ideologien wie im Kalten Krieg (vgl. Kapitel Abschreckung), sondern durch **Bruchlinien** (*fault lines*) zwischen verschiedenen kulturellen Gemeinschaften bestimmt wird. Danach lässt sich die Welt in acht verschiedene **Kulturkreise** einteilen: den sinischen, den japanischen, den hinduistischen, den islamischen, den westlichen, den slawisch-orthodoxen, den lateinamerikanischen sowie den afrikanischen[36]. Dabei gruppieren sich die Staaten eines Kulturkreises um einen **Kernstaat**, der an die Stelle der Supermächte des Kalten Krieges tritt. Die Religion ist neben der gemeinsamen Sprache, Abstammung, Geschichte, Lebensweise und Institutionen das ausschlaggebende Kriterium für diese Zuteilung. Huntington argumentiert, dass sich als Folge erhöhter sozialer Mobilität, Urbanisierung, verstärktem Medienkonsum und der Auflösung traditioneller Bindungen zu Familie und Gebräuchen, die Menschen stärker als je zuvor nach einer identitäts- und sinnstiftenden Institution sehnen und sich folglich zunehmend auf ihre religiösen Überzeugungen besinnen.

Huntington betont, dass kulturelle Eigenheiten, Werte, Loyalität und Institutionen einen erheblichen Einfluss auf das Verhalten von Staaten haben, denn „Interessenpolitik setzt Identität voraus“ (Huntington 1996: 147). Er geht von einer anarchisch strukturierten Welt aus, in der einzelne Staaten zwar ihre beherrschende Bedeutung behalten, internationale Organisationen aber zunehmend an Einfluss gewinnen. Aufgrund steigender Wirtschaftsleistungen, wachsendem militärischen Potential sowie enormen Bevölkerungswachstumsraten insbesondere im sinischen und islamischen Kulturkreis wird der Westen nach Huntington im Laufe der Zeit immer mehr an Bedeutung und Attraktivität verlieren.

Die größte Bedrohung für den Weltfrieden ergibt sich deshalb aus dem Konflikt, bei dem der universalistische Anspruch des Westens auf das neue Selbstbewusstsein islamischer Staaten trifft, die historisch bewiesenermaßen besonders gewaltbereit seien und

36 Wobei Huntington in Frage stellt, ob es sich beim afrikanischen Kulturkreis um einen eigenständigen (einheitlichen) Kulturkreis handelt.

„blutige Grenzen“ (Huntington 1996: 420) besäßen. Daraus schließt er, dass die Kulturen aufeinanderprallen und die Welt in **Bruchlinienkonflikte** (*fault line conflicts*) zerfallen werde. Der Westen kann nur überleben, wenn die USA ihre westliche Identität bekräftigt und schützt, sich jedoch bewusst wird, dass Ideen wie individuelle Freiheit, politische Demokratie, Rechtsstaatlichkeit, Menschenrechte und kulturelle Freiheit einzigartig und wertvoll, aber nicht universal gültig und durchsetzbar sind.

b) Die Kritik

Die Kulturkampftheorie ist seit den 1990er Jahren – und spätestens seit 9/11 – zu einem populären Schlagwort im öffentlichen Diskurs geworden und wird auch in der Wissenschaft viel rezipiert und zitiert. Allerdings gibt es aus akademischer Sicht viele Kritikpunkte, so dass der „Kampf der Kulturen“ unter Politik-, Kultur- und Religionswissenschaftlern als eher fragwürdige und angreifbare Theorie gilt. Üben Sie Kritik an der Theorie mit Hilfe von Originalzitaten:

> „No culture is an island“ (Binyan 1993:19).

1. Wie beurteilen Sie Huntingtons Verständnis von Kultur in der heutigen globalisierten Welt?

> „[T]he most important and explosive differences involving Muslims are found within the Muslim world – between persons, parties and governments who are reasonably moderate, nonexpansionist and nonviolent and those who are anti-modern and anti-Western, extremely intolerant, expansionist and violent. The first target of Islamic fundamentalists is not another civilization, but their own governments“ (Kirkpatrick 1993:23).

2. Ist Huntingtons Befund der Kulturen als einheitliche Akteure empirisch haltbar?

> „A civilizational conflict is not so much over Jesus Christ, Confucius or the Prophet Mohammed as it is over the unequal distribution of world power, wealth and influence and the perceived lack of respect accorded to small states and peoples by larger ones“ (Fuller 1995:153).

3. Inwieweit lassen sich mit der Theorie die heutigen Beziehungen zwischen Staaten erklären? Was sehen Sie als wichtigste Faktoren für die Ausgestaltung der Weltpolitik an? Transferfrage: Nehmen Sie auch Bezug auf revolutionäre Theorien bei Gramsci und Marx (Kap. Finanzkrise Teil 5)!

> „The problem with Huntington's provocative thesis is that it is wildly overstated and, if ideas by prominent thinkers have any impact in the real world, potentially dangerous“ (Ikenberry 1997:162).

4. Welche Konsequenzen hat Huntingtons Weltanschauung? Diskutieren Sie dabei auch die ethische Verantwortung von Wissenschaftlern und die Gefahren einer *self-fulfilling prophecy*!

> „The carefully planned and horrendous, pathologically motivated suicide attack and mass slaughter by a small group of deranged militants has been turned into proof of Huntington’s

thesis (...) instead of seeing it for what it is—the capture of big ideas (...) by a tiny band of crazed fanatics for criminal purposes" (Said 2001:12).

5. Inwieweit können die Terroranschlägen vom 11. September 2001 auf das World Trade Center als ein „Kampf der Kulturen“ interpretiert werden?

Weitere Diskussionsfragen

6. Auf welche Theorieschulen der IB stützt sich Huntingtons These (vgl. 1.1.)? Identifizieren Sie die Kennzeichen dieser! Wie begründet er deren Kombination?
7. Wie stehen Sie zu den Handlungsempfehlungen Huntingtons? Welche Folgen hätten diese für die US-Außenpolitik?

Literatur

Binyan, Liu (1993): Civilization Grafting. No Culture is an Island (Responses to Samuel P. Huntington's "The Clash of Civilizations". In: Foreign Affairs 4, S. 19–21.

Fuller, Graham (1995): The Next Ideology. In: Foreign Policy 98, S. 145–158.

Huntington, Samuel P. (2002): Der Kampf der Kulturen. Die Neugestaltung der Weltpolitik im 21. Jahrhundert. München: Goldmann Verlag.

Ikenberry, John (1997): Just like the Rest. In: Foreign Affairs 76, 2, S. 162–163.

Kirkpatrick, Jeane (1993): The Modernizing Imperative – Tradition and Change. In: Foreign Affairs 4, S. 22-24.

Said, Edward: The Clash of Ignorance. In: The Nation, 4.10.2001.

3.1. Sicherheit und Identität: Der Nahostkonflikt

Mitarbeit: Jan von Schmettow

1. Einstieg

Graphische Darstellung 13: Nahostkonflikt als Kreislauf von Gewalt

Quelle: © Martin Erl/toonpool.com

2. Leitfrage: Warum ist der Nahostkonflikt schwer lösbar?

3. Krieg

3. Beschreibung: Stationen des Nahostkonflikts

Graphische Darstellung 14: Politische Situation im Nahen Osten 2012

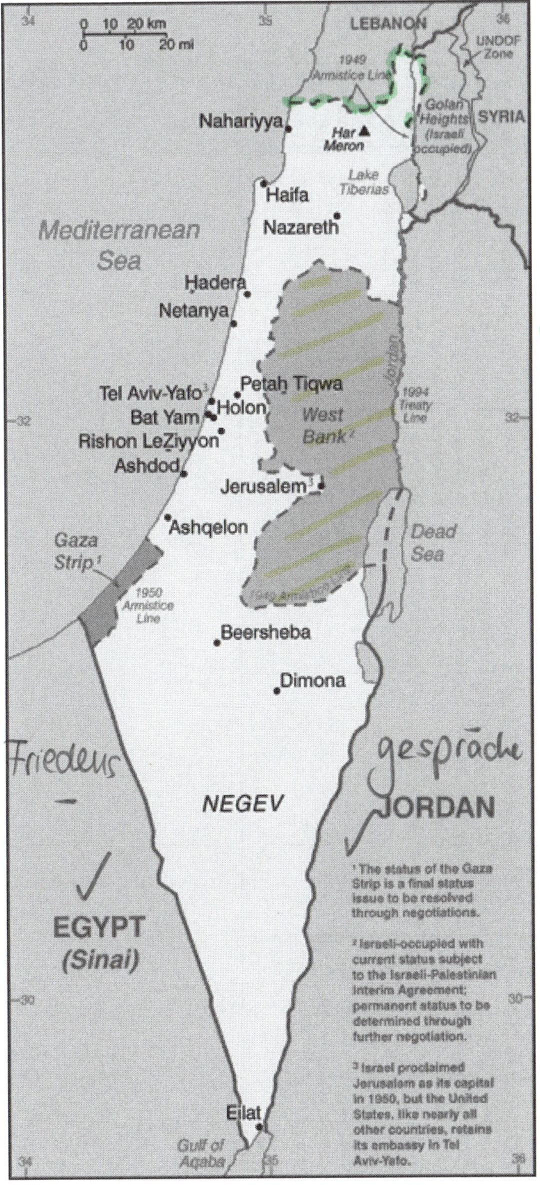

Quelle: University of Texas at Austin, Perry-Castañeda Library-Map Collection, online unter: http://www.lib.utexas.edu/maps/israel.html [letzter Zugriff 20.01.2014].

Die Karte zeigt die politische Situation im Jahr 2012. Nicht dargestellt sind die jüdisch-israelischen Siedlungen, die mitsamt dem verbindenden Straßennetz eine große Fläche der Westbank einnehmen. Ebenso nicht enthalten ist die israelische Sperrmauer.

Die gestrichelte Linie zwischen dem Libanon und Israel, sowie Syrien und Israel zeigt die Waffenstillstandslinie („Grüne Linie“) nach dem 1. Arabisch-Israelischen Krieg 1948/49.

Mit Ägypten und Jordanien hat Israel Friedensverträge abgeschlossen und den Verlauf der Grenzen geklärt.

Weitere Karten zu einzelnen Gebieten und solche, mit denen man die historische Entwicklung der Grenzen im Nahen Osten verfolgen kann, finden sich hier: http://www.lib.utexas.edu/maps/middle_east.html.

Im Folgenden werden wichtige Stationen des Nahostkonflikts – Kriege und Friedensbemühungen – in chronologisch-tabellarischer Form zusammengefasst.[37]

37 Für eine ausführlichere Beschreibung des Nahostkonflikts siehe Schäuble und Flug (2009). Die folgende Zusammenstellung basiert zudem auf Shlaim (2001), Smith (2004) und Johannsen (2011).

Zeit	1916 und 1920	1936-1939	1941-1945	Dez. 1947-Mai 1948	1948-1949
Ereignis/Konflikt	Sykes-Picot-Abkommen und Konferenz von St. Remo: Nachdem Frankreich und Großbritannien das Territorium des zerfallenen Osmanischen Reiches unter sich aufgeteilt haben, formalisiert der Völkerbund die Gebietsansprüche in der Konferenz von St. Remo.	Thawra – Palästinensische Erhebung: Palästinensische Generalstreiks und späterer bewaffneter Aufstand gegen die britische Mandatsregierung und die jüdisch-zionistische Immigration. Anschläge auf jüdische Siedlungen. GB schlägt die Erhebung blutig nieder.	Holocaust oder Sho'ah (hebräisch für Katastrophe, Untergang)	Beginn des Kampfes um Palästina/Israel und Beginn al-Nakba (arabisch für Katastrophe)	1. Arabisch-israelischer Krieg Nach der Beendigung des britischen Mandats ruft der erste israelische Ministerpräsident Ben Gurion den Staat Israel am 14.05.1948 aus.
Beteiligte Akteure	Frankreich und Großbritannien	Großbritannien, jüdisch-zionistische Gesellschaft (Jischuw) und Streitkräfte (Hagana, Irgun), palästinensische Bauern und Jugendliche, das Hohe Arabische Komitee (Mufti von Jerusalem Amin al-Husseini)	Deutschland, kollaborierende Regime	Jüdisch-Zionistische Streitkräfte (Hagana, Irgun, LEHI) und Palästinenser bekämpfen sich.	Irak, Syrien, Libanon, Ägypten und Jordanien greifen Israel an.
Implikationen und Folgen	F wird Mandatsmacht im heutigen Syrien und Libanon, während GB ein Mandat für den heutigen Irak und Palästina erhielt. GB teilt sein Mandatsgebiet in das zwischen Mittelmeer und Jordan gelegene Gebiet Palästina und das östlich des Jordan-Flusses gelegene Transjordanien.	Nach der Erhebung erarbeitet die britische Peel-Kommission einen Teilungsplan für Palästina, der vom Hohen Arabischen Komitee abgelehnt wird.	Während der industriell-organisierten Vernichtung werden sechs Millionen Juden ermordet. Tausende vertriebener europäischer Juden kommen nach Palästina/Israel.	Vertreibungen, Massaker im palästinensischen Dorf Deir Yasin, Terrorakte und psychologische Kriegsführung beider Seiten; führt zur ersten massenhaften Flucht der Palästinenser.	Massaker, Vertreibung von 730.000 Palästinensern (UN-Schätzung), von denen viele nach Jordanien, Libanon, Saudi-Arabien und Syrien fliehen. Israel und die arabischen Staaten schließen einen Waffenstillstand entlang der „Grünen Linie"; Ägypten verwaltet den Sinai und Gaza; Jordanien besetzt das West-Jordanland (= Westbank).

Zeit	1956	1967	6.10.1973-24.10.1973	1979	1983
Ereignis/Konflikt	Suez-Krieg: Nachdem der ägyptische Präsident Gamal Abdel-Nasser den Suez-Kanal verstaatlicht hat, besetzen GB und Israel den internationalen Schifffahrtsweg, der das Mittelmeer und das Rote Meer verbindet.	2. Arabisch-Israel. Krieg „Sechs-Tage Krieg“: Israel besetzt die Sinai-Halbinsel, den Gaza-Streifen, die Golan-Höhen, das West-Jordanland und Ost-Jerusalem.	3. Arabisch-Israelischer Krieg „Jom-Kippur Krieg“/„Ramadan-Krieg“: Israel wird durch den Angriff überrascht, erleidet große Verluste, kann die vorherigen Grenzverläufe aber wieder herstellen.	1977 spricht der ägyptische Präsident Anwar al-Sadat als erster arabischer Präsident vor dem israelischen Parlament, der Knesset, und propagiert eine friedliche Einigung. Camp David (1979): Nach langjährigen Verhandlungen unter Mediation der USA unterzeichnen Ägypten und Israel den Friedensvertrag von Camp David.	1. Libanon-Krieg
Implikationen und Folgen	Nach Drohungen der USA und der Sowjetunion ziehen sie sich zurück. 1957 gründet Yassir Arafat die palästinensischen „Fatah“. 1964 gründet sich die Palästinensische Befreiungsorganisation (PLO), welche die moderate Fatah als stärkste Kraft und andere Gruppen umfasst, wie die radikale Popular Front for the Liberation of Palestine (PFLP).	Der UN-Sicherheitsrat verabschiedet Resolution 242, die Israel zum Rückzug von den besetzten Gebieten auffordert und das Recht jedes Staates betont, in Frieden und sicheren und anerkannten Grenzen zu leben: Das hier enthaltene Prinzip „Land für Frieden“ ist bis heute Verhandlungsgrundlage. „Schwarzer September“: Bei der Olympiade 1972 in München werden israelische Sportler von PLO-Mitgliedern als Geiseln genommen und ermordet. Jüdische Siedlungen entstehen in der Westbank.	Die Arbeiterpartei (Mapai) gerät wegen ihrer gescheiterten Sicherheitspolitik unter Druck und Ministerpräsidentin Golda Meir tritt zurück. Menachem Begin und Ariel Sharon gründen den rechtsgerichteten Likud-Block, der in der Wahl 1977 den Sieg davon trägt und seitdem die Politik Israels prägt.	Mit der Unterzeichnung erkennt Ägypten den Staat Israel an und Israel gibt in den Jahren danach die besetzte Sinai-Halbinsel an Ägypten zurück. 1981 wird der ägyptische Präsident Anwar al-Sadat von Mitgliedern der Gruppe ägyptisch-islamischer Dschihad ermordet, nachdem er maßgeblich an den Friedensverhandlungen mitgewirkt hatte.	Israel muss der PLO unter Druck der USA und der internationalen Gemeinschaft gestatten nach Tunesien zu fliehen. Im Beisein der israelischen Armee verüben christlich-maronitische Milizen ein Massaker in Flüchtlingslagern (Sabra und Schatila). Daraufhin tritt Verteidigungsminister Ariel Sharon zurück. 1985 zieht Israel seine Armee ab, richtet aber eine „Sicherheitszone“ im Südlibanon ein, aus der sich die Armee 2000 zurückzieht. Die schiitische Miliz „Hisbollah“ gründet sich und wird durch den Iran aufgebaut.
Beteiligte Akteure	Großbritannien, Frankreich und Israel greifen Ägypten an.	Nach Angriffsvorbereitungen der arabischen Staaten greift Israel Ägypten, Jordanien und Syrien an.	Angriff Ägyptens und Syriens auf Israel.	Israel, Ägypten und USA (Menachem Begin, Anwar al-Sadat und Jimmy Carter)	Angriff Israels auf die PLO im Libanon

Zeit	1987-1992	1991-1993	28.09.2000
Ereignis/Konflikt	1. Intifada („Erhebung"): Gesamtgesellschaftliche politische Bewegung in Gaza und Westbank, Demonstrationen, Angriffe mit Steinen und Molotov-Cocktails auf israelische Sicherheitskräfte, Israel schlägt die Erhebung nieder.	Friedensgespräche zwischen Israel, den arabischen Staaten und der PLO bei der Madrid-Konferenz (1991) und geheime Gespräche in Oslo (1993)	2. Intifada: Ariel Scharon geht auf dem Tempelberg bzw. al-Haram asch-Scharif, zur Al-Aqsa-Moschee und provoziert damit Demonstrationen. Es entwickelt sich eine bewaffnete Auseinandersetzung, in der Hamas, islamischer Dschihad und PLO Selbstmordanschläge verüben und die israelische Armee scharfe Munition gegen Demonstranten einsetzt, sowie Bodenoperationen durchführt.
Implikationen und Folgen	1988: Arafat ruft den Palästinensischen Staat aus auf Grundlage der UN-Resolutionen 242 und 338. Die USA erkennen die PLO als potentiellen Verhandlungspartner an. 1988: Die Hamas gründet sich aus der Muslimbruderschaft und radikalisiert sich in der Intifada.	Anwendung des Prinzips „Land für Frieden" (UN-Resolution 242) 1993: Oslo I – PLO (Arafat) erkennt den Staat Israel an, Israel (Ministerpräsident Jitzchak Rabin) akzeptiert die PLO als legitime Vertretung der Palästinenser. Es kann keine Einigung über den Status Ost-Jerusalems, ein Rückkehrrecht für palästinensische Flüchtlinge oder die israelisch-jüdischen Siedlungen in der Westbank und Gaza erreicht werden. 1995: Oslo II – Israel übergibt Gaza-Streifen und Teile der Westbank an gewählte Palästinensische Autonomiebehörde (PA). Die Westbank wir in Zonen eingeteilt in denen die PA eine begrenzte A7utorität ausübt. Radikalisierung von Teilen beider Gesellschaften während des Friedensprozesses: Israelische National-Konservative/Likud und Ultra-Orthodoxe auf der einen, Hamas, islamischer Dschihad und radikale Teile der PLO auf der anderen Seite. 1994 verübt ein Siedler ein Massaker in der Abraham-Moschee und die Hamas beginnt mit Selbstmordattentaten, wie auf einen Bus in Tel Aviv. Am 4.11.1995 wird der israelische Ministerpräsident Jitzchak Rabin von einem ultra-orthodoxen Jugend ermordet. 1996 kann sich der Likud unter Benjamin Netanjahu mit dem Slogan „Frieden mit Sicherheit" durchsetzen: Israel baut die Siedlungen weiter aus.	Ab 2002 lässt Ministerpräsident Ariel Sharon eine Sperranlage zwischen Westbank und Israel bauen. Die Sperranlage soll Selbstmordattentate verhindern. Sie verläuft überwiegend östlich der ‚Grünen Linie'. 2003 stellt das Nahost-Quartett die *road map*, einen „Fahrplan für den Frieden" vor. Sie verlangt die Beendigung der Gewalt, sowie die gemeinsame Arbeit für die Zwei-Staaten-Lösung. Wegen der anhaltenden Gewalt bricht der Tourismus zusammen. 2005 zieht Israel seine Truppen aus dem Gaza-Streifen ab und richtet eine Land- und Seeblockade ein. Sharon lässt die Siedlungen in Gaza räumen und 6500 Siedler umsiedeln. 2006 siegt die Hamas in freien Wahlen und erreicht nach einem gescheiterten Putschversuch der Fatah die Kontrolle über den Gaza-Streifen. Das Nahost-Quartett stoppt die Road Map und beginnt mit Sanktionen gegen die Hamas, weil diese Israel nicht anerkennt. Die Fatah kontrolliert die Westbank.
Beteiligte Akteure	Palästinenser in Gaza und Westbank, PLO in Tunis, Israel	Madrid-Konferenz: USA, Libanon, Jordanien-PLO, Syrien und Israel Oslo: Israel und PLO	Israel, Palästinenser, Hamas, Islamischer Dschihad Nahost-Quartett (UNO, USA, Russland und EU)

Zeit	2006	27.12.2008-18.01.2009	2010	2011-2012
Ereignis/Konflikt	2. Libanon-Krieg („Juli-Krieg"): Israel reagiert auf die Entführung dreier Soldaten und greift die Hisbollah im Libanon und gleichzeitig die Hamas im Gaza-Streifen an.	Operation „Gegossenes Blei"/Gaza-Krieg – Israel greift die Hamas im Gaza-Streifen an um Raketenangriffe einzudämmen.	Mehrere Schiffe von NGOs, unter anderem mit türkischen Staatsbürgern, versuchen Hilfsgüter nach Gaza zu bringen und die Blockade zu brechen. Weil Israel sie des Waffenschmuggels verdächtigt, lässt Israel die Schiffe mit Kommando-Einheiten stürmen, wobei neun Menschen erschossen werden.	2011 stellen die Palästinenser einen Antrag auf Mitgliedschaft in der UNO und fordern einen unabhängigen Staat Palästina. Der Antrag scheitert am Veto der USA im UN-Sicherheitsrat. 2012 nimmt die UN-Generalversammlung einen zweiten Antrag an und erteilt Palästina den Status eines beobachtenden Nicht-Mitgliedstaats.
Implikationen und Folgen	Hamas und Hisbollah sind nach den Angriffen der israelischen Armee weiterhin aktiv und verüben weiter Raketenangriffe.	Die Hamas fordern ein Ende der Blockade.	Die israelisch-türkischen Beziehungen verschlechtern sich daraufhin rapide. Weitere Friedensbemühungen zwischen Fatah und Israel scheitern.	Palästina erlangt Beobachterstatus in den Vereinten Nationen.
Beteiligte Akteure	Israel, Hisbollah, Hamas, Fatah	Israel und Hamas	Israel und Hamas, Türkei, NGOs	Palästina und UN

4. Analyse: Identitätskonflikte

Die Friedens- und Konfliktforschung unterscheidet Konflikte unter anderem nach Konfliktgütern. Bei einem **„Identitätskonflikt“** (Ropers 1995) wird davon ausgegangen, dass die **kollektiven Identitäten** von Gruppen sich aus kollektiven historischen Erfahrungen, einem geteilten Namen, gemeinsamer Religionszugehörigkeit, Sprache, Lebensweise und Bräuchen zusammensetzen. Eine Gruppe begreift diese Identität als ihr zu eigen und als etwas Besonderes, weil sie weiß, wie sie sich von etwas „Anderem“ unterscheidet. Die Gegenidentität verleiht der eigenen Identität ihren Sinn. Die Unterscheidung des „Eigenen“ kann unterschiedlich ausgeprägt sein, führt aber zu einem Identitätskonflikt, wenn Gruppen die eigene Identität als unvereinbar mit dem jeweils „Anderen“ wahrnehmen.

Gruppen betrachten Identitätskonflikte oft als Nullsummenspiele, bei denen das Konfliktgut nicht von allen Parteien gleich genutzt werden kann: Gewinnt eine Partei einen Teil des Gutes, verliert die andere Partei diesen Teil. Dies wird im israelisch-palästinensischen Identitätskonflikt um bestimmte Territorien deutlich. Beide Seiten identifizieren sich mit dem Westjordanland und Ost-Jerusalem, beanspruchen daher die Gebiete unbedingt für sich: Juden sehen sich als Nachfahren der hier lebenden Israeliten, die nach zweitausend-jährigem Exil in ihre versprochene Heimstadt oder *Eretz Yisrael* (Land Israel) zurückgekehrt sind. Israel belegt zudem Teile des Westjordanlandes offiziell mit den Namen Judäa und Samaria, Königreiche während und nach der Zeit von König David. Für Palästinenser ist das Westjordanland die nationale Heimat, in der sie Jahrhunderte lebten und in den osmanischen Verwaltungsbezirken Jerusalem, Akko und Nablus eine politische Identität entwickelten, welche neben weiteren lokalen und religiösen Identitäten bestand (Nassar 2013: 225). Explizit religiös ist der Konflikt um Jerusalem, denn hier befinden sich einige der heiligsten Stätten des Judentums, des Christentums und des Islam. Juden heiligen insbesondere den Tempelberg in Ost-Jerusalem, auf dem die Klagemauer steht. Diese stellt die Überreste des salomonischen Tempels dar. Die gleiche Anhöhe nennen Muslime *al-Haram Asch-Scharif* (dt: ehrwürdiges Heiligtum): Hier findet sich der Felsendom und die Al-Aqsa Moschee. Weil beide Seiten ein Interesse genau an diesen Gebieten haben, kann ein Gebietsgewinn für eine Seite nicht durch sonstige Leistungen an die andere Seite ausgeglichen werden. Diesem Dilemma kann man im Identitätskonflikt nicht einfach dadurch entrinnen, dass eine Partei Ersatzleistungen für ihre Aufgabe des Konfliktgutes erhält. Das unterscheidet Identitäts- von **Interessenkonflikten** (Ropers 1995), in letzteren ist eine „Win-win-Situation“ möglich.

Medienberichterstattung und Geschichtsschreibung selektieren, ordnen und bewerten Erlebnisse nach Relevanz für die eigene Gruppe und pflegen sie in die kollektive Identität ein. Im Bildungssystem, durch Gedenk- und Feiertage, Erinnerungsorte (Soldatengräber, Museen, Mahnmäler), Kunst, Literatur und Rituale werden die Erlebnisse wach gehalten.[38] Bei einem offenen Identitätskonflikt hat dies zu einer „gespaltenen Vergangenheit“ (**divided past**) zweier Erinnerungskulturen geführt, mit sich ausschließenden historischen

38 Hier lässt sich beispielsweise die Holocaust-Gedenkstätte Yad Vashem anführen oder das Ritual israelischer Rekruten, ihren Soldateneid auf dem Felsplateau von Massada zu leisten, auf dem Juden ein letztes Gefecht gegen eine römische Legion führten, bevor sie kollektiv Selbstmord begingen.

„**Meistererzählungen**"[39]: Diese sind der Kern der kollektiven Erinnerung einer Gesellschaft. Sie erklären die Entstehung der aktuellen politischen und kulturellen Ordnung der Gruppe und bilden die Grundlage der kollektiven Identität. Häufig betonen diese Meistererzählungen gesellschaftliche Triumphe, bei denen Teile der Gruppe etwas Großes geleistet haben (**chosen glories**) (Volkan 1999). Andererseits enthalten sie Traumata, in denen die Gruppe als eine ethnisch oder kulturell bestimmbare Gemeinschaft das Ziel von Gewalthandlungen wurde oder eine große Niederlage erfuhr (**chosen traumas**[40]). Im Extremfall ist der Triumph der Einen die Katastrophe der Anderen – wie bspw. der Versailler Vertrag –, was einen bestehenden Identitätskonflikt verschärft.

Durch in der Erinnerungskultur aufrecht erhaltene Meistererzählungen orientieren sich Gruppen in der Gegenwart und definieren ihre politischen Ziele (Barnett 2002). Damit bildet eine Meistererzählung rhetorische Ressourcen für politische Eliten. Sie können Analogien zwischen vergangenen Ereignissen und der aktuellen Konfliktsituation ziehen, und damit Politiken rechtfertigen. Ein häufig vorkommendes Legitimationsmuster in Identitätskonflikten ist **victimization**: Dabei führen politisch-kulturelle Eliten vergangene *chosen traumas* an, um die eigene Gemeinschaft als erneutes Opfer fremder Mächte oder Ereignisse zu präsentieren. Aus der Rolle als ein Gewaltopfer lässt sich im einfachsten Fall schlussfolgern, berechtigterweise Gewalt gegen den Anderen anwenden zu können. Des Weiteren hilft die Opferrolle die Gemeinschaft von etwaiger Schuld zu entlasten, indem sie klar zwischen dem Selbst als Opfer und einem anderen Täter trennt. Hierbei leugnet die Gruppe eigene Verfehlungen und projiziert sie auf eindeutige Täterfiguren. Das eigene passive Erleiden schließt eigene Täterschaft aus („Arroganz der Schmerzes").

Wenn sich die historischen „Wahrheiten" von Gruppen widersprechen, etwa in der Frage wer Schuld oder Recht bei einem Ereignis hatte, dann kann die Argumentation mit der eigenen Erzählung den Konflikt erneuern. Indem politische Eliten ihre Politik durch Teile der eigenen Meistererzählung rechtfertigen, könnten sie damit gleichzeitig die historische Wahrheit und Identität des Anderen in Frage stellen. Allerdings wird diese Argumentation ja durch die eigene Identität getragen, auf die nicht verzichtet werden kann. Auch im Nahost-Konflikt findet sich eine *divided past* wieder, bei denen beide Seiten auf ihrer Opferrolle und Unschuld am Konflikt beharren.

Der Holocaust (jüd.-hebräisch: die *Sho'ah*) ist das herausragende *chosen trauma* in der israelischen Meistererzählung.[41] Besonders seit den Amtszeiten von Ministerpräsident Menachem Begin (1977–1983) verweisen israelische Politiker häufig auf die *Sho'ah,* um einen sicherheitspolitischen Imperativ herzustellen (Zertal 2003). Im Verbund mit weiteren Traumata, beispielsweise dem Jom-Kippur-Krieg oder dem Massada-Mythos leitet man aus der Erfahrung des Holocaust ab, sicherheitspolitisch autark sein zu müssen: Sicherheit ist für Israel nicht teilbar und absolut prioritär. Dieser „*security first*-Ansatz" dominiert die israelische Politik in den Friedensgesprächen (Izydorczyk 2006: 10, 40). Durch *victimization* werden zudem historische, moralische und emotionale Gründe ge-

---

39 Meistererzählungen (*master narratives*) sind „in der Regel auf den Nationalstaat ausgerichtete Geschichtsdarstellung(en), deren Prägekraft nicht nur innerfachlich schulbildend wirkt, sondern öffentliche Dominanz erlangt" (Jarausch/Sabrow 2002: 16).

40 „Da eine Gruppe es nicht selbst wählt, Opfer zu werden oder Demütigungen zu erleiden, erheben manche Einwände gegen den Begriff gewählte Traumata [*chosen trauma*]" (Volkan 1999: 73; Hervorhebung durch den Autor).

41 Von einer einzigen israelischen oder palästinensischen Meistererzählung zu sprechen ist stark vereinfachend.

wonnen, um eigene Schuld am Konflikt abzuweisen. So werden etwa Vergehen der israelischen Armee entschuldigt. Dabei wird die Täter-Rolle auf terroristische Gruppen projiziert, wie Hamas und islamischer Dschihad. Deren terroristische Aktionen und aggressive Rhetorik bestätigt die konstruierte Grenzlinie zwischen Opfern und Tätern.

Neben biblischen, historischen und rechtlichen Argumenten begründet die *Sho'ah* die Staatsgründung als sicherheitspolitische Notwendigkeit. Durch die Opferrolle kann Verantwortung für die Flucht und Vertreibung von Palästinensern in den Jahren 1947 bis 1949 ausgeblendet werden. Der Sieg im Unabhängigkeitskrieg von 1948 (und auch 1967 und 1973) bildet gleichzeitig eine *chosen glory*. In der dominanten Deutung hat sich der junge israelische Staat gegen einen zahlenmäßig überlegenen Gegner durchgesetzt, was mit der Metapher vom Kampf Davids gegen Goliath beschrieben wird.

In der palästinensischen Meistererzählung hat der Krieg den gegenteiligen Sinngehalt: Die *Nakba* (arabisch für Katastrophe) bedeutet die Zerstörung der palästinensischen Gesellschaft durch „ethnische Säuberungen“, verübt von jüdisch-zionistischen Streitkräften. Die Gründung des Staates Israels wird als illegitim betrachtet. Ausgehend von diesem *chosen trauma* sehen sich die Palästinenser heute als ständiges Opfer israelischer Aggression und den Zionismus als Ursprung ihres Leids, ungeachtet ihrer Veranwortung für die Nicht-Annahme des UN-Teilungsplans, für dem 1. Arabisch-Israelischen Krieg und für Terroranschläge auf Zivilisten. Indem sie sich auf den eigenen Opferstatus fixieren, negieren Palästinenser tendenziell die von der israelisch-jüdischen Gesellschaft erinnerten Opfer-Erfahrungen und damit Kernpunkte der israelisch-jüdischen Identität. Dazu zählt auch der Holocaust. An diesem Beispiel lässt sich zeigen, wie sich die beiden Identitäten durch Nichtanerkennung der jeweils anderen Identität konstituieren (begründen).

5. Erklärung: Der systemische Sozialkonstruktivismus

Alexander Wendts sozialkonstruktivistische Theorie (1992, 1999) kann eine Erklärung dafür anbieten, warum Friedensbemühungen immer wieder gescheitert sind.

a) Annahmen

Aus Sicht sozialkonstruktivistischer Ansätze konstruieren Menschen, Gruppen und andere Akteure die Bedeutung der materiellen und sozialen Umwelt der Vergangenheit, Gegenwart und Zukunft durch Interaktion, also Kommunikation (Fierke 2001: 129). Damit lehnen Sozialkonstruktivisten die Annahme ab, die Bedeutung von Dingen sei etwas, das Menschen vorbereitet in der Welt finden und als objektive Information („Faktum“) weitergeben. Beispielsweise tragen Atomwaffen noch nicht aus sich heraus ihre Bedeutung und damit die Regeln ihrer Verwendung in sich. Atomwaffen können mal Garanten für den Frieden sein, mal selbst ein Problem für Frieden und Sicherheit darstellen.[42] Akteure handeln auf Grundlage der **Bedeutung**, die sie Objekten und Akteuren zuschreiben (Wendt 1992: 396-397).

Interaktionen zwischen Akteuren sind immer zu einem gewissen Grad strukturiert. Theoretisch gesprochen ist eine Struktur im Sozialkonstruktivismus ein Netz aus Normen und Regeln, welche Dingen und Akteuren ihren Sinngehalt zuschreibt und Akteure anleitet. Wenn Akteure gemäß oder gegen diese Regeln handeln und miteinander kommunizie-

42 So wirken aus deutscher Sicht Atomwaffen im Besitz des Iran bedrohlich, die französischen jedoch nicht.

ren, schreiben sie Strukturen fort oder verändern sie. **Akteure und Strukturen** beeinflussen sich demnach gegenseitig in einem wechselseitigen Prozess. Inwiefern gewaltsame Konflikte strukturiert sein können, erklärt der systemische Sozialkonstruktivismus von Alexander Wendt.

Wenn Akteure in Interaktion mit anderen Akteuren treten, schätzen sie immer auch ein, wie sie sich in ihrer Rolle in einer solchen Situation zu verhalten haben. Akteure bedienen sich dabei des **intersubjektiven Wissens**. Beispielsweise weiß Israel, dass die USA wissen, dass Israel weiß, dass beide befreundet sind und umgekehrt. Israel und die USA haben geteilte „Erwartungen an Erwartungen" an ihre jeweiligen Rollen in der Beziehung. Dieses Wissen internalisiert sich laut Wendt als „**Kultur**", wenn seine Existenz quasi-unabhängig von dem Wissen des Einzelnen wird. Unterschiedliche Kulturen bilden die **sozialen Strukturen des internationalen Systems**. Kulturen zwingen Akteure zwischen sinnvollen und irrationalen Handlungen zu unterscheiden. Beispielsweise ist Abschreckungspolitik mittels Waffen innerhalb mancher Strukturen irrational, wie im System der EU (vgl. Kap. Vertiefung der EU).

Aus Sicht der Akteure stellt sich eine Kultur als die Verteilung von internalisierten Identitäten dar. Strukturen beziehungsweise Kulturen konstituieren eine **Rollenidentität**. Zum Beispiel schreibt die soziale Struktur „Checkpoint-Kontrolle" den Akteuren eine bestimmte Rollenidentität zu. Wenn ein israelischer Staatsbürger am Checkpoint ein Fahrzeug untersucht, dann nimmt er sich nicht als der Fußballspieler von Hapoel Tel-Aviv wahr, der er vielleicht ist, sondern als Soldat der israelischen Armee. Dies ermöglicht es ihm, sinnvoll erscheinende Entscheidungen in der Situation zu treffen, begrenzt also die prinzipiell mannigfaltigen Interessen, die er haben könnte. Rollenidentitäten definieren das Feld der Interessen und damit das Feld möglicher Handlungen eines Akteurs. Im Gegensatz zu liberalen, revolutionären und realistischen Ansätzen sind Interessen daher kontextabhängig und beschränken sich nicht auf Nutzen, Macht und Klassengegensätze. Wenn ein Akteur gemäß der Rollenidentität handelt, die ihm der soziale Kontext vorgibt, dann wissen sich die anderen Akteure in ihrer Identität bestätigt. Der andere behandelt sie als der „Palästinenser" oder „israelische Soldat" als die sie sich vorher definiert haben. Die jeweiligen Erwartungen über den typischen Ablauf einer Interaktion am Checkpoint wurden erfüllt und ihr „geteiltes Verständnis" (Wendt 1999: 187) bestätigt. Damit reproduzieren Akteure die soziale Struktur, welche in der nächsten Interaktion die Rollenidentitäten der Akteure wieder konstituiert. Sie handeln als ob Kultur unabhängig von ihrem Handeln ist. Wendt bezeichnet das Verhältnis von Akteuren und Struktur daher als „wechselseitig konstitutiv" (**mutually constitutive**, Wendt 1999: 184) und schlussfolgert: „Anarchy is what states make of it" (Wendt 1992).

Solche Interaktionsgeschichten können laut Wendt verschieden verlaufen. Wenn zwei Akteure oder Gruppen zum ersten Mal aufeinandertreffen (Robinson-Freitag-Situation), dann teilen sie noch keine direkte Interaktionsgeschichte und keine spezifische Kultur. Sie übertragen Erwartungen aus anderen sozialen Beziehungen auf diese neue. Je nachdem, wie sie sich entscheiden und interagieren, bilden sich potentiell unterschiedliche Rollenidentitäten und damit verschiedene Kulturen. Deswegen konzeptualisiert Wendt drei idealtypische Strukturen: eine Hobbes'sche Kultur, eine Locke'sche Kultur und eine Kantianische Kultur.

Die **Hobbes'sche Kultur** entspricht dem bekannten, potentiellen „Krieg aller gegen alle" und den Annahmen der realistischen Theorieschule, weil sich alle Akteure als Feinde betrachten. In der **Locke'schen Kultur** betrachten sich die Akteure als Rivalen, die im überwiegend friedvollen (ökonomischen) Wettbewerb miteinander liegen. Diese Kultur entspricht weitgehend den Annahmen der liberalen Theorieschule. Die grundlegende Regel ist die gegenseitige Achtung der Souveränität. Staaten definieren sich durch Souveränitä und reproduzieren die Institution des Völkerrechts. Wenn Akteure sich als Freunde wahrnehmen, bewegen sie sich in einer **Kantianischen Kultur**. Gemäß der sozialkonstruktivistischen Grundannahme können sich diese Kulturen wandeln. Aus Sicht der Akteure entspricht ein kultureller Wandel einem Wandel von Identitäten.

Wenn eine ausreichende Zahl von Akteuren neue Rollenidentitäten lernt, beispielsweise „Rivale" oder „Freund", dann definieren sie auch ihre Interessen neu und ihre Handlungen ändern sich. Durch neue Interaktionsmuster wandelt sich gleichzeitig die Kultur des internationalen Systems. Wenn sich eine Hobbes'sche in eine Locke'sche Kultur verwandelt, nehmen Akteure nicht mehr an, dass man sich im internationalen System im Allgemeinen so behandelt als ob man befeindet wäre. Rationalistischen Ansätzen folgend können sich Identitäten und Interessen während einer Interaktionskette nicht ändern. Auch weil dies die Anwendung der Theorien erleichtert, werden hier Identitäten als konstant vorausgesetzt. Sozialkonstruktivisten nehmen hingegen an, dass Identitäten ständig in der Interaktion reproduziert werden müssen (parallel zur Konstruktion einer Kultur) und damit potentiell wandelbar sind. Laut Wendt passen Akteure somit nicht nur ihr Verhalten an das des Anderen an. Sie verinnerlichen zudem das Bild, welches der Interaktionspartner durch Handeln und Kommunikation von ihnen präsentiert. Akteure sehen sich gewissermaßen selbst durch die Augen des Anderen. Mit wiederholter Interaktion nach demselben Muster werden die Sinnzuschreibungen als Rollenidentität gelernt (vgl. oben). Sollten beide Akteure eine gemeinsame Kultur und (relationale) Rollenidentitäten entwickeln spricht Wendt von **komplexem Lernen** (vgl. Analyse im Kap. Gemeinschaftsbildung).

Wendt konzeptualisiert vier Faktoren, durch die sich bereits internalisierte Identitäten verändern können und sich vielleicht langfristig die Identität „Freund" herausbilden könnte (Wendt 1999: 343-363):

- **Interdependenz** entspricht gegenseitiger wirtschaftlicher, sicherheitspolitischer oder sonstiger Abhängigkeit.
- **Homogenität** bezeichnet ähnliche institutionelle Verfasstheit der Akteure.[43]
- Mehrere Akteure sehen sich durch ein **gemeinsames Schicksal** (*common fate*) verbunden, wenn ihr „Überleben, Wohlergehen, oder Wohlstand davon abhängt, was der Gruppe als Ganzes widerfährt"[44] (Wendt 1999: 349).
- Ein Akteur kommuniziert durch **Selbstbeschränkung**, dass er sich gegen eine rational gesehen vorteilhafte Handlung entscheiden kann, wie beispielsweise eigene Abrüstung als Antwort auf fremde Aufrüstung. Wendt bezeichnet Selbstbeschränkung als notwendig für jeden kulturellen Wandel.

---

43 Ähnlichkeit kann beispielsweise über ein gleiches Wohlstandsniveau oder ähnliche politische Systeme definiert sein.

44 Im Gegensatz zu dauerhafter Interdependenz handelt es sich hier um Schockmomente, wie der Angriff eines dritten Akteurs oder Naturkatastrophen.

b) Anwendung der Theorie auf den Nahostkonflikt

Seit den 1920er Jahren kommt es immer wieder zu bewaffneten Auseinandersetzungen zwischen der jüdisch-zionistischen, später israelischen Seite und den Palästinensern. Dadurch hat sich eine Hobbes'sche Kultur herausgebildet, die über Generationen hinweg reproduziert und damit objektiviert wurde. Der Konflikt begann vor der Geburt aller heute Lebenden und ist demnach faktisch unabhängig von individuellem Wissen. Mit der Zeit haben sich große Teile beider Gesellschaften derart radikalisiert, dass die „Anderen" zunehmend undifferenziert als Feinde betrachtet werden. Andererseits wird angenommen, die Anderen seien der eigenen Seite ausschließlich feindlich gesonnen. Seit der Al-Aqsa-Intifada (2000) agieren und reagieren beide Seiten in einer dichten Kette aus Gewaltaktionen. Ausgetragen wird der Konflikt mit palästinensischen Raketen-Angriffen auf der einen und israelischen Militäreinsätzen auf der anderen Seite. Dadurch vergegenständlichen Israelis und Palästinenser ihre Rollenidentitäten als Feinde weiter und reproduzieren die Hobbes'sche Kultur. Politisches Handeln beider Seiten orientiert sich daher vorrangig am Interesse zu überleben, wodurch Interaktionen sicherheitspolitisch definiert werden. Andere Interessen-Definitionen – wie Frieden – erscheinen irrational. Israelis und Palästinenser deuten neue Gewaltaktionen der anderen Seite durch den sinnvollen Rahmen der eigenen Meistererzählung: Für Israelis zielt der palästinensische Terrorismus auf die Vernichtung Israels und potentiell einen zweiten Holocaust ab, nicht etwa auf politische Selbstbestimmung. Für Palästinenser sind die israelischen Militäroperationen und die Siedlungspolitik Teil des kolonialistischen Projekts, das mit der jüdisch-zionistischen Immigration begonnen hatte, nicht etwa Sicherheitsmaßnahmen gegen Terrorismus (Izydorczyk 2006: 24-27). Auf diese Weise bestätigen sich die Opferrollen in den Meistererzählungen und verhindern eine friedliche Regelung des Konflikts.

6. Bewertung

Die Sozialkonstruktivistische Theorie von Alexander Wendt liefert eine gute Erklärung dafür, warum sich der Nahost-Konflikt bisher nicht lösen ließ. Beide Seiten nehmen den Rahmen ihrer Interaktion, die Hobbes'sche Kultur, als etwas Objektives wahr. Je nach ideologischer Ausrichtung betrachten Untergruppen den Konflikt als normal, natürlich oder sogar legitim. Andererseits lässt die Theorie einige Fragen offen: Wendt behandelt in seinem Werk nur Staaten als Akteure, weil sie für ihn als selbst-erhaltende Entitäten vorausgesetzt werden können. Dies führt in der Anwendung nicht nur zu Problemen, weil die palästinensische Autonomiebehörde kein Staat im völkerrechtlichen Sinne ist. Durch die Konzeptualisierung des Staates als *black box* schließt die Theorie die unterschiedlichen Identitäten gesellschaftlicher Gruppen aus. Verschiedene Strömungen innerhalb des Staates Israel, wie beispielsweise säkulare Zionisten, Neo-Zionisten, Ultra-Orthodoxe usw. weichen voneinander in ihrer Politik und Haltung zum Konflikt ab. Die Theorie kann ebenso wenig der Konfliktlinien innerhalb der palästinensischen Gesellschaft gerecht werden. So kontrolliert die Hamas seit 2006 den Gaza-Streifen, während die Palästinensische Autonomiebehörde mit der Fatah als stärkste Kraft die im zweiten Oslo-Abkommen erlangten Teile der Westbank verwaltet. Die Hamas lehnt Israels Existenzrecht ab, weswegen Israel bezweifelt, dass mit der Fatah erreichte Einigungen tatsächlich umgesetzt werden können. Wendts Theorie kann diese Effekte innergesellschaftlicher Dynamiken auf den Friedensprozess nicht erklären.

7. Prognose

Gemäß Wendts vier Faktoren könnten beide Seiten der Kultur der Gewalt entkommen, wenn sich eine oder beide Seiten selbst beschränken. Im Juli 2013 haben Israel und die Palästinenser erneut Friedensgespräche begonnen. Vor Beginn der ersten Verhandlungen hatten allerdings israelische Minister einen weiteren Ausbau der Siedlungen in Ost-Jerusalem angekündigt. Daneben ist es der Fatah bisher nicht gelungen, die Hamas zu einer Anerkennung Israels zu bewegen. Die inneren Zerwürfnisse beider Seiten und damit fehlende Selbstbeschränkung machen eine baldige Einigung eher unwahrscheinlich.

8. Handlungsempfehlung

Aus Sicht des systemischen Sozialkonstruktivismus sollte die internationale Gemeinschaft, insbesondere die USA, Russland und die EU beide Seiten zur Selbstbeschränkung mahnen: Der israelische Siedlungsbau ignoriert einen fundamentalen Teil palästinensischer Identität, die *Nakba.* Daher sollte Israel zumindest vor und während Friedensverhandlungen auf Siedlungsbau verzichten, welchen Palästinenser als existenzielle Bedrohung wahrnehmen und damit parallele Friedensverhandlungen schwerlich ernst nehmen können. Zugleich missachten radikale palästinensische Gruppen durch Terroranschläge und dem Aufruf zu Israels Vernichtung die israelisch-jüdische Identität, insbesondere die Erfahrung der *Sho'ah.* Der Verzicht auf solche Handlungen würde Israels Zuversicht in den langfristigen Erfolg von Gesprächen stärken.

Aufbauend auf beidseitiger Selbstbeschränkung kann die Einsicht in wirtschaftliche Interdependenz die Konfliktregelung fördern. Im Territorialkonflikt um das Jordanbecken streiten sich Israel, Jordanien, Syrien und der Libanon um die Kontrolle der knappen Wasserressourcen (Johannsen 2011: 69f.). Zurzeit kontrolliert Israel den Großteil der Wasserressourcen mit der Besetzung der Golan-Höhen und von Teilen des Westjordanlandes. Da die Wasserressourcen keinem Staatsterritorium klar zugeordnet werden können, lässt sich allen Seiten anhand dieses Problems die gegenseitige Abhängigkeit vorführen. Von den vielen Konflikten kommt der Streit um die Wasservorräte einem Interessenkonflikt am nächsten. Isoliert betrachtet, ermöglicht dieser Konflikt daher, entlang gemeinsamer wirtschaftlicher Interessen zu kooperieren.

Glossar

Akteur-Struktur	Chosen glory/trauma
Divided past	Intersubjektives Wissen
Identitätskonflikt	Nationale Meistererzählung
Rollenidentität	Sozialisation
Systemischer (/internationaler) Konstruktivismus	Victimization
Mutually constitutive	

Übungsfragen:

1. Wie können Gesellschaften Erinnerungspolitik betreiben? Wie verändert dies u.U. einen Identitätskonflikt?

2. Wenden Sie Wendts Theorie auf den Wandel der deutsch-französischen Beziehungen an! Wie konnte die „Erbfeindschaft“ überwunden werden?
3. Wie würde der Neorealismus (vgl. Teil 5. im Kap. Abschreckung) den Nahostkonflikt erklären? Arbeiten Sie Unterschiede zum Systemischen Sozialkonstruktivismus heraus!
4. Transferfrage: Lesen Sie Teil 3 des Kap. Welthandelsordnung. Versuchen Sie, das Welthandelssystem mit dem Systemischen Sozialkonstruktivismus zu erklären!

Filmtipp: Das Schwein von Gaza (2011), Sylvain Estibal [Spielfilm]

Der unglückliche palästinensische Fischer Jafaar (Sasson Gabai) entdeckt eines Tages ein Schwein in seinem Netz und versucht dies möglichst heimlich loszuwerden und findet in der jüdischen Siedlerin Yelena eine Verbündete. Ungewöhnliche Komödie, die darstellt, auf welche wahnwitzigen Ideen der Nahost-Konflikt die Bewohner bringen kann.

Empfohlener Text über den Konflikt

Schäuble, Martin/Flug, Noah (2009): Die Geschichte der Israelis und Palästinenser. München: DTV.

Empfohlener Theorietext zum Sozialkonstruktivismus

Jackson, Robert/Soerensen, Georg (2010): Introduction to International Relations. Oxford: Oxford University Press, S. 159–180.

Original-Theorietext

Wendt, Alexander (1992): Anarchy is what States make of it: The Social Construction of Power Politics. In: International Organization 46, 2, S. 391–425.

Übrige verwendete Literatur

Barnett, Michael N. (2002): The Israeli Identity and the Peace Process. Re/creating the Un/thinkable. In: Shibley Telhami und Michael N. Barnett (Hrsg.): Identity and foreign policy in the Middle East. Ithaca: Cornell University Press, S. 58–87.

Fierke, Karin M. (2001): Critical Methodology and Constructivism. In: Fierke, K. M./Jørgensen, Knud Erik (Hrsg.): Constructing international relations. The next generation. Armonk, N.Y: M.E. Sharpe, S. 115–135.

Izydorczyk, Monika (2006): Security vs. Justice. Israel and Palestine. Diverging Perceptions of the Middle East Conflict since the Beginning of the Second Intifada and their Influence on the Peace Process. In: The Marshall Center Occasional Paper Series 4.

Jarausch, Konrad H./Sabrow, Martin (2002): »Meistererzählung« – Zur Karriere eines Begriffs. In Jarausch, Konrad H./Sabrow, Martin (Hrsg.): Die historische Meistererzählung. Deutungslinien der deutschen Nationalgeschichte nach 1945. Göttingen: Vandenhoeck & Ruprecht, S. 9–32.

Johannsen, Margret (2011): Der Nahost-Konflikt. Wiesbaden: VS Verlag für Sozialwissenschaften.

Nassar, Issam (2013): Der Palästinensische Nationalismus. Die Schwierigkeiten der Darstellung einer ambivalenten Identität. In: Ilan Pappe (Hrsg.): Zu beiden Seiten der Mauer. Auf der Suche nach einem gemeinsamen Bild der israelisch-palästinensischen Geschichte. Hamburg: Laika, S. 217–234.

Ropers, Norbert (1995): Friedliche Einmischung. Strukturen, Prozesse und Strategien zur konstruktiven Bearbeitung ethnopolitischer Konflikte. Berlin: Berghof Forschungszentrum für konstruktive Konfliktbearbeitung.

Shlaim, Avi (2001): The iron wall. Israel and the Arab world. London: Penguin Books.

Smith, Charles D. (2004): Palestine and the Arab-Israeli conflict. Boston: Bedford/St. Martin's.
Volkan, Vamik D. (1999): Das Versagen der Diplomatie. Zur Psychoanalyse nationaler, ethnischer und religiöser Konflikte. Gießen: Psychosozial-Verlag.
Wendt, Alexander (1999): Social theory of international politics. Cambridge: Cambridge University Press.
Zertal, Idith (2003): Nation und Tod. Der Holocaust in der israelischen Öffentlichkeit. Schriftenreihe des Instituts für deutsche Geschichte der Universität Tel Aviv, 24. Göttingen: Wallstein.

3.2. Die USA, 9/11 und der Irak-Krieg

Mitarbeit: Robin Lucke und Katharina Masoud

1. Einstieg

„Der schwärzeste Tag meines Lebens“ – Rede des US-Außenministers Colin Powell vor dem UN-Sicherheitsrat am 5.2.2003:

> “My colleagues, every statement I make today is backed up by sources, solid sources (...) based on solid intelligence. (…) Indeed, the facts and Iraq's behavior show that Saddam Hussein and his regime are concealing their efforts to produce more weapons of mass destruction. (…) instead of cooperating actively with the inspectors to ensure the success of their mission, Saddam Hussein and his regime are busy doing all they possibly can to ensure that inspectors succeed in finding absolutely nothing.
> Terrorism has been a tool used by Saddam for decades. Saddam was a supporter of terrorism long before these terrorist networks had a name. And this support continues. The nexus of poisons and terror is new. The nexus of Iraq and terror is old. The combination is lethal.
> We know that Saddam Hussein is determined to keep his weapons of mass destruction; he's determined to make more. Given Saddam Hussein's history of aggression, given what we know of his grandiose plans, given what we know of his terrorist associations and given his determination to exact revenge on those who oppose him, should we take the risk that he will not some day use these weapons at a time and the place and in the manner of his choosing at a time when the world is in a much weaker position to respond?
> The United States will not and cannot run that risk to the American people. Leaving Saddam Hussein in possession of weapons of mass destruction for a few more months or years is not an option, not in a post-September 11th world.” (Powell 2003)

2. Leitfrage: Wie wird Krieg als politische Option möglich?

3. Beschreibung: US-Außenpolitik und der Irak-Krieg

Nach dem Ende des Kalten Krieges geriet die US-Außenpolitik in eine Phase der Neuorientierung. Durch welche Verhaltensmuster war diese Neuorientierung gekennzeichnet? Ein erstes betrifft den Einsatz **militärischer Lösungen:** Waren die USA in den 1980er Jahren noch mit 19 militärischen Operationen in 14 Ländern vertreten, gab es in den 1990er Jahren bereits 108 militärische Operationen in 53 Ländern (Gordon/Shapiro 2004: 57). In der Reaktion auf die Anschläge von 9/11 reagierten die USA dann mit Kriegen in Afghanistan und Irak. Ein zweites Muster betrifft das zunehmend kritischer werdende Verhältnis zu den UN. Das Scheitern der UN-Missionen in Somalia und Bosnien diskreditierten aus US-amerikanischer Sicht die Weltorganisation (vgl. 1. im Kapitel Internationale Institutionen sowie 3. im Kapitel Sicherheit und Intervention). Der Angriff auf den Irak 2003 ohne Autorisierung des Sicherheitsrats ging einher mit dieser Geringschätzung der Vereinten Nationen. Ein drittes Muster verweist auf das Schwanken zwischen **Unilateralismus** und Multilateralismus. So können der Rückzug der Vereinigten Staaten unter der Präsidentschaft von George W. Bush aus dem Kyoto-Protokoll (vgl. Kapitel Klimapolitik) und dem Biowaffenprotokoll, einem Vertrag aus der Nixon-Ära, als Zeichen für eine unilaterale Ausrichtung der US-Außenpolitik angeführt werden. Ebenso zeigen die Nichtratifizierung des Teststoppvertrages sowie die Kündigung des ABM-Vertrages (Anti-Ballistic Missile) von 1972 zur Begrenzung von Raketenabwehrsystemen einen Rückzug aus internationalen Abrüstungsverpflichtungen. Die fehlende Unterwerfung der USA unter den 2002 entstandenen und von Bushs Vorgänger Clinton noch befürworteten Internationalen Strafgerichtshof (vgl. 8. im Kapitel Diplomatie) belegt ebenfalls eine Ablehnung internationaler Einbindung (Gordon/Shapiro 2004: 53). Zugleich lassen sich aber auch **multilaterale Politikansätze** finden. So agierten die USA im Kosovokonflikt in enger Abstimmung mit den Verbündeten in der NATO. Bereits einen Tag nach den Anschlägen auf das World Trade Center in New York und das Pentagon in Washington D.C. rief die NATO den sogenannten Bündnisfall nach Artikel 5 aus. Entsprechend drückten die NATO-Partner ihre Solidarität mit den USA aus. Dies sollte das erste – und bisher einzige – Mal sein, dass dieser Artikel Anwendung fand. Er war ursprünglich für Mitgliedstaaten gedacht, die sich nicht selbst verteidigen können.

Konzentration auf Irak 2002 und 2003

In der Vorbereitung und Durchführung des Irakkrieges war von diesen multilateralen Ansätzen allerdings nicht mehr viel zu erkennen. Im Laufe der Präsidentschaft von George W. Bush kam es zu einem signifikanten Wandel in der US-Außenpolitik. Die Verteidigungspolitik durch Abschreckung, Eindämmung und Allianzen wurde ersetzt durch eine Politik der Ausweitung des Einflusses und eine Konsolidierung der Vormachtstellung durch (Präventiv-)Krieg und Regimewechsel (Wallak 2006: 109). 9/11 stellte einen einschneidenden Wendepunkt auch für die eigene Wahrnehmung der USA dar: „Die Terroranschläge (...) erschütterten Amerikas Glaube an seine Unverwundbarkeit“ (Bierling 2010: 32).

In der jährlichen Ansprache des Präsidenten zur Lage der Nation, die er vor beiden Häusern des Kongresses hielt, wurde am 29. Januar 2002 deutlich, dass die USA den Irak als Bedrohung wahrnahmen. Bush zählte dabei den Irak, genauso wie den Iran und Nordkorea, zu der *axis of evil* (Achse des Bösen), welche mit ihren „terroristischen Alliierten“ die USA und die Welt bedrohte:

> “My hope is that all nations will heed our call, and eliminate the terrorist parasites who threaten their countries and our own. (...) But some governments will be timid in the face of terror. And make no mistake about it: if they do not act, America will. (...) America will do what is necessary to ensure our nation‘s security. We will be deliberate, yet time is not on our side. I will not wait on events, while dangers gather. I will not stand by, as peril draws closer and closer. The United States of America will not permit the world’s most dangerous regimes to threaten us with the world‘s most dangerous weapons.” (Bush 2002c)

In seiner sogenannten „West Point-Rede“ vor der US-Militärakademie am 1. Juni 2002 sprach Bush daraufhin von einer Abkehr der amerikanischen Verteidigungsprinzipien, die auf den Doktrinen des Kalten Krieges, Abschreckung und Eindämmung beruhten:

> “Deterrence (...) means nothing against shadowy terrorist networks with no nations or citizens to defend. Containment is not possible when unbalanced dictators with weapons of mass destruction can deliver those weapons on missiles or secretly provide them to terrorist allies. We cannot defend America and our friends by hoping for the best. (...) If we wait for threats to fully materialize, we

will have waited too long. (...) [I]n the world we have entered, the only path to safety is the path of action. And this nation will act." (Bush 2002b)

Innerhalb der US-amerikanischen Führungsspitze standen Vizepräsident Richard Cheney, Verteidigungsminister Donald Rumsfeld, sein Stellvertreter Paul Wolfowitz und Richard Perle, einer von Rumsfelds zentralen Militärberatern, sowie Sicherheitsberaterin Condoleezza Rice an vorderster Stelle der Pro-Krieg-Fraktion (Wallak 2006: 110). Skeptisch zeigte sich hingegen Außenminister Colin Powell, der intern einen Alleingang der USA nicht befürwortete (Bierling 2010: 44). Einen Tag nach dem Jahrestag der Anschläge hielt Präsident Bush am 12. September 2002 eine Rede vor den Vereinten Nationen, in der er die terroristische Bedrohung fast ausschließlich mit dem Irak verband:

> "In one place -- in one regime -- we find all these dangers, in their most lethal and aggressive forms, exactly the kind of aggressive threat the United Nations was born to confront. (...) The history, the logic, and the facts lead to one conclusion: Saddam Hussein's regime is a grave and gathering danger. (...) Saddam Hussein ...continues to develop weapons of mass destruction. (...) The conduct of the Iraqi regime is a threat to the authority of the United Nations, and a threat to peace." (Bush 2002d)

Auch wenn anfangs ein genaues Vorgehen noch nicht feststand, entschloss sich Bush auf Anraten von Powell und des britischen Premierministers Tony Blair Anfang 2002, die Vereinten Nationen einzuschalten (Bierling 2010: 65). Am 8. November 2002 kam es dann zu einer Resolution des UN-Sicherheitsrates (S/RES/1441), die einen materiellen Bruch der vorherigen Resolutionen feststellte. Der 2002 festgestellte Bruch mit den vorigen Resolutionen bezog sich vor allem darauf, dass der Irak nicht mit den UN-Inspektoren der UNMOVIC (United Nations Monitoring, Verification and Inspection Commission) und der Internationalen Atomenergieaufsichtsbehörde IAEA kooperiert hatte. Die auch von Deutschland und Frankreich getragene Resolution 1441 gab dem Irak eine letzte Chance (*final opportunity*) den Abrüstungsverpflichtungen nachzukommen, deren Einhaltung von den beiden genannten internationalen Einrichtungen überwacht werden sollte. Außerdem wurde mit ernsthaften Konsequenzen gedroht, sollte er weiterhin die Auflagen verletzen. Auch wenn diese unbestimmt blieben, erhöhte es den Druck auf den Irak deutlich.

Am 27. Januar 2003 gaben Hans Blix, der das Inspektionsteam leitete, und der Chef der IAEA, Mohammed El Baradei, vor dem Sicherheitsrat den Bericht zum Stand ihrer Ermittlungen ab. Die Ergebnisse, insbesondere die Äußerungen El Baradeis, enthielten keine Beweise für die Existenz von Massenvernichtungswaffen, die einen Krieg hätten rechtfertigen können. Einen Tag später, am 28. Januar 2003, hielt der US-amerikanische Präsident seine Rede zur Lage der Nation. Trotz der Erkenntnisse des Vortags gab Bush Folgendes bekannt:

> "The United States will ask the U.N. Security Council to convene on February the 5th to consider the facts of Iraq's ongoing defiance of the world. Secretary of State Powell will present information and intelligence about Iraq's illegal weapons programs, its attempt to hide those weapons from inspectors, and its links to terrorist groups. We will consult. But let there be no misunderstanding: If Saddam Hussein does not fully disarm, for the safety of our people and for the peace of the world, we will lead a coalition to disarm him." (Bush 2003)

An besagtem Tag sprach der Außenminister mehr als eine Stunde vor dem UN-Sicherheitsrat (Auszug vgl. Einstieg). Dabei legte Powell angebliche Beweise der USA für Programme von Massenvernichtungswaffen vor und betonte die Bedrohung, die vom Irak ausginge. Aber weder der zweite Bericht der Inspektoren, den sie am 14. Februar beim

UN-Sicherheitsrat einreichten, noch die erneuten Äußerungen von Blix und El Baradei am 7. März konnten Beweise für die Behauptungen der USA liefern.

Die USA, das Vereinigte Königreich und Spanien scheiterten in der Folge mit einem Entwurf für eine zweite Resolution, die eine militärische Aktion gegen den Irak hätte legitimieren sollen. Der französische Staatspräsident hatte sein Veto im Sicherheitsrat angekündigt. Auch das Bestreben Großbritanniens, eine „moralische Mehrheit" im Sicherheitsrat zustande zu bringen, um Frankreich zum Veto zu zwingen, scheiterte. Der Krieg, der nach Ablauf eines 48-stündigen Ultimatums, das von Seiten der USA am 17. März ausgesprochen wurde, am 20. März begonnen wurde, war also aufgrund fehlender Autorisierung durch den UN-Sicherheitsrat völkerrechtlich nicht gedeckt.

Die Spaltung der EU

Die Mitgliedstaaten der Europäischen Union waren unterschiedlicher Meinung im Hinblick auf Notwendigkeit des Irakkrieges und dessen finanzielle sowie militärische Unterstützung. Bereits im Spätsommer 2002 positionierte sich Bundeskanzler Gerhard Schröder im Bundestagswahlkampf gegen eine deutsche Beteiligung an einem möglichen Krieg im Irak – ungeachtet der erst Monate später zu erwartenden Berichte der UN-Inspektoren (das „doppelte Nein"). Der französische Präsident Jacques Chirac folgte im Januar 2003, als sich der UN-Befund abzeichnete. Ihre Position wurde von den Bevölkerungen der EU-Staaten bestärkt, die ihre ablehnende Haltung am 5. Februar in den größten Massendemonstrationen nach dem Zweiten Weltkrieg zum Ausdruck brachten. Beide Staaten – Deutschland als nicht-ständiges und Frankreich als permanentes Mitglied im Sicherheitsrat im Besitz eines Vetorechts – bekannten sich zusammen mit Russland in der Folge dazu, eine zweite Resolution im UN-Sicherheitsrat, die einen Krieg im Irak autorisieren würde, nicht zu unterstützen. Die Verschlechterung der Beziehung Deutschlands zu den USA wurde von manchen Beobachtern als Anzeichen für sich trennende Wege (*Parting Ways*, Szabo 2004) gesehen. Unentschlossen waren hingegen die Regierungen anderer Staaten wie Schweden, die Niederlande und Luxemburg. Diese bezogen daher nicht eindeutig Stellung. In den Regierungen Italiens, Spaniens, Dänemarks, Polens und insbesondere des Vereinigten Königreiches fanden die USA allerdings Unterstützer ihres Vorhabens. Allen voran hatte Tony Blair Bush bereits im April 2002 (!) seine Solidarität zugesagt. Im „Brief der acht" erklärten im Januar 2003 Dänemark, Italien, Polen, Portugal, Spanien, Tschechien, Ungarn und Vereinigtes Königreich, wenig später unterstützt von weiteren 10 mittel- und osteuropäischen Staaten, ihre Verbundenheit mit den Vereinigten Staaten. Eine wichtige Rolle spielte dabei die Gefahrenwahrnehmung der Staaten. Nur die USA und das Vereinigte Königreich machten eine Bedrohung durch den Irak geltend, während Deutschland und Frankreich insbesondere die Außenpolitik der USA als bedrohlich werteten, was den Unmut der großen europäischen Unterstützerkoalition hervorrief, die wiederum eher das transatlantische Verhältnis als bedroht ansahen (Stahl 2008: 98). Eine abgestimmte europäische gemeinsame Außen- und Sicherheitspolitik war aufgrund der frühen unilateralen Positionierungen Großbritanniens und Deutschlands unmöglich und eine *transatlantic divide* (Croci et. al. 2006) unausweichlich.

Angriff auf Irak

Mit dem Angriff der USA und ihrer Verbündeten begann am 20. März 2003 der Irakkrieg und fand nur wenige Wochen später ein scheinbares Ende. Am 1. Mai 2003 begann Präsident Bush auf dem Flugzeugträger USS Abraham Lincoln seine Rede mit folgenden Worten: „Major combat operations in Iraq have ended. In the battle of Iraq, the United States and our allies have prevailed. And now our coalition is engaged in securing and reconstructing that country" (Bush 2003). Trotz des schnell erklärten Kriegsendes sollte der schlecht vorbereitete Wiederaufbau allerdings noch bis 2011 andauern. Das Besatzungsregime führte zu hohen Verlusten der Besatzungstruppen, ethnischer Polarisierung und einer dauerhaften Destabilisierung des Irak.

4. Analyse: Der „war on terror"

Der Angriff auf den Irak 2002 reiht sich in die Geschichte des Anti-Terrorkampfes ein, der schon früher begann. Dabei wird „**Terrorismus** (…) verstanden als eine Gewaltstrategie nicht-staatlicher Akteure, die aus dem Untergrund agieren und systematisch versuchen, eine Gesellschaft oder bestimmte Gruppen in Panik und Schrecken zu versetzen, um nach eigener Aussage politische Ziele durchzusetzen" (Schneckener 2006: 21). Bereits im Februar 1993 fand ein erster Anschlag auf das World Trade Center statt. Dabei detonierte in der Tiefgarage eines der beiden sogenannten *twin towers* eine Bombe, die sechs Menschen das Leben kostete. Zu einem Selbstmordattentat auf das Schiff USS Cole der US-Marine kam es im Oktober 2000, als es in einem jemenitischen Hafen betankt werden sollte. Darüber hinaus gab es noch weitere, missglückte terroristische Attentate auf US-Einrichtungen im Sudan und Afghanistan. Doch der weltweit wohl bekannteste Terrorakt ereignete sich am 11. September 2001, als Selbstmordattentäter mit entführten Flugzeugen Anschläge auf das World-Trade-Center in New York und das Pentagon in Washington verübten.

Zu diesen Anschlägen bekannte sich wie vorher bereits zu anderen die Terrororganisation al-Qaida (zu Deutsch: die Basis). Sie beruft sich darauf, im Sinne des islamischen „Dschihad", einen „Heiligen Krieg" zu führen. Al-Qaida besteht bereits seit Ende der 1980er Jahre, wurde aber erst seit Mitte der 1990er Jahre von dem aus Saudi-Arabien stammenden Osama bin Laden und dem Ägypter Aiman az-Zawahiri in seiner späteren Form gegründet. Sie ist keineswegs regional beschränkt, sondern vielmehr ein **transnationales Netzwerk**, das Ableger in vielen Staaten der arabischen Welt hat (Saudi-Arabien, Irak, Algerien, Jemen). Um seine erklärten Feinde zu bekämpfen, verübt das Terrornetzwerk immer wieder Anschläge. Nicht nur die Anschläge in New York und Washington (USA) am 11. September 2001 werden al-Qaida zugeschrieben, sondern bereits der Doppelanschlag auf die US-Botschaften in Nairobi (Kenia) und Daressalam (Tansania) im Jahr 1998 und der obengenannte Angriff auf das US-Kriegsschiff USS Cole. Neben weiteren Attentaten werden auch die Anschläge auf vier Pendlerzüge in Madrid (2004) und die Anschlagserie in U-Bahnen und Bussen in London im Juli 2005 in Verbindung mit dem Terrornetzwerk gebracht (Steinberg 2011).

Mit der Begründung „Gastgeber des Terrors" zu sein, kam es nach 9/11 zum Feldzug gegen die Taliban in Afghanistan. Dieser wurde im Unterschied zum Angriff auf den Irak durch die Autorisierung des UN-Sicherheitsrates mit der Resolution 1383 legitimiert. Nachdem die afghanische Regierung nicht auf das Ultimatum der USA reagiert hatte, das dazu aufforderte, den al-Qaida-Führer Osama bin Laden auszuliefern, wurden am 7. Oktober 2001 al-Qaida-Ausbildungslager und militärische Einrichtungen der Taliban von den USA bombardiert. Bin Laden und der Taliban-Führer Mullah Omar konnten zu diesem Zeitpunkt nicht gefasst werden, aber der Widerstand der Taliban in Kabul endete am 7. Dezember dennoch, und am 22. Dezember wurde der amerikafreundliche Hamid Karzai als neuer Regierungschef vereidigt (Bierling 2010: 35). 2011 wurde Osama bin Laden von amerikanischen Spezialeinheiten in seinem Versteck in Pakistan getötet.

Eine weitere Antwort der Bush-Regierung auf die Anschläge vom 11. September waren die veranlassten Notfallmaßnahmen, die in der Folgezeit ergriffen wurden. Auf legislativer Ebene steht der sog. USA PATRIOT Act (Uniting and Strengthening America by Providing Appropriate Tools Required to Intercept and Obstruct Terrorism Act), welcher nur wenige Wochen nach 9/11 mit überwältigender Mehrheit vom Kongress verabschiedet wurde (357 Ja- zu 66 Nein-Stimmen im Repräsentantenhaus, 98 zu 1 Stimmen im Senat[45]) für die Antiterrorpolitik der Bush-Regierung. Das Gesetz beinhaltete u.a. die Einschränkung von Bürgerrechten, neue bzw. zusätzliche Überwachungsmaßnahmen, verstärkte Grenzkontrollen sowie stark ausgeweitete Befugnisse der Geheimdienste und erlaubte es den USA, Terrorverdächtige ohne Gerichtsverfahren unbegrenzt im US-Militärgefangenenlager Guantanamo auf Kuba zu internieren.

Die Gründung des Heimatschutzministeriums (Department of Homeland Security), in dem sämtliche innenpolitischen Antiterrorbefugnisse der Exekutive zusammengeführt wurden, steht ebenso im direkten Zusammenhang der Ereignisse vom 11. September 2001 und bildet einen wichtigen Bestandteil der Institutionalisierung der Antiterrorpolitik unter G. W. Bush.

5. Erklärung: Securitization

Wie wir gesehen haben, wurden als Rechtfertigungsgründe und zur Überzeugung der Weltgesellschaft seitens der Bush-Regierung Gründe für den Irakeinsatz angeführt, die sich – spätestens im Nachhinein – als falsch herausstellten. Es bleibt die Frage: Wie konnte es zum Irak-Krieg kommen? Zur Beantwortung kann die Securitization-Theorie (Buzan et al. 1998) herangezogen werden. Sie

- erfasst Sicherheitsbedrohungen aus sozialkonstruktivistischer Sicht,
- abstrahiert von materiellen Unterfütterungen von Bedrohungen,
- erweitert den Sicherheitsbegriff um nicht-militärische Bedrohungen,
- kann den Wandel von Sicherheitsbedrohungen abbilden.

a) Die Annahmen

Securitization möchte erklären, wie potentielle Sicherheitsbedrohungen politisch relevant werden (können). Ausgangspunkt der Theorie bilden **speech acts**, die auf der Annahme basieren, dass Sprache Realität nicht nur abbildet, sondern selbst eine Art der Wirklich-

45 Vgl. dazu Office of the Clerk, online unter: http://clerk.house.gov/evs/2001/roll398.xml; http://www.senate.gov/legislative/LIS/roll_call_lists/roll_call_vote_cfm.cfm?congress=107&session=1&vote=00313 [letzter Zugriff am 14.11.2013].

keit schafft:[46] „[I]t is the utterance itself that is the act. By saying the words, something is done“ (Buzan et al. 1998: 26). Für die Analyse führen die Autoren verschiedene Begriffe ein, von denen die wichtigsten **referent objects, securitizing actors** sowie die **audience** sind. *Referent objects* sind Kollektive, die als existenziell bedroht dargestellt werden können, deren Fortbestehen in ihrer bisherigen Form also in Gefahr ist. Traditionell handelt es sich dabei um Staaten oder Nationen, die Theorie ist aber nicht beschränkt auf klassische, militärische Bedrohungszenarien. *Securitizing actors* sind diejenigen Akteure, die ein Referenzobjekt für existenziell bedroht erklären: „A securitizing actor is s.o., or a group, who performs the securitizing speech act. Common players in this role are political leaders, bureaucracies, governments, lobbyists, and pressure groups" (Buzan et al. 1998: 40). Die *audience* ist die Einheit, an welche sich der **securitizing move** richtet. Akzeptiert die *audience* den **securitizing act**, d.h. billigt sie die Argumentation und die Notfallmaßnahmen des *securitizing actors*, ist die *securitization* erfolgreich.

Graphische Darstellung 15: Securitization als Prozess

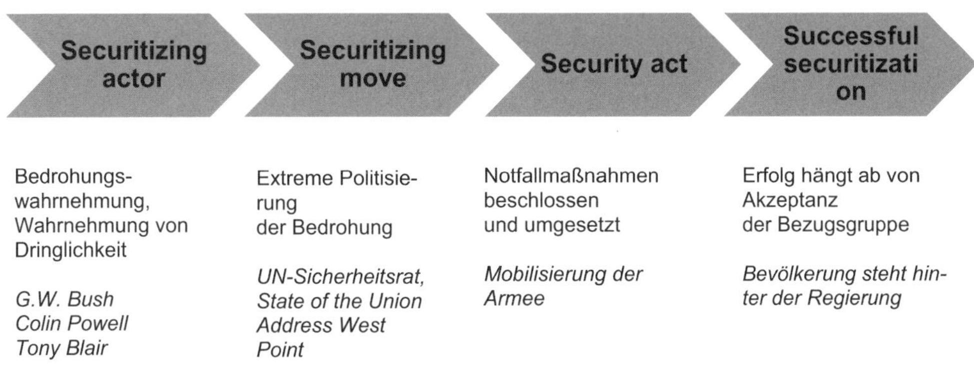

Quelle: Stahl (2008): 76.

Als (nur) politisiert (im Gegensatz zu securitized) definieren die Autoren Themen, die Teil öffentlicher Politik und Debatten sind und bei welchen eine staatliche Entscheidung notwendig ist. Als securitized werden Probleme definiert, die als existenzielle Bedrohung dargestellt und akzeptiert werden. Diese erfordern Notfallmaßnahmen (emergency measures) sowie Maßnahmen außerhalb normaler Grenzen des politischen Prozesses und können bzw. sollen diese rechtfertigen: „[S]ecurity is about survival. It is when an issue is presented as posing an existential threat to a designated referent object (...). The special nature of security threats justifies the use of extraordinary measures to handle them" (Buzan et al. 1998: 21).

Während bei der Politisierung eines Themas die Diskussion und das Ringen um Argumente intensiviert wird, ist bei der securitization das Gegenteil der Fall: Der securitizing actor beabsichtigt damit, es aus der öffentlichen Diskussion herauszuhalten in dem Sinn, die geplanten Maßnahmen als dringend und alternativlos darzustellen (Buzan et al. 1998: 29). Politische Angelegenheiten, die versicherheitlicht werden, nehmen einen gegenüber anderen Sachkomplexen höheren und dringenderen Stellenwert ein und haben

46 Weiterführend zum Thema „*speech act*“, siehe z.B. Bertram 2011: 115–132.

oberste Priorität, da nach der Logik der existenziellen Bedrohung alle anderen Probleme ihre Bedeutung verlören, würde dieses eine Problem nicht gelöst (Buzan et al. 1998: 24).

Mit der erfolgreichen securitization eines Themas kann der securitizing actor nun Maßnahmen ergreifen, die ohne die vermeintlich existenzielle Bedrohung und unter gewöhnlichen Umständen vom Adressaten, der audience, nicht hingenommen würden – bis hin zum Krieg. Mit dem (zumindest impliziten) Ausrufen des Ausnahmezustands erweitert sich sein Handlungsspielraum zur Begegnung einer „existenziellen Bedrohung“ also beträchtlich. Weitere Beispiele für derartige Maßnahmen sind das Aussetzen bzw. Einschränken von Bürgerrechten, der Privatsphäre, das Einführen staatlicher Überwachungsmaßnahmen, das Einschränken der Reisefreiheit für bestimmte Bevölkerungsgruppen wie z.B. für Ausländer, verstärkte Kontrollen sicherheitsrelevanter öffentlicher Einrichtungen, Flughäfen, Bahnhöfen, etc. Diese Liste ist weder vollständig noch soll sie bedeuten, dass die oben aufgeführten Maßnahmen zwangsläufig ergriffen werden, wenn ein Thema versicherheitlicht wird. Sie verdeutlicht aber die Bedeutung, die eine als „existenzielle Bedrohung“ anerkannte internationale Sicherheitsangelegenheit haben kann. Buzan et al. beschreiben die Maßnahmen, welche staatliche Akteure als notwendig einfordern können um Gefahren abzuwenden, noch weitergehend „claiming a right to use whatever means are necessary“ (Buzan et al. 1998: 21). Diese außergewöhnlichen, über den normalen politischen Handlungsspielraum weit hinausgehenden Mittel und Maßnahmen werden möglich, da eine erfolgreiche securitization die politischen Spielregeln für dieses Problem außer Kraft setzt und es deklariert „as a special kind of politics or as above politics“ (Buzan et al. 1998: 23). Desecuritization bezeichnet umgekehrt den Versuch, ein sicherheitspolitisches Thema zu depolitisieren, also eine Bedrohung zu relativieren.

Dem Modell als der sozialkonstruktivistischen Theorieschule zugehörig liegt die Prämisse zugrunde, dass materielle Gründe für die Bedrohung irrelevant sind. Über die Einstufung eines Problems als „existenzielle Bedrohung“ für das Referenzobjekt entscheidet nicht die tatsächliche, „reale“ Bedrohung, sondern die Deutung und Wahrnehmung einer Situation oder eines längerfristigen Problems durch die relevanten Akteure: „Security is thus a self-referential practice, because it is in this practice that the issue becomes a security issue – not necessarily because a real existential threat exists but because the issue is presented as such a threat“ (Buzan et al. 1998: 24).

b) Theorieanwendung: Securitization im Vorfeld des Irakkriegs 2003

Im präsidentiellen Regierungssystem der USA ist das Amt des Präsidenten das wichtigste und mächtigste im politischen System; als höchste Autorität der Regierung kann sich der Präsident neben den formalen Kompetenzen auch der sog. *inherent powers*, also informeller Instrumente, bedienen, um seine Macht auszudehnen (Gellner/Kleiber 2007: 74). Insbesondere auf dem Gebiet der Außenpolitik hat der Präsident weitreichende Befugnisse und ist im außenpolitischen Diskurs der dominante Akteur. Von allen politischen Amtsträgern kommt ihm die mit Abstand größte Aufmerksamkeit zu; er repräsentiert in seiner Funktion als Staatsoberhaupt und Regierungschef die USA nach außen. „Präsidenten besitzen im außenpolitischen Diskurs eine privilegierte Position, um ihre Interpretation der Ereignisse und Fakten der Öffentlichkeit zu vermitteln und sie in Diskursen und kollektiven Identitäten zu verankern – und somit zu institutionalisieren“ (Rudolf 2005: 7).

Der Stellenwert von Außen- und Verteidigungsministerium für die Außenpolitik schwankt je nach politischer Konstellation. George W. Bush galt als außenpolitisch unerfahren, was zum einen seiner Sicherheitsberaterin Rice, zum anderen den außenpolitisch versierten Vize-Präsidenten Cheney und Verteidigungsminister Rumsfeld großen Spielraum eröffnete. Gerade gegenüber dem Kongress hatte die Administration nach 9/11 eine sehr große Autonomie erreicht. So fungierte die Bush-Administration als wichtigster *securitizing actor* und unternahm den Versuch, extreme Maßnahmen wie die Kriege in Afghanistan und im Irak sowie die Einschränkung von Bürgerrechten zu rechtfertigen und hierfür sowohl politische als auch finanzielle Unterstützung zu generieren. In einem durch die Medienberichterstattung nach 9/11 aufgeheizten Klima der Vergeltung war es leicht, *securitizing acts* vorzunehmen – der Kongress unterstützte 2001/2002 die entsprechenden *emergency measures* einhellig. Etwas schwieriger war es, den Angriff auf den Irak mit 9/11 in Verbindung zu bringen. Wie wurde die **acceptance** für den Irak-Krieg erreicht?

Die Bush-Regierung nahm drei große Umdeutungen vor, welche die Akzeptanz der *audience* – vor allem der US-Bürger, aber auch der Staatengemeinschaft – für die Notfallmaßnahme des Irakkriegs fördern sollten:

Graphische Darstellung 16: Securitization durch Umdeutung

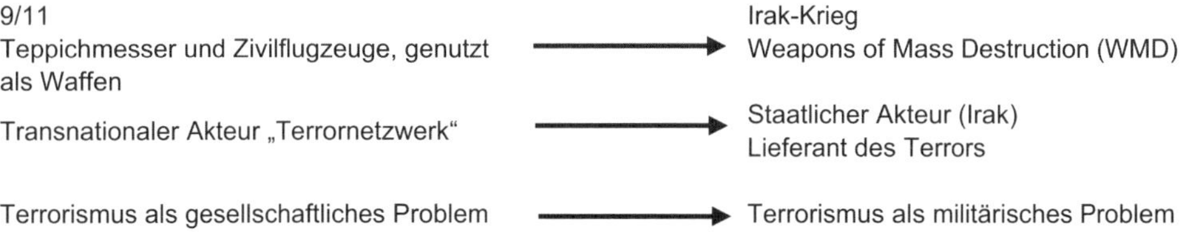

Quelle: Eigene Darstellung.

Erste Umdeutung: Weapons of Mass-Destruction (WMD)

Ein Weg, um eine Bedrohung als existenziell zu konstruieren, liegt darin, nicht die wahrscheinlichsten Folgen einer Bedrohungslage konsistent zu erwähnen, sondern jene, die am verheerendsten wären und beim Adressaten am meisten Angst auslösen. Ein zentraler Punkt dieser *worst-case*-Rhetorik war die Angst vor dem Einsatz von Massenvernichtungswaffen durch Terroristen. Eine Regierung kann ihre Politik ausrichten an „worst-case-Szenarien, deren Eintrittswahrscheinlichkeit zwar vergleichsweise gering sein mag, aber deren Folgen so verheerend wären, daß der Risikofaktor hoch bleibt und nahezu alle Gegenmaßnahmen in der Außen- und Innenpolitik rechtfertigt“ (Schneckener 2006: 6). Genau dies geschah seitens der Regierung von George W. Bush. Vom realen Angriff des 11. Septembers mit Zivilflugzeugen, die als Waffen benutzt wurden, wurde eine Umdeutung vollzogen hin zu einer Gefahr, die darin besteht, dass Terroristen über Massenvernichtungswaffen verfügen und bereit sind, diese einzusetzen.

Das Bewusstsein, jederzeit Opfer eines Anschlages mit WMD werden zu können, wurde mit Aussagen wie der folgenden von Vizepräsident Richard Cheney gestärkt:

> “The attack on our country forced us to come to grips with the possibility that the next time terrorists strike, they may well be armed with more than just plane tickets and box cutters. The next time,

> they might direct chemical agents or diseases at our population or attempt to detonate a nuclear weapon in one of our cities. These are not abstract matters to ponder. They are very real dangers that we must guard against and confront before it's too late." (Cheney 2003)

Zweite Umdeutung: Gleichsetzung von Terrorismus und „Schurkenstaaten"

In asymmetrischen Konflikten (vgl. dazu 1.1.) ist es oft schwierig, den Gegner eindeutig zu benennen: Geht es um Aufständische bzw. Rebellen, die mit ihrem bewaffneten Kampf politische Ziele wie die Unabhängigkeit einer bestimmten Region von einem Staat fordern, oder darum, Besatzungstruppen durch bewaffneten Widerstand zum Abzug zu bewegen; oder, wie beim al-Qaida Terrorismus, einer Mischung aus weltlichen Zielen und dem Glauben, der als Rechtfertigungsgrund dienen soll? Erschwerend für die Analyse kommt hinzu, dass auch Mischformen dieser Erscheinungen möglich sind und die Motive einer Terrororganisation nicht immer einheitlich und ersichtlich sind. Auch asymmetrische Konflikte spielen sich immer auf dem Gebiet von Staaten ab – sei es die Ausbildung zu Kämpfern oder Selbstmordattentätern in sogenannte Terrorcamps wie bspw. in Afghanistan und Pakistan, oder die Durchführung der Anschläge in den betroffenen Ländern. So konnte eine Umdeutung von transnationalen (al-Qaida) zu innerstaatlichen (Afghanistan) und staatlichen Akteuren (Irak) stattfinden. Der **global war on terror** spielt sich nicht im luftleeren Raum ab, sondern benötigt Kriegsschauplätze, auf welchen er ausgetragen wird. Eine Verbindung herzustellen zwischen Terroristennetzwerken und Staaten, die diese Terroristen beherbergen, sie finanziell, materiell oder ideell unterstützen, war hilfreich, um die terroristische Bedrohung als existenziell zu konstruieren. Staaten verfügen in der Regel über Ressourcen, die einer isolierten bzw. von der jeweiligen Regierung sogar bekämpften Terrororganisation nicht zur Verfügung stehen. Diese Ressourcen und Möglichkeiten versetzten die Terroristen in die Lage, ihre Anschlagspläne in die Tat umzusetzen. Die Gefahr, so die Argumentation, dass Terroristen an chemische, biologische oder nukleare WMD gelangen könnten, potenziere sich mit der Zusammenarbeit, Unterstützung oder zumindest Duldung des „Gast-Staates".

Schon am Abend des 11. September 2001 nahm George W. Bush in seiner Ansprache an die Nation diese Gleichsetzung vor: „We will make no distinction between the terrorists who committed these acts and those who harbor them" (Bush 2001c). Ähnlich äußerte er sich vier Tage später auf Camp David: „We will not only deal with those who dare attack America, we will deal with those who harbor them and feed them and house them" (ebd. 2001b). Bei einer Pressekonferenz am 15.10.2001 brachte Bush zum Ausdruck, dass der **global war on terror** sich auch gegen Regierungen anderer Staaten richten würde: „A war against all those who seek to export terror, and a war against those governments that support or shelter them" (ebd. 2001a).

In seiner ersten Rede zur Lage der Nation am 29.1.2002 stellte Bush die Verbindung zwischen Terrorismus und „Schurkenstaaten" her, namentlich erwähnt wurden Nordkorea, Iran und Irak, die die oben bereits genannte „Achse des Bösen" bildeten:

> "Our second goal is to prevent regimes that sponsor terror from threatening America or our friends and allies with weapons of mass destruction. Some of these regimes have been pretty quiet since September the 11th. But we know their true nature. North Korea is a regime arming with missiles and weapons of mass destruction, while starving its citizens. Iran aggressively pursues these weap-

> ons and exports terror, while an unelected few repress the Iranian people's hope for freedom. Iraq continues to flaunt its hostility toward America and to support terror." (ebd. 2002c)

Die Gleichsetzung tyrannischer Regime mit internationalen Terrororganisationen und ihre Darstellung als irrationale Akteure, die beide nicht vor dem Einsatz von WMD zurückschreckten, vereinfachte die Darstellung der Gefahr als existenzielle Bedrohung. Dass insbesondere der Irak mit dem internationalen Terrorismus verbunden sei, versuchte Bush am 25.9.2002 zu vermitteln, als er Irak und al-Qaida beschrieb als „both equally as bad, and equally as evil, and equally as destructive" (ebd. 2002a).

Dritte Umdeutung: Terrorismus als Form des Krieges

An der Beharrlichkeit deutscher Spitzenpolitiker, die zehn Jahre lang versucht haben, den Begriff „Krieg" im Zusammenhang mit dem deutschen Afghanistaneinsatz zu vermeiden, lässt sich erahnen, welche Bedeutung diese Vokabel allgemein für den politischen Diskurs hat. Die Einstufung des globalen fundamental-islamischen Terrorismus als „Krieg" – und nicht als gravierenden kriminellen Akt – hat weitreichende Konsequenzen; sie bedeutet die Umdeutung von Terrorismus als soziologischem Problem zu einem militärischen. Kriegerische Auseinandersetzungen erlauben auch Gegenmaßnahmen, die in Friedenszeiten undenkbar bleiben. Restriktionen, die den staatlichen Stellen auferlegt sind, um Willkür und Machtmissbrauch zu verhindern, werden aufgeweicht oder fallen gar ganz weg. Ein Krieg erlaubt den „Einsatz aller nationaler Ressourcen – der militärischen, diplomatischen, wirtschaftlichen und geheimdienstlichen – zum vollständigen Sieg über einen Gegner" (Rudolf 2005: 8).

Administrativ verlagert sich der Schwerpunkt der Terrorismusbekämpfung weg von Außen- und Justizministerium hin zum Verteidigungsministerium, die Wahl der Mittel verschiebt sich von mehrheitlich zivilen zu nunmehr vor allem militärischen (Schneckener 2006: 231). Auch außenpolitisch ist es von entscheidender Bedeutung, ob Krieg herrscht. Wenn dies bejaht wird, wird ein Staat, wie im Fall der USA nach 9/11 geschehen, terroristische Angriffe auf sein Territorium oder auf eigene Staatsangehörige als kriegerischen Angriff begreifen und dementsprechend auch sein Recht auf Selbstverteidigung nach Art. 51 UN-Charta geltend machen. Dieses Selbstverteidigungsrecht kann nicht nur rein defensiv ausgeübt werden, was das Beispiel des Afghanistankrieges zeigt, der vom UN-Sicherheitsrat mit der Resolution 1368 am 12. September 2001 legitimiert wurde. Auch die Aktivierung von Art. 5 NATO-Vertrag ist in diesem Sinne bemerkenswert, denn der Vertrag sieht nur Angriffe von Staate vor.

Die Entscheidung, von einem „Krieg gegen den Terrorismus" zu sprechen, der eigentlich einer weiteren Präzisierung bedarf, war nicht alternativlos. Denkbar wäre es auch gewesen, nach 9/11 explizit dem Terrornetzwerk al-Qaida den Kampf anzusagen, das recht schnell als verantwortlich für die Anschläge ausgemacht wurde. Dies ist ein Hinweis auf die bewusste Entscheidung, den Begriff „Krieg" zu benutzen, um die Auseinandersetzung mit dem internationalen Terrorismus zu beschreiben.

Schon in seiner Fernsehansprache an das amerikanische Volk am Abend des 11. September 2001 sprach George W. Bush zum ersten Mal vom „Krieg" gegen den Terrorismus (Bush 2001a). Am 15.9.2001 äußerte er sich auf Camp David wie folgt:

> "I am going to describe to our leadership what I saw: the wreckage of New York City, the signs of the first battle of war. Make no mistake about it: underneath our tears is the strong determination of America to win this war. (...) We're at war. There has been an act of war declared upon America by terrorists, and we will respond accordingly." (ebd. 2001b)

Mit dieser Formulierung machte Bush deutlich, dass für ihn die Verwendung des Begriffs „Krieg" nicht eine rein rhetorische Nebensache ist, sondern damit auch die Art der Antwort auf die Terroranschläge determiniert war – auch wenn er selbst die Erklärung des Krieges an die Terroristen nur als Antwort auf deren „Kriegserklärung" an die USA verstanden haben wollte. Den bald darauf eingeleiteten Einsatz in Afghanistan bezeichnete Bush als „the first battle in the war of the 21st century" (ebd. 2001a).

6. Bewertung

Der Irak-Krieg muss im Nachhinein als Desaster beurteilt werden. Für die USA entstanden durch den Einsatz Kosten von deutlich mehr als drei Billionen Euro (Stiglitz/Bilmes 2008: 21ff.). Die Zahl der getöteten Soldaten und Zivilisten im Irak-Krieg und seinen Folgejahren bewegt sich neuesten Untersuchungen zufolge im Bereich von ca. 500.000 (Hagopian 2013) und wiegt ungleich schwerer. Trotz der selbstsicheren Behauptung der Bush-Regierung wurden keine Massenvernichtungswaffen im Irak nachgewiesen, genauso wenig eine direkte Verbindung des Saddam-Regimes zu al-Qaida. So zog der Irak-Krieg für die USA einen gewaltigen Legitimationsverlust auf internationaler Ebene nach sich (v.a. auch durch das fehlende Mandat des UN-Sicherheitsrates und der später widerrufenen Begründung), der auch das amerikanische Selbstverständnis einer *force for good* in Frage stellte. Der bekannte Philosoph Jürgen Habermas urteilte: „Die Autorität Amerikas liegt in Trümmern" (Habermas 2003).

In der Besatzungszeit wurden zudem strategische Fehler begangen, wie z.B. die Auflösung der irakischen Armee zu Beginn des Einsatzes und die Art und Weise der Bekämpfung der Aufständischen. Der Folterskandal u.a. im Gefängnis Abu Ghraib, in dem irakische Gefangene von US-Soldaten missbraucht und gedemütigt wurden, verstärkte den Vertrauensverlust in die US-Armee weiter. Auch der Einsatz privater Sicherheitsfirmen wie Blackwater anstelle der Armee und die mangelnde Kontrolle über die Aktivitäten dieser Kräfte wirkten in dieselbe Richtung (Bierling 2010: 206).

Trotz der widerlegten Behauptungen zur Rechtfertigung des Krieges glaubte der Großteil der amerikanischen Bevölkerung noch lange an die von der Bush-Regierung behaupteten Zusammenhänge. Dies zeigt auch, dass bestimmte Konsequenzen der erfolgreichen *securitization* terroristischer Gefahren durch die Bush-Regierung deren Amtszeit überdauern werden. Ein Beispiel hierfür ist das Department of Homeland Security, das nach den Anschlägen von 9/11 im Januar 2002 gegründet wurde und die Hauptaufgabe hat, Amerika vor terroristischen Gefahren zu schützen. Auf diesem Gebiet fand eine Institutionalisierung der erfolgreichen *securitization* statt. Es bedarf keiner aktuellen, konkreten Bedrohungssituation mehr, um den Erhalt dieser Institution zu rechtfertigen. Ganz im Gegenteil wären starke Argumente nötig, um das Ministerium wieder aufzulösen. Die *audience* akzeptiert also nicht nur kurzfristig die Argumentation, sondern hat sie als Selbstverständlichkeit verinnerlicht.

Wie wir gesehen haben, leistet das Securitization-Modell die Erklärungsfunktion, wie der Irak-Krieg begründet und durchgesetzt werden konnte. Das Modell kann erklären, ob, und gegebenenfalls wie ein Thema versicherheitlicht wird, es liefert jedoch keine Erklärungen für die Frage nach dem „Warum“ – im konkreten Fall also der Motivation der USA für den Einsatz im Irak. Nichtsdestotrotz dient der theoretische Ansatz als ein wertvolles Analyseinstrument, das nicht nur auf klassische Sicherheitsbedrohungen anwendbar ist. Seit der Publikation des Hauptwerkes 1998 wird das Modell auf verschiedenste Probleme und Länder bzw. Regionen angewendet und theoretisch und methodisch von einer Vielzahl an Wissenschaftlern weiterentwickelt. Als besondere Schwerpunkte der Securitization-Forschung sind – neben dem behandelten Gegenstand von Krieg und besonders dem „Krieg gegen den Terrorismus“ – dabei besonders die Themen Migration, Umwelt und Klimawandel, (öffentliche) Gesundheit sowie Religion zu nennen.

7. Prognose

Aus Sicht der Theorie ist keine Prognose im engeren Sinn für die weitere Entwicklung möglich, da sie – wie oben dargestellt – nur eine ex-post Erklärung ermöglicht. Für die amerikanische Außenpolitik nach George W. Bush lässt sich eine vorsichtige Wende unter Obama feststellen, die – nicht zuletzt auf Grund des Irak-Krieg-Desasters – durch moderatere *speech acts* und zeitweilige *desecuritizations* in Bezug auf militärische Eingriffe geprägt ist, wie in den Fällen Syrien und Libyen zu sehen war. Auf dem Feld der Anti-Terrorpolitik hingegen ist kein signifikanter Wandel festzustellen. Hier wird die institutionalisierte Form der *securitization* weiterhin genutzt, um Einschränkungen der Privatsphäre, staatliche Überwachungsmaßnahmen (wie die vom Whistleblower Edward Snowden aufgedeckten Maßnahmen der National Security Agency – NSA) und Eingriffe in nationales und internationales Recht zu rechtfertigen (Festhalten von Gefangenen in Guantanamo ohne Gerichtsverfahren, Töten von mutmaßlichen Terroristen mittels Drohnen durch Beschluss des Präsidenten).

Was den damaligen Kriegsgegner der USA, den Irak, angeht, sieht die Lage immer noch düster aus. Nach dem Sturz des Saddam-Regimes ist das Land in Gewalt versunken und die – von der Bush-Administration nachgeschobene – Hoffnung auf eine vom Irak ausgehende Demokratisierung des Nahen Ostens blieb unerfüllt. Massive Aufstände gegen die Besatzungstruppen und die an einen Bürgerkrieg grenzenden gewaltsamen Auseinandersetzungen zwischen Sunniten und Schiiten im Land erschwerten den Wiederaufbau des Landes und die Etablierung stabiler politischer Strukturen. Auch drei Jahre nach dem Abzug der Amerikaner im Jahr 2011 bleibt offen, in welche Richtung sich das Land entwickeln wird.

8. Handlungsempfehlung

Um eine Handlungsempfehlung abgeben zu können, muss erst überlegt werden, ob ein *securitization*-Prozess normativ beurteilt werden sollte. Das Modell gibt für den Einzelfall keine Antwort auf die Frage, ob die *securitization* eines Themas als „gut“ oder „schlecht“ zu betrachten ist – es wird jedoch angemerkt, dass Sicherheitspolitik, verbunden mit Notfallmaßnahmen, eher als ein Versagen „normaler“ Politik zu sehen sei. In manchen Fällen sei *securitization* aber unvermeidbar (Buzan et al. 1998: 29). Demnach sollte man nicht schlussfolgern, dass *securitization*-Prozesse in allen Fällen negativ seien. In bestimmten Fällen kann die *securitizatio*n eines Problems nötig sein, um schnell und umfassend handeln zu können, und damit die Lösung der Situation zu ermöglichen. Hierbei sei auch noch einmal daran erinnert, dass erst das Zusammenspiel von *securitizing actor* und *audience* eine erfolgreiche *securitization* ermöglicht, und diese nicht von oben herab oktroyiert werden kann.

Die Theorie vermeidet also explizite Aussagen mit Blick auf eine normative Bewertung. Im Rahmen einer Handlungsempfehlung kann bzw. muss eine solche Bewertung aber auf Grundlage der Beurteilung stattfinden. Wäre im konkreten Fall im Vorlauf des Irak-Krieg 2003 eine Strategie der *desecuritization* angebrachter gewesen? Dies hätte v.a. bedeutet, die für die Terroranschläge vom 11. September 2001 als verantwortlich ausgemachten Personen und Organisationen mit Mitteln der Strafverfolgung zu belangen und zu versuchen, sie vor Gericht zu stellen – an Stelle der Kriege in Afghanistan und Irak, welche als Folge der Vermengung von kriminellen Akten und der Politik von Staaten zustande kamen. Die Einsätze in beiden Ländern zeigen, dass „Rachefeldzüge“ keine geeignete Antwort auf transnationalen Terrorismus darstellen können. Eine *desecuritization* hätte die Glaubwürdigkeit der USA als *force for good* langfristig stärken und eine weitgehendere Isolierung und Schwächung von fundamentalem Terror innerhalb der mehrheitlich islamisch geprägten Ländern befördern können. Dementsprechend lautet die Handlungsempfehlung, auch in Fragen der Sicherheitspolitik eine möglichst sachliche Sprache beizubehalten und unangebrachte Dramatisierungen zu unterlassen.

Glossar	
Terrorismus, terroristisches Netzwerk	(Successful) Securitization
Securitizing move	Securitizing actor
Security act	Desecuritization
Acceptance	Referent object
Speech act	Unilateralismus
Multilaterale Politikansätze	

Übungsfragen

1. Wie könnte die Regierung den Klimawandel „versicherheitlichen“? Spielen Sie die Überlegung mit Hilfe der Theorie durch!
2. Recherchieren Sie Aussagen und Thesen von Osama Bin Laden im Internet. Ist seine Weltsicht kompatibel mit der revolutionären Theorieschule (vgl. 1.1.)? Wie wären Ihre Gegenargumente aus liberaler und realistischer Sicht?
3. Versuchen Sie eine alternative Erklärung für den Angriff auf den Irak mit Hilfe des systemischen Sozialkonstruktivismus nach Wendt (vgl. Kap. Identitätskonflikte)!
4. Transferfrage: Lesen Sie die Teile 4 und 5 des Kap. zum Demokratischen Frieden. Auf den ersten Blick scheinen die Annahmen des *Securitization*-Modells den Annahmen des Demokratischen Friedens zu widersprechen (sind Demokratien nicht inhärent friedlich?). Inwieweit ergänzen sich aber auch die Ansätze?

Filmtipp: Green Zone (2010), Paul Greenglass [Spielfilm]

US-Offizier Miller (Matt Damon) wird in den Irak geschickt, um dort Massenvernichtungswaffen zu finden. Nachdem ihm nur leere Fabrikgebäude gezeigt werden, wird er zunehmend misstrauisch und die Suche nach der Wahrheit gefährlich.

Empfohlener Text zum Irak-Krieg

Bierling, Stephan (2010): Geschichte des Irakkriegs. Der Sturz Saddams und Amerikas Albtraum im Mittleren Osten. München: C.H. Beck, S. 32–112.

Empfohlener Originaltext zur Theorie

Buzan, Barry/Wæver, Ole/de Wilde, Jaap (1998): Security: A New Framework For Analysis, Boulder: Rienner, S. 21–48.

Übrige verwendete Literatur

Bertram, Georg W. (2011): Sprachphilosophie zur Einführung. Hamburg: Junius.

Bush, George (2001):

- President Holds Prime Time News Conference, online unter: http://georgewbush-whitehouse.archives. gov/news/releases/2001/10/20011011-7.html [letzter Zugriff am 15.01.2014].
- President Urges Readiness and Patience Remarks by the President, onlinte unter: http://georgewbush-whitehouse.archives.gov/news/releases/2001/09/20010915-4.html [letzter Zugriff am 15.01.2014].
- Statement by the President in His Address to the Nation, online unter: http://georgewbush-whitehouse.archives.gov/news/releases/2001/09/20010911-16.html [letzter Zugriff am 15.01.2014].

Bush, George (2002):President Bush, Colombia President Uribe Discuss Terrorism, online unter: http://georgewbush-whitehouse.archives.gov/news/releases/2002/09/20020925-1.html [letzter Zugriff am 15.01.2014].

- President Bush Delivers Graduation Speech at West Point United States Military Academy online unter: http://georgewbush-whitehouse.archives.gov/news/releases/2002/06/20020601-3.html [letzter Zugriff am 15.01.2014].
- President Delivers State of the Union Address. Washington, D.C. online unter: http://georgewbush-whitehouse.archives.gov/news/releases/2002/01/20020129-11.html [letzter Zugriff am 15.01.2014].
- President's Remarks at the United Nations General Assembly, online unter: http://georgewbush-whitehouse.archives.gov/news/releases/2002/09/20020912-1.html [letzter Zugriff am 15.01.2014].

Bush, George (2003): President Bush Announces Major Combat Operations in Iraq Have Ended, online unter: http://georgewbush-whitehouse.archives.gov/news/releases/2003/05/20030501-15.html [letzter Zugriff am 15.01.2014].

Cheney, Dick (2003): Text of Speech by Vice President Cheney. In: New York Times vom 09.04.2003, online unter: http://www.nytimes.com/2003/04/09/international/worldspecial/09TEXT-CHENEY.html?pagewanted=all [letzter Zugriff am 15.01.2014].

Croci, Osvaldo/Verdun, Amy (Hrsg.) (2006): The Transatlantic Divide: Foreign and Security Policies in the Atlantic Alliance from Kosovo to Iraq. Manchester: Manchester University Press.

Gellner, Winand/Kleiber, Martin (2007): Das Regierungssystem der USA. Eine Einführung. Baden-Baden: Nomos.

Gordon, Philip und Shapiro, Jeremy (2004): Allies at War. America, Europe, and the Crisis Over Iraq. New York: McGraw-Hill, Inc.

Habermas, Jürgen (2003): Die Autorität Amerikas liegt in Trümmern. In: FAZ vom 17.04.2003.

Hagopian, Amy/Flaxman, Arbraham u.a. (2013): Mortality in Iraq Associated with the 2003–2011 War and Occupation: Findings from a National Cluster Sample Survey by the University Collaborative

Iraq Mortality Study. In: PLOS Medicine 2013, online unter: http://www.plosmedicine.org/article/info%3Adoi%2F10.1371%2Fjournal.pmed.1001533 [letzter Zugriff am 15.01.2014].
Powell, Colin (2003). In: United Nations: Security Council. Fifty-eighth year, online unter: http://www. un. org/en/documents/ Dokumentennummer S/PV.4701 [letzter Zugriff 29.01.2014].
Rudolf, Peter (2005): George W. Bushs außenpolitische Strategie. SWP-Studie. Berlin. online unter: http://www.swp-berlin.org/common/get_document.php?asset_id=2430 [letzter Zugriff am 15.01. 2014].
Schneckener, Ulrich (2006): Transnationaler Terrorismus, Frankfurt a.M.: Suhrkamp.
Stahl, Bernhard (2008): Incoherent securitisation: The EU in the Iraq crisis. In: Hamburg Review of Social Sciences 3, 1, Special Issue on Revisiting Coherence in EU Foreign Policy, S. 67-106.
Steinberg, Guido (2011): Al-Qaida. Dossier Islamismus. Bonn: bpb, online unter: http://www.bpb.de/politik/extremismus/islamismus/36374/al-qaida?p=all [letzter Zugriff am 15.01.2014].
Stiglitz, Joseph/Bilmes, Linda J. (2008): Die wahren Kosten des Krieges. Wirtschaftliche und politische Folgen des Irak-Konflikts. München: Pantheon-Verlag.
Szabo, Stephen (2004): Parting Ways. The Crisis in German-American Relations. Washington: Brookings Institution Press.
Wallak, Michael (2006): From compellence to pre-emption: Kosovo and Iraq as US responses to contested hegemony. In: Croci, Osvaldo/Verdun, Amy (Hrsg.): The Transatlantic Divide, Foreign and security policies in the Atlantic Alliance from Kosovo to Iraq. Manchester and New York: MUP, S. 109–125.

3.3. Sicherheit und Intervention: Die Jugoslawienkriege

Die Jugoslawienkriege[47] zwischen 1991 und 1999 können mit einigem Recht als „Achsenereignis“[48] der internationalen Beziehungen bezeichnet werden, in dem sich die Entwicklungslinien sehr vieler Teilbereiche kreuzen: Ob wir über US- und EU-Außenpolitik sprechen, über nationale Außenpolitiken in Europa, über die Entwicklung der NATO und der UN, EU-Erweiterung, die Gemeinsame Verteidigungspolitik der EU, Entwicklungen im Völkerrecht, über Militärtechnologie und Kriegsformen, sexuelle Gewalt oder ethnische Konflikte und ihre Bearbeitung (*conflict resolution*) – in all diesen Bereichen haben die Jugoslawienkriege eine bedeutende Rolle gespielt.

1. Einstieg

April 1991

„Alle hier sagen, daß bei uns jetzt Krieg herrscht, aber ich zögere noch immer, dieses Wort zu benutzen. Das Wort erinnert mich an die Beretta-Pistole, die mein Vater nach Kriegsende 1945 mit nach Hause gebracht hatte. Warum hat er sie meinem Bruder und mir gezeigt, als wir erst fünf Jahre alt waren? Ich vermute, es wäre ihm zu gefährlich gewesen, wenn wir sie von alleine gefunden hätten. Ich erinnere mich, wie er sie von dem alten Eichenschrank im Schlafzimmer herunternahm und aus einem weichen, weißen Tuch auswickelte. Er nahm die Pistole mit einem eigenartigen Gesichtsausdruck in die Hand, dann erlaubte er uns, sie einen Moment zu halten. Sie fühlte sich schwer und kalt an. Spielerisch richtete ich sie auf meinen kleinen Bruder. ‚Bum-Bum‘, wollte ich gerade sagen, als ein Blick in das Gesicht meines Vaters mich erstarren ließ. Er war weiß wie die Wand, als habe er in ebendiesem Moment einen Geist gesehen, den er nur zu gut kannte – das Gespenst des lange vergessenen Krieges. Er nahm mir die Beretta aus der Hand. ‚Tu das nie wieder‘, sagte er, ‚nicht einmal im Spiel. Rühr keine Waffen an. Denk daran, früher oder später bringen Waffen den Tod. Ich muß es wissen, ich habe den Krieg erlebt.‘ (...)

[Er] sagte (...), daß ein Krieg das Schrecklichste ist, das ein Mensch durchmachen kann. Und wir, seine Kinder, bräuchten nicht zu wissen, wie er aussehe. Es werde keinen Krieg mehr geben. Dafür habe er gekämpft, daß es nie wieder einen gebe. (...) Er erzählte allerdings auch, daß der Krieg sein ganzes Leben verändert hatte. Er hatte Seemann werden wollen, Kapitän vielleicht. Er wollte reisen und die Welt sehen. Ich stellte ihn mir immer in einer weißen Uniform auf einer Kapitänsbrücke vor und glaubte, er wäre ein schöner, junger Kapitän geworden. Den brutalen Einschnitt des Krieges in das empfindliche Gewebe seines jungen Lebens, die Art, in der ein Leben in zwei Teile zerreißt, und man muß dennoch weiterleben, als ob man noch derselbe sei – das bedauerte er zutiefst. Aus seinem Beispiel habe ich gelernt, daß man nicht mehr derselbe ist und es nie wieder sein kann.“

---

47 Anstelle des Begriffs „Jugoslawienkriege“ findet man in der Literatur noch weitere Bezeichnungen: „Balkankriege“ ist allerdings missverständlich, da bereits die Kriege gegen das Osmanische Reich 1912-13 so genannt werden. „Zerfallskriege“ ist insofern problematisch, weil der Begriff analytisch ungeklärt ist und zugleich mit „Zerfall“ eine Wertung vorgenommen wird. Mit „Sezessionskriege“ werden die Motive Sloweniens und Kroatiens in den Mittelpunkt gerückt, nicht aber die Serbiens und Montenegros.

48 Der Begriff spielt auf Karl Jaspers‘ „Achsenzeit“ an. Damit hat er – in der Geschichtswissenschaft sehr umstritten – eine historische Epoche bezeichnet, in der sich viele nachfolgende begründen.

Juli 1991
„Während ich in einem Jagdgeschäft, das auch Waffen verkauft, Hunderfutter hole, kommt ein alter Mann herein und bietet für 1000 Mark eine Damenpistole zum Verkauf an. Sie liegt auf der Theke, klein und glänzend wie ein silbernes Spielzeug. Plötzlich verspüre ich den drängenden Wunsch, sie zu besitzen, zu kaufen, zu haben – auch ich. Warum nicht, denke ich, ich bin allein, wehrlos und schrecklich ängstlich. Es dauert nur eine Sekunde, aber in diesem Moment spüre ich, daß der Krieg mein zerbrechliches Leben mit seinen Klauen endgültig umschlossen hat. Dann taucht ein Bild in meinem Bewußtsein auf, das Bild eines toten Soldaten. Das Bild meines Vaters mit der Beretta in der Hand. Sie verschmelzen in eins. Als ich aus dem Geschäft gehe, fange ich an zu weinen. Wie das meines Vaters bricht jetzt auch mein Leben auseinander." (Drakulic 1991: 9-18)

2. Leitfrage: Inwieweit können militärische Interventionen gerechtfertigt sein?

3. Deskription: Der Zerfall Jugoslawiens (1990-1999)

In diesem Teil werden die verschiedenen Kriege in der Folge des Zusammenbruchs Jugoslawiens kurz resümiert. Dabei wird chronologisch vorgegangen und die Studie konzentriert sich auf die wichtigsten Akteure und Ereignisse. Da im Folgenden der Aspekt der „Intervention" (siehe „Analyse") eine besondere Rolle spielt, wird der internationalen Gemeinschaft besondere Aufmerksamkeit geschenkt.

Folgende Kriegsphasen lassen sich unterscheiden:

a) Der Zerfall Jugoslawiens und der Kriegsausbruch in Slowenien (1974-1991)
b) Der Erste Kroatienkrieg (1991)
c) Die Bosnienkriege (1992-1995)
d) Der Zweite Kroatienkrieg (1995)
e) Der Kosovokrieg (1998-1999)

Ad a) Der Zerfall Jugoslawiens und der Kriegsausbruch in Slowenien (1974-1991)

Graphische Darstellung 17: Das frühere Jugoslawien

Quelle: International Criminal Tribunal for the former Yugoslawia (ICTY), online unter: http://www.icty.org/sid/321 (letzter Zugriff am 17.03.2014).

Jugoslawien war ein Ergebnis der Staatenneubildung auf dem Balkan nach dem Auseinanderbrechen des Osmanischen wie auch des Habsburger Reichs vor und im Ersten Weltkrieg. Nach dem Zweiten Weltkrieg setzten sich die kommunistischen Partisanen unter Tito gegen die Anhänger einer serbischen Monarchie (sog. *Četniks*) durch und gründeten die Föderale Sozialistische Volksrepublik Jugoslawien – ein autoritäres Regime unter Führung der Kommunistischen Partei, die wiederum von Tito beherrscht wurde. Um die damals schon existenten ethnischen Spannungen zwischen den Volksgruppen zu entschärfen, wurde 1974 eine Verfassung verabschiedet, die den föderalen Teilrepubliken große Autonomie zusicherte.

Neben den sechs Teilrepubliken (Slowenien, Kroatien, Bosnien und Herzegowina, Serbien, Montenegro und Mazedonien) wurden innerhalb Serbiens noch zwei „Autonome Provinzen" etabliert, die gleichfalls über selbständige Regierungen verfügten: Vojvodina im Norden und Kosovo im Süden. Wirtschaftlich war Jugoslawien durch ein großes Nord-Süd-Gefälle gekennzeichnet: Dem relativ wohlhabenden Slowenien und Kroatien standen das strukturschwache Mazedonien und das „Armenhaus" Kosovo gegenüber. Faktisch wurde die Entscheidungsfähigkeit des politischen Systems durch Tito sichergestellt – als er 1980 starb, kam die Föderation in große Schwierigkeiten. Zugleich nahmen die wirtschaftlichen Probleme (hohe Auslandsverschuldung, geringe Produktivitäten der

Betriebe) zu, doch die politischen Akteure konnten sich nicht auf substanzielle Reformen verständigen. Die ethnischen Spannungen wuchsen, wobei die Religionszugehörigkeit immer mehr als „Marker" für die ethnische Zugehörigkeit fungierte: Orthodoxe Serben, Montenegriner und Mazedonier, katholische Slowenen und Kroaten, muslimische Bosnier („Bosniaken") und Kosovo-Albaner. Einerseits nahmen nun die Unabhängigkeitsbestrebungen in Slowenien und Kroatien Fahrt auf, andererseits gelangte in der größten Teilrepublik – Serbien – Slobodan Milošević an die Macht. Um den serbischen Einfluss zu vergrößern, initiierte er 1989 Massenproteste („Bürokratische Revolutionen") und stürzte die Regierungen der Autonomen Provinzen. Damit kam es zu einem Patt im formal höchsten Organ Jugoslawiens, dem Föderationsrat (Serbien und Montenegro gegen die übrigen): Auch die Sozialistische Partei verlor zunehmend an Integrationsfähigkeit – die jugoslawischen Institutionen funktionierten nicht mehr. Parallel zu den Unabhängigkeitsbestrebungen der Nord-Republiken propagierten weite Teile der serbischen Elite in Belgrad einen serbischen Nationalismus, den sich Milošević zu Nutze machte. Er ließ die serbischen Minderheiten in Kroatien und Bosnien heimlich bewaffnen und schürte mit Hilfe der gelenkten Medien chauvinistische Ressentiments gegen die übrigen Ethnien. Bereits 1990 sagte sich die serbisch bewohnte Krajina-Region von Kroatien los. Im Sommer 1991 folgten die Unabhängigkeitserklärungen von Slowenien und Kroatien, worauf die serbisch dominierte Jugoslawische Volksarmee (JVA) in Slowenien unter dem Vorwand einmarschierte, die Außengrenzen zu sichern. Nach 10-tägigen Scharmützeln und kleineren Gefechten zog sich die JVA wieder zurück und gab Slowenien damit auf. Die Gewalttaten sprangen aber nun auf Kroatien über.

Die westliche Diplomatie hatte die Vorgänge im ehemaligen Jugoslawien vor dem Ausbruch des 10-Tage-Krieges in Slowenien völlig vernachlässigt: Die USA, Frankreich, Großbritannien und Deutschland waren mit dem Vollzug und der internationalen Einbettung der deutschen Vereinigung, dem Einmarsch des Irak in Kuwait, dem Putsch in Moskau sowie der stagnierenden Uruguay-Welthandelsrunde vollauf ausgelastet. Es war daher nicht überraschend, dass die Westmächte nicht früh genug eingriffen und so das Muster westlicher Interventionen bestimmten, das häufig mit „*too little too late*" umschrieben worden ist.

ad b) Der erste Kroatienkrieg

Die Kämpfe in Kroatien in der zweiten Jahreshälfte 1991 konzentrierten sich vor allem auf Regionen mit einer serbischen Minderheit: Im Osten in Slawonien (z.B. Belagerung von Vukovar), an der Grenze zu Bosnien in der Krajina und im Süden Dalmatiens (Belagerung von Dubrovnik). Die Kriegsführung folgte dabei einem Muster, das für die folgenden Kriege und auch für die anderen Kriegsparteien typisch werden sollte: Serbische Dorfbewohner bewaffneten sich und schlossen sich zu Milizen zusammen, die von Freiwilligenverbänden (berüchtigt: Fußballfans aus Belgrad) unterstützt wurden. Mit Hilfe der JVA wurden dann zunächst die einzelnen Dörfer, dann die gesamte Region „**ethnisch gesäubert**", d.h., alle Nicht-Serben wurden aus ihren Häusern vertrieben oder aufgefordert zu fliehen. Abhängig von lokalen Kommandostrukturen wurden die Opfer der Vertreibung in Busse gesetzt, die sie in Gebiete ihrer Volksgruppe brachten, oder aber vergewaltigt, misshandelt und ermordet. Die verlassenen Dörfer wurden dann geplündert und abgefackelt, später auch von ihrerseits vertriebenen serbischen Flüchtlingen aus anderen Regionen besetzt. Der geballten Kraft der JVA hatten die kroatischen Territorialverteidigungsstreitkräfte, Milizen und Freiwillige nichts entgegen zu setzen, so dass Ende 1991 etwa ein Drittel der Republik von serbischen Einheiten besetzt war.

Die westliche Gemeinschaft wollte Jugoslawien zunächst als Ganzes erhalten. Die USA sahen jedoch keinen Grund, aktiv in den Konflikt einzugreifen – sie appellierten an die Europäer, den Konflikt zu lösen. In diesem Sinne war die oft zitierte Äußerung des luxemburgischen Außenministers Jacques Pos „This is not the hour of the Americans but the hour of Europe" gar keine Anmaßung, sondern damals lediglich eine Zustandsbeschreibung. Die Europäische Gemeinschaft (EG) versuchte mit ihrer „Troika" (drei Außenminister der Mitgliedsländer, zu dieser Zeit Luxemburgs, der Niederlande und Italiens) im Rahmen der rein intergouvernemental organisierten Europäischen Politischen Zusammenarbeit (EPZ)[49], mäßigend auf die Konfliktparteien einzuwirken und sie durch die Aussicht auf materielle Anreize im Rahmen einer zukünftigen EG-Mitgliedschaft zu Kompromissen innerhalb der Föderation zu motivieren. Höhepunkt dieser Bemühungen waren die EG-geführten Verhandlungen von Brioni zwischen den Konfliktparteien, die im Juli 1991 scheiterten. Die Idee Frankreichs und der Niederlande, Truppen in die umkämpften Gebiete zu entsenden, wurde von Großbritannien und Deutschland abgelehnt. Das Festhalten an der Föderation und die Verurteilung der Unabhängigkeitserklärungen Kroatiens und Sloweniens wurde jedoch von Deutschland immer mehr kritisiert. Die Regierung Kohl/Genscher versprach sich von einer Anerkennung eine Internationalisierung des Konflikts mit besseren Lösungsmöglichkeiten, ohne allerdings später dazu substanziell beitragen zu können (Maull/Stahl 2002). Eine Menschenrechtskommission der EG empfahl aufgrund der prekären Situation der serbischen Minderheit in Kroatien nur die Anerkennung Sloweniens und Mazedoniens und die EG vereinbarte eine Anerkennung für Januar 1992. Deutschland hielt sich jedoch nicht an die Abmachung und erkannte Kroatien und Slowenien vor Weihnachten 1991 als souveräne Staaten an. Die übrige EG und die USA folgten widerstrebend im Januar, kritisierten Deutschland aber heftig wegen seiner **new assertiveness** (vgl. Kap. deutsche Außenpolitik). Der EG gelang es dann, den Waffenstillstand zwischen Kroatien und Serbien zu vermitteln – als die Serben ihre militärischen Ziele in Kroatien erreicht hatten. Die serbischen Truppen zogen nun nach Bosnien.

ad c) Die Bosnienkriege (1992-1995)

Im Gefolge der übrigen Anerkennungen erklärte Bosnien im März 1992 die Unabhängigkeit, die von der Mehrheit der nicht-serbischen Bosnier gewünscht wurde. Die bosnische Bevölkerung war sehr heterogen: Während im Norden und Süden überwiegend Serben wohnten, siedelten Kroaten mehr in der Herzegowina im Südwesten. Die übrigen Bosnier[50] – die meisten von ihnen muslimischen Glaubens – stellten die Mehrheitsbevölkerung im Zentrum Bosniens und in den großen Städten.

49 Die EPZ wurde Anfang der 1970er Jahre von den EG-Staaten gegründet, um sich außerhalb des Gemeinschaftsrahmens außenpolitisch enger abzustimmen (vgl. Kapitel Vertiefung der EU). Sie wurde – auch wegen ihrer Ineffektivität in der Kroatienkrise – in den Maastrichter Verträgen (1993) zur Gemeinsamen Außen- und Sicherheitspolitik der EU (GASP) weiterentwickelt.

50 Da es keine etablierte Bezeichnung für diese Bevölkerungsgruppe gab, wurde sie zunächst überwiegend als „Muslime" bezeichnet. Später hat sich dann die Bezeichnung „Bosniaken" durchgesetzt.

Graphische Darstellung 18: Ethnic Composition of Bosnia & Herzegovina (1998)

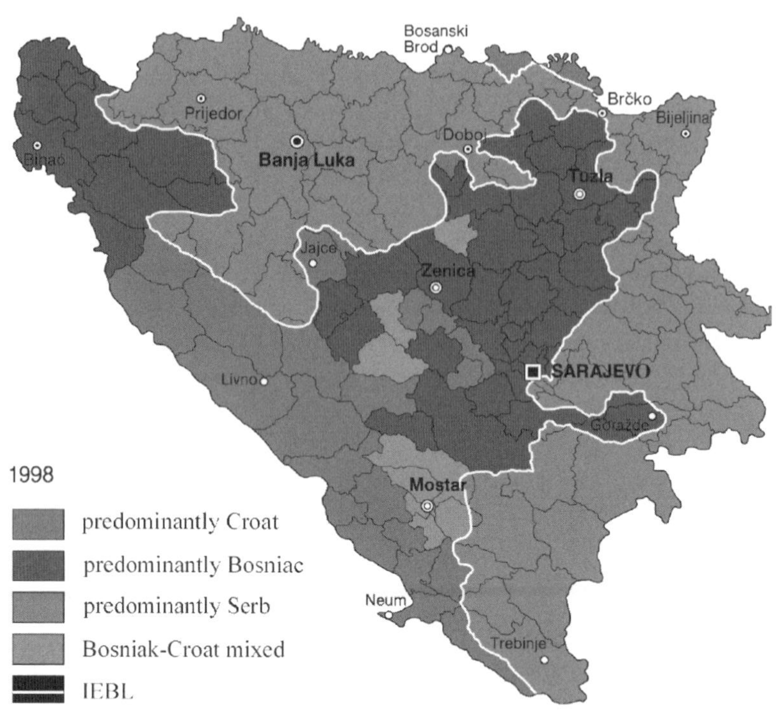

Quelle: Office of the High Representative in Bosnia and Herzegovina; farbige Abbildung online unter: http://reliefweb.int/sites/reliefweb.int/files/resources/490A8A0B1B3F17D5C1256F2D00484AFA-ohr_eth_bih0903.pdf [letzter Zugriff am 17.03.2014]

Im Frühjahr 1992 brachen im ganzen Land Kämpfe aus und die überlegenen serbischen Einheiten führten großangelegte „ethnische Säuberungen" (**ethnic cleansing**) im Osten und Süden des Landes durch: In Zvornik, Prijedor, Višegrad, Foča, Bijeljina und anderen Städten wurden kroatische und muslimische Bosnier vertrieben, beraubt, vergewaltigt und getötet. 1993 erklärten sich auch die bosnischen Kroaten (unterstützt durch Kroatien) zur autonomen Kriegspartei und kämpften ihrerseits gegen Bosniaken (z.B. in Mostar) und Serben. Im Norden, um Bihać, entzweiten sich die Bosniaken und kämpften gegeneinander. In den Kämpfen von 1992 bis 1995 erreichten die Grausamkeiten in Form von Vertreibungen, Plünderungen, Vergewaltigungen und Massakern ungeahnte Ausmaße und forderten etwa 100.000 Menschenleben, hunderttausende Menschen suchten Zuflucht in ganz Europa.

Die internationale Gemeinschaft setzte in ihrer Bearbeitung des Konflikts auf folgende Instrumente: Isolierung und Sanktionierung der Konfliktparteien, UN-Waffenembargo, Verhandlungsangebote, humanitäre Hilfe, begrenzte Aufnahme von Flüchtlingen. Dutzende von Friedensplänen unter Leitung von UNO, EG und USA wurden ausgearbeitet, aber keiner von ihnen vermochte die Kämpfe zu beenden. Das Waffenembargo erwies sich als ineffektiv, da es die militärische Überlegenheit der serbischen Seite zementierte, die aufgrund der Rüstungsbetriebe in Serbien und der Arsenale der JVA über ausreichend Waffen verfügte. Aber Sammlungen bei der jugoslawischen Diaspora und Schmuggel illegaler Waren machten für die Bosniaken Waffenkäufe auf dem Schwarzmarkt oder beim Gegner möglich. Freiwilligeneinheiten aus Afghanistan (auf Seiten der Bosniaken) und Griechenland (für die Serben) stärkten beide Seiten.

Die UN entschlossen sich zu einer großen Hilfsmission nach Kapitel VI der Charta und entsandte mehrere Tausend Blauhelme (aus F, UK, NL u.a.), um das Leid der Zivilbevölkerung zu lindern. Hierzu schuf sie „safe havens/areas", UN-Schutzzonen, in denen die Bevölkerung vor den Kämpfen sicher sein sollte. Doch im Juli 1995 kam es zur Katastrophe, als serbische Truppen unter dem Befehl von Ratko Mladić[51] die Enklave und Schutzzone **Srebrenica** in Ost-Bosnien angriffen, in die sich viele Bosniaken geflüchtet hatten. Die nur leicht bewaffneten niederländischen Blauhelmsoldaten konnten die Zivilisten nicht effektiv schützen und ihr Ruf nach militärischer Luftunterstützung verhallte ungehört. Mladić ließ Frauen und Kinder abtransportieren, über 8000 Männer und Jungen wurden jedoch in den Wäldern um Srbrenica ermordet – der größte Genozid in Europa nach dem Ende des Zweiten Weltkriegs.

Die G.H. Bush-Administration hatte sich in Zurückhaltung gegenüber einer Intervention in Bosnien geübt. Angesichts der Massaker und der gescheiterten Friedenspläne änderte die Clinton-Administration die US-Außenpolitik: Sie schmiedete eine neue Allianz zwischen Kroaten und Bosniaken („die Föderation"), rüstete beide heimlich auf und drohte den Serben mit Luftschlägen bei Behinderung von Hilfsleistungen und exzessiven Gewaltakten, wie der Beschießung des seit 1992 belagerten Sarajewo. Die Idee war, durch einen Gleichstand auf dem Schlachtfeld eine Verhandlungslösung zu erzwingen (**coercive diplomacy**, vgl. Analyse im Kap. Diplomatie). Die Serben antworteten mit der Geiselnahme von Blauhelmsoldaten, wodurch es zu politischen Spannungen zwischen den USA auf der einen und Großbritannien und Frankreich auf der anderen Seite kam (vgl. Kap. Abschreckung und Allianzen). Aufgerüstet und vereint startete die Föderation im Herbst 1995 eine groß angelegte Offensive, die die Serben auf breiter Front zurückdrängte. Auf dem Luftwaffenstützpunkt von Dayton/Ohio gelang nun im November 1995 der diplomatische Durchbruch in Form eines Friedensabkommens für Bosnien (**Dayton Accord**).

Ad d) Der Zweite Kroatienkrieg (1995)

Die Wende der amerikanischen Außenpolitik hatte Kroatien gleichfalls zur Aufrüstung genutzt. Die montenegrinischen Verbände zogen sich aus Dalmatien zurück, während die serbischen Truppen in der Krajina von kroatischen Truppen in nur einer Woche überrannt wurden. 150.000 Krajina-Serben flohen nach Serbien. In der Folge erklärte sich Milošević bereit, über die Rückgabe Slawoniens an Kroatien zu verhandeln: Fünf Jahre nach Ausbruch der Kämpfe sah Kroatien seine territoriale Integrität wieder hergestellt.

51 Ratko Mladić war Oberbefehlshaber der serbischen Truppen in Bosnien. Er stand nach dem Krieg unter der Protektion der serbischen Streitkräfte und tauchte in Serbien unter. Erst als die Europäische Kommission seine Auslieferung an das Internationale Jugoslawientribunal (ICTY) zur Bedingung für den Abschluss des Stabilitäts- und Assoziierungsabkommens (vgl. Kapitel zur EU-Erweiterung) machte, lieferte die serbische Regierung ihn 2011 aus.

Ad e) Der Kosovokrieg (1998-99)[52]

Die Region Kosovo bildet das Herzland des historischen und mythologischen[53] Serbiens, wurde aber erst 1912 militärisch mit Serbien vereinigt. Doch die Mehrheitsbevölkerung der Kosovo-Albaner hatte sich politisch nie in Jugoslawien integriert und sah die Serben eher als Kolonialmacht.[54] Die internationale Gemeinschaft hatte jedoch von den wachsenden Problemen im Kosovo seit den 1980er Jahren kaum Notiz genommen und die Verhandlungen von Dayton hatten die Kosovo-Frage ausgeklammert. Die kosovoalbanische Befreiungsarmee UÇK begann 1996 mit Anschlägen gegen serbische Einrichtungen. Anfang März 1998 mehrten sich die Hinweise auf ein brutales Eingreifen der serbischen Sicherheitskräfte, als in Prekaz ein UÇK-Führer samt seines ganzen Clans – etwa 50 Menschen – erschossen wurde. Der Weltsicherheitsrat verhängte mit der Resolution 1160 ein Waffenembargo gegen Jugoslawien und forderte von beiden Seiten ein Ende der Kampfhandlungen. Die USA drängten die EU einen Katalog von Sanktionen zu verabschieden und die diplomatischen Bemühungen wurden durch den Aufbau einer militärischen Drohkulisse in Form der NATO effektiviert. Vor Ort eskalierte die Gewalt weiter: Von April bis September 1998 hatten die serbischen Einheiten mehr als 300 Dörfer dem Erdboden gleichgemacht (Malcolm 2006: 147). Am 23. September 1998 verlangten die Vereinten Nationen mit der Resolution 1199 unter Bezug auf Kapitel VII die sofortige Einstellung aller Feindseligkeiten, den Abzug der serbischen Spezialkräfte und die Aufnahme konstruktiver Gespräche zwischen den Konfliktparteien. Allerdings blockierten die Sicherheitsratsmitglieder China und Russland in der Folge die Legitimierung von militärischer Gewalt. Einen Tag später richtete die NATO eine Warnung an Milošević und drohte mit Luftangriffen. In Berlin stimmte das abgewählte Kabinett Kohl am 12. Oktober unter der Anwesenheit des designierten Kanzlers und Außenministers (Schröder und Fischer) einer „Activation Order" der NATO zu. Am 15. Januar 1999 wurden in Reçak (serb. *Račak*) 45 albanische Zivilisten getötet – aller Wahrscheinlichkeit nach von serbischen Einheiten. Unter dem Druck der NATO erklärten sich die Konfliktparteien im Februar 1999 bereit, im französischen Rambouillet über ein Abkommen über die Zukunft Kosovos zu verhandeln, doch die Verhandlungen wurden von nicht abreißenden Nachrichten von Gewaltexzessen im Kosovo begleitet. Nach Angaben des UN-Hochkommissariats für Flüchtlingsfragen wurden bis Mitte März etwa 230.000 Albaner aus ihren Wohnorten vertrieben, 60.000 davon seit Dezember 1998 und weitere 30.000 nach Rambouillet (Krause 2000: 410) – bis Ende Mai waren dann ca. 1,5 Mio. Menschen auf der Flucht (Giersch 2000: 456). Doch nur die albanische Delegation akzeptierte nach westlichem Druck am 18. März das Abkommen, während die serbische Regierung bei ihrem Nein blieb. Die serbischen Streitkräfte begannen am 20. März mit ihrer Großoffensive zur Vertreibung der kosovarischen Bevölkerung aus dem Kosovo (Judah 2002: 233). Vier Tage später, am 24. März, begannen die NATO-Luftschläge gegen Serbien (Operation Allied Force). Die Angriffe im Rahmen der „bombing campaign" dauerten 78 Tage vom 24. März bis zu ihrer Aussetzung am 10. Juni. Den Haupt-

52 Dieser Abschnitt ist eine Kurzfassung von Swoboda und Stahl (2009).

53 Hierbei spielt die Schlacht auf dem Amselfeld (1389) eine besondere Rolle, in der ein serbisches Heer angeblich von den Osmanen besiegt wurde.

54 Für die extrem unterschiedlichen Wahrnehmungen der Geschichte des Kosovo durch Serben und Kosovo-Albaner vgl. Schmitt (2008).

teil der Luftstreitkräfte stellten die USA, Deutschland beteiligte sich im ersten militärischen Kampfeinsatz nach dem II. Weltkrieg mit 14 Tornados (ca. 1,4 Prozent Einsätze; Grund 2003: 108). Da die NATO-Partner mit einem schnellen Einlenken Belgrads gerechnet hatten, wurden im Zeitablauf beständig neue Luftwaffeneinheiten herangeführt und der Zielkatalog für Bombardierungsziele ausgeweitet. Etwa zeitgleich – am 27. Mai – wurde vom Kriegsverbrechertribunal in Den Haag (ICTY) Anklage gegen Milošević erhoben, was den Druck auf Belgrad noch erhöhte. Die Unfähigkeit, die massive Vertreibungskampagne im Kosovo zu stoppen, und fehlgeleitete Bombenangriffe etwa auf einen Flüchtlingstreck (14. April) und die chinesische Botschaft (7. Mai), ließen die Kritik an der NATO anschwellen.

Nachdem im mazedonischen Kumanovo ein militärisch-technisches Abkommen zwischen der NATO und Serbien über den Abzug der jugoslawischen Streitkräfte unterzeichnet und am 10. Juni der Abzug der serbischen Kräfte begonnen hatte, stellte die NATO ihre Luftangriffe am gleichen Tag ein. In der Folge verwalteten die Vereinten Nationen (UNMIC) zusammen mit der EU, der OSZE und der NATO (KFOR) das Kosovo, nachdem der Sicherheitsrat hierfür ein Mandat verabschiedet hatte (Resolution 1244).

Seit dem Ende des Kosovo-Krieges ist die Befriedung und Europäisierung der Balkan-Staaten erklärtes Ziel der EU. Auf dem Gipfel von Thessaloniki (2003) bekräftigte sie die Perspektive einer EU-Mitgliedschaft aller Staaten Südosteuropas. Kosovo blieb jedoch unruhig und nach Pogromen an nicht-albanischen Minderheiten 2004, stimmte die internationale Gemeinschaft Statusverhandlungen über eine dauerhafte Lösung zu. Als diese Verhandlungen (2005-07) scheiterten, erklärte sich das Kosovo (mit der großen Mehrheit der Kosovo-Albaner) im Februar 2008 für unabhängig. Mehr als die Hälfte aller Staaten hat die Unabhängigkeit anerkannt, doch da fünf EU-Staaten sich bisher der Anerkennung verweigerten (Spanien, Griechenland, Zypern, Rumänien, Slowakei), muss die EU gegenüber dem Kosovo offiziell „status-neutral" auftreten. Die andauernden Grenzstreitigkeiten im Nord-Kosovo, wo die Mehrzahl der Serben leben, behindern die EU-Annäherung beider Staaten.

Graphische Darstellung 19: Verteilung der Ethnien im Kosovo

Quelle: Fischer, J. Patrick:, farbige Abbildung siehe auch online unter: http://de.wikipedia.org/wiki/ Datei: Kosovo_eth_Verteilung_2005.png [letzter Zugriff am 28.4.2013].

4. Analyse: Vom Völkermord zum Prinzip der Schutzverantwortung

In der Analyse sollen zum einen wichtige analytische und völkerrechtliche Begriffe zum Verständnis der komplexen zeithistorischen Ereignisse geklärt werden: Genozid, Intervention, Humanitäre Intervention, Prinzip der Schutzverantwortung. Zum anderen wird auch die Dynamik der völkerrechtlichen Entwicklung des letzten Jahrzehnts in Bezug auf Humanitäre Interventionen verdeutlicht.

a) **Völkermord oder Genozid** bezeichnet eine Handlung, „die in der Absicht begangen wird, eine nationale, ethnische, rassische oder religiöse Gruppe als solche ganz oder teilweise zu zerstören“ (Art. II der Konvention über die Verhütung und Bestrafung des Völkermords, 1948). Trotz der Ächtung des Genozids seit 1948 gelang es der internationalen Gemeinschaft bis heute nicht, Völkermorde zu verhindern. Die grauenvollsten Beispiele seit Inkrafttretens des Abkommens waren die Ermordung von ca. 1,7 Millionen Menschen durch die Roten Khmer in Kambodscha zwischen 1975 und 1979 und die Massaker in Ruanda 1994 mit geschätzten 800.000 Opfern.
b) Eine Intervention bedeutet eine Einmischung internationaler Akteure in die (inneren) Angelegenheiten eines Staates. Die UN-Charta sieht grundsätzlich ein Interventions-

verbot vor (Art. 2 UN Charta, vgl. Kap. UN): „All Members shall refrain in their international relations from the threat or use of force against the territorial integrity or independence of any state, or in any other manner inconsistent with the Purposes of the United Nations. (...) Nothing contained in the present Charter shall authorize the United Nations to intervene in matters which are essentially within the domestic jurisdiction of any state", aber eine Intervention könnte doch mit Bezug auf Kapitel VII der Charta (Art. 39-42) gerechtfertigt sein, wenn der Sicherheitsrat eine „akute Bedrohung des Friedens" feststellt.

c) **Eine Humanitäre Intervention (HI)** ist ein Spezialfall von Interventionen, in denen die militärische Einmischung, die gegen den Willen des betroffenen Staates erfolgt, zum primären Ziel hat, schwerwiegendes menschliches Leiden oder Sterben zu verhindern, zu stoppen oder zu reduzieren (Pattison 2010: 28). Hiermit grenzen sich Humanitäre Interventionen von klassischen Interventionsmotiven ab, die auf die Eroberung von Land und Bodenschätzen, die Bekämpfung eines Gegners oder den Sturz eines Regimes abzielen. So sind die Interventionen in Afghanistan (2001), im Irak (2003, vgl. Kap. USA, 9/11) und in Mali (2013) im Gefolge des **war on terror** den klassischen Interventionen zuzuordnen, mithin keine Humanitären Interventionen. Als typische Humanitäre Interventionen gelten die UN-Intervention in Somalia (1992) und Libyen (2011), die britische Intervention in Sierra Leone (2000), die französische Intervention in der Elfenbeinküste (2002), die der USA in Haiti (1994) oder die australische Intervention auf den Salomonen-Inseln (2003). Als Mischfälle könnten solche Interventionen gelten, die das Auseinanderbrechen eines Staates oder bürgerkriegsähnliche Unruhen beenden wollen und primär Stabilitätsziele verfolgen (vgl. auch Kap. Staatszerfall und sexuelle Gewalt). Hierzu wären z.B. die italienische Intervention in Albanien (1997), die französische Intervention in der Elfenbeinküste (2011), das Eingreifen der ECOWAS in Liberia (1992), oder die EU-Mission im Kongo (2006) zu zählen.

Militärische Missionen der EU

Während die NATO nach wie vor die Verteidigung des europäischen Territoriums übernimmt, entwickelt sich seit einigen Jahren eine Sicherheitspolitik der Europäischen Union, die eigene, zivile oder militärische, Missionen außerhalb des EU-Gebietes durchführt. Nach dem 2009 in Kraft getretenen Vertrag über die Arbeitsweise der EU (AEUV) fallen darunter „humanitäre Aufgaben und Rettungseinsätze, friedenserhaltende Aufgaben sowie Kampfeinsätze bei der Krisenbewältigung, einschließlich friedensschaffender Maßnahmen" (Art. 28 AEUV). Die 1992 mit dem Vertrag von Maastricht ins Leben gerufene Gemeinsame Sicherheits- und Außenpolitik (GASP) wird durch das 1999 geschaffene Amt des Hohen Vertreters der Europäischen Union für Außen- und Sicherheitspolitik geleitet. Seit dem Start 2003 wurden bisher (Stand 2013) rund 25 kleine und größere zivile und militärische Missionen durchgeführt. Die größte zivile EU-Mission seit 2013 war EULEX im Kosovo.

Quelle: Bundeszentrale für politische Bildung, online unter: http://www.bpb.de/internationales/europa/europaeische-union/42927/grafik-esvp-missionen [letzter Zugriff am 15.01.2014].

d) Nach dem Kosovokrieg gab es politische und völkerrechtliche Diskussionen über die Legitimation der *bombing campaign* der NATO. So schlug der britische Premierminister Blair (1999) in seiner Doctrine of the International Community die Entwicklung von Kriterien zur politischen Rechtfertigung von solchen Interventionen vor. Die kanadische Regierung rief eine International Commission on State Sovereignty (ICISS, 2001) ins Leben, deren Schlussfolgerungen sowohl in die Schlusserklärung des UN-Gipfeltreffens (2005), einen Bericht des Generalsekretärs (2009), wie auch in die praktische Politik des Sicherheitsrats eingeflossen sind (Sicherheitsratsresolution 1973 zu Libyen [2011]). Kernbestandteil dieses neuen Verständnisses von Interventionen ist das **Prinzip der Schutzverantwortung** (**responsibility to protect – R2P**). Danach gehört es zu den Pflichten der internationalen Gemeinschaft, ihre Bürger vor exzessiver Gewalt zu schützen. Diese Pflicht fällt zunächst dem Staat zu. Nur wenn dieser seiner Pflicht nicht nachkommt – bspw. weil die Staatsfunktionen eingeschränkt sind (vgl. Kap. Staatszerfall), oder wenn die Gewalt von ihm selbst ausgeht – geht diese Pflicht auf die internationale Gemeinschaft über. Die R2P soll dabei nur in vier Fällen Geltung haben: Kriegsverbrechen, Verbrechen gegen die Menschheit (*crimes against humanity*), „ethnische Säuberungen" und Völkermord.

Der ICISS-Bericht (2001: 32) formulierte sechs Prinzipien, die es in Bezug auf eine Intervention zu beachten gelte. Ein Eingreifen der internationalen Gemeinschaft sei gerechtfertigt, wenn…

- andere diplomatische Mittel ausgeschöpft sind (last resort). Dies bedeutet aber politikpraktisch, dass HI stets spät erfolgen sollen.
- die Sache gerecht ist, also hinlängliche Indikatoren für Kriegsverbrechen, Verbrechen gegen die Menschheit oder Genozid vorliegen (just cause). Dies ist das zentrale Kriterium.
- wenn die internationale Gemeinschaft keine anderen, „falschen" Motive für ein Eingreifen hat (right intentions). So plausibel sich dieses Kriterium zunächst anhört, ist es ein eher schwaches Kriterium, denn Motive von Akteuren lassen sich nur schwer ermitteln.
- ein Mandat des Sicherheitsrates vorliegt (right authority). Die Frage ist, ob dieses Kriterium automatisch nicht erfüllt ist, wenn der Sicherheitsrat – vielleicht sogar aus „falschen Gründen" (s.o.) – blockiert ist. Inwieweit können Ersatzautoritäten – etwa Regionalorganisationen – Legitimität bereitstellen? Und: Berechtigt die Staatsform der Demokratie per se ein Eingreifen (vgl. auch Kap. Demokratischer Frieden), insbesondere, wenn eine coalition of the willing, bestehend aus Demokratien, agiert?
- die eingesetzten Mittel dem Zweck des Eingreifens dienen (proportionate means): Wenn die internationale Gemeinschaft also das Ziel des Schutzes der Zivilbevölkerung vor Massakern allein mit Luftschlägen erreichen kann (Libyen), wäre ein Einsatz von Bodentruppen nicht gerechtfertigt.
- ein Eingreifen die Aussicht für eine vernünftige spätere Friedensordnung verbessert (reasonable prospects). Die Intervention sollte also nicht zu einer Eskalation der Gewalt führen oder die gesamte Region weiter destabilisieren.

Das Prinzip der R2P gilt als eine völkerrechtliche Norm im Werden. So finden sich in der Resolution 1973 zum Libyen-Konflikt 2011 die oben aufgeführten Prinzipien wieder.

5. Erklärung: Die Theorie vom Gerechten Krieg

In diesem Teil soll weniger die Frage nach dem explikatorischen Verständnis von HI im Vordergrund stehen, sondern eine ethische: Wie können militärische Interventionen moralisch legitimiert werden? Der amerikanische Philosoph Michael Walzer hat sich hierzu noch zur Zeit des Kalten Krieges und angeregt durch die amerikanische Intervention in Vietnam grundsätzlich Gedanken gemacht (*Just and unjust wars*, 1977/2006). Unter Rückgriff auf eine Vielzahl historischer Fälle und philosophischer Betrachtungen über Kriege entwickelt er Zug um Zug seine Prinzipien zum „Gerechten Krieg".

a) Annahmen der Theorie

Ausgangspunkt von Walzers Überlegungen in den 1970ern bildete die Beobachtung, dass das Völkerrecht einerseits das Gewaltverbot grundsätzlich als oberste Norm postuliert (vgl. Kap. Internat. Institutionen). Darüber hinaus haben sich bestimmte Normen für die Kriegsführung (ius in bello) wie die Haager Landkriegsordnung und die Genfer Konvention etabliert.

Humanitäres Völkerrecht (ius in bello) Genfer Konvention	Haager Landkriegsordnung
• Erste Fassung von 1864, 1949 überarbeitet, Ergänzung durch Zusatzprotokolle • Vier Abkommen decken den Schutz Verletzter auf dem Schlachtfeld, sowie der Kriegsgefangenen und von Zivilpersonen ab • Genfer Abkommen I-IV, Art.3: „Personen, die nicht direkt an den Feindseligkeiten teilnehmen, einschließlich der Mitglieder der bewaffneten Streitkräfte, welche die Waffen gestreckt haben, und der Personen, die infolge Krankheit, Verwundung, Gefangennahme oder irgendeiner anderen Ursache außer Kampf gesetzt wurden, sollen unter allen Umständen mit Menschlichkeit behandelt werden, ohne jede Benachteiligung aus Gründen der Rasse, der Hautfarbe, der Religion oder des Glaubens, des Geschlechts, der Geburt oder des Vermögens oder einem ähnlichen Grunde."	• Erste Fassung von 1899; 1907 überarbeitet • Zielsetzung: „Leiden des Krieges zu mildern, soweit es die militärischen Interessen gestatten" (vgl. Präambel) • Regelt u.a. den Status und die Rechte von Kriegsparteien, von Spionen und Parlamentären sowie den Umgang mit Kriegsgefangenen und das Anwenden zulässiger Kriegsmittel • Fälle, die die Haager Landkriegsordnung nicht erfasst, sollen durch die Martens'sche-Klausel abgedeckt werden (vgl. Präambel): „In der Hoffnung, dass es später gelingen wird, ein vollständigeres Kriegsgesetzbuch zu erlassen, halten es die hohen vertragsschließenden Teile für zweckmäßig, festzusetzen, dass in den Fällen, die in den von ihnen angenommenen Bestimmungen nicht vorgesehen sind, die Bevölkerung und die Kriegsführenden unter dem Schutze und der Herrschaft der Grundsätze des Völkerrechts bleiben, wie sie sich aus den unter gesitteten Staaten geltenden Gebräuchen, aus den Gesetzen der Menschlichkeit und aus den Forderungen des öffentlichen Gewissens herausgebildet haben."

Quelle: Eigene Darstellung.

Zugleich wurden die IB durch eine Theorieschule – den Realismus – dominiert, die Fragen der Ethik und der Moral zugunsten einer strikten Machtorientierung in den Hintergrund gedrängt hat. In Abgrenzung zum Prinzip des Gewaltverbots im Völkerrecht sehen Realisten Krieg als normales Vehikel von Interessenspolitik und somit als beständiges *feature* der Welt an (vgl. 1.1.). Diese beobachteten Spannungsverhältnisse möchte Walzer durch die Annahme überbrücken, dass es prinzipiell auch „gerechte Kriege" gibt: Der

Kampf der Demokratien gegen den Faschismus im Zweiten Weltkrieg sollte als Beispiel hier genügen. Zu bedenken ist allerdings, dass Pazifisten diese Annahme nicht teilen: Für sie ist Krieg als solcher nicht gerechtfertigt. Wenn wir Walzers Annahme aber akzeptieren, werden Überlegungen zur Legitimation von Kriegen zentral. Der Klarstellung halber sei angemerkt, dass eine solche „Legitimation“ hier theoretisch erörtert wird und nichts mit den politikpraktischen Legitimationen von Kriegen zu tun hat, wie sie Politiker zur Rechtfertigung ihres Handelns einsetzen. Vielmehr geht es um abstrakte, vom Einzelfall losgelöste Gedanken zur moralischen Rechtfertigung von Krieg, weswegen der Ansatz den Idealisten der liberalen Theorieschule zuzurechnen ist.

Damit lösen sich die Erwägungen auch von historischen Begründungen für Kriege. Beispielsweise ließe sich argumentieren, dass Großbritanniens Motiv, sich 1940 und 1941 allein gegen Hitler zu stellen, dadurch motiviert war, sein Empire zu erhalten. Dies ist sicherlich kein „edles Motiv“, gleichwohl war der Krieg Großbritanniens im Sinne Walzers ein Gerechter Krieg. Allerdings möchte Walzer sich nicht als bloßer Rechtfertiger von Kriegen missverstanden wissen. Einschränkungen der Souveränität eines Landes sollten gut überlegt, Anforderungen an die Theorie somit „hoch gesteckt“ sein.

Zunächst schlägt Walzer eine analytische Unterteilung von Sachverhalten vor, die sich in der Geschichte des Nachdenkens über Krieg quasi eingebürgert habe.

Graphische Darstellung 20: Der Gerechte Krieg nach Walzer

Legitimation

Ius ad bellum Recht Krieg zu führen	**Ius in bello** Recht im Krieg	**Ius post bellum** Recht nach dem Krieg*
vor dem Krieg	während des Krieges	nach dem Krieg

* Verantwortung der internationalen Gemeinschaft nach der Intervention.

Quelle: Eigene Darstellung.

Das Recht im Krieg (ius in bello) weist bereits eine Geschichte völkerrechtlicher Verregelung auf. Diese finden v.a. in der Genfer Konvention und in der Haager Landkriegsordnung ihren Ausdruck.[55] (Siehe Darstellung oben.)

Eine solche Verregelung lässt sich für „das Recht Krieg zu führen“ bis in die 1990er Jahre nicht finden, weswegen in Folgenden näher darauf eingegangen werden soll.

Ius ad bellum

Anhand zweier Beispiele sollen Walzers Überlegungen zum „Recht zum Kriege“ verdeutlicht werden: Das Führen eines **Präventivkriegs** sowie das Eingreifen in Bürgerkriege.

55 Informationen zum Humanitären Völkerrecht vgl. Gasser/Melzer (2012): v.a. S. 5ff., 40-43 u. 156.

Unter welchen Umständen, so fragt er, ist es gerechtfertigt, präventiv Krieg zu führen (Walzer 2006: 74ff.)? Die UN-Charta besagt, dass nur Verteidigungskriege gerechtfertigt sind, mithin sind alle anderen Kriegsformen ungerechtfertigt. Um einen Präventivkrieg zu einem Verteidigungskrieg umzudeuten, bedürfe es nachvollziehbarer Maßstäbe für die Gefahr eines Angriffs. Das lässt sich schwer argumentieren, weswegen Präventivkriege generell nicht zu legitimieren sind. Aber wie verhält es sich mit militärischen Präventivschlägen (pre-emptive strikes)? In diesem Falle würde ein Land nicht mit Krieg überzogen, aber militärische Aktionen durchgeführt, um einen Angriff auf das eigene Land zu verhindern. Gab es etwa 1967 eine gerechtfertigte Angst (just fear) in Israel vor einem Großangriff der arabischen Staaten (vgl. Kap. Identitätskonflikte)? Sicherlich muss hier die Ankündigung von Ägyptens Präsident Nasser, er würde Israel angreifen, als ein wichtiges Indiz gelten. Israel hatte demnach das Recht zu Präventivschlägen, doch eine Besetzung Ägyptens wäre nicht gerechtfertigt gewesen. Auf einen möglichen Präventivschlag auf die iranischen Atomanlagen gemünzt, hieße das, dass ein Präventivschlag der USA nicht zu rechtfertigen wäre, denn die USA wären durch eine iranische Atombombe nicht bedroht (vgl. Studie Handlungsempfehlung). Für Israel hingegen stellt sich die Situation anders dar, denn der ehemalige Ministerpräsident Ahmadinedjad hatte angekündigt, Israel „von der Landkarte“ zu tilgen. Aufgrund der geringen Entfernung zum Iran und der Größe Israels bliebe Israel keine Möglichkeit zum Zweitschlag. Insofern wäre ein Präventivschlag auf iranische Atomanlagen – wenn nachgewiesen werden könnte, dass eine iranische Atombombe einsatzbereit wäre und die iranischen Absichten so blieben – zu rechtfertigen.

Was sagt das Völkerrecht zur Haltung der internationalen Gemeinschaft gegenüber **Bürgerkriegen** (Walzer 2006: 96-100)? Eine traditionelle, legalistische Position würde die jeweilige Regierung unterstützen, solange sie das Land noch kontrolliert. Wenn der Bürgerkrieg an Heftigkeit zunimmt und es zu einem militärischen Patt kommt, sollte die internationale Gemeinschaft zur Neutralität übergehen und schlicht abwarten, wer gewinnt. Der Sieger würde dann von der internationalen Gemeinschaft als legitimer neuer Herrscher des Landes anerkannt. Aber, so fragt sich Walzer, ist diese rein machtpolitisch motivierte Position moralisch sinnvoll?

Zunächst ist die Frage zu klären, ob das Selbstbestimmungsrecht einer Minderheit der Achtung des Interventionsverbots nicht entgegensteht. Ein solches Selbstbestimmungsrecht kann einer politischen Gemeinschaft innerhalb eines Staates dann zugeschrieben werden, wenn sie gewillt und in der Lage ist, über ihre politische Zukunft selbst zu entscheiden. Selbst wenn man einer solchen Minderheit das Recht auf Selbstbestimmung zubilligt, reiche dies aber noch nicht, die prinzipielle Forderung nach dem autonomen, aber von außen unbeeinflussten Kampf nach Selbstbestimmung abzuschwächen. Interveniert allerdings eine andere Großmacht zugunsten einer Seite und hebt so „das freie Spiel der Kräfte“ im Land auf, so sollte eine Unterstützung der anderen allein aus Fairness-Gründen erwogen werden. Wenn die ideologisch bedenklichere Seite durch Fremdintervention den Sieg davontragen kann (z.B. im Spanischen Bürgerkrieg[56]), wäre es sogar

56 Als die in freien Wahlen zustande gekommene Regierung der Zweiten Spanischen Republik in Schwierigkeiten geriet, putschten Teile der Armee um General Franco gegen sie. Frankreich und Großbritannien blieben neutral, während die faschistischen Mächte Italien und Deutschland Franco aktiv unterstützten. In

moralisch verwerflich, abseits zu stehen und die andere Kriegspartei untergehen zu sehen. Jedenfalls müssen die in der Realität häufig vorgebrachten politischen Argumente der eigenen nationalen Interessen (was hat der eingreifende Staat davon?) und der Reziprozität (wenn wir ihre Minderheit unterstützen, könnten sie das auch bei unseren Minderheiten tun) als moralisch irrelevant verworfen werden (ebd. 91-95). Gleichwohl, der einzige gute Grund, in einen Bürgerkrieg militärisch einzugreifen, muss sich am Konflikt selbst orientieren. Nur wenn Verbrechen begangen werden, „that shock the moral conscience of mankind" (ebd. 107) und davon ausgegangen werden kann, dass eine Intervention die Situation nicht noch weiter eskalieren lässt, erscheint ein Eingreifen geboten (Humanitäre Intervention). „Herumsitzen und Zusehen [so formuliert Walzer drastisch] endet in einer Form moralischer Korruption" (Walzer 2003: 124).

Allerdings ist das Motiv des **regime change** nicht moralisch zu legitimieren. Denn die Motive oder die Eigenart des Regimes – wie es die politischen Zuschreibungen „Schurkenstaaten" und „Achse des Bösen" suggerieren – zählen nicht, sondern nur, was es tut (ebd. xiii). Militärische Operationen, so Walzers Forderung, müssen sich darauf konzentrieren, den eigentlichen Grund des Krieges zu beseitigen – nicht ein Regime per se zu bekämpfen. Der Angriff der USA und ihrer Verbündeten auf den Irak war insofern nicht zu rechtfertigen (vgl. Kap. USA, 9/11).

Die in der Analyse kennengelernten R2P-Kriterien für eine Humanitäre Intervention entsprechen weitgehend Walzers Gedanken und operationalisieren die Just War Theory für das Völkerrecht.

b) Anwendung der Theorie

Da Kroatien und Slowenien sich auf das Selbstbestimmungsrecht berufen haben und sicherlich hierfür die Mittel und den Willen hatten, war ihr Anliegen nicht ungerechtfertigt. Spätestens als bekannt wurde, dass Serbien die Sache der serbischen Siedler in Kroatien aktiv militärisch unterstützt, indem es die Jugoslawische Volksarmee instrumentalisiert hat, hätte die internationale Gemeinschaft auf Seiten der Kroaten und Slowenen eingreifen können. In den Bosnienkriegen haben darüber hinaus die vielen gescheiterten Friedensbemühungen die Vergeblichkeit der westlichen Bemühungen eingehend unter Beweis gestellt (*last resort*). Angesichts der schockierenden Berichte über Kriegsverbrechen und monströser Verbrechen gegen die Menschheit im Verlaufe der Kriege war ein *just cause* mehr als gegeben: Die internationale Gemeinschaft hätte sogar früher eingreifen können (ius ad bellum). Das entschiedenere Eingreifen der internationalen Gemeinschaft im Kosovo ist deshalb zu begrüßen, denn aufgrund der Parallelität der Aggressionsmuster (ethnische Säuberungen) und der serbischen Akteure (die gleichen Einheiten und Milizen wie in den Bosnienkriegen) war die Strategie der *coercive diplomacy* legitim und nach dem Scheitern der Verhandlungen auch verhältnismäßig (*proportionate means*) – obwohl ein Mandat des UN-Sicherheitsrats fehlte (Walzer 2003: 119).

In Bezug auf die Kriegsführung der NATO (ius in bello) im Kosovokrieg gibt es allerdings – Walzer folgend – einige legitimatorische Probleme. So leistete das Prinzip des risikolosen Krieges mit Bombardierungen aus großer Höhe und zivilen Zielen wenig zur

---

dem verlustreichen Bürgerkrieg (1934-38) trug Franco den Sieg davon, erst nach seinem Tod 1975 ging Spanien wieder zur Demokratie über.

Verhinderung der Kriegsverbrechen im Kosovo. Die NATO setzte sich eben nicht militärisch im Kosovo ein, sondern bombardierte Ziele in Serbien, um politisch Druck auf Milošević auszuüben. In der Folge der Luftangriffe nahmen die Gewalttaten im Kosovo sogar noch zu. Diese Art der Kriegsführung der NATO konnte nicht für sich reklamieren, das Leid der Menschen unmittelbar zu lindern und war insofern unverhältnismäßig und ohne realistische Erfolgsaussicht (Meyer 1999: 299, 306ff.). Wer sich aus moralischen Gründen einsetzt, so Walzer, der muss letztlich auch mit Bodentruppen dafür einstehen: „Man kann nicht töten, ohne daß man selbst bereit ist zu sterben“ (Walzer 2003: 121). Im Kosovokrieg wollten die westlichen Mächte genau das nicht – nur der britische Premierminister hatte gegen Ende des Krieges die Option von Bodentruppen ins Spiel gebracht.

Die Übernahme von Verantwortung nach dem Krieg in Bosnien und Kosovo durch die internationale Gemeinschaft entspricht allerdings den Erwartungen der Just War Theory (ius post bellum), denn Verantwortung im Kriege zu übernehmen bedeutet auch, sich für den Wiederaufbau danach zu engagieren.

6. Bewertung

Mit Bezug auf die Just War Theory können militärische Interventionen gerechtfertigt sein, wenn sie gewissen Kriterien genügen. Die militärischen Interventionen der NATO in Bosnien und Kosovo können so im Großen und Ganzen als gerechtfertigt gelten (ius ad bellum). Doch die Art der Kriegsführung (ius in bello) mit der Bombardierung ziviler Ziele und der Vermeidung eigener militärischer Verluste war schon deshalb problematisch, weil sie die Massaker im Kosovo nicht direkt bekämpfte, sondern kurzfristig sogar verschlimmerte.

Was leistet die Theorie der Gerechten Kriege? Theoretisch fordert sie die Vorherrschaft realistischer Begründungen für Waffengänge heraus und regt an, jenseits eines „was nützt uns ein Eingreifen?“-Kalküls nachzudenken. Allerdings verabschiedet sich die Theorie auch von einer simplistischen pazifistischen Unterscheidung „Krieg ist schlecht“ – „Nichteingreifen ist gut“. Die Nicht-Intervention der Völkergemeinschaft in Kroatien und Bosnien (1991-94) war nicht nur moralisch zweifelhaft, sondern auch ineffektiv, weil sie den Krieg verlängert und das Elend vermehrt hat. Zwar liefert die Theorie keine einfache Checkliste für die Legitimität von Interventionen. Doch vermag sie die Diskussion darüber zu stimulieren, indem neue Argumente und diskussionswürdige Überlegungen vorgeschlagen werden.

7. Prognose

Da es sich nicht um eine kausale Theorie handelt, vermag sie auch keine Prognose abzugeben. Doch da die politikpraktischen Fälle zunehmen werden, in denen es um bürgerkriegsbedingte Grausamkeiten geht, wird die Relevanz der Theorie eher größer werden. Ein Einwand hiergegen könnte sein, dass die Erfahrungen in Afghanistan und Irak eine generelle Interventionsmüdigkeit befördert haben, in den USA wie in Europa. Zwar waren die Interventionen im Irak und in Afghanistan offensichtlich keine Humanitären Interventionen, doch spielt dies für den öffentlichen und politischen Diskurs keine Rolle. Allerdings lässt die Interventionsmüdigkeit die Fälle nicht weniger werden und befördert zunächst nur die Neigung westlicher Länder, Interventionen möglichst auf die UN oder regionale Zusammenschlüsse (z.B. ECOWAS) zu delegieren. Ein Nachdenken über die moralische Berechtigung der Intervention bleibt somit auf der Tagesordnung.

8. Handlungsempfehlung

Die Theorie ist eine Legitimations-, aber keine Handlungstheorie und kann demzufolge keine konkrete Handlungsempfehlung geben. Zweifellos aber lenkt sie die Aufmerksamkeit auf die demokratische Legitimation von Auslandseinsätzen und gibt Hinweise auf gute und schlechte Argumente. Teilt man ihre Annahme, dass Kriege manchmal gerechtfertigt sein können, so ist das pazifistische Argument des Beiseitestehen um jeden Preis, moralisch gesehen, kein überlegenes. Das normative Kernelement der Theorie verweist vielmehr auf die Frage, ob ein Eingreifen mehr Menschenleben rettet, als es kostet (*just cause*).

Ein Weiterdenken der Theorie bringt uns jedoch auch zur Hinterfragung der häufig exekutiv-orientierten Entscheidungsmechanismen in der Außenpolitik. Sollten Auslandseinsätze nicht intensiver gesellschaftlich und politisch diskutiert werden? Wenn wir aber die Exekutivmacht über Interventionen mit mehr und mehr Vorbehalten (sog. *caveats*) – etwa durch das Parlament – begrenzen, welche Auswirkungen hat dies auf die Interventionsneigung im Allgemeinen und die Einsatzfähigkeit der Truppen im Besonderen? Politikpraktisch kommt hier erschwerend hinzu, dass europäische Verbände vor allem innerhalb der NATO oder der EU tätig werden. Somit sind Entscheidungs- und auch Legitimitätsfragen in einem Three-Level-Game (vgl. Analyse im Kap. Welthandel) zu treffen. Mit anderen Worten: Die Einsprüche einzelner Parlamente würden die Kampfkraft und die Kohärenz einer Allianz insgesamt schwächen. Diese Überlegung öffnet auch den Blick für die Fragen demokratischer Legitimation jenseits des Nationalstaates (vgl. auch das Kap. Demokratischer Frieden). Kurzum: Für Demokratien bleibt es ein Drahtseilakt, einerseits demokratische Legitimität sicherzustellen und zugleich international handlungsfähig zu bleiben.

Glossar

Ethnische Säuberung (ethnic cleansing)	(Humanitäre) Intervention
Responsibility to protect (R2P)	Just War Theory
Ius ad bellum, ius in bello, ius post bellum	Genozid
Präventivkrieg, Präventivschläge (pre-emptive strikes)	

Übungsfragen

1. Inwieweit unterscheiden sich klassische Interventionen von humanitären? Argumentieren Sie am Beispiel Kosovokrieg!
2. Können die Elemente der R2P als eine Art Checkliste und somit Handlungsempfehlungen für politische Interventionsentscheidungen benützt werden? Diskutieren Sie Pro und Contra!
3. Wäre ein Eingreifen des Westens in den syrischen Bürgerkrieg 2011-2013 gerechtfertigt gewesen im Sinne der Theorie? Vergleichen Sie die Situation mit dem Bosnienkrieg! Diskutieren Sie auch, ob der Giftgaseinsatz vom August 2013 – ähnlich dem Völkermord von Srebrenica – etwas an der Einschätzung ändert?

4. Transferfrage: Lesen Sie die Theorieteile (5.) der Kapitel Abschreckung, Welthandel, Finanzkrise und Staatszerfall. Kritisieren Sie die Just War Theory mit Hilfe des Neorealismus, des Liberalen Intergouvernementalismus, der Kritischen Theorie sowie feministischer Theorien!

Filmtipp: Warriors (1999), Peter Kosminsky [TV-Spielfilm]

Die Geschichte der Blauhelmsoldaten, die während des Bosnienkriegs mit Kriegsverbrechen konfrontiert wurden, jedoch aufgrund ihres Mandats ohnmächtig waren, einzugreifen und wie sie nach ihrer Rückkehr dies nur schwer verarbeiten können. Der Film beruht auf Interviews, die Kosminsky mit über 100 Soldaten führte.

Empfohlener Text zu den Jugoslawienkriegen

Calic, Marie-Janine (2010): Geschichte Jugoslawiens im 20. Jahrhundert. München: Beck; S. 297–332.

Empfohlener Originaltext zur Theorie

Walzer, Michael (2003): Der Sieg der Lehre vom Gerechten Krieg – und die Gefahren ihres Erfolges. In: Ders.: Erklärte Kriege – Kriegserklärungen. Essays. Europäische Verlagsanstalt: Hamburg, S. 31–51.

Übrige verwendete Literatur

Blair, Tony (1999): Doctrine of the International Community; Speech to the Economic Club. PBS In: Newshour, online unter: http://www.pbs.org/newshour/bb/international/jan-june99/blair_doctrine4-23.html [letzter Zugriff: 31.3.2013].

Drakulic, Slavenka (1991): Krieg!. In: Furkes, J./Schlarp, K.-H. (Hrsg.): Jugoslawien: Ein Staat zerfällt. Hamburg: Rowohlt, S. 9–18.

Gasser, Hans-Peter/Melzer, Nils (2012): Humanitäres Völkerrecht – Eine Einführung. Zürich/ Baden-Baden: Schulthess/Nomos.

Giersch, Carsten (2000): NATO und militärische Diplomatie im Kosovo-Konflikt. In: Clewing, Konrad/Reuter, Jens (Hrsg.): Der Kosovo-Konflikt. Ursachen – Akteure – Verlauf. München: Bayerische Landeszentrale für Politische Bildungsarbeit, S. 443–466.

Grund, Constantin (2003): Mannschaftsdienlich gespielt. Rot-grüne Südosteuropapolitik. In: Maull, Hanns/Harnisch, Sebastian/Grund, Constantin (Hrsg.): Deutschland im Abseits? Rot-grüne Außenpolitik 1998-2003. Baden-Baden: Nomos, S. 107–119.

International Commission on Intervention and State Sovereignty (ICISS, 2001): The Responsibility to Protect, online unter: http://responsibilitytoprotect.org/ICISS%20Report.pdf [letzter Zugriff: 31.3.2013].

Judah, Tim (2002): Kosovo. War and Revenge. New Haven/New York: Yale Nota Bene.

Krause, Joachim (2000): Deutschland und die Kosovo-Krise. In: Clewing, Konrad/Reuter, Jens (Hrsg.): Der Kosovo-Konflikt. Ursachen – Akteure – Verlauf. München: Bayerische Landeszentrale für Politische Bildungsarbeit, S. 395–416.

Malcolm, Noel (2006): The war over Kosovo. In: Blitz, Brad (Hrsg.): War and Change in the Balkans. Nationalism, Conflict and Cooperation. Cambridge: Cambridge University Press, S. 143–155.

Maull, Hanns W./ Stahl, Bernhard (2002): Durch den Balkan nach Europa? Deutschland und Frankreich in den Jugoslawienkriegen. In: PVS 43, 1, S. 82–111.

Meyer, Peter (1999): War der Krieg der NATO gegen Jugoslawien moralisch gerechtfertigt? Die Operation „Allied Force“ im Lichte der Lehre vom Gerechten Krieg. In: Zeitschrift für Internationale Beziehungen 6, 2, S. 287–321.

Pattison, James (2010): Humanitarian Intervention and the Responsibility to Protect. Who should intervene? Oxford: Oxford University Press.

Schmitt, Oliver Jens (2008): Kosovo. Kurze Geschichte einer zentralbalkanischen Landschaft. Wien: Böhlau.

Swoboda, Veit/Stahl, Bernhard (2009): Die EU im Kosovo-Konflikt (1996-99). Von der Vernachlässigung zur Verantwortung. In: Stahl, Bernhard/Harnisch, Sebastian (Hrsg.): Vergleichende Außenpolitikforschung und nationale Identitäten. Die Europäische Union im Kosovo-Konflikt (1996-2008). Serie „Außenpolitik und Internationale Ordnung“. Baden-Baden: Nomos, S. 59–80.

Walzer, Michael (2008): Just and Unjust Wars. A moral argument with historical illustrations. New York: Basic Books.

3.4. Staatszerfall und sexuelle Gewalt: Die Kongo-Kriege[57]

Mitarbeit: Katharina Eimermacher

In diesem Kapitel wird derjenige Konflikt behandelt, der seit dem Zweiten Weltkrieg die meisten Menschenleben gekostet hat.

1. Einstieg

„Frauen wie Mapendo, Love, Nyota oder Emerance trifft man in der Demokratischen Republik Kongo nicht nur in den wenigen Frauenkliniken an. Frauen wie Mapendo, Love, Nyota und Emerance findet man an jedem Gemüsestand, an jeder Wasserstelle, auf jedem Maisfeld – ja beinahe in jedem Haushalt. Wer lange genug zuhört, muss feststellen, dass fast jede Frau im Kongo eine Geschichte sexueller Gewalt erzählen kann. Vor allem im Ostkongo, wo seit fast 18 Jahren ein brutaler Krieg tobt – auch ein Krieg der Männer gegen die Frauen. Ein bekanntes Beispiel sind die Massenvergewaltigungen in der Region Walikale im Jahr 2010.
Luvungi heißt ein kleines Dorf, tief im undurchdringlichen Dschungel des Ostkongo gelegen. Lehmhütten mit Strohdächern schmiegen sich an die Hänge. Dahinter ragt der Regenwald empor. Von dort kamen die Rebellen. Es war dunkel, nach 23 Uhr an jenem 30. Juli 2010. Wie Schatten drangen die Gestalten in das Dorf ein. 387 Menschen wurden in vier Tagen in Luvungi und den umliegenden 13 Dörfern vergewaltigt – 300 Frauen, 55 Mädchen, 23 Männer und neun Jungen. Das jüngste Opfer war zwei Jahre alt, das älteste 79. Fast alle wurden mehrfach misshandelt und sind bis heute schwer traumatisiert. Eine der Frauen will dennoch darüber sprechen – das ist mutig und tapfer. Wir nennen sie Marie. Die Mutter von fünf Kindern sitzt auf einem Holzstuhl in ihrer Lehmhütte ohne Fenster und erzählt stockend. Es war spät am Abend, erinnert sich Marie. Sie lag im Bett neben ihrem Mann. Plötzlich traten Männer die Tür ein. Sie trugen Uniformen und Waffen. ‚Wir sind gekommen, um uns um euch zu kümmern', sagten sie. Sie zerrten Marie an den Haaren auf den Boden. Jeder der Männer verging sich an ihr. Ihr Mann musste zusehen. Sie vergewaltigten auch ihre zweijährige Tochter. Sie schrie und schrie. Sie blutete. ‚Viele sind an den Verletzungen gestorben', sagt Marie. Einige wurden schwanger. So auch Maries 15-jährige Nachbarin. Marie steht auf und ruft nach dem Mädchen. Mit dickem Bauch kommt sie herein und setzt sich mit schmerzverzerrtem Gesicht auf eine Couch. Von der Unterleibsinfektion habe sie sich nie erholt, gesteht das Mädchen. Sie wisse nicht, ob sie die Geburt überleben werde. Was in Luvungi geschah, das geschieht in den Wäldern des Ostkongo fast jeden Tag seit 18 Jahren. [...] In der Dunkelheit ihrer Lehmhütte in Luvungi erzählt Marie, ihr Ehemann sei davongelaufen: ‚Er konnte mir nicht mehr in die Augen sehen, weil er mich nicht beschützen konnte, sagt sie. , Das schwangere Mädchen klagt, sie würde in ihrer Situation niemals einen Mann finden. Sie fürchte, von ihrer Familie verstoßen zu werden, weil sie keinen Brautpreis mehr einbringen würde. Tatsächlich sind es die Frauen, die in dieser vom Krieg zerrütteten Gesellschaft das soziale Leben in den Dörfern aufrechterhalten: Sie bestellen die Felder, sie handeln mit den Ernteerträgen und erwerben damit Seife und andere Dinge des täglichen Bedarfs, sie erziehen die Kinder, sie kümmern sich um Alte und Kranke." (Schlindwein 2013)

57 In folgendem Kapitel ist mit „Kongo" jeweils die Demokratische Republik Kongo gemeint und nicht der nordwestliche Nachbarstaat Republik Kongo.

2. Leitfrage:

Wie können wir das „Sicherheitsproblem Kongo“ mit der einhergehenden sexuellen Gewalt verstehen?

3. Beschreibung: Die Geschichte der Kongo-Kriege

Mit dem Ende des Kalten Krieges gerieten viele bis dahin scheinbar stabile politische Konstruktionen ins Wanken. So mussten sich zum Beispiel in Afrika Diktatoren, die sich bisher als anti-kommunistische „Stabilitätsgaranten“ auf den Rückhalt der USA verlassen hatten können, immer öfter gegen internationale Kritik an Menschenrechtsverletzungen und ihrem despotischen Regierungsstil behaupten. Dies traf besonders auf den langjährigen Präsidenten des Kongo, Joseph-Désiré Mobutu[58] zu. Fünf Jahre fast ununterbrochener Bürgerkrieg waren auf die Unabhängigkeit des Kongo von Belgien 1960 gefolgt; Mobutu nahm dies zum Anlass, sich 1965 an die Macht zu putschen, das Land zu stabilisieren und es zunehmend despotisch zu regieren. Nach 1990 aber demonstrierten viele Menschen im Kongo offen gegen Mobutu und forderten demokratische Wahlen. Zunehmend in die Enge getrieben, ergriff Mobutu 1994 eine Gelegenheit, sich international zu rehabilitieren: Im Zuge des Völkermordes im Nachbarstaat Ruanda nahm er ca. eineinhalb Millionen Flüchtlinge an der Ostgrenze des Kongo auf.

Der Völkermord in Ruanda

Am 6. April 1994 kamen auf dem Flughafen der ruandischen Hauptstadt Kigali die Präsidenten Ruandas und Burundis durch Beschuss ihrer Maschine ums Leben. Bis heute ist nicht geklärt, ob das Attentat von extremistischen Hutu, der Bevölkerungsgruppe des ruandischen Präsidenten, oder von Tutsi-Rebellen um Paul Kagame verübt wurde, welche mit ihnen seit 1990 um die Vorherrschaft kämpften. Es war der Auftakt eines über drei Monate währenden landesweiten Genozids, dem bis zu einer Millionen Tutsi zum Opfer fielen, aber auch viele moderate Hutu. Schon seit 1990 hatten sich Hetzreden und Aufrufe zur Ermordung der Tutsi gehäuft, jener Bevölkerungsminderheit, die in der Vor- und Kolonialzeit alle wichtigen Führungspositionen innehatte und seit der Unabhängigkeit 1962 von den nun herrschenden Hutu oft gewaltsam verfolgt wurde. Das Morden im Frühjahr 1994 war genauestens geplant: Armeeangehörige und Zivilisten massakrierten und lynchten Tausende und wurden erst im Juli von der in Kigali einrückenden Rebellenarmee Kagames gestoppt. Die in Ruanda seit 1993 stationierten UN-Soldaten der Mission UNAMIR durften ihres Mandats wegen nicht in das Geschehen eingreifen und wurden nach den ersten eigenen Verlusten größtenteils abgezogen. Die Operation Frankreichs zum Schutze von Zivilisten kam zu spät und ermöglichte überdies den extremistischen Hutu die Flucht in den Kongo.

Dort war es bereits zuvor zu ethnisch motivierten Gewalttaten zwischen der einheimischen Bevölkerung und den seit den 1960er Jahren dort siedelnden Tutsi gekommen. Die nun riesigen, spontan errichteten Flüchtlingslager mit mehrheitlich ruandischen Hutu sorgten in dieser angespannten Situation für weiteren sozialen Sprengstoff. Von den UN

58 Im Zuge einer allgemeinen Afrikanisierungskampagne hatte er sich in den 1970er Jahren selbst in Mobutu Sese Seko Kuku Ngbendu wa Zabanga und das Land in „Zaire“ umbenannt.

abgesichert, befanden sich unter den Flüchtlingen auch die ruandische Hutu-Regierung und sämtliche Täter des Genozids *(génocidaires)*. Von ihnen befürchtete die neue Tutsi-Regierung in Ruanda eine Gegenoffensive. Auch als Rache an Mobutu und seiner Unterstützung der Hutu bereitete sie deshalb zusammen mit der ugandischen Regierung einen militärischen Einfall in Kongo vor, für den sie innerkongolesische, anti-Mobutische Rebellengruppen aufrüstete sowie systematisch und in großem Maßstab kongolesische Kindersoldaten rekrutierte. Was folgte, war der **Erste Kongokrieg**: Die ruandische und ugandische Armeen marschierten im Oktober 1996 im Kongo ein und ermordeten geschätzte 200.000-300.000 dorthin geflüchtete Hutus; hunderttausende Hutus starben zudem auf ihrer Flucht in den kongolesischen Urwald. Die von Ruanda unterstützten anti-Mobutischen Rebellen unter Führung von Laurent Kabila marschierten in die Hauptstadt Kinshasa und setzten unter Jubel der Bevölkerung Mobutu ab.

Kabila benannte das Land in „Demokratische Republik Kongo" um, stellte sich aber bald als gleichfalls autoritärer und brutaler Herrscher heraus und verprellte damit seine ehemaligen Gönner Ruanda und Uganda. Ermutigt durch den ersten Erfolg, beschlossen diese Staaten gemeinsam mit Burundi im August 1998 wieder im Kongo einzufallen und Kabila abzusetzen. Aber diesmal kam es anders. Kabila stellte eine mächtige Koalition aus Simbabwe, Angola, Libyen, Namibia, Tschad und Sudan gegen die Angreifer zusammen. Der zweite Kongokrieg, oder auch der **Große Afrikanische Krieg** begann.

Nach einem Jahr Krieg begriffen Ruanda und Uganda, dass sie diesmal nicht bis Kinshasa vorrücken konnten. Die Frontlinien erstarrten und die Kriegsparteien wandten sich wirtschaftlichen statt territorialen Gewinnen zu. Sie beuteten in großem Umfang die Bodenschätze in der reichen Osthälfte des Landes aus. Weitere Dynamik erhielt das Ganze durch den um die Jahrtausendwende dank Handys und Computern ausbrechenden Coltan-Boom, der Ruanda und Uganda hohe Exporteinnahmen bescherte. Dabei vermischten sich ökonomische und politische Ziele immer mehr und Raffgier führte zu zahlreichen Brüchen innerhalb der Bündnisse. Die Situation im Kongo wurde im Westen zum vergessenen Krieg, auch weil er „als unergründbar und unübersichtlich galt. (...) Es war nicht einfach, im Kongo ‚die Guten' zu finden. (...) Die westlichen Medien kapitulierten" (Van Reybrouck 2012: 519). Dabei beläuft sich die Opferanzahl der Kongokriege mittlerweile auf geschätzte 3-5 Millionen, eine Summe, die weit über der jedes anderen Krieges seit dem Zweiten Weltkrieg liegt.

Nach der Ermordung Kabilas 2001 initiierte sein 29-jähriger Sohn Joseph Kabila als Präsident erste Friedensverhandlungen. 2003 wurde schließlich durch die Vereinten Nationen der Friedensvertrag von Pretoria vermittelt, infolgedessen sich die Länder (zumindest offiziell) vom kongolesischen Staatsgebiet zurückzogen und die UN ihre Präsenz durch die seit 1999 dort stationierten Friedensmission **MONUC** (2010 umbenannt in **MONUSCO** – Mission der Vereinten Nationen für die Stabilisierung in der Demokratischen Republik Kongo) massiv verstärkten, welche damit zur größten UN-Mission der Geschichte wurde. Der Krieg ging weiter, blieb aber auf die östlichen Provinzen an der Grenze zu Ruanda und Uganda beschränkt. Dies veranlasste schließlich auch die EU, ihre erste militärische Auslandsmission, Artémis, ins Leben zu rufen. Es gelang, einen der Warlords, Thomas Lubanga, zu verhaften und 2009 als ersten Angeklagten überhaupt dem Internationalen Strafgerichtshof (vgl. Kap. Diplomatie) vorzuführen. Mittels westlicher Entwicklungshilfe und einer neuen EU-Mission, **EUFOR**, konnten gewisse Stabilisierungserfolge verzeichnet werden: Ende 2005 bekam Kongo eine neue Verfassung und am 30. Juli 2006 gab es die ersten freien Wahlen seit vier Jahrzehnten. Sie verliefen quasi reibungslos, waren ein großer Erfolg und gingen sehr knapp aus. Joseph Kabila wurde wiedergewählt. Damit hatte sich allerdings der Westen „mundtot" (Van Reybrouck 2012: 603) gemacht: Kabila war demokratisch legitimiert, Kongo ein souveräner Staat und ausländische Beobachter daher in Kabilas Augen überflüssig. Zeitgleich verschoben sich die internationalen Machtverhältnisse zugunsten Chinas, das dem Kongo sehr hohe Finanzsummen im Austausch zu Bodenrechten zahlt.

Als Reaktion auf die Wiederwahl Kabilas 2006 gründete sich im Osten Kongos eine neue Rebellenbewegung, um sich für die Rechte der in ihren Augen unterrepräsentierten Tutsi in der neuen Regierung einzusetzen. Gleichzeitig entstand dort eine neue Hutu-Miliz. Der **Dritte Kongokrieg** innerhalb von zehn Jahren begann und die Methoden wurden immer grausamer. Kannibalismus, Gruppenvergewaltigungen, regelrechte Völkerwanderungen durch Massenfluchten und völlige Straflosigkeit bei schwacher bis nichtexistenter staatlicher Gewalt herrschten in Ostkongo vor. Damit einhergehende weitverbreitete sexuelle Gewalt hat weltweit Aufmerksamkeit erlangt, spätestens als US-Präsident Barack Obama auf sie in seiner Nobelpreis-Rede 2009 verwies.[59]

Unübersichtlichkeit durch schnell wechselnde Bündnisse, mehrere international verhandelte Friedensverträge, Verhaftungen von Rebellenführern und ihre Überführung an den Internationalen Strafgerichtshof, Kapitulationen sowie die Entstehung neuer Gruppierungen prägen das Bild weiterhin. Zuletzt hatte die 2012 gegründete Rebellenbewegung M23 beachtliche Erfolge erzielt, bis sie Ende 2013 von der Regierungsarmee und der im Mai 2013 zusätzlich eingesetzten UN-Interventionsbrigade zur Kapitulation gezwungen wurde. Ob jedoch tatsächlich in absehbarer Zeit Ruhe einkehrt, bleibt weiterhin abzuwarten. Auch der psychische und physische Wiederaufbau eines riesigen Landstriches, dessen Bevölkerung sich seit knapp zwei Jahrzehnten ununterbrochen im Krieg befindet, lässt viele Fragen offen.

4. Analyse: Staatszerfall

Staatszerfall, bzw. das Konzept des „gescheiterten Staates" (**failed state**), beschäftigt die Politikwissenschaft seit den 1990er Jahren. Im Fokus ist damit ein Staat, der die elementaren **Staatsfunktionen** – Sicherheit, Wohlfahrt und Rechtsstaatlichkeit – nicht mehr erfüllen kann. Wie die Staatslehre im Allgemeinen ist dieses Modell stark durch die europäischen Erfahrungen geprägt und orientiert sich im Besonderen an den Staatsbildungsprozessen im Europa des 17. und 18. Jahrhunderts. Die grundlegende Funktion eines Staates wird demnach in der Herstellung eines Gewaltmonopols gesehen; der Staat kontrolliert die Streitkräfte des Gebietes sowie die Polizei und bietet damit seinen Einwohnern Sicherheit vor unkontrollierter Gewalt von Individuen und Gruppen. Dazu gehört auch, dass es nur eine Armee und eine Polizei gibt. Nach außen bewirkt dieses Gewaltmonopol die Anerkennung als souveräner Staat durch andere und eine einheitliche Interessenvertretung seiner Bewohner in internationalen Angelegenheiten (vgl. Kap. Diplomatie).

59 Obama, Barack H. (2009): A just and lasting peace. Nobel Lecture, 10.12.2009, online unter: http://www.nobelprize.org/nobel_prizes/peace/laureates/2009/obama-lecture_en.html [letzter Zugriff am 21.07.13].

Die Herstellung und Bewahrung des Gewaltmonopols erfordern den Zugriff des Staates auf wirtschaftliche Ressourcen, beispielsweise durch Erlangung eines Steuer- und Geldmonopols. Damit ist er zur Finanzierung der Armee und zu weiteren Investitionen befähigt, beispielsweise in die Infrastruktur und das Bildungswesen (Wohlfahrt). Die Rechtsstaatlichkeitsfunktion verzeichnet schließlich, ob das Staatsgebiet einen Rechtsraum mit einheitlicher Geltung und allgemeiner Gültigkeit des Staatsrechts darstellt. Auch das Staatsoberhaupt muss dem Gesetz unterworfen sein, und zwar in gleichem Maße wie die übrige Bevölkerung. Unter diese Funktion fallen auch die Rechtmäßigkeit und damit die Verlässlichkeit der Verwaltung.

Von diesem Idealtypus eines Staats lassen sich nun Defizite ableiten, die einen heutigen Staat in eine bestimmte Kategorie hinsichtlich seiner qualitativen Staatlichkeit einordnen. Schneckener (2007: 107-111) unterscheidet vier defizitäre Typen: sich konsolidierende Staaten (**consolidating states**), die (noch) leichte Defizite in einem oder mehreren Gebieten aufweisen, welche aber nicht weiter problematisch für die Funktionsfähigkeit des Staates als Ganzes sind. Schwache Staaten (**weak states**) dagegen offenbaren tiefergehende Dysfunktionen, etwa Klientelismus[60] und Korruption[61] im wirtschaftlichen und rechtsstaatlichen Bereich. Da sie aber noch das Gewaltmonopol innehaben und somit für Sicherheit sorgen können, funktionieren sie als Staat nach innen und außen weiter. Sobald jedoch die Sicherheit der Bürger nicht mehr gewährleistet werden kann und zur staatlichen Armee konkurrierende Milizen, beispielsweise Privatarmeen von lokalen Warlords auftreten, kann man von scheiternden Staaten, **failing states**, sprechen. Der Staat hat das Monopol auf Gewalt verloren, andere bewaffnete Gruppierungen kontrollieren Teile des Staatsgebiets, auf die der Staat keinen Zugriff mehr hat. Immerhin kann der Staat in den beiden übrigen Funktionen noch eine gewisse Kontrolle ausüben. Wenn der Staat überhaupt keine Funktion mehr ansatzweise ausführen kann, spricht man schließlich von gescheiterten oder kollabierten Staaten (**failed/collapsed states**).

Die Demokratische Republik Kongo wird von dem seit 2005 veröffentlichten **Failed State Index** des privaten Thinktanks Fund for Peace 2013 bereits zum vierten Mal auf den 2. Platz gesetzt.[62] Der von den UN herausgegebene Human Development Index stuft Kongo zusammen mit Niger sogar auf den letzten Platz ein.

---

60 Klientelismus bezeichnet „ein wechselseitiges Abhängigkeitsverhältnis zweier Akteure (Individuen oder Gruppen), die über ungleiche Ressourcen verfügen, die sie zum beiderseitigen Nutzen einsetzen. (…) In vielen Fällen sind diese Beziehungen allenfalls halblegal und stehen nicht selten sogar in Widerspruch zur offiziellen Gesetzgebung des betreffenden Landes“ (Ziemer 2005).

61 Unter Korruption versteht man im Allgemeinen den „Missbrauch öffentlicher Macht, Ämter, Mandate zum eigenen privaten Nutzen und/oder Vorteil Dritter durch rechtliche oder auch soziale Normverletzungen, die i.d.R. geheim, gegen das öffentliche Interesse gerichtet und zu Lasten des Gemeinwohls erfolgen“ (Schultze 2005).

62 Der Index ist forschungstheoretisch noch wenig auf seine Güte hin untersucht worden. Er wird hier um der Anschauung willen angeführt.

Der Failed State Index 2013			**Der Human Development Index 2012**		
Der Index setzt sich aus zwölf Risikokategorien zusammen, für die je zehn Punkte nach Häufigkeit oder Intensität des Auftretens vergeben werden. 2013 wurden 178 Länder untersucht. (http://ffp.statesindex.org/rankings-2013-sortable)			Der jeweils im Frühjahr erscheinende Bericht über die menschliche Entwicklung berechnet in seinem Index verschiedene Kriterien, wie Lebenserwartung, Schulbildung und Bruttonationaleinkommen in einem Land jeweils für das vergangene Jahr. 2013 wurden 186 Länder untersucht; nicht genügend Daten existierten beispielsweise für Somalia, Nordkorea und einige Zwergstaaten. (Bericht über die menschliche Entwicklung 2013)		
Platz	Land	Index	Platz	Land	Index
1	Somalia	113,9	186	Kongo D.R.	0,304
2	Kongo D.R.	111,9	186	Niger	0,304
3	Sudan	111,0	185	Mosambik	0,327
18	Niger	99,0	171	Sudan	0,414
165	Deutschland	29,7	5	Deutschland	0,920
178	Finnland	18,0	1	Norwegen	0,955

Quelle: Eigene Darstellung.

Das Nicht-Funktionieren aller drei staatlichen Kernbereiche des Kongo ist eindeutig. Es existieren zahlreiche Rebellenmilizen, die zum Teil weite Staatsgebiete unter ihrer Kontrolle haben, während der Staat die eigene Armee kaum effektiv befehligen und bezahlen kann; die Kriegsführung zugunsten des Staates wird hauptsächlich von UN, EU und verbündeten Nachbarländern übernommen. Auch bei der Wohlfahrt sieht es katastrophal aus: Kabila rechnet systematisch mit internationalen Hilfsprogrammen und NGOs, die die Staatsfunktionen im Gesundheits- und Bildungswesen übernehmen und vertraut den (Aus-) Bau der Infrastruktur meist ausländischen Unternehmen im Austausch zu Bodenrechten an. Das Budget für seinen privaten Verbrauch ist dabei beispielsweise achtmal so hoch wie die staatlichen Ausgaben für Gesundheit (Van Reybrouck 2012: 559). Auch die Rechtsstaatlichkeit kann bei ausgeprägten Klientelismus- und Korruptionsstrukturen stark angezweifelt werden.

Mangelnde Staatlichkeit ist in Ostkongo eng mit der Zunahme **sexueller Gewalt** verknüpft. Es ist allerdings schwierig, verlässliche Daten über die Ausbreitung sexueller Gewalt zu erheben. Vor allem in Kriegsgebieten sehen und/oder haben die wenigsten Opfer die Möglichkeit, eine Vergewaltigung im Krankenhaus oder bei der Polizei zu melden. Während häusliche, das heißt in der Familie praktizierte sexuelle Gewalt, zwar als die mit Abstand am häufigsten vorkommende Form angesehen werden kann, wird sexuelle Gewalt auch oft als gezielte Kriegstaktik eingesetzt, um die Moral des Feindes zu brechen und seine Familien- und Gemeinschaftsbande zu zerstören (Peterman/Palermo/Bredenkamp 2011). So steht auch für die Kongolesin Christine Schuler-Deschryver im Bezug auf die Milizen in ihrem Land fest: „Sie wollen nicht nur vergewaltigen. Sie wollen die Fundamente der Gesellschaft zerstören“ (Grill 2006: 70).

Nicht nur von den Opfern, sondern auch von den Kriegstreibern wird das Ausmaß allerdings häufig verschwiegen. Es kann angenommen werden, dass es bisher in allen Kriegen zu einem drastischen Anstieg von Fällen sexueller Gewalt kam[63]; auch wenn dies erst

63 Der Economist (Druckausgabe vom 15. Januar 2011, S. 52) schätzt beispielsweise, dass die sowjetische Armee in Deutschland 1945 100.000 bis 2 Millionen Menschen vergewaltigt hat, während Japaner allein 1937 im chinesischen Nanking binnen Wochen 20.000 Frauen vergewaltigten, um zehnmal so viele als Sexsklavinnen in den folgenden Kriegsjahren zu benutzen. Die indische Armee vergewaltigte schätzungsweise

seit den Jugoslawien-Kriegen (vgl. Kap. Intervention) systematisch untersucht wird. Im Zuge der Kriegswirren im Kongo sind bisher hunderttausende Frauen und Mädchen vergewaltigt worden, oft in Gruppenvergewaltigungen und einhergehend mit grausamer Zurichtung des Opfers (Peterman/Palermo/Bredenkamp 2011). Der Zusammenhang von durch Staatszerfall bedingtem Krieg und sexueller Gewalt wird im Folgenden erklärt.

5. Erklärung: Feministische Theorien

„War, in one form or another, appeared with the first man", hielt US-Präsident Obama in seiner Rede zum Friedensnobelpreis 2009 fest. Vermutlich ahnte er nicht, wie sehr ihm einige VertreterInnen **Feministischer Ansätze in den IB** zustimmen würden. Es ist allerdings wichtig herauszustellen, dass es nicht die eine feministische Sichtweise gibt: Feministische TheoretikerInnen weisen untereinander große Unterschiede auf, manche lehnen sich teils eng an bestehende Theorieschulen an, andere wagen ganz neue Herangehensweisen. Gemeinsam ist ihnen der Ausgangspunkt: Frauen werden an der freien Entfaltung ihrer Möglichkeiten gehindert und strukturell benachteiligt, denn das vorherrschende Weltbild ist **androzentrisch**. Einfacher gesagt: „It's a man's world". Geschichtsschreibung ist die Geschichte von Männern, Religion ist von Männern gemacht, aber vor allem ist die Internationale Politik „die" Kerndomäne von Männern, sowohl in der Praxis als auch in der Forschung. Frauen werden hingegen ins Private gedrängt und sind in der Internationalen Politik oft unsichtbar. Diese gesellschaftlichen Ungleichheiten – so die Annahme feministischer Theorien – gelte es zu beseitigen.

Bezüglich der Frage, wie dies zu bewerkstelligen ist, herrschen allerdings völlig verschiedene Vorstellungen, die im Folgenden zu Übersichtszwecken in drei Hauptströmungen eingeteilt werden (Ruppert 1998).

- Liberaler/Empirizistischer Feminismus (*liberal/empiricist feminism*)
- Radikaler/ Standpunktfeminismus (*radical/standpoint feminism*)
- Sozialkonstruktivistischer/Poststrukturalistischer/Postmoderner/Post-positivistischer Feminismus (*poststructural/postmodern feminism*)

Angelehnt an unsere eingeführte Hauptunterscheidung von Theorieschulen (vgl. 1.1.) lassen sich die drei Strömungen tendenziell folgendermaßen zuordnen: der Empirizistische Feminismus der rationalistisch-liberalen Theorieschule, der Radikale Feminismus der revolutionären Theorieschule und der Post-strukturelle Feminismus der sozial-konstruktivistischen Theorieschule.[64] Im Folgenden werden die drei Strömungen kurz vorgestellt, bevor auf deren Interpretation von Krieg im Allgemeinen und sexuelle Gewalt im Besonderen eingegangen wird.

Der **Liberale/Empirizistische Feminismus** lehnt sich stark an den Idealistischen Liberalismus an. Er sieht die Benachteiligung von Frauen in der Gesellschaft und ihre schlechteren Chancen auf höhere gesellschaftliche Positionen als Indiz dafür, dass die Ge-

---

200.000 Frauen im Bangladesch-Krieg; im Bosnien-Krieg gab es geschätzte 20.000 Vergewaltigungsopfer, im Bürgerkrieg in Sierra Leone über 50.000, in Ruanda 1994 rund 500.000.

64 Die historischen Vorläufer der einzelnen Strömungen sind in jeweils unterschiedlichen Epochen entstanden: der Liberale Feminismus als erste Welle des Feminismus um die Jahrhundertwende 1900; der Radikale Feminismus im Zuge der Sozialen Bewegungen in den 1960er und 1970er Jahren; und der Poststrukturalistische Feminismus in den 1990er Jahren.

sellschaft durch bestimmte Institutionen falsche Anreize setzt. Es müssen also in erster Linie die Gesetze geändert und die Institutionen angepasst werden, damit Frauen und Männer in einer liberalen Gesellschaft gleich behandelt werden. Beispiele dafür sind die Einsetzung von Gleichstellungsbeauftragten, Frauenquoten, Tarifverträge mit gerechter Bezahlung, Bereitstellung von Krippenplätzen, etc.

Die bevorzugte Methode von Forschenden des Liberalen Feminismus ist die quantitative, also meist statistische Datenverarbeitung. In ihrem Artikel *Gendered Conflict* (2000) prüft Mary Caprioli zum Beispiel, ob Geschlechterungleichheit[65] (**gender gap**) in einem Staat und sein Militarismus zusammenhängen. Sie bejaht es und zieht den Schluss, dass mehr Frauen in außenpolitischen Positionen zu einer friedlicheren Außenpolitik beitragen würden: Je kleiner die *gender gap* einer Gesellschaft ist, desto friedlicher agiert sie nach außen.

Für liberale FeministInnen bedeutet Krieg durch Staatszerfall in erster Linie eine Situation, in der gesellschaftliche Institutionen versagen. Daraus entsteht ein Zustand der Rechtlosigkeit, der vor allem Frauen in ihrer ohnehin schwächeren Stellung besonders trifft und sie im Allgemeinen zu Opfern, aber vor allem auch zur Beute des Mannes macht. Zunehmende Vergewaltigungen sind also eine Folge der Kriegssituation, aber auch ein zwangsläufiger Bestandteil ebendieser. Im Krieg spielen viele indirekte Faktoren mit, die vermehrte Vergewaltigungen befördern. So verschwimmen die Grenzen zwischen Vergewaltigung und Prostitution und bei mangelnder Bezahlung und Lieferungsengpässen wie im Kongo besorgen sich Angehörige der Armee ihren Lohn durch Plünderungen selber, oft durch explizite Duldung oder gar Aufforderung. Außerdem werden im Krieg sowohl von Soldaten als auch von Zivilisten unbehelligter und ungehemmter Drogen konsumiert. Für den Kongo wäre hier noch zu ergänzen, dass der zunehmende Wirtschaftskrieg vor allem im Bergbauwesen geführt wird, in welchem der Mann als Ernährer der Familie wieder wichtiger wird und die Frauen alternativlos aus dem Arbeitsleben gedrängt werden (Van Reybrouck 2012: 540).

Der Liberale Feminismus würde also in erster Linie Institutionen verändern: Stabile Besoldung und sanktionsbewehrte Disziplin für die Truppen müssen durchgesetzt, längerfristig muss schon bei der Ausbildung der Soldaten angesetzt werden. Auch die Einbeziehung von mehr Soldatinnen könnte von Vorteil sein, sofern diese denn ausreichend geschützt werden. Da Bürgerkriege aber meist mit dem Zusammenbruch von Institutionen – eben *failing states* – gleichbedeutend sind, können Vergewaltigungen aus liberalfeministischer Perspektive wohl nie gänzlich verhindert werden.

Der Radikale/Standpunktfeminismus lehnt sich eher an revolutionäre, teils marxistische Ansätze an. Für VertreterInnen dieser Theorie ist die Gesellschaft heutzutage durch die **Hegemonie des Patriarchats** geprägt, welches sich in den letzten ca. 3000-5000 Jahren durch Gewalt und Unterdrückung herausgebildet hat und seitdem die Entwicklungsmöglichkeit von Frauen verhindert. Mit „Patriarchat" wird damit gemeinhin die privilegierte Machtstellung des Mannes in einer Gesellschaft bezeichnet. Wenn das ganze Gesellschaftssystem Männlichkeit propagiert, reicht eine bloße „Hinzufügung" von Frauen ins gesellschaftliche Bild, wie der Liberale Feminismus sie fordert, nicht aus. Es muss vielmehr das ganze System grundlegend verändert werden. Marxistische Feministinnen weisen darauf hin, dass schon die Akkumulation von Privateigentum patriarchalisch geprägt ist, wobei

65 Das englische *gender* bezeichnet die sozial zugeschriebene Geschlechterrolle, im Deutschen als soziales Geschlecht übersetzt. Das biologische Geschlecht wird im Englischen *sex* genannt.

„die Frau als der erste Besitz des Mannes verstanden werden müsse, aus dem sich weitere Besitzverhältnisse und Hierarchien entwickelten“ (Schmölzer 1996: 26). Auch die Idee eines modernen Staates ist Ausdruck der patriarchalischen Verhältnisse. Denn Frauen spielen hier meist nur im Privaten eine Rolle (wobei die Trennung zwischen öffentlichem und privatem Raum nichts anderes als eine konstruierte Trennung zur Absicherung der männlichen Hegemonie sei), während dem Mann die res publica, die öffentlichen Dinge, zufallen. Diese traditionellen Männer- und Frauenbilder werden den Menschen von klein auf anerzogen.

Radikale FeministInnen versuchen deshalb, die Perspektive zu ändern und die Gesellschaft aus weiblicher Perspektive zu beschreiben, indem die weiblichen Eigenschaften aufgewertet werden. Dazu muss die Rolle der Frauen in den iB überhaupt sichtbar gemacht werden. Cynthia Enloe hat dazu in ihrem Werk *Bananas, beaches, bases* (1989) untersucht, wie die vermeintliche männliche Internationale Politik tatsächlich auf weiblicher Zuarbeit basiert: ob als sich-selbst-aufopfernde Diplomatengattin, ob als billige Arbeitskraft oder willige Käuferin von Konsumartikeln, als Bäuerin, die die Versorgung der Familie übernimmt, wenn Männer in den Krieg ziehen, oder als Prostituierte in vom Militär organisierten Bordellen, die Lob und Trost spendet und damit die Truppenmoral heben soll.

Selbst in Friedenszeiten ist also aus radikalfeministischer Perspektive die Unterdrückung der Frau und der gewaltsame Sex mit ihr weitgehend normal; Medien und Kultur propagieren das aktive Heldentum des Mannes und die passive Opferrolle der Frau, sexuelle Vergehen an ihr und häusliche Gewalt werden kaum geahndet. Der Krieg als Verherrlichung alles „Mannhaftem“ ist dann schlechthin die völlige „Negation des Weiblichen“ (Schmölzer 1996: 165). Im Krieg radikalisiert sich die hierarchische Beziehung zwischen Männern und Frauen: Je gewalttätiger und brutaler der Mann vorgeht, umso männlicher erscheint er. Von der Frau erwartet *mann* hingegen bedingungslose Unterstützung seiner Taten, während er sie, wegen ihrer vorgeblichen natürlichen Schwäche und Anfälligkeit, beschützen muss (was oft als ursprünglicher Grund zur Kriegsführung angebracht wird). Der Schutz der Zivilisten (d.h. vor allem der Frauen) ist jedoch noch in fast keinem Krieg gelungen; im Gegenteil werden Frauen oft die ersten Opfer. Denn der Soldat, gezielt dazu trainiert, Emotionen als Schwäche („Weiblichkeit“) zu verachten, betrachtet Vergewaltigungen und Besuche in Bordellen („Freudenhäusern“) als verdienten Lohn für seine Strapazen (Schmölzer 1996: 170ff.). Vermehrte Vergewaltigungen sind für RadikalfeministInnen im Gegensatz zu liberalen keine Begleiterscheinung des Krieges, sondern eine logische, radikalisierte Weiterführung des Normalzustandes. Vergewaltigungen der „eigenen“ Frauen durch den Gegner werden dabei als persönliche Schmach ihrer Männer empfunden, als Angriff auf das eigene Land und den eigenen Besitz. Deshalb wurden sie in den Geschichtsbüchern meist verschwiegen, oder aber einer bestimmten anderen Kultur zugeschrieben („die Russen“, „die Afrikaner“,...), um den Kampfgeist und „Beschützerinstinkt“ der Männer zu wecken. Sexuelle Gewalt gegen Frauen gehört aber zu jeder patriarchalischen Kultur. So war in der belgischen Kolonie Kongo die freie, auch sexuelle Verfügung über *ménagères*, junge kongolesische Dienstmädchen, die Norm, während der Gedanke, dass sich Afrikaner weißen Frauen näherten, noch bis weit ins 20. Jahrhundert regelrechte Panik unter ihren europäischen Geschlechtsgenossen auslöste (Van Reybrouck 2012: 89). Tatsächlich hört man im Kongo nicht nur von Vergewaltigungen und Prostitutionsförderung aller kongolesischen Kampfparteien, sondern auch immer wieder seitens MONUSCO-Angehöriger (Van Reybrouck 2012: 374).

Im Gegensatz zum Liberalen Feminismus, der den Staatszerfall rückgängig machen will, sehen radikale FeministInnen das moderne Staatsmodell an sich als inhärent patriarchalisch an. Wie oben bereits angemerkt, bewirkt die Trennung von öffentlich-privatem bzw. außenpolitisch-innenpolitischem Rahmen, dass Frauen aus öffentlichen und außenpolitischen Entscheidungsprozessen ausgeschlossen werden. Dann sind Kriege wie im Kongo, in denen die Trennung von Außen- und Innenpolitik verschwimmt, jedoch besonders problematisch: Die angeblich geschützten, da nur im Privaten agierenden Frauen, sind auf kriegerische Handlungen unvorbereitet und dadurch besonders verletzlich (Tickner 1992: 56). Auch wenn Staatszerfall und Krieg also die Situation der Frauen dramatisch verschlechtern, sehen radikale FeministInnen in der Unterdrückung der Frau die Voraussetzung für Krieg und militaristische Staaten. Um langfristig friedlich leben zu können, müssten weibliche Charakteristika (Konzentration auf die Erhaltung des Lebens, Harmonie mit der Natur, Kooperation, Sinnlichkeit, Rücksichtnahme) männliche (Autonomie, Individualismus, Bezwingen, Überwinden von Leben und Natur) in der Gesellschaft ausgleichen und beschränken. Ziel ist nicht das Matriarchat, denn das wäre ja umgekehrte Herrschaft und Unterdrückung, sondern der Ausgleich zwischen beiden Geschlechtern. Praktisch wäre damit schon in der Erziehung von Kindern anzusetzen, die von beiden Elternteilen gemeinsam erzogen werden sollen. Grundsätzlich falsch ist für radikale FeministInnen dagegen die Einbeziehung von Frauen in den Wehrdienst, denn hierbei würden sie für ein militaristisch-männliches System kämpfen und es erhalten; sie würden ihr Leben riskieren und selbst welches vernichten, womit sie die eigene Weiblichkeit negieren. Entgegen der liberalen Theorieströmung vertritt der Radikale Feminismus also die Position, dass Integration der Frauen allein nicht genügt, solange sie keine eigenen, systemalternativen Positionen vertreten dürfen. Die erste UN Women-Geschäftsführerin und Staatspräsidentin Chiles, Michelle Bachelet, kommt zu dem Schluss: „As I have learned: when one woman is a leader it changes her. When more women are leaders, it changes politics and policies" (James, o.S.).

Im Gegensatz zum Liberalen und Standpunktfeminismus, denen beiden ein essenzialistisches, binäres Weltbild (also die Einteilung der Menschen in Männer und Frauen) zugrunde liegt, sieht der **Poststrukturalistische oder Postmoderne Feminismus** gerade darin schon eine Herrschaftsstruktur, welche die Vielfältigkeit möglicher Geschlechterrollen verkennt. Er wirft dem Standpunktfeminismus insbesondere vor, bestimmte Eigenschaften als „weiblich" zu monopolisieren und diese tendenziell als den männlichen überlegen anzusehen. StandpunktfeministInnen im Gegenzug kritisieren den Postmodernismus umgekehrt dahingehend, dass er mit der Aufgabe der Kategorien „weiblich" und „männlich" die normative Grundlage des Feminismus, also die gesellschaftliche Aufwertung der Frauen, insgesamt preisgibt.

Poststrukturalistisch-feministische Ansätze sehen ihre Aufgabe vielmehr darin, mittels Diskursanalysen aufzuzeigen, wie Geschlechterrollen vor allem durch Sprache konstruiert und verändert werden sowie sich gegenseitig konstituieren. J. Ann Tickner (1992) und Christine Sylvester (1994) zeichnen nach, wie geläufige Theorien der Politikwissenschaften als männlich angesehene Verhaltensweisen projizieren und dadurch strukturell bevorzugen. Rationalität und Stärke werden als Tugenden gelobt, während Frauen gemeinhin als emotional, schwach und intrigant gelten und Männer meist zu schlechten Entscheidungen zu verführen versuchen (am deutlichsten bei Machiavelli, aber auch bei Aristoteles, Hobbes und Rousseau).

Jean Bethke Elshtain etwa weist in *Women and War* (1987) auf die Rolle von Mythen und Traditionen von gesellschaftlich konstruierter Männlichkeit (Just Warrior) und Weiblichkeit (Beautiful Souls) hin. Carol Cohn, die in *Sex and death in the rational world of defense intellectuals* (1987) Reden auf internationalen Sicherheitskonferenzen untersucht hat, stellt fest, dass die Sprache im Militär bewusst emotionslos und kühl gehalten wird; Gefühle kommen so gut wie nicht vor und werden systematisch ausgeschlossen. Das geschieht vor allem durch die Verwendung von verharmlosenden Begriffen („gezielte Tötung", „Kollateralschaden", „*clean bombs*") bis hin zu Verniedlichungen (so wie die ersten Atombomben auf Nagasaki und Hiroshima als „Fat Man" und „Little Boy" bezeichnet wurden). Hierbei möchte der Feministische Sozialkonstruktivismus deutlich machen, dass diese Hegemonie einer bestimmten Form von Männlichkeit ein allmählicher, gesellschaftlicher Prozess und keine bewusst geleitete Verschwörung der Männer an sich ist. Insofern ist ein Wandel der gesellschaftlichen Diskurse auch nur evolutionär, nicht revolutionär, möglich.

Sexuelle Gewalt von Soldaten wird im Sozialkonstruktivismus als „performativer Akt der Männlichkeit" gesehen, ein Akt, der eine bestimmte „männliche" Identität eines Soldaten konstituiert. Dazu haben die Forscherinnen Stern und Eriksson-Baaz in ihrem Artikel *Why Do Soldiers Rape? Masculinity, Violence, and Sexuality in the Armed Forces in the Congo (DRC)* (2009) untersucht, wie sich Männer über Vergewaltigungen unterhalten und Muster herausgearbeitet. Nach ihren Ergebnissen begreifen sich Männer dadurch als bessere, potentere Krieger, deren Heterosexualität unterstrichen wird. Sie sehen Vergewaltigungen als verdienten Lohn dafür, dass sie sich für den Schutz ihrer Familie und ihres Volkes einsetzen. Eine vermehrte Präsenz von Frauen in der Armee könnte also unter Umständen den Diskurs und das Männer-/Frauenbild aus sozialkonstruktivistischer Perspektive verändern; welches Resultat das bringen könnte, steht im vorneherein jedoch nicht fest. Gleiches gilt wohl für die (diskursiven) Konzepte von „Staat" und „Staatszerfall".

6. Prognose

Alle drei Hauptströmungen feministischer Ansätze unterscheiden sich im Hinblick auf die vorgeschlagene Art und wahrgenommene Möglichkeit zu gesellschaftlicher Veränderung. Bei allen ist sexuelle Gewalt schwer zu stoppen. Liberale würden bei den Institutionen ansetzen, diese verändern, neu schaffen oder verstärken. Staatszerfall ist insofern als Treiber sexueller Gewalt anzusehen, so dass es gilt, ihn aufzuhalten. Investitionen in die Disziplin und die Ausbildung von SoldatInnen versprechen gleichfalls Verbesserungen. Darüber hinaus spielt vor allem die Stärkung der Rechtsdurchsetzung eine bedeutende Rolle, beispielsweise durch den Internationalen Strafgerichtshof, vor dem sich bereits mehrere kongolesische Milizenführer verantworten mussten.

Für die radikalen FeministInnen ist auch im Frieden das Patriarchat nur schwer reformierbar. Frauen fügen sich vielmehr größtenteils den vorgegebenen Rollenbildern und sehen Emanzipation eher argwöhnisch und skeptisch. Es ist also eine Ausarbeitung von konstruktiven Gegenpositionen und Alternativen vonnöten sowie ein kritisches Hinterfragen von Herrschaftsvorstellungen und gesellschaftlichen Verhältnissen. Genau wie SozialkonstruktivistInnen würden sie daher in der Erziehung und damit in der (Nicht-) Weitergabe von Traditionen ansetzen.

SozialkonstruktivistInnen unterstreichen dabei die Rolle von Sprache, deren Veränderung auch ein Mentalitätswandel nach sich ziehen könnte: Redet man nicht mehr von

Staats*männern*, Diploma*ten* oder Exper*ten,* sondern versucht konsequent in einer geschlechterneutralen oder -inkludierenden Form (**gender-mainstreaming**[66]) zu sprechen und zu schreiben, nimmt man iB anders wahr.

7. Bewertung

Feministische Ansätze sind zum Verständnis der massenhaften, sich intensivierenden sexuellen Gewalt in den Kongo-Kriegen sehr wertvoll. Jede der drei Hauptrichtungen stellt auf verschiedene Gründe und Aspekte ab: In zerfallenden Staaten versagen Institutionen, die Frauen schützen könnten (liberale Richtung), wobei diese Staaten schon zuvor stark von der Benachteiligung der Frauen gekennzeichnet gewesen sein müssen, wenn sich die Tendenz zur sexuellen Gewalt in Krisenzeiten offenbart (radikale Richtung). Sexuelle Gewalt lässt sich aber schwer stoppen, sondern intensiviert und verbreitet sich vielmehr unter Kriegsführenden, die sich durch bestimmte Diskurse Strukturen erschaffen, über die der Staat keine Deutungsmacht mehr hat (Poststrukturalismus).

Sexuelle Gewalt hat in jeder Hinsicht verheerende, langfristige Effekte auf alle Bereiche, die ein Staat zum Funktionieren braucht. Menschen jeden Geschlechts sind von den weitverbreiteten, über Jahre praktizierten Handlungen und vorherrschenden Diskursen traumatisiert. Folgen wir der feministischen Logik, kann aber eine friedliche, prosperierende und gerechte Gesellschaft, inner- oder außerhalb eines europäischen Staatsmodells, welches diese drei Eigenschaften schützt, nicht ohne ein Miteinander der Geschlechter und einer gleichberechtigten Kooperation unter ihnen existieren.

Die Vereinten Nationen setzen sich, und das nicht zuletzt durch die Berichte aus Kongo, für die Stärkung von Frauen ein. Bereits 2000 verabschiedete der UN-Sicherheitsrat Resolution 1325 über „Frauen, Frieden und Sicherheit", in der er die Bestrafung der Urheber sexueller Gewalt und den besonderen Schutz von Frauen in Kriegsgebieten fordert, sowie für die Einbeziehung von Frauen in Friedensverhandlungen und den Wiederaufbau wirbt. 2010 wurde die Gründung der United Nations Entity for Gender Equality and the Empowerment of Women (UN Women) beschlossen, eine für UN-Verhältnisse bisher erstaunlich aktive und erfolgreiche Suborganisation, die sich sowohl im UN-System selber, als auch in allen Mitgliedstaaten um die Gleichstellung und generelle Stärkung der Frauen bemüht. Diese und viele weitere Beispiele zeigen, dass sich in den letzten Jahren auch auf UN-Ebene sehr viel in Bezug auf eine Durchbrechung der „patriarchalischen Hegemonie" (s.o.) getan hat.

Schließlich muss auch die Rolle der internationalen Medien erwähnt werden, welche die seit zwei Jahrzehnten stattfindenden Massaker und Vergewaltigungen in schwer zugänglichen Gebieten des afrikanischen Kontinents meist ignorieren. In der medialen Aufmerksamkeit stehen andere Konflikte obenan, die weit weniger Opfer fordern als die Kriege im Kongo. Dies könnte zum einen dadurch bedingt sein, dass Frauen öffentlich kaum gehört werden oder gar über eine Stimme verfügen. Zum anderen wird Afrika sich und seinen Konflikten oftmals selbst überlassen, was vielleicht eine Folge, vielleicht die Ursache eines Nord-Süd-Denkens, der Unterscheidung zwischen *zones of peace* und *zo-*

66 *Gender-mainstreaming* umfasst aber weitaus mehr als die Verwendungen einer geschlechtssensiblen Sprache, sondern versucht in allen gesellschaftlichen Lebenssituationen die unterschiedlichen Interessen von Frauen und Männern zu berücksichtigen, da es keine geschlechtsneutrale Realität gibt.

nes of turmoil, ist (vgl. dazu 1.1.). In der Perspektive eines erweiterten Galtung'schen Friedensbegriffs leiden die Frauen im Kongo unter doppelter struktureller Gewalt (ebd.): Einmal aufgrund des zerfallenden Staatswesens im Land selbst und einmal unter der medial forcierten Vernachlässigung der internationalen Gemeinschaft. Hier wird die Wichtigkeit der Förderung feministischer, aber auch ihre Verknüpfung mit postkolonialistischen Perspektiven auf die Internationale Politik besonders deutlich.

Postkolonialistische Ansätze

Wie feministische Ansätze greifen postkolonialistische Perspektiven in den IB die vorherrschenden Annahmen direkt an: Haben nicht europäische Theorien und Modelle das Denken im Allgemeinen stark geprägt, während sie das Wissen kolonisierter Völker verdrängten und verstummen ließen? War der Kolonialismus, also die Herrschaft europäischer Reiche über den Großteil der Weltbevölkerung bis zur zweiten Hälfte des 20. Jahrhunderts, tatsächlich mit der (politischen) Unabhängigkeit der Kolonien vorbei? Postkolonialistische Denker und Denkerinnen sehen vielmehr die Kontinuitäten westlicher Herrschaft im theoretischen Diskurs bis heute. So werden politische Prozesse in nicht-westlichen Gesellschaften an westlichen Maßstäben (wie beispielsweise dem europäischen Staatsmodell, s.o.) gemessen. Außerdem wird den nicht-westlichen Staaten aufgezeigt, in welche Richtung sie sich zu entwickeln hätten – nämlich so, wie es der Westen vorgibt (vgl. Analyse im Kap. Entwicklungszusammenarbeit). Im Gegenzug dazu möchten postkolonialistische Ansätze die Stimmen und Ansichten der ehemals kolonisierten Menschen sichtbar machen, um das Gesamtbild zu komplementieren. Vgl. 3. im Kap. Entwicklungszusammenarbeit.

8. Handlungsempfehlung

Aus Sicht der feministischen Theorien ergibt sich, dass die Politikforschung wie auch die praktische internationale Politik langfristig und grundsätzlich ihre Perspektive verändern muss – indem sie die weibliche hinzunimmt. Geschichte muss neu geschrieben werden, um auch den Frauen ihren zustehenden Anteil an der Gestaltung zukommen zu lassen; in jedem Fall wird er gleich groß sein wie der der Männer. Nur mit einer ausgewogenen männlich-weiblichen Perspektive können sich direkte Handlungsempfehlungen für die gerechte und nachhaltige Lösung aktueller Probleme ergeben: „Der Friede, das sei hier klargestellt, kann gar nicht Sache eines Geschlechts, eines Volkes, einer Rasse oder Klasse sein, sondern er ist nur im Zusammenwirken beider Geschlechter, aller Völker, Rassen und Klassen möglich" (Schmölzer 1996: 318).

Darüber hinaus ergibt sich für den europäischen Beobachter des Kongo-Konfliktes, dem wirtschaftlichen Konsum der Coltan-, Kupfer- oder Erzvorkommen des Kongo ein politisches Verantwortungsgefühl folgen zu lassen. Außerdem ist Vorsicht bei vorschnellen kultur-, religiös- oder ethnisch-bedingten Vorurteilen geboten. Die kriegführenden KongolesInnen sind nicht *per se* gewalttätiger, sondern wurden durch einen bereits zwei Jahrzehnte andauernden Krieg, in den sie meist schon als kleine Kinder einbezogen wurden, traumatisiert (vgl. die Neuen Kriege in 1.1.). Vor einem solchen Abgleiten in einfache Klischees über Afrika im Allgemeinen und den Kongo im Speziellen sei gewarnt:

> "The Congo's suffering is intensely human; it has experienced trauma on a massive and prolonged scale, and the victims are our neighbours, our trading partners, our political confreres and rivals. They are not alien; they are not evil; they are not beyond our comprehension. The story of the Con-

go is dense and complicated. It involves that all involved think hard. (…) We should not despair. (…) There are no easy solutions for the Congo, no silver bullets to produce accountable government and peace. The ultimate fate of the country rests with the Congolese themselves. Westerners also have a role to play, in part because of their historical debt to the country, in part because it is the right thing to do. This does not mean imposing a foreign vision on the country or simply sending food and money. It means understanding it and its politics and rhythms on their own terms, and then doing our part in providing an environment conducive to growth and stability." (Stearns 2011)

Glossar

Staatsfunktionen: Sicherheit, Wohlfahrt und Rechtsstaatlichkeit
Consolidating state; weak state; failing state; failed state
Liberaler/empirizistischer Feminismus
Radikaler/Standpunktfeminismus
Poststrukturalistischer/Postmoderne Feminismus
Hegemonie des Patriarchats
Gender gap
Androzentrismus

Übungsfragen

1. Zeichnen Sie am Beispiel des Kongo den Zusammenhang von Staatszerfall und zunehmender sexueller Gewalt nach!
2. Analysieren Sie den Kongo-Konflikt mit Hilfe der Charakteristika der „Neuen Kriege" (vgl. Analyse in 1.1.)!
3. In vielen Konflikten intervenieren externe Akteure. Diskutieren Sie die potenziellen Auswirkungen einer Intervention auf die sexuelle Gewalt in diesen Konflikten aus der Perspektive der drei verschiedenen Feminismus-Strömungen!
4. Transferfrage: Welche Gegenargumente gegen die feministischen Perspektiven können aus Sicht der realistischen Theorieschule formuliert werden (vgl. 1.1. sowie den Neorealismus im Kap. Abschreckung)?

Filmtipp: Hotel Ruanda (2004), Terry George [Spielfilm]

Die wahre Geschichte des Hotelmanagers (Don Cheadle) des Hôtel des Mille Collines in Kigali, wo er über 1000 Flüchtlinge beherbergte und mithilfe von UN-Blauhelmen das Leben rettete. Der Völkermord in Ruanda war ein Vorbote für das, was in Kongo folgen würde.

Empfohlene Beschreibung der Kongo-Kriege

Van Reybrouck, David (2012): Kongo. Eine Geschichte. Berlin: Suhrkamp.

Empfohlener Text zu feministischen Theorien

Hinterhuber, Eva Maria (2003): Krieg und Geschlecht. Feministische Ansätze in der Friedens- und Konfliktforschung. In: Neissl, Julia et al. (Hrsg.): Männerkrieg und Frauenfrieden. Geschlechterdimensionen in kriegerischen Konflikten. Wien: Promedia, S. 187–201.

Übrige verwendete Literatur

Caprioli, Mary (2000): Gendered Conflict. In: Journal of Peace Research 37, 1, S. 53–68.
Cohn, Carol (1987): Sex and Death in the World of Defense Intellectuals. In: Signs 12, 4, S. 687–718.

Elshtain, Jean Bethke (1987): Women and War. Chicago: University of Chicago Press.

Enloe, Cynthia (1989): Making feminist sense of international politics: Bananas, beaches and bases. Los Angeles: Pandora.

Finke, Barbara (2010): Feministische Ansätze. In: Schieder, Siegfried/Schindler, Manuela (Hrsg.): Theorien der Internationalen Beziehungen. Opladen: Verlag Barbara Budrich, S. 521–550.

Grill, Bartholomäus (2006): Die Hölle im Paradies. In: Ullrich, Volker/ Berié, Eva (Hrsg.): Der Fischer Weltalmanach aktuell: Afrika. Frankfurt a.M: Fischer, S. 70–73.

James, Elizabeth: Closing the gender gap, online unter: http://www.ausaid.gov.au/HotTopics/Pages/ Display.aspx?QID=1006 [letzter Zugriff am 23.07.13].

Peterman, Amber/Palermo, Tia/Bredenkamp, Caryn (2011): Estimates and determinants of sexual violence against women in the Democratic Republic of Congo. In: American Journal of Public Health 101, 6, S. 1060–1067.

Ruppert, Uta (1998): Theorien Internationaler Beziehungen aus feministischer Perspektive. In: Dies. (Hrsg.): Lokal bewegen – global verhandeln. Internationale Politik und Geschlecht. Frankfurt a.M./New York: Campus Verlag, S. 27–55.

Schlindwein, Simone (2013): Der gefährlichste Ort der Welt. In: Amnesty Journal 2013, 2 , online unter: http://www.amnesty.de/journal/2013/februar/der-gefaehrlichste-ort-der-welt [letzter Zugriff am 26.9.2013].

Schmölzer, Hilde (1996): Der Krieg ist männlich. Ist der Friede weiblich? Wien: Verlag für Gesellschaftskritik.

Schneckener, Ulrich (2007): Fragile Staatlichkeit und Staatsbildung. Begriffe, Konzepte und Anwendungsrahmen. In: Beisheim, Marianne/Folke-Schuppert, Gunnar (Hrsg.): Staatszerfall und Governance. Baden-Baden: Nomos, S. 98–121.

Schultze, Rainer-Olaf (2005): Korruption. In: Nohlen, Dieter/Schultze, Rainer-Olaf (Hrsg.): Lexikon der Politikwissenschaft. Theorien, Methoden, Begriffe. München: C.H. Beck, S. 491–492.

Stern, Maria/Eriksson-Baaz, Maria (2009): Why Do Soldiers Rape? Masculinity, Violence, and Sexuality in the Armed Forces in the Congo (DRC). In: International Studies Quarterly 53, S. 495–518.

Stearns, Jason K. (2011): Dancing in the Glory of Monsters. The Collapse of the Congo and the Great War of Africa. New York/London: Public Affairs, S. 336–337.

Sylvester, Christine (1994): Feminist Theory and International Relations in a Postmodern Era. Cambridge: Cambridge University Press.

Tickner, J. Ann (1992): Gender in International Relations. Feminist Perspectives on achieving global security. New York: Columbia University Press.

Ziemer, Klaus (2005): Klientelismus. In: Nohlen, Dieter/Schultze, Rainer-Olaf (Hrsg.): Lexikon der Politikwissenschaft. Theorien, Methoden, Begriffe. München: C.H. Beck, S. 438–439.

3.5. Studie zu Handlungsempfehlungen: Die atomare Aufrüstung Irans

Mitarbeit: Elisabeth Huther

Wie in 1.1. ausgeführt, bilden die Theorien der IB die Grundlage für die Bewertung von beobachteten Phänomenen – und erst hieraus können Prognosen oder gar politische Handlungsempfehlungen abgeleitet werden. Diese Fallstudie soll anhand des Atomwaffenprogramms des Iran zeigen, wie sehr die Deutung, Bewertung und Handlungsempfehlung von der Wahl der Theorie abhängig ist.

Der Fall: Der Iran zählt zu den größten Staaten des Mittleren Ostens. Der Persische Golf stellt eine Region dar, der rund 60 Prozent der bestätigten globalen Erdöl- und 45 Prozent der Erdgasvorkommen zugeschrieben werden. Die Straße von Hormuz stellt eine für den Seeverkehr überaus wichtige (ca. 20 Prozent des weltweit gehandelten Öls werden über diese Meerenge transportiert) und zugleich verwundbare Meerenge dar. Diese könnte durch Seestreitkräfte zumindest temporär blockiert werden, was in der Vergangenheit von iranischer Seite schon mehrfach angedroht wurde. Die Rohstoffabhängigkeit von den Vorkommen des Mittleren Osten und damit von der freien Passage der Straße von Hormuz ist enorm: Japan bezieht knapp 80 Prozent seines Erdölbedarfs aus dem Großraum des Persischen Golfs, die USA über 20 Prozent und China ein Drittel.

Nicht nur wirtschaftliche Verflechtungen bergen Krisenpotenzial, auch die schwer durchschaubare sicherheitspolitische Lage am Golf und auf weitere Machtansprüche hindeutende Rhetorik, wie die des früheren Staatspräsidenten Mahmud Ahmadinedschad („Is it possible for us to witness a world without America and Zionism? You should know that this slogan, this goal, can certainly be achieved."), verleiht der Lage am Golf Brisanz. Der mehrheitlich schiitische Iran sieht sich von den anderen, vornehmlich sunnitischen, arabischen Staaten militärisch eingekreist, und fürchtet zugleich Angriffe durch die USA oder Israel. Im Persischen Golf patrouilliert die US-Marine, in Afghanistan sind noch immer US-Soldaten stationiert und Saudi-Arabien gilt als westlicher Verbündeter. Auch die Türkei, die potenziell als Vermittlungsmacht in Betracht kommen würde, ist letztlich NATO-Mitglied und bestrebt, der EU beizutreten. Des Weiteren ist der Iran umgeben von Indien, Israel, Pakistan und Russland, die sämtlich über Atomwaffen verfügen.

Graphische Darstellung 21: Der Iran und seine Nachbarn

Quelle: Center for Security Studies (CSS) der ETH Zürich, CSS Analyses in Security Policy No. 1, November 2006.

Irans Atomprogramm

Im Jahr 2002 wurde das iranische Atomprogramm aufgedeckt, das der Internationalen Atomenergieaufsichtsbehörde (IAEA) verheimlicht worden war. Der zunächst kooperative Umgang mit der IAEA – so wurden Inspektionen genehmigt und die Urananreicherung kurzzeitig eingestellt – nahm sein Ende, als im August 2005 der konservativ-religiöse Mahmud Ahmadinedschad zum Präsidenten gewählt wurde. Mit seiner Wahl verschärfte sich der Konflikt um das iranische Atomprogramm. Jedoch bestreitet der Iran das Streben nach Atomwaffen: das Atomprogramm diene lediglich der Energieversorgung. Dies sei trotz der erheblichen Öl- und Gasreserven aufgrund der Endlichkeit dieser Vorräte und dem Anstieg der iranischen Bevölkerung nötig. Trotz diverser UN-Resolutionen und damit verbundenen Sanktionen, kam der Iran den Forderungen nach Transparenz und Kontrolle i.d.R. nicht nach. Am 14. Juni 2013 gewann der als moderat geltende Hassan Rohani die Präsidentschaftswahl im Iran. Seit seinem Amtsantritt Anfang August sprach er sich bereits mehrfach für eine friedliche Lösung des Konflikts um das Atomprogramm aus. Im November 2013 gelang ein Abkommen zwischen den fünf Vetomächten des Sicherheitsrates, Deutschland und Iran, in dem sich der Iran zu mehr Transparenz und zur

Drosselung seiner Uran-Anreicherung verpflichtet. Im Gegenzug lockert der Westen seine Sanktionen.

Theorie, Bewertung und Handlungsempfehlung

Um empirische Fälle der iB über eine Einzelmeinung hinaus beurteilen zu können, bedarf es der Anbindung an eine Theorie. Dass die politische Handlungsempfehlung von der gewählten Theorie abhängig ist, soll im Folgenden beispielhaft anhand der drei Theorien Neorealismus, Neoliberaler Institutionalismus und Sozialkonstruktivismus gezeigt werden.

Dem **Neorealismus** zufolge ist ein internationales System stabil, wenn ein Machtgleichgewicht existiert, potenziell aggressive Staaten also aus Angst vor einer Niederlage abgeschreckt werden (vgl. Kap. 1.3.). Daher ist in diesem Fall die Kompensation des Machtungleichgewichts und damit des Sicherheitsdilemmas durch das Atomprogramm des Iran wünschenswert, weil es vor einem Angriff, beispielsweise von Israel, abschreckt. Im Sinne regionaler Stabilität ist das Atomprogramm also positiv zu bewerten.

Das Sicherheitsdilemma spielt auch im **Neoliberalen Institutionalismus** eine Rolle (vgl. Kap. 2.1.), doch können diese Herausforderungen durch internationale Institutionen überwunden werden. Dieses Ziel hat auch der Atomwaffensperrvertrag, der die Nichtverbreitung und Verpflichtung zur Abrüstung von Kernwaffen zum Gegenstand hat. Die IAEA ist damit beauftragt, die Einhaltung des Atomwaffensperrvertrags zu kontrollieren, den auch der Iran unterzeichnet und ratifiziert hat. Jedoch verweigerte er in der Vergangenheit Kontrolleuren der IAEA mehrfach den Zugang zu den Urananreicherungsanlagen, hielt also die Vereinbarungen des Atomwaffensperrvertrages nicht ein. Die Genfer Vereinbarungen versprechen eine Verbesserung. Das Nuklearprogramm des Iran ist also aus Sicht des Neoliberalen Institutionalismus nur unter der Bedingung der Nichteinhaltung der Verträge als negativ und bedrohlich zu bewerten.

Zu einem anderen Ergebnis kommt man, wenn man den **Sozialkonstruktivismus** für eine genauere Betrachtung der Beziehungen zwischen dem Iran und Israel heranzieht (vgl. Kap. 3.1.). Israel als jüdischer Staat betrachtet die iranische Führung, die weiterhin das Existenzrecht Israels nicht anerkennt und immer wieder den Holocaust geleugnet hat, als einen ihrer größten Feinde. Ein nuklear aufgerüsteter Iran würde deshalb eine existentielle Bedrohung für Israel darstellen – das Mullahregime in Teheran hätte es in der Hand, Israel zu vernichten. Die Beteuerungen Teherans zu mehr Transparenz sind nur Schein, das Atomprogramm des Iran ist daher aus israelischer Sicht als sehr negativ zu bewerten.

Graphische Darstellung 22: Von der Empirie zur Handlungsempfehlung

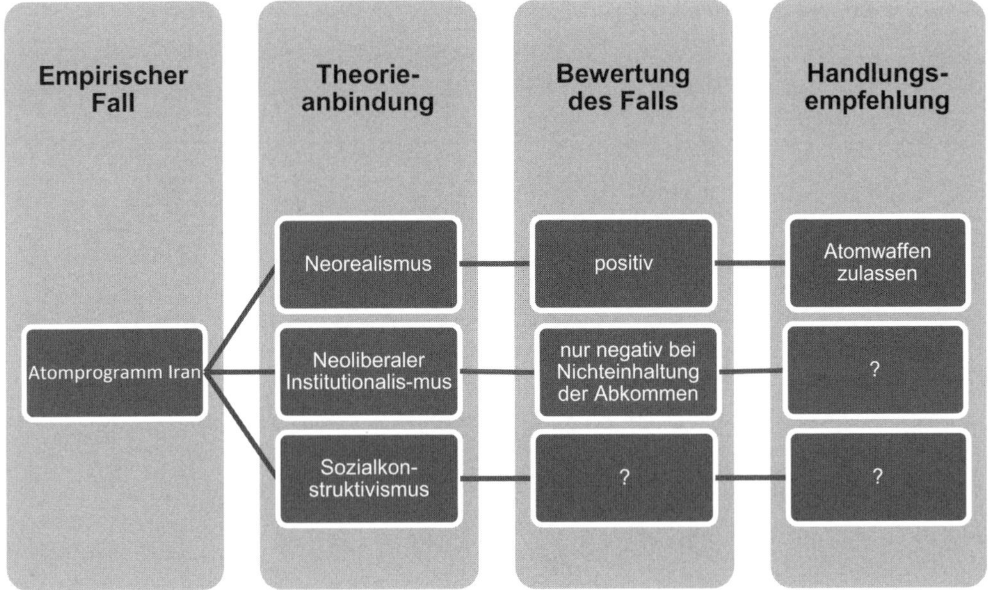

Quelle: Eigene Darstellung.

Übungsaufgabe

Erarbeiten Sie auf Grundlage der theoretischen Bewertungen politische Handlungsempfehlungen für den Westen! Rekapitulieren Sie anhand der theoretischen Grundlagen in 1.1., warum es nicht die eine richtige Handlungsempfehlung geben kann!

Literatur

Aufrüstung neuer Mächte: China, Indien, Brasilien und Iran, online unter: http://www.isn.ethz.ch/Digital-Library/Publications/Detail/?ots591=0c54e3b3-1e9c-be1e-2c24-a6a8c7060233&lng=en&id=113809 [letzter Zugriff am 21.01.2014].

Auswärtiges Amt – Außenpolitik Iran, online unter: http://www.auswaertiges-amt.de/DE/Aussenpolitik/Laender/Laenderinfos/Iran/Aussenpolitik_node.html [letzter Zugriff am 21.01.2014.]

Iran – Maritime Dimension der Aufrüstung und Entwicklung des Iran, online unter: http://www.globaldefence.net/artikel-analysen/10083-iran-maritime-dimension-der-aufruestung-und-entwicklung-des-irans.html [letzter Zugriff am 21.01.2014] .

4. Frieden

4.1. Der Demokratische Frieden

Mitarbeit: Saskia Scholz

1. Einstieg

„Karge Ackerflächen, Weideland und Obstbäume sind zu sehen. Entlang den Strassen liegt Abfall, Plasticsäcke hängen an den Feigenkakteen. Dann tauchen rasch hochgezogene Wohnblocks auf, hässlich und unverputzt. Schon bald steht man mitten im Zentrum der ärmlichen Provinzstadt Sidi Bouzid, die ausser ein paar Cafés, Verwaltungsgebäuden, Schulen und einfachen Geschäften nichts zu bieten hat.

Hier, in der Tristesse des tunesischen Hinterlands, wurde Mohammed Bouazizi vor 26 Jahren geboren, hier hat er gelebt, hier hat er seinem Leben ein Ende gesetzt. Am Vormittag des 17. Dezember 2010 hat sich Bouazizi nach einer heftigen Auseinandersetzung mit einer Polizistin, die ihn geohrfeigt und anschliessend mit Hilfe eines Kollegen zu Boden geworfen haben soll, mit Benzin übergossen und angezündet. Die Polizei soll ihm zuvor auch seine Waage beschlagnahmt haben. Als er sie auf dem Posten zurückverlangt habe, sei er erneut geschlagen worden. Der Gouverneur, den er darauf in seiner Not anging, soll ihn abgewiesen haben.

(…) In Sidi Bouzid kam es nach der Selbstverbrennung zu Protesten gegen die korrupte Polizei, die sich schnell auswuchsen und über Internet den Weg in den arabischen Nachrichtensender al-Jazira fanden. Zwei Wochen nach der versuchten Selbsttötung von Bouazizi besuchte ihn der tunesische Herrscher Ben Ali im Spital und bot der Familie 20 000 Dinar (zirka 15 000 Franken) an. Seine Mutter Manoubia lehnte empört ab. Am 5. Januar starb Mohammed Bouazizi. Seine Mutter Manoubia lehnte empört ab. (…) Die Selbsttötung war der Funke, der das tunesische Pulverfass entzündete." (Schmidt-Häuser 2011)

Die folgenden Massenproteste zwangen den Diktator Ben Ali am 14. Januar 2011, das Land zu verlassen. Tunesiens langer Weg in die Demokratie begann.

2. Leitfrage: Welchen Beitrag leistet die Herrschaftsform Demokratie für Frieden?

3. Beschreibung: Die Ausbreitung der Demokratie

Politische Systeme mit demokratischen Charakteristika sind kein neues Phänomen. Schon in der Antike kannten die Griechen und die Römer das Konzept einer Demokratie, auch wenn dies damals noch einige Bevölkerungsgruppen wie Frauen oder Sklaven ausschloss. In der ersten Hälfte des 19. Jahrhunderts begann die **erste Demokratisierungswelle** (nach Huntington 1991) mit der Entwicklung der Demokratie in den USA und Frankreich. Unter einer Demokratisierungswelle versteht Huntington eine Gruppe von Übergängen („**Transitionen**") von nicht-demokratischen zu demokratischen Regimen innerhalb einer spezifischen Zeitperiode, die die Anzahl gegenläufiger Transitionen signifikant übertreffen. Dabei umfasst eine solche Welle auch die (teilweise) Demokratisierung und Liberalisierung in Staaten, die nicht komplett demokratisch werden (Huntington 1991: 15). Die moderne Welt hat bereits drei solcher Demokratisierungswellen gesehen. Diese betrafen eine relativ kleine Anzahl an Ländern und während jeder Welle waren auch rückläufige, nicht-demokratische Transitionen zu verzeichnen (ebd.). So waren die ersten beiden Wellen jeweils von einer „Gegenwelle“ in welcher einige, aber nicht alle dieser Länder zu einer nicht-demokratischen Herrschaft zurückkehrten, begleitet.

Die moderne Demokratie ist mit der Entwicklung des Nationalstaats verbunden (Huntington 1991: 13). Der erste Anlauf in Richtung Demokratie fand schon in der ersten Hälfte des 17. Jahrhunderts statt, als demokratische Ideen und Bewegungen zu einem wichtigen Merkmal der gesellschaftlichen Transformation in England wurden. Jedoch konnte sich dieses Gedankengut damals politisch noch nicht festsetzen und wurde erst in der Amerikanischen und Französischen Revolution wieder aufgenommen, wo die erste Demokratisierungswelle ihre Wurzeln hat. Die damaligen Kriterien, dass mindestens 50 Prozent der männlichen Bevölkerung wählen darf und es eine Exekutive gibt, die sich entweder auf eine Mehrheit in einem gewählten Parlament stützen kann oder direkt in einer regelmäßigen Wahl gewählt wurde, wurden von den USA mit der Entwicklung ihrer Demokratie in der Präsidentenwahl 1828 erfüllt (Huntington 1991: 16). Andere Länder wie die Schweiz, englische Kolonien in Übersee, Großbritannien, Frankreich und verschiedene kleinere europäische Staaten folgten noch vor der Jahrhundertwende. Nach dem Ersten Weltkrieg fand eine große Bewegung in Richtung Demokratie in den Nachfolgestaaten der Romanov-, Habsburg- und Hohenzollern-Imperien statt. Am Ende der ersten Welle 1926 waren in über 30 Ländern zumindest ansatzweise demokratische Institutionen entstanden (Huntington 1991: 16f.). Die erste Gegenwelle begann bereits 1922 mit dem „Marsch auf Rom“, als mit Mussolini in Italien der Faschismus erstarkte. Kleinere, osteuropäische Staaten sowie Deutschland unter Hitler nach 1933 folgten. Auch Portugal und einige Staaten in Südamerika kehrten Mitte der 1930er Jahre zur autoritären Herrschaft zurück und standen für den Erfolg von kommunistischen, militaristischen und faschistischen Ideologien (Huntington 1991: 18).

Eine **zweite, kurze Demokratisierungswelle** (1943-1962) begann noch im Zweiten Weltkrieg, als die Siegermächte die Einführung demokratischer Institutionen u.a. in West-Deutschland, Japan, Italien und Österreich nach deren Befreiung vom Faschismus förderten. Mit Beginn des Endes des westlichen Kolonialismus entstanden einige neue Staaten, in denen teilweise demokratische Institutionen etabliert werden konnten, wie in Indien, Sri Lanka, Israel, Nigeria und den Philippinen (Huntington 1991: 18f.). Die zweite rückläufige Welle (1958-1975) war vor allem in Lateinamerika in den 1960er und 70er Jahren zu beobachten, wo militärische Staatsstreiche (*coups d'état*) zivile Regierungen stürzten, beispielsweise in Peru, Brasilien und Bolivien. Auch in Korea (1961), Indonesien (1965), Nigeria (1966), Griechenland (1967) und der Türkei (1960, 1971 und 1980) fanden militärische Coups statt und lösten demokratische Institutionen ab. Dabei ist besonders die Dekolonialisierung Afrikas, wo innerhalb kürzester Zeit in einer Vielzahl von neuen Staaten unabhängige, autoritäre Regierungen entstanden, hervorzuheben (vgl. Kasten „Kolonialisierung“ im Kap. 5.2.).

Mit der **dritten Demokratisierungswelle**, eingeläutet 1974 durch das Ende der portugiesischen Diktatur, ersetzten demokratische Systeme autoritäre Regime in rund 30 Staaten in Europa, Asien und Lateinamerika. Beginnend in Südeuropa (Griechenland, Spanien, Portugal), sich in den 1970er Jahren in Südamerika, Asien und mit Ende des Ost-West-Konflikts auch in Osteuropa ausbreitend, fand ein regelrechter Siegeszug der

Demokratie satt (Huntington 1991: 21ff.). In Europa wurde dieser Prozess mit den Beitritten zur Europäischen Union (1981, 1986, 2004, 2007; vgl. Kap. Erweiterung der EU) gekrönt. Gleichwohl blieben auch diesmal Rückschläge nicht aus: In Russland, Ungarn, Rumänien, Thailand und Venezuela wurden demokratische Errungenschaften im Lauf der Zeit in unterschiedlichem Maße wieder zurück geschraubt.

Blieben in dieser dritten Welle die demokratischen Bewegungen und Veränderungen in Afrika und dem Nahen Osten noch begrenzt (bspw. gewisse Liberalisierungen in Jordanien, Tunesien, Algerien, Ägypten und kurzzeitig in Nigeria), keimen nun überall in den arabischen Ländern nach den Ereignissen des „**Arabischen Frühlings**" (siehe Einstieg) Hoffnungen auf eine demokratische Zukunft auf. Doch mit dem Übergang zu einem Bürgerkrieg in Libyen und Syrien, der Niederschlagung der Aufstandsbewegung in Bahrain und dem Militärputsch in Ägypten (2013) blieben diese Hoffnungen vorerst unerfüllt.

4. Analyse: Der Doppelbefund des Demokratischen Friedens

Die Regierungsform eines Staates ist in vielerlei Hinsicht interessant für das Studium von Außenpolitik. Besonders der Einfluss eines demokratischen Systems auf die Verwirklichung von Menschenrechten im Innern, auf die Kriegsneigung sowie die politische Stabilität eines Staates bilden einen zentralen Analysefokus vieler IB-Studien. Bereits Immanuel Kant hat in seiner Schrift *Zum Ewigen Frieden* (1795) festgehalten, dass demokratische Herrschaftsstrukturen eine Voraussetzung für stabile Friedensordnungen in den internationalen Beziehungen sind. Doch welche Auswirkungen kann nun die sich ausbreitende Herrschaftsform Demokratie für den Frieden wirklich haben?

Besonders auffällig allein bei einem oberflächlichen Blick auf die von Demokratien dominierten Regionen ist, dass diese auch zu den *zones of peace* der Welt zählen. Gerade in Nordamerika, Australien und Europa sind Kriege zwischen den dort liegenden Ländern mittlerweile undenkbar. Die Theorie des Demokratischen Friedens (DF) versucht eben dieses Phänomen der Außenpolitik von Staaten zu erklären, das sich auf einen in zahlreichen Studien herausgearbeiteten, recht stabilen Befund stützt: Demokratien führen praktisch keine Kriege gegeneinander. Allerdings handelt es sich hierbei um einen **Doppelbefund**: So führen Demokratien zwar keine Kriege gegeneinander, sie sind jedoch ebenso häufig in Kriege verwickelt wie andere Herrschaftstypen.

Hierfür gibt es in der Forschung zwei verschiedene Erklärungsversuche, die in eine monadische[67] und eine dyadische[68] Analyseebene unterschieden werden

Analyse: Kant - Zum ewigen Frieden (1795)

- „Es soll kein Friedenschluß für einen solchen gelten, der mit dem geheimen Vorbehalt des Stoffs zu einem künftigen Kriege gemacht worden."
- „Es soll kein für sich bestehender Staat (klein oder groß, das gilt hier gleichviel) von einem andern Staate durch Erbung, Tausch, Kauf oder Schenkung, erworben werden können."
- „Stehende Heere (miles pepetuus) sollen mit der Zeit ganz aufhören."
- „Es sollen keine Staatsschulden in Beziehung auf äußere Staatshändel gemacht werden."
- „Kein Staat soll sich in die Verfassung und Regierung eines andern Staats gewaltthätig einmischen."
- „Es soll sich kein Staat im Kriege mit einem andern solche Feindseligkeiten erlauben, welche das wechselseitige Zutrauen im künftigen Frieden unmöglich machen müssen: als da sind, Anstellung der Meuchelmörder (percussores), Giftmischer (venefici), Brechung der Kapitulation, Anstiftung des Verraths (perduellio) in dem bekriegten Staat etc."

„Definitivartikel":

- **„Die bürgerliche Verfassung in jedem Staate soll republikanisch seyn.**
- Das Völkerrecht soll auf einen Föderalism freier Staaten gegründet seyn.
- Das Weltbürgerrecht soll auf Bedingungen der allgemeinen Hospitalität eingeschränkt seyn."

allerdings auch unfriedlich: Sie sind sogar gegenüber Nicht-Demokratien genauso häufig in kriegerische Konflikte verwickelt wie diese untereinander und scheinen darüber hinaus häufiger solche gewalttätigen Konflikte auszulösen, als deren Opfer zu sein (Risse-Kappen 1994: 161). So gilt es zu erforschen, warum das Sicherheitsdilemma (vgl. 4. im Kap. 1.3.) zwischen Demokratien außer Kraft gesetzt ist.

Gegen den Demokratischen Frieden gibt es allerdings einige analytische **Einwände**, die den empirischen Befund anzugreifen versuchen. Häufig werden als der Theorie widersprechende Fälle beispielsweise der Georgien-Krieg 2008 oder der Libanon-Krieg 2006, genannt. Verteidiger des Befunds würden einwenden, dass es sich weder bei Georgien noch bei Russland um eine liberale Demokratie gehandelt hat. Im Libanon-Krieg – so ein diskutabler Einwand – sind beide involvierten Staaten sicherlich Demokratien, doch der Angriff Israels galt der Hisbollah, nicht dem *failing state* Libanon (vgl. Analyse in Kap. 3.4.).

Was aber ist genau eine Demokratie? Hängt die Gültigkeit des Befundes von der Demokratiedefinition ab? In der Forschung gibt es dazu zahlreiche Kontroversen (Geis 2001). So betont beispielsweise Layne (1994), dass die Forschung um den Demokratischen Frieden von einer selektiven Verwendung von Definitionen bestimmter Variablen und Kategorien, die die Ergebnisse der Datenanalyse beeinflussen und verfälschen können, geprägt ist. In vielen Studien wird der Demokratie-Begriff in der Tat wenig thematisiert, die Demokratiediskussion außer Acht gelassen und auf Demokratieskalen zurückgegriffen, wie die von Freedom House oder die Polity IV Indikatoren (Geis 2001: 284). Bei letzteren stehen u.a. der Grad, in dem politischer Wettbewerb, freie Wahlen, politische Partizipation, die Garantie bürgerlicher Freiheitsrechte, die Offenheit des Prozesses der Rekrutierung von Amtsinhabern sowie die institutionelle Begrenzung und Kontrolle der Macht der Exekutive verwirklicht sind, im Vordergrund. Diese Merkmale basieren auf der Demokratie-Definition von Dahl (1971), die die geläufigste in der Politikwissenschaft ist und Demokratie als ein politisches Regime beschreibt, in dem Wettbewerb (der Umfang, in dem sich die Bürger im politischen Wettbewerb organisieren können) und die Teilhabe, also die politische Partizipation im demokratischen Prozess, besonders hoch sind. Dabei ist die Abgrenzung von einer Autokratie als Staatsform wichtig, in der die politische Beteiligung stark begrenzt und unterdrückt ist, eine politische Elite maßgeblich Einfluss auf die Exekutive nimmt und diese wenig bis gar nicht kontrolliert und eingeschränkt ist. Diese Datensätze und Indikatoren lassen allerlei Spielräume offen, ab wann ein Staat noch als „demokratisch" gilt und wann nicht mehr, was wiederum zu Kontroversen über die empirischen Einwände gegen den Demokratischen Frieden – zahlreiche historische Konfliktfälle – führt (Geis 2001: 284; Layne 1994).

Auch die Definition von **Krieg** ist umstritten (vgl. dazu 1.1.). In der Regel bleiben die Studien auf zwischenstaatliche Kriege beschränkt, unbeachtet bleiben beispielsweise Kolonialkriege oder Konflikte, in denen einer der Beteiligten kein anerkannter Staat ist oder die Anzahl der Toten in den Streitkräften pro Jahr unter 1.000 bleibt (Russett 1993: 16-23). Veranschaulicht wird diese Problematik beispielsweise durch **covert actions.** *Covert actions* sind Aktivitäten einer Regierung, die politische, wirtschaftliche oder militärische Umstände im Ausland zu beeinflussen suchen, ohne dass dabei diese Aktivitäten der jeweiligen Regierung offensichtlich sind oder öffentlich zugegeben werden (vgl. 3. im Kap. 1.3.). So belegen zum Beispiel die verdeckten US-amerikanischen Aktivitäten während des Kalten Krieges gegen den demokratisch gewählten Präsidenten Chiles, Salvador Allende, die in einem Militärputsch mündeten, dass Demokratien nicht immer auf freundlichem und friedlichem Wege Einfluss auf andere demokratische Staaten nehmen. Allerdings – so können Verteidiger des Doppelbefunds einwenden – bewegen sich *covert actions* unterhalb der Kriegsschwelle und stellen den Kern des Befunds deshalb nicht in Frage.

Trotz dieser Einwände und Kontroversen hat sich die Theorie des Demokratischen Friedens in vielerlei Hinsicht bewährt. Im folgenden Abschnitt soll der Doppelbefund aus der Sicht dreier Theoriestränge näher untersucht werden.

5. Erklärungen für den Befund des Demokratischen Friedens

Wie lässt sich also der analytische Befund des Demokratischen Friedens mithilfe der traditionellen Theorien der IB erklären? Zieht man eine **realistische Erklärung** heran, könnte man die Tatsache, dass sich Demokratien häufiger als autoritäre Systeme in Allianzen zusammenschließen, als friedensfördernd einstufen (vgl. Theorieschulen in 1.1. und Kap. 1.3.). Jedoch erklärt dies nicht, warum das Sicherheitsdilemma zwischen Demokratien außer Kraft gesetzt ist, während es zwischen Demokratien und Nicht-Demokratien weiterhin fortbesteht. Darüber hinaus haben Studien gezeigt, dass eine Mitgliedschaft in Verteidigungsbündnissen nicht automatisch zu einer erhöhten Friedfertigkeit führt, im Gegenteil: Allianzmitglieder sind auffallend häufig in militärische Konflikte untereinander verwickelt (Risse-Kappen 1994: 165). Auch das realistische Argument, nach dem es nicht Demokratie ist, sondern die Hegemonie der USA, die Krieg zwischen westlichen Demokratien verhindert hat, kann einer näheren Prüfung nicht standhalten. Denn Hegemonie alleine garantiert keinen Frieden, führen doch gerade nicht-demokratische Hegemonialmächte häufig Präventivkriege, um ihre Macht zu erhalten (Risse-Kappen 1994: 164). Allianzen sind instabil und auch ein Imperium oder ein Hegemon kann also keine Kriege verhindern. Ein weiteres, oft hervorgebrachtes Argument der Stabilität durch *balance of power* greift zudem nur in bipolaren Systemen. So bleibt der DF für den Realismus ein regelrechter Horrorbefund, misst doch die neorealistische Theorie der Staatsform der Akteure im internationalen System keinerlei Bedeutung bei (vgl. Kap. 1.3.).

Die These, dass Demokratien generell friedlich sind (monadische Variante, s.o.) – lässt sich mit **liberalen Argumenten** gut erklären. Zum einen wird hier oft das **Kosten-Nutzen-Kalkül** herangezogen. Dieses bezieht sich auf die Vermutung, dass Demokratien keine Kriege führen, da diese teuer sind, Leben und Wohlstand kosten. Da die Entscheidungsträger einer Demokratie von den Bürgern, die meist die Leid- und Kostentragenden eine Krieges sind, aber eigentlich an Wohlstandsvermehrung interessiert sind, wiedergewählt werden wollen, werden sie eine Entscheidung zum Krieg nur sehr selten treffen. Eine weitere Argumentationslinie aus der Liberalen Theorietradition bezieht die *checks and balances* von demokratischen Systemen als (Kriegs-)Entscheidungen verlangsamende, **institutionelle Komponente** mit ein. Die Schwerfälligkeit und Komplexität demokratischer Institutionen stellt erhebliche Hürden für den Einsatz militärischer Gewalt dar, denn in Demokratien müssen nicht nur die maßgeblichen Eliten, sondern vor allem die öffentliche Meinung für einen Krieg mobilisiert werden, wohingegen in autoritären Systemen meist nur eine kleine Clique für eine Kriegsentscheidung erforderlich ist (Risse-

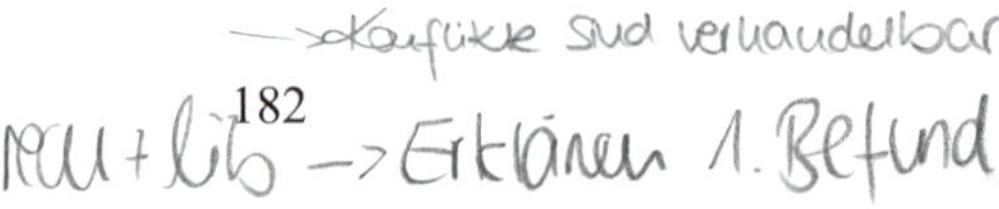

Kappen 1994: 167). Darüber hinaus wird beispielsweise in einer Studie von Russett et al. (1998) die zunehmende Mitgliedschaft und Interessenverflechtung von Staaten in internationalen Organisationen und Regimen für die Abnahme von militarisierten Disputen zwischen ihnen verantwortlich gemacht. Doch letztlich kann diese Studie nicht zeigen, ob dafür nun allein das Merkmal „Mitgliedschaft“ oder doch die ökonomischen Verflechtungen, die Demokratie als Staatform oder simple Sicherheitsinteressen verantwortlich sind. Es bleibt unklar, ob Demokratien an dieser Vergemeinschaftung teilnehmen und damit friedensfördernde Interessenkonvergenzen aufweisen, eben weil sie Demokratien sind (Geis 2001: 292).

So können weder realistische, noch liberale Argumente den Doppelbefund, d.h. die Differenz zwischen der variierenden Gewaltbereitschaft von Demokratien gegenüber ihresgleichen einerseits und Nicht-Demokratien andererseits erklären. Es haben sich offensichtlich zwischen Demokratien gewisse Deeskalationsschranken etabliert, die verhindern, dass Auseinandersetzungen zwischen diesen in Kriege münden. Eine Theorie zur Erklärung dieses Phänomens muss also zeigen können, warum das Sicherheitsdilemma, die Ungewissheit über die (möglicherweise feindseligen) Ziele anderer Staaten, zwischen Demokratien außer Kraft gesetzt ist und diese ihresgleichen als (ebenfalls) defensiv motiviert wahrnehmen. Risse-Kappen formuliert dies wie folgt:

> „Eine rein interessenbezogene und rationalistische Interpretation des demokratischen Friedens greift deshalb zu kurz. Kosten und Nutzen gewalthaltiger Politik sind keine objektiven Größen, sondern abhängig von Perzeptionen, Normen und Identitäten.“ (Risse-Kappen1994: 170)

In diesem Rahmen wird die generelle Friedensliebe als fest verankerter Wert von Demokratien angenommen. Das **normativ-kulturelle Argument** postuliert, dass bei der Bevölkerung und den Eliten von Demokratien sich eine pazifistische politische Kultur entwickelt und in der Verfassung als Werte und Normen verankert hat: So sind der Schutz von Menschenrechten, friedliche Konfliktregelung und Machtwechsel – ganz im Gegensatz zu autoritären Regimen – zum Teil der Identität demokratischer Systeme geworden. An dieser Stelle findet ein Analogieschluss von der Innen- auf die Außenpolitik statt. Denn wenn sich Demokratien in der Innenpolitik an Gewaltarmut und friedlicher Konfliktregelung orientieren, könnte man dies auch für deren Außenverhalten vermuten. Diese These betont den Prozesscharakter von Interaktion und schließt die Möglichkeit des „Lernens“ ein (Risse-Kappen 1994: 171; vgl. auch Analyse im Kap. 4.4.).

Doch warum Demokratien ihre internen, gewaltarmen Konfliktregelungsmodi und Entscheidungsregeln nur gegenüber ihresgleichen, nicht aber gegenüber autoritären Staaten externalisieren, bleibt zunächst unklar (dyadischer Befund). Aus diesem Grund soll nun eine **sozialkonstruktivistische Erklärung** herangezogen werden. Die Explikation basiert auf der Wahrnehmung einer defensiven Motivation des Gegenübers, denn Demokratien scheinen in der Interaktion mit anderen demokratischen Regimen „zu wissen“, dass von diesen keine Bedrohung ausgeht, im Gegensatz zu autoritären Staaten. Folgt man dem **innen-außen-Analogieschluss**, würden auch Autokratien ihre internen gewalthaltigen Konfliktregelungsmodi nach außen wenden. Diktaturen wird also eine hohe Gewaltbereitschaft nicht nur nach innen, sondern auch nach außen, unterstellt. Aus diesem Grund würden Demokratien sich von diesen und der von ihnen potentiell ausgehenden Aggressivität bedroht fühlen. Nach dieser Hypothese müssten aber auch die Beziehungen zwischen autoritären Systemen untereinander am gewaltträchtigsten sein. Doch dies lässt sich in der Realität nicht nachweisen, Beziehungen zwischen Diktaturen sind nicht überdurchschnittlich gewalthaltiger und aggressiver als Beziehungen zwischen demokratischen und autokratischen Staaten (Risse-Kappen 1994: 174):

> „Die These, dass autoritäre Regime per se potentielle Aggressoren sind, auf die sich liberale Staaten dementsprechend einstellen, ist dann leichter mit den empirischen Daten in Einklang zu bringen, wenn es sich dabei nicht um einen objektiven Befund, sondern um die handlungssteuernde Perzeption demokratischer Systeme handelt." (ebd.)

Eine solche „Aggressions-Vermutung" ist deshalb als eine Art **self-fulfilling prophecy**, eine sich selbst erfüllende Prophezeiung zu sehen, da laut der psychologischen **Attributionstheorie** Individuen dazu neigen, das Verhalten ihres Gegenübers „aufgrund von dispositiven statt von situationsbezogenen Faktoren zu interpretieren" (Risse-Kappen 1994: 175). So hegen Demokratien gegenüber ihresgleichen eine „Unschuldsvermutung", während sie autoritären Systemen gegenüber misstrauisch agieren, sich zu Allianzen zusammenschließen und sich in Rüstungswettläufen engagieren. Der Wille zum Kompromiss und friedliche Konfliktlösungsstrategien, die sie auch im Innern anstrengen, wird anderen Demokratien zugeschrieben („attribuiert"), während Autokratien als unfriedlich wahrgenommen werden. Hinzu kommt, dass Demokratien untereinander ein „Wir-Gefühl" etablieren können, eine gemeinsame Identität in deren Rahmen das demokratische „Wir" sich von dem nicht-demokratischen „Anderen" abgrenzt, was die Kooperationsbereitschaft sowie die Entstehung gemeinsamer (vertrauensbildender) Institutionen zwischen den Demokratien fördert (Risse-Kappen 1994: 175f.). So kann es zu einem „Kantischen Friedensbund" oder gar einer „pluralistischen Sicherheitsgemeinschaft" kommen, letztere ist vor allem durch den Gemeinschaftssinn und den Glauben, dass Konflikte friedlich beigelegt werden müssen, gekennzeichnet (vgl. Kap. 4.4.). So ist das Sicherheitsdilemma gegenüber Autokratien weiter intakt, was in Furcht vor einem möglichen Vertragsbruch und der Orientierung an relativen Gewinnen resultiert, wobei die Wahrnehmung des Gegenübers essentiell ist.

Zusammenfassend lässt sich festhalten, dass die Gegnerschaft der Demokratien zu autoritären Systemen wie auch die Kooperationsbereischaft zu Demokratien sozial konstruiert wird. Unterstützt wird diese Wahrnehmung unter anderem durch die Geschlossenheit nicht-demokratischer Regime und derer zum Teil stark undurchsichtigen Entscheidungsprozesse und Motivationen auf der einen, und dem demokratischen „Wir-Gefühl" auf der anderen Seite (Risse-Kappen 1994: 176ff.).

6. Bewertung

Grundsätzlich ist das Hauptargument des Demokratischen Friedens – innenpolitische Verfasstheit bestimmt außenpolitisches Verhalten – der liberalen Theorieschule zuzurechnen. Dies wurde im konkreten Fall mit einem sozialkonstruktivistischen Argument ergänzt.

Der demokratische Frieden gilt als ein sehr robuster Befund, gewissermaßen sogar als „Gesetz der Internationalen Beziehungen" (Levy 1988: 662). Besonders prominent ist in der Forschung des Demokratischen Friedens die Frage, wann und unter welchen Bedingungen Demokratien besonders häufig Kriege führen. Denn besonders die Konstruktion und Reproduktion kollektiver Identitäten und Feindbilder sowie die gewaltsame „Zivilisierung" anderer im Namen der Demokratie stellen Bedrohungen für das friedliche Image von Demokratien dar (z.B. Geis/Wagner 2011). Bereits 2001 skizzierte Harald Müller in seinem Aufsatz *Sind Demokratien wirklich friedlich?* ein besonderes, demokratiespezifisches Kriegspotential, das zum einen auf dem Misstrauen gegenüber nicht-demokratischen Staaten und zum anderen auf der eigenen Betonung und Hochhaltung von Menschenrechten basiert. Diese führe dazu, dass gerade wenn es um die Verteidigung selbiger Werte und Normen geht, Demokratien besonders schnell für einen Krieg zu motivieren und mobilisieren sind, da die moralische Aversion der eigenen Öffentlichkeit gegenüber denjenigen, die ihr eigenes Volk unterdrücken und Menschenrechte missachten, ausgesprochen groß ist. So können die Eigenschaften, die Demokratien friedlich machen, auch das Gegenteil auslösen und – gegenüber nicht-demokratischen Interaktionspartnern – besonders kriegsfördernd wirken.

7. Prognose

Eine Prognose für das Phänomen Frieden und Demokratie gestaltet sich in vielerlei Hinsicht schwer. So gibt es zwar einen Schub von Demokratisierungen derzeit besonders in der Arabischen Welt, doch wird die Qualität dieser entstehenden demokratischen Institutionen noch zu überprüfen sein und die Gefahr einer erneuten rückläufigen Welle besteht besonders in noch jungen demokratischen Systemen (Ägypten, Thailand). Eine gewisse Stagnation der Demokratie ist bereits zu verzeichnen, man beachte hierbei die nachlassende Qualität demokratischer Institutionen in etablierten Demokratien wie Italien oder den USA. Regelrechte Rückschläge für die Demokratie lassen sich in Russland, Rumänien oder Ungarn verzeichnen. Auch ein Gelingen der Transitionen in der Arabischen Welt liegt noch in weiter Ferne. Problematisch ist zudem die Tatsache, dass Staaten in ihrer Transition tendenziell eine aggressivere Außenpolitik verfolgen als stabile Autokratien oder Demokratien (Mansfield/Snyder 2005). Dies kann dazu führen, dass trotz einer weiteren Ausbreitung der Demokratie militärische Konflikte in der Welt zumindest vorübergehend zunehmen, bis sich die Demokratie in den betreffenden Staaten dauerhaft gefestigt und durchgesetzt hat.

8. Handlungsempfehlung

Es drängt sich die Frage auf, wie sich Demokratien gegenüber Autokratien verhalten sollten. Die mit dem Ende des Kalten Krieges aufgekommene Idee, dass eine durch den Westen geförderte Demokratisierung auch zu mehr Frieden in der Welt führen würde, ist mittlerweile kritisch zu sehen. Denn was in der Theorie klar und simpel wirkt, ist in der politischen Praxis kein Selbstläufer, sondern ein komplexer und durchaus gewalthaltiger Prozess.

Besonders für die Politikberatung ist das Zwillingspaar „Demokratie und Frieden" kritisch zu betrachten (Müller 2011), entsteht hier doch die Gefahr eines zu energischen Auftretens im Rahmen der internationale Demokratisierung anderer Staaten, wenn nötig mit militärischen Mitteln. Die ideologisch aufgeladene These der friedliebenden und Frieden fördernden Demokratie spielte im 20. Jahrhundert besonders in der Außenpolitik der USA eine legitimationsstiftende Rolle (Geis 2001: 282; vgl. Kap. USA, 9/11). Folglich ist von einer Strategie externer, eventuell sogar gewaltsamer Demokratisierung von außen abzuraten. Dies zum einen, weil die so entstehenden instabilen Transitionsgesellschaften tendenziell eine größere Gewaltneigung in ihrer Außenpolitik zeigen als etablierte Demokratien. Zum anderen müssen demokratische Institutionen im Zuge einer Demokratisierung so konzipiert werden, dass sie mit den gesellschaftlichen und kulturellen Gegebenheiten harmonieren können (Müller 2001: 8). Dies kann aber nur eine Demokratisierung „von innen heraus“ gewährleisten. Eine ideelle Unterstützung solcher Demokratiebestrebungen, auch durch das Setzen von ökonomischen Anreizen und Perspektiven, scheint daher eine sinnvolle Handlungsempfehlung zu sein. Für die Entwicklungszusammenarbeit mit nichtdemokratischen Staaten gibt dies ebenfalls zu denken – wäre eine Förderung demokratischer Institutionen und Prozesse möglicherweise zielführender als Handels- oder Technikförderungen (vgl. Kap. Entwicklungszusammenarbeit)?

Glossar

Transitionen	Demokratisierungswellen
Monadische und dyadische Variante	Attributionstheorie
Self-fulfilling-prophecy	Doppelbefund
Innen-außen-Analogieschluss	Institutionelle Komponente
Normativ-kulturelles Argument	

Übungsfragen

1. Ist der „Arabische Frühling“ ein erster Indikator für eine „vierte Welle“ der Demokratisierung? Finden Sie Pro- und Contra-Argumente!
2. Wird durch den Arabischen Frühling die Welt friedlicher? Finden Sie Gegenargumente!
3. Versuchen Sie ein Beispiel in der Geschichte zu finden, das die These, dass Demokratien keine Kriege gegeneinander führen, widerlegen könnte!
4. Transferfrage: Versuchen Sie, den dyadischen Befund des Demokratischen Friedens mit Hilfe des Liberalen Institutionalismus zu erklären (vgl. Kap. 2.1.)!

Filmtipp: Wag the Dog (1997), Barry Levinson [Spielfilm]

Kurz nach der Wahl zum Präsidenten wird diesem eine Affäre mit einer Minderjährigen vorgeworfen. Um davon abzulenken, wird mithilfe eines Hollywood-Filmproduzenten (Dustin Hoffman) ein Konflikt mit Albanien inszeniert. Einfallsreiche Überlegung, wie es zu einem Krieg kommen kann.

Empfohlener analytisch-deskriptiver Text

Huntington, Samuel P. (1991): The Third Wave. Democratization in the Late Twentieth Century. Norman and London: Univ. of Oklahoma Press, S. 3–30.

Empfohlener Theorietext

Risse-Kappen, Thomas (1994): Demokratischer Frieden? Unfriedliche Demokratien? Überlegungen zu einem theoretischen Puzzle. In: Krell, Gerd/Müller, Harald (Hrsg.): Frieden und Konflikt in den internationalen Beziehungen. Frankfurt a.M./New York: Campus, S.159–189.

Übrige verwendete Literatur

Dahl, Robert A. (1971): Polyarchy: Participation and Opposition. New Haven: Yale Univ. Press.

Geis, Anna (2001): Diagnose: Doppelbefund – Ursache: ungeklärt? Die Kontroversen um den ‚demokratischen Frieden'. In: Politische Vierteljahresschrift (PVS) 42 (2), S. 282–298.

Geis, Anna/Wagner, Wolfgang (2011): How far is it from Königsberg to Kandahar? Democratic Peace and Democratic Violence in International Relations. In: Review of International Studies, 37, 4, S. 1555–1577.

Kant, Immanuel (1977): Zum Ewigen Frieden. Ein philosophischer Entwurf. In: Weischedel, W. (Hrsg.): Immanuel Kant Werkausgabe, Bd. 11: Schriften zur Anthropologie, Geschichtsphilosophie, Politik und Pädagogik. Frankfurt a.M.: Suhrkamp, S. 195–251.

Layne, Christopher (1994): Kant or Cant. The Myth of the Democratic Peace. In: International Security 19, 2, S. 5–49.

Levy, Jack (1988): Domestic Politics and War. In: Journal of Interdisciplinary History 18, S. 653–673.

Mansfield, Edward D./Snyder, Jack (2005): Electing to Fight: Why Emerging Democracies Go to War. Cambridge, Mass. [u.a.]: MIT Press.

Müller, Harald (2001): Sind Demokratien wirklich friedlich? Zum neuen Forschungsprogramm der HSFK „Antinomien des Demokratischen Friedens". Frankfurt a.M.: HSFK Standpunkte.

Polity IV: Online unter: http://www.systemicpeace.org/polity/polity4.htm [letzter Zugriff am 10.8.2013].

Russett, Bruce (1993): Grasping the Democratic Peace: Principles for a Post-Cold War World. Princeton/N.Y: PUP.

Russett, Bruce/Oneal, John R./Davis, David R. (1998): The Third Leg of the Kantian Tripod for Peace: International Organizations and Militarized Disputes, 1950–85. In: International Organization 52, 3, S. 441–467.

Schmidt-Häuer, Christian (2011): Held der tunesischen Revolution: Das Schicksal des 26-jährigen Mohammed Bouazizi, dessen Suizid den Umsturz im Land ausgelöst hat. In: Neue Züricher Zeitung v. 23. 01.2011, online unter: http://www.nzz.ch/aktuell/international/held-der-tunesischen-revolution-1.9185109 [letzter Zugriff am 10.8.2013].

- Monadische und dyadische Variante
- Autokratie
- Transition
- Hybride Regime / Defekte Demokratie
- Freedom House
- Electoral regime
- Covert actions
- Kommerzielles Argument
- Institutionelles Argument
- Normativ-kulturelles Argument
- Identitäre Projektion
- Kausalattribution

4.2. Regionale Integration: Die Vertiefung der EU

Mitarbeit: Benedikt Backhaus

1. Einstieg

Am 10. Dezember 2012 erhielt die Europäische Union (EU) den Friedensnobelpreis für ihre Verdienste zur Sicherung von Frieden und Menschenrechten in Europa. In der Begründung des Nobelpreiskomittees heißt es:

> "The Norwegian Nobel Committee has decided that the Nobel Peace Prize for 2012 is to be awarded to the European Union (EU). The union and its forerunners have for over six decades contributed to the advancement of peace and reconciliation, democracy and human rights in Europe.
> In the inter-war years, the Norwegian Nobel Committee made several awards to persons who were seeking reconciliation between Germany and France. Since 1945, that reconciliation has become a reality. The dreadful suffering in World War II demonstrated the need for a new Europe. Over a seventy-year period, Germany and France had fought three wars. Today war between Germany and France is unthinkable. This shows how, through well-aimed efforts and by building up mutual confidence, historical enemies can become close partners. (...)The EU is currently undergoing grave economic difficulties and considerable social unrest. The Norwegian Nobel Committee wishes to focus on what it sees as the EU's most important result: the successful struggle for peace and reconciliation and for democracy and human rights. The stabilizing part played by the EU has helped to transform most of Europe from a continent of war to a continent of peace."[69]

2. Leitfrage: Wie und warum hat sich in Europa ein neues Herrschaftssystem herausgebildet?

3. Deskription: Die Geschichte der europäischen Integration

a) Die institutionelle Vorgeschichte

Nach dem Zweiten Weltkrieg war es das Bestreben der europäischen Staaten, ähnlich verheerende Katastrophen durch stärkere Zusammenarbeit zu verhindern. Am 5. Mai 1949 wurde von zehn Staaten der Europarat ins Leben gerufen[70], der zu einem engeren Zusammenschluss der Mitglieder führen sollte. Eine der wichtigsten Errungenschaften des Europarates ist die 1953 in Kraft getretene Europäische Menschenrechtskonvention (**EMRK,** vgl. Kap. Menschenrechte), die mittlerweile auch Teil des Unionsrechts geworden ist. In ihr sind grundlegende Rechte festgelegt, wie beispielsweise das Verbot der Folter oder das Recht auf ein faires Verfahren. Bereits ein Jahr zuvor wurde ausgehend vom Marshallplan, der den Wiederaufbau Europas zum Ziel hatte, eine Organisation für wirt-

69 Nobelprize.org. Nobel Media AB 2014.

70 Gründungsmitglieder: Belgien, Dänemark, Frankreich, Irland, Italien, Luxemburg, Niederlande, Norwegen, Schweden, Vereinigtes Königreich.

schaftliche Zusammenarbeit (seit 1961 die Organisation for Economic Co-operation and Development, **OECD**) gegründet, die sich zu einer der wichtigsten Foren zum Austausch zwischen entwickelten Ländern entwickelt hat.

Neben den ideellen und wirtschaftlichen Komponenten war die Koordination der Sicherheitspolitik ein weiteres zentrales Thema im Nachkriegseuropa. Im Dünkirchener Vertrag und folgenden Brüsseler Pakt sicherten sich Frankreich, Großbritannien und die Benelux-Staaten gegenseitig ihren Beistand für den Fall einer erneuten deutschen Aggression zu. Aus diesem Abkommen ging mit Inkrafttreten der Pariser Verträge 1955 die Westeuropäische Union zwischen Frankreich, Großbritannien, den Benelux-Staaten, Deutschland und Italien hervor. Durch die Gründung der NATO (1949) war die WEU de facto bereits vor ihrer Gründung bedeutungslos, denn nur durch die USA konnte die militärische Verteidigung Westeuropas gegenüber einem möglichen Angriff der Sowjetunion sichergestellt werden (vgl. Kap. 1.3.).

Zeit	Institutionelles Ergebnis	Inhalt	Zentraler Akteur
		1945–1958 Gründungsphase	
1947	Marshall-Plan (heute noch Gelder bei der Kreditanstalt für Wiederaufbau, KfW) OECD seit 1961	Wohlstand, Bildung	Industrieländer
1947	Pakt von Dünkirchen, 1955 Westeuropäische Union (WEU), daraus später ESVP/GSVP (1999/2009)	Militärische Beistandspflicht, Verteidigung (Schutz vor Sowjetunion und Deutschland)	UK, F
1949	Europarat (Council of Europe); NICHT Teil der EU!	Normen: Europäische Menschenrechtskonvention (EMRK)	Europäischer Gerichtshof für Menschenrechte
1949	NATO	Verteidigung (Schutz vor Sowjetunion)	USA
1950	Schuman-Plan	Kohle und Stahl, Ressourcen für Rüstung vergemeinschaftet	Benelux, D, F, I (EU-6)
1952	EGKS (European Coal and Steel Community, ECSC)		„Hohe Behörde", wird zu **Europäischer Kommission,** die Ressourcen verwaltet
1958	**Römische Verträge**	Inhaltliche Ausweitung der EGKS	**Rat der EG/EU** (auch: Ministerrat, EC/EU-Council)
	Euratom/EAG (EAEC)	Gemeinsame Atomenergie-Politik	
	Europäische Wirtschaftsgemeinschaft, EWG (European Economic Community, EEC)	Güter und Dienstleistungen (Freier Warenverkehr), „**Gemeinsamer Markt**"	
1967	EG (EC) = EWG + EAG + EGKS	Fusionsvertrag	

Quelle: Eigene Darstellung.

b) Die Initialzündung: Der Schuman-Plan

Die europäische Integration im engeren Sinne beginnt mit der Gründung der Europäischen Gemeinschaft für Kohle und Stahl (EGKS) – auch „**Montanunion**" genannt – im Jahr

1952. Hauptziel des Zusammenschlusses war die Schaffung eines gemeinsamen Marktes für Kohle und Stahl. So sollte ein erneutes Aufrüsten wie vor dem Zweiten Weltkrieg durch gegenseitige Kontrolle verhindert und Stabilität und Frieden durch wirtschaftliche Verflechtungen geschaffen werden. Eine „Hohe Behörde" wurde zur Überwachung der Einhaltung des Vertrags als Exekutivorgan eingerichtet. 1958 wurden mit den Römischen Verträgen weitere Regelungen vereinbart und die Europäische Wirtschaftsgemeinschaft (EWG) sowie die EURATOM geschaffen. Die EWG wurde ein Erfolg, denn die Vollendung der Zollunion zwischen den sechs Mitgliedstaaten gelang 1968 bereits 18 Monate vor dem ursprünglich geplanten Termin – seitdem gibt es keine Zölle mehr zwischen den Staaten.

Im Fusionsvertrag (1967) wurden die zunächst getrennt bestehenden Organe der EWG, der EURATOM und der EGKS zusammengelegt – seitdem spricht man von den Europäischen Gemeinschaften (EG). Eine Ausdehnung der Integration auf die Sicherheitspolitik scheiterte allerdings: 1954 lehnte die französische Nationalversammlung Beratungen zur Gründung einer Europäischen Verteidigungsgemeinschaft (EVG) ab, die die Schaffung einer europäischen Armee und anschließend einer Europäischen Politischen Gemeinschaft vorgesehen hatte. Eine europäische Verteidigung sollte erst 45 Jahre später mit der Europäischen Sicherheits- und Verteidigungspolitik in eingeschränkter Form wiederbelebt werden.

c) Stagnation: Die „dark ages" der Integration

Das Momentum der europäischen Integration schlug sich auch in bilateralen Beziehungen nieder: Ein Meilenstein war die Unterzeichnung des Vertrags über die deutsch-französische Zusammenarbeit im Januar 1963.[71] Konrad Adenauer und Charles de Gaulle überwanden damit die lange andauernde Feindschaft zwischen den beiden Nachbarstaaten und verpflichteten ihre Länder zur Beratung in wichtigen Fragen der Außen-, Sicherheits-, Jugend- und Kulturpolitik. Die Zusammenarbeit der beiden EU-Staaten ist seither eine essentielle Komponente der europäischen Einigung und wird daher auch als „Motor der Integration" bezeichnet.

Unter Präsident de Gaulle kam es jedoch auch zu einer Rückbesinnung auf nationale Prinzipien. Als sich die Agrarminister am 1. Juli 1965 nicht auf die Finanzierung der Gemeinsamen Agrarpolitik einigen konnten, boykottierte Frankreich die Verhandlungen, der Ministerrat war beschluss- und somit handlungsunfähig („Politik des leeren Stuhls"). Die Gemeinschaft konnte erst nach dem **Luxemburger Kompromiss** vom 29. Januar 1966 weiterarbeiten: In „vitalen Interessen" eines Mitgliedstaats sollte dieser nicht überstimmt, sondern ein Konsens gefunden werden. De facto wurde damit das Einstimmigkeitsprinzip gefestigt, da nicht bestimmt wurde, worin genau ein „vitales Interesse" besteht.

Die Folgejahre waren gekennzeichnet durch erneute Krisen, wie die Blockade der ersten Erweiterung durch Frankreich 1963 und 1967 und Erschütterungen des Weltwährungssystems. Den Auftakt für das Bemühen um eine engere politische Zusammenarbeit bildet der **Gipfel von Den Haag** 1969. Als erstes bedeutendes Gipfeltreffen aller Staats- und Regierungschefs legte er den Grundstein für die Einrichtung regelmäßiger Treffen dieser Art seit 1974 und die spätere institutionelle Verankerung als Europäischer Rat. Auf

71 Nach dem Ort des Zustandekommens, dem Palast des französischen Präsidenten in Paris, wird er auch „Élysée-Vertrag" genannt.

dem Gipfel wurde die Einführung einer Wirtschafts- und Währungsunion (WWU), die Entwicklung von Grundsätzen der Zusammenarbeit in der Außenpolitik und die Generierung eigener Einnahmen der EWG beschlossen. Der Werner-Plan[72] von 1970 sah bereits die Verwirklichung einer WWU innerhalb von zehn Jahren vor. Dieses Vorhaben wurde infolge des Zusammenbruchs des Bretton-Woods-Systems[73] aber zunächst nicht verwirklicht.

Aufgrund der Rückbesinnung auf nationale Wirtschaftspolitik und schwächer werdenden Bestrebungen, europäische Märkte zu öffnen, wird die Phase der Europäischen Integration von der ersten Ölkrise 1973 bis zum Anfang der 1980er Jahre häufig als „Eurosklerose" bezeichnet. Mit diesem Begriff wird auf die Stagnation im Integrationsprozess, die fehlende Weiterentwicklung europäischer Organe und Institutionen sowie diverse nationalistische Tendenzen angespielt, die eine weitere Vergemeinschaftung bremsten.

In dieser Periode gab es aber auch Fortschritte der Integration jenseits der öffentlichen Wahrnehmung durch Gerichtsurteile des EuGH (**integration by law**). Bereits 1964 hatte der EuGH in der Costa/ENEL-Entscheidung die Eigenständigkeit und den Vorrang des Gemeinschaftsrechts gegenüber nationaler Rechtsprechung festgelegt. Ein anderes Urteil des EuGH stärkte den gemeinsamen Binnenmarkt: In der Cassis-de-Dijon-Entscheidung erklärte die oberste Rechtsinstanz der EU, dass alle vorschriftsmäßig in einem Land hergestellten Produkte auch in jedem anderen EU-Mitgliedstaat verkauft werden dürfen.

Zeit	Institutionelles Ergebnis	Inhalt	Zentraler Akteur
		1958–1984 Stagnationsphase	
1963	Elysée-Vertrag	Zusammenarbeit in verschiedenen Politikbereichen	D, F
1965/ 1966	Stagnation, Politik des leeren Stuhls	Nationale Vetos, Luxemburger Kompromiss	Nationalstaat
1963/ 1967	Aufnahme UK (IRL, DK) 2x blockiert		F
1968	Vollendung der Zollunion	Zollfreier Warenverkehr	EG-Kommission
1979	„Integration by law"	Eigene Rechtsordnung (Urteile Costa/ENEL, Cassis de Dijon)	**EuGH** (ECJ)

Quelle: Eigene Darstellung.

72 Benannt nach dem damaligen luxemburgischen Premierminister und Leiter einer Expertenkommission zur Währungsunion.

73 Währungssystem mit festen Wechselkursen und an Gold gekoppeltem US-Dollar als Leitwährung, gültig vom Ende des Zweiten Weltkrieges bis Anfang der 1970er Jahre.

d) Die Belebung (relance) der europäischen Integration

Neue Bewegung in den Integrationsprozess kam erst mit der Verabschiedung des **Schengener Abkommens** im Jahr 1985. Das zwischenstaatliche Abkommen legte die Abschaffung der innereuropäischen Grenzen und den damit verbundenen Grenzkontrollen in den Mitgliedstaaten fest. So sollte der gemeinsame Binnenmarkt vorangebracht werden. Das Schengener Abkommen wurde am 26. März 1995 für Belgien, Deutschland, Frankreich, Luxemburg, Portugal und Spanien in Kraft gesetzt. Heute wird die Reisefreiheit innerhalb der EU von den Bürgern als eine der wichtigsten Errungenschaften der Europäischen Integration benannt.

> In einer Eurobarometer-Umfrage (Eurobarometer 72) vom Herbst 2009 nannten 46 Prozent der Befragten die Freizügigkeit innerhalb der EU als wichtigsten Wert auf die Frage: Was bedeutet die EU für Sie persönlich? Zum Vergleich: Der Euro wurde von 37 Prozent genannt.

Einen großen Beitrag zur Überwindung der Eurosklerose leistete auch die im gleichen Jahr verabschiedete und 1987 in Kraft getretene **Einheitliche Europäische Akte** (EEA). Sie ist als erster Reformvertrag anzusehen, der grundlegend die Befugnisse von europäischen Institutionen überarbeitete und beispielsweise dem Europäischen Parlament (EP) mehr Mitspracherechte einräumte. Kernprogramm der EEA war die Vollendung des gemeinsamen Binnenmarktes mit seinen fortan geltenden „vier Freiheiten" im Personen-, Waren-, Kapital- und Dienstleistungsverkehr bis 1993. Das Binnenmarktprojekt lenkte die Aufmerksamkeit auch auf die Währungsfrage, zumal das 1979 geschaffene Europäische Währungssystem immer wieder durch drastische Auf- und Abwertungen erschüttert wurde, die die Zentralbanken enorme Geldmittel kosteten. Eine gemeinsame Währung würde die damaligen 14 nationalen Währungen im Binnenmarkt ersetzen und die Umtauschverluste einsparen. So wurde im Vertrag von Maastricht beschlossen, den **Euro** als Bargeld zum 1. Januar 2002 einzuführen. Um die Leistungsfähigkeit der Mitgliedstaaten auf ein Niveau zu bringen, wurden Kriterien für Neuverschuldung und Schuldenstand festgelegt (EU-Konvergenzkriterien/ „Maastricht-Kriterien"). Fortan durfte der staatliche Schuldenstand nicht mehr als 60 Prozent des Bruttoinlandsprodukts[74] und die Neuverschuldung nicht über drei Prozent des BIP steigen. Die Konvergenzkriterien wurden allerdings mehrfach durch Mitgliedstaaten verletzt, darunter auch Deutschland und Frankreich. Mit dem Vertrag von Maastricht beschlossen die Migliedstaaten Ende 1991 den bisher größten Integrationsschritt und gründete die Europäische Union (EU), die zwei verschiedene Bereiche der Integration schaffte, die bis heute Gültigkeit haben: In einem vergemeinschafteten Bereich befinden sich die Europäischen Gemeinschaften der Römischen Verträge mit der Währungsunion, in dem die Gemeinschaftsakteure EP, Kommission und EuGH große Zuständigkeiten besitzen. In einem zweiten Bereich – die Gemeinsame Außen- und Sicherheitspolitik (GASP) sowie die Zusammenarbeit in der Innen- und Justizpolitik (ZIJP) – haben die Mitgliedstaaten das Sagen.

74 BIP = Gesamtwert aller innerhalb eines Jahres produzierten Waren und Dienstleistungen eines Landes.

Zeit	Institutionelles Ergebnis	Inhalt	Zentraler Akteur
		1985–2009 Vertragliche Neuregelungen	
1985/1995	Schengener Abkommen	Abschaffung von Grenzkontrollen	Nationalstaaten
1987	Einheitliche Europäische Akte, EEA (Single European Act, SEA)	Vollendung des Gemeins. Binnenmarktes (Single Market) bis 1993; „vier Freiheiten" (Personen-, Waren-, Kapital- und Dienstleistungsverkehr)	Kommission, EP
1993	Maastrichter Verträge → **„EU"**	Europäische Wirtschafts- und Währungsunion, EWWU (EMU) → Euro Politische Union → GASP (Common Foreign and Security Policy, CFSP) → ZIJ (Justice and Home Affairs, JHA)	neuer Akteur: EZB (ECB)
1999	Amsterdamer Vertrag	Raum der Sicherheit, Freiheit, Recht, Integration von Schengen in EU	
2003	Nizza-Vertrag	Erweiterungsfähigkeit der Union (EU15-EU27) → Reform der Institutionen	
2009	Lissaboner Vertrag	Inhaltlich bis auf kl. Abweichungen gleich mit dem Verfassungsvertrag	statt Konvent wieder Regierungskonferenzen (IGC)

Quelle: Eigene Darstellung.

Der Vertrag von Maastricht wies viele sogenannte *left-overs* auf, Bereiche in denen sich die Mitgliedstaaten nicht einigen konnten und die auf den nächsten Vertrag verschoben wurden. So sollte der 1997 beschlossene **Vertrag von Amsterdam** die EU verfahrenstechnisch und institutionell auf die anstehende Osterweiterung vorbereiten (vgl. Kap. Erweiterung der EU). Zwar wurden Teile der ZIJ in den supranationalen Bereich überführt, das Schengener Abkommen in den Gemeinschaftsbesitzstand aufgenommen und der Posten eines Hohen Repräsentanten für die GASP geschaffen, doch kam es bei wichtigen institutionellen Regelungen zu keiner Einigung. Mit dem im Jahr 2000 vom Europäischen Rat vereinbarten **Vertrag von Nizza** wurden die Stimmen im Rat der EU neu gewichtet. Für eine Entscheidung waren nun eine Mehrheit der Staaten, 72 Prozent der gewichteten Stimmen und 62 Prozent der Gesamtbevölkerung der EU nötig. Allerdings blieben einige weitere *left-overs* bestehen: Im Post-Nizza-Prozess sollten genaue Zuständigkeiten festgelegt, die Rolle der nationalen Parlamente geklärt, die Vereinfachung der Verträge vorangetrieben und der Status der in Nizza feierlich verkündeten Grundrechtecharta bestimmt werden.

e) Turbulenzen und Krise

All diese grundlegenden Fragen sollte der **Europäische Verfassungsvertrag** klären. Ziele einer konstitutionellen Neugründung der EU waren eine transparentere, demokratischere und effizientere Gestaltung der europäischen Institutionen und Prozesse. Aufgrund der unbefriedigenden Ergebnisse der vorangegangenen intergouvernementalen Regierungskonferenzen von Amsterdam und Nizza, entschied man sich für die Einberufung eines Verfassungskonvents, der sich aus Vertretern der nationalen Parlamente, der Kommission, des Europäischen Parlaments, von Regierungen und Beobachtern zusammensetzte. Arbeitsgruppen sollten spezifische Lösungen erarbeiten und ein Forum der Zivilgesellschaft konnte Vorschläge einreichen. Durch diese Beteiligung vielfältiger Akteure erhoffte man sich bessere Lösungen im Konsens, da die für Regierungskonferenzen typischen Aushandlungsprozesse bis zur physischen Erschöpfung der Verhandler vermieden wurden. So sollte eine höhere Akzeptanz in der Bevölkerung erreicht werden. Daher stellte die Ablehnung des Verfassungsvertrags durch die französische Bevölkerung im Referendum vom 29. Mai 2005 einen Schock für die europäischen Regierungen dar.

Das Referendum anlässlich des „Vertrags über eine Verfassung für Europa" polarisierte nicht nur die französische Öffentlichkeit, sondern war gleichzeitig das einleitende Ereignis einer europäischen Krise. Bei einer Beteiligung von 69,4 Prozent lehnte eine klare Mehrheit von 54,7 Prozent den Vertrag ab.
Besonders für Präsident Jacques Chirac war dies ein schwerer Schlag, da er im Wesentlichen die Verfassung initiiert hatte und Frankreich somit eine Vorreiterrolle im Prozess zukam. Er konnte jedoch, genauso wenig wie andere befürwortende Parteien, nicht durch stichhaltige Argumente für eine europäische Verfassung überzeugen, sodass sich die Standpunkte der Kritiker in der französischen Gesellschaft durchsetzen konnten (Kimmel 2007: 183-196).

PRO	CONTRA
Effektivere EU-Strukturen; somit effizientere *outputs*	Kritikinstrument der Opposition/der Gesellschaft gegen innenpolitische Maßnahmen der Regierung (u.a. Schulreform) und gegen den Präsidenten
• Mehr Transparenz • Bedeutungsgewinn Europas auf internationaler Weltbühne • Mehr Gewicht für französische Position in europäischen Institutionen	• Vertrag zu wirtschaftsliberal • Beinhalte zu wenig soziale Aspekte • Angst vor Arbeitsmarktauswirkungen • Gegen Erweiterung (v.a. potentiellen Türkeibeitritt) • Nationale Souveränität bewahren

Quelle: Eigene Darstellung.

Als kurz darauf auch das niederländische Volk gegen die Verfassung stimmte, waren die Konventsmethode und das Verfassungsprojekt vorerst gescheitert. Nach einer Phase der Ratlosigkeit – eine selbst auferlegte „Denkpause" – über das weitere Vorgehen versuchten die Mitgliedstaaten, die wichtigsten Elemente des Verfassungsvertrags zu retten. Dies sollte jedoch ohne Referenden geschehen, um ein erneutes Scheitern von vornherein zu vermeiden.[75] Daher verzichtete der Ende 2007 unterzeichnete **Vertrag von Lissabon** auf eine Verankerung europäischer Symbole und staatsähnlicher Begriffe (z.B. „Europäischer Außenminister", „Verfassung"). Auch eine Umstrukturierung der Verträge und somit eine Vereinfachung des EU-Rechts unterblieb. Die Substanz des Verfassungsvertrages wurde jedoch übernommen: Mehrheitsentscheidungen wurden ausgeweitet und die nationalen Parlamente im Gesetzgebungsprozess gestärkt. Das Amt des Präsidenten des Europäischen Rates wurde neu geschaffen, er vertritt die EU nach außen und leitet die Sitzungen des Europäischen Rates. Somit waren institutionelle Reformen zur Effizienzsteigerung in weiten Teilen verwirklicht und der Vertrag von Lissabon trat Ende 2009 in Kraft.

75 Als einziger Mitgliedstaat führte Irland aufgrund verfassungsrechtlicher Bestimmungen am 12. Juni 2008 ein Referendum über den Vertrag durch. 53,4 Prozent sprachen sich dabei gegen den Lissabon-Vertrag aus. In einem zweiten Anlauf am 2. Oktober 2009 stimmten letztendlich 67,1 Prozent für diesen, nachdem Irland kleine Zugeständnisse gemacht worden waren (Marchetti/Demesmay 2010: 23ff.).

Damit waren die Turbulenzen in der EU jedoch noch lange nicht beendet. Ebenfalls Ende 2009 legte Griechenland seinen tatsächlichen Schuldenstand offen und bat bei der EU und dem Internationalem Währungsfonds (IWF) um finanzielle Unterstützung, um einen Staatsbankrott abzuwenden. Dieser Schritt markiert den Beginn der **europäischen Staatsschuldenkrise** oder „Euro-Krise", die zu weiteren nachhaltigen Veränderungen der EU-Institutionen geführt hat.

Durch die Einführung der gemeinsamen Währung konnten sich alle Eurostaaten günstig Geld an den Kapitalmärkten leihen. Nach dem Platzen der Immobilienblase in den USA, dem Zusammenbruch der Bank Lehman Brothers 2008 und der darauffolgenden globalen Finanzkrise (vgl. Teil 3 in 5.1.), verfielen auch die Preise auf einigen europäischen Immobilienmärkten, vor allem in Irland und Spanien. Den drohenden Bankenkollaps und die heraufziehende Deflation suchten die Europäer mit großzügigen Staatsübernahmen und Konjunkturprogrammen zu finanzieren. Beides ließ die Schuldenstände der Staaten stark ansteigen. Mit Bekanntwerden der tatsächlichen Verschuldung Griechenlands waren die Zinsen für griechische Staatsanleihen extrem gestiegen, da Zinsen immer auch das Ausfallrisiko eines Kredits berücksichtigen. In der Folge erhöhte sich der Schuldenstand des Landes abermals, da es mehr Geld für Zinsen ausgeben musste, was wiederum zinstreibend wirkte. Um diesen Kreislauf zu beenden, beschloss die EU „Rettungsschirme", um in Not geratenen Mitgliedstaaten unter bestimmten Auflagen Geld zu leihen. Am 7. Juni 2010 wurde die Europäische Finanzstabilisierungsfazilität (EFSF) mit Garantien in Höhe von 780 Mrd. Euro gegründet. Ursprünglich auf drei Jahre befristet, existiert sie bis zur Abwicklung der letzten Kreditgeschäfte. Anschließend wird sie vollständig durch den ebenfalls 2010 gegründeten, dauerhaften **Europäischen Stabilitätsmechanismus (ESM)** ersetzt. Darüber hinaus einigten sich die Staats- und Regierungschefs mit dem Fiskalpakt auf die Einhaltung einer Schuldenquote bzw. den Abbau von Schulden bei Überschreitung dieser Quote. Kurzfristig wurde Griechenland von einzelnen Mitgliedstaaten, u.a. Deutschland, Kredite gewährt. Zusätzlich erhielt die EZB die Kompetenz zum Ankauf von Staatsanleihen[76] gefährdeter Euro-Staaten, um deren Zinslast zu verringern.

Im weiteren Verlauf der europäischen Staatsschuldenkrise mussten immer weitere Darlehen gewährt werden. Zu den hilfsbedürftigen Ländern zählen neben Griechenland auch Portugal, Irland, Spanien und Zypern. Weitere Maßnahmen zur Stabilisierung der Eurozone sind der Beschluss einer Europäischen Bankenaufsicht durch die EZB und die Möglichkeit der Verabschiedung einer Finanztransaktionssteuer in elf Euro-Mitgliedstaaten[77].Die Reform- und Sparauflagen haben dabei zu zahlreichen Protesten und Regierungswechseln geführt. Die Sparauflagen verlangen drastische Einsparungen in den Staatshaushalten, was wiederum zu Rezessionen in den betroffenen Ländern geführt hat – mit steigender Arbeitslosigkeit und sinkenden Einkommen.

---

76 Kreditform bei der Anleger Staaten Kredit geben. Staaten können sich so Finanzmittel verschaffen, während die Investoren von den Zinsen auf die Anleihen profitieren.

77 Belgien, Deutschland, Estland, Frankreich, Griechenland, Italien, Österreich, Portugal, Slowakei, Slowenien und Spanien.

Zeit	Institutionelles Ergebnis	Inhalt	Zentraler Akteur
		2009– ? Staatsschuldenkrise und Reformen	
2010	Europäische Finanzstabilisierungsfazilität (EFSF)	Finanzielle Unterstützung von Euro-Mitgliedstaaten	Euro-Gruppe
2011	Vertrag über Stabilität, Koordinierung und Steuerung in der WWU (SKS)	Obergrenzen für Staatsschulden	EU (ohne die Tschechische Republik, UK)
2011	Euro-Plus-Pakt	Notkredite für Euro-Mitgliedstaaten	Europäischer Rat
2011	„Sixpack“	Reform des Stabilitäts- und Wachstumspakts (SWP)	EP, Rat
2012	Europäischer Stabilitätsmechanismus (ESM)	Notkredite für Euro-Mitgliedstaaten	

Quelle: Eigene Darstellung.

4. Analyse: Charakteristika der Integration

a) Föderalismus versus Funktionalismus

Ein Integrationsprozess kann idealtypisch zwei Formen annehmen. Eine erste Möglichkeit besteht darin, neue Institutionen „von oben“, in einem großen Wurf, zu schaffen. Diese neuen Institutionen würden dann Regelungen nach sich ziehen (*function follows form*). Föderalisten propagieren diesen Weg: Zunächst solle also eine Art politische Gemeinschaft geschaffen werden, die sich dann nach und nach Kompetenzen aneignet. Dieses Vorhaben wurde 1952 mit dem Vorschlag deutlich, eine Europäische Politische Gemeinschaft zu schaffen. Auf der anderen Seite stehen die Funktionalisten, die davon ausgehen, dass Kooperation auf bestimmten Gebieten automatisch zur Etablierung von Institutionen führen würde (*form follows function*). Integration wird dabei „von unten“ getrieben: Zusammenarbeit im Kleinen bringt über Zeit große Institutionen hervor.

b) Intergouvernemental vs. supranational

Die europäische Integration ist immer gekennzeichnet vom Wettstreit und vom Zusammenwirken supranationaler („überstaatlicher“) und intergouvernementaler („zwischenstaatlicher“) Organe und Regelungen. Als Beispiel kann der Vertrag von Maastricht dienen: Während Europäische Gemeinschaften und die Währungsunion supranational, d.h. gemeinschaftlich, geregelt sind, verblieben die GASP und die Innen- und Justizpolitik intergouvernemental. Bei Ersteren kommt der Kommission, dem EP und dem EuGH eine besondere Rolle zu, denn sie entscheiden unabhängig von den Mitgliedsstaaten. Bei Letzteren liegt die Entscheidungskompetenz weiterhin bei den Staaten. Oftmals werden sensiblere Politikbereiche (z.B. Sicherheits- oder Verteidigungspolitik) intergouvernementalen Regelungen unterworfen, da die Mitgliedstaaten den Souveränitäts- und Kontrollverlust bei supranationalen Prozessen scheuen. In der Praxis wirken oftmals supranationale und intergouvernementale Organe zusammen, so etwa Kommission, Ministerrat und EP bei der europäischen Gesetzgebung.

Übersicht über EU-Institutionen

Institution	Aufgaben	Sitz
	Supranational	
Europäische Kommission	Vorschläge einbringen, Verwaltung und Aufsicht der EU-Gesetzgebung	Brüssel
Europäisches Parlament (EP)	Direkt gewählte Repräsentanten der EU-Bürger, Aufsicht über andere Institutionen, mit Ministerrat geteilte Kompetenzen zur Gesetzgebung	Straßburg (Plenarsitzungen), Brüssel (Büro der EP-Mitglieder, Treffen von Fachkomitees, einige Plenarsitzungen), Luxemburg (Verwaltung)
Europäischer Gerichtshof (EuGH)	Höchster Gerichtshof der EU, Möglichkeit der Aufhebung von Gemeinschaftsgesetzgebung, Vertragsverletzungsklagen gegen Mitgliedstaaten, Auskunft über Gültigkeit und Interpretation von Gemeinschaftsrecht auf Anfrage nationaler Gerichte	Luxemburg
Europäische Zentralbank (EZB)	Festlegen von Leitzins und Geldmenge des Euro, Primärziel: Währungsstabilität	Frankfurt am Main
Europäischer Rechnungshof	Prüfung der Einnahmen und Ausgaben im Rahmen des EU-Budgets	Luxemburg
Europäische Finanzstabilisierungsfazilität (EFSF)/Europäischer Stabilitätsmechanismus (ESM)	finanzielle Unterstützung von Euro-Mitgliedstaaten durch Notkredite und Bürgschaften	Luxemburg
	intergouvernemental	
Europäischer Rat **(nicht verwechseln mit Europarat!)**	Regelmäßige Treffen der Regierungschefs und des Kommissionspräsidenten, Festlegen des generellen Kurses der EU, letzte Möglichkeit zur Findung von Kompromissen in strittigen Fragen	Brüssel
Ministerrat/Rat der EU	Vertretung nationaler Regierungen, mit EP geteilte Kompetenzen zur Gesetzgebung, bestimmt Außen- und Sicherheitspolitik	Brüssel

Quelle: Eigene Darstellung.

Auffällig ist in jedem Fall, dass die europäische Integration ein bisher singuläres Phänomen der Weltpolitik ist. Zwar gibt es in der ASEAN (vgl. Kap. 4.4.) ähnliche Tendenzen, diese sind jedoch noch weit von der Integrationstiefe der EU entfernt. Die Entwicklung der EU weist eigene, spezielle Charakteristika auf und ist insofern ein **„sui generis"-Phänomen** der iB.

c) Demokratiedefizit

Die Unterstellung eines Demokratiedefizits für die EU wird vor allem in Deutschland diskutiert und kann aufgrund der Argumentationstiefe hier nur angerissen werden. Der grundsätzliche Gedanke ist, dass jede politische Gemeinschaft nach demokratischen Prinzipien regiert werden sollte. Nur – wer ist die „politische Gemeinschaft" in der EU? Gehen wir von einer Staatengemeinschaft aus, die die EU als „Zweckverband" benutzt, so gibt es gar kein Demokratiedefizit, denn die Staaten werden selbst wiederum demokratisch legitimiert (nationale Staatsvölker). Nehmen wir aber an, dass die EU ein Staat im Werden ist, mit einem gleichfalls entstehenden europäischen Volk, so muss die EU selbst auch demokratisch sein. Die Stärkung des EP, und die Grundrechtecharta gehen dann in die richtige Richtung. Ob das bislang ausreicht, ist sicherlich diskutabel. Jedenfalls erscheint die Angst vor der Herausbildung eines autoritären Regimes in Brüssel in einem derart ausgefeilten System der *checks and balances* unbegründet.

5. Erklärung: Der Neofunktionalismus

Eine Erklärung, warum die Integration immer weiter voranschreitet, kann der Neofunktionalismus liefern. Diese Theorie wurde von Ernst B. Haas (1924-2003) begründet, der 1938 aus Deutschland vertrieben wurde und in den USA lehrte. In seinem Hauptwerk *The Uniting of Europe: Social, Political, and Economic Forces 1950-1957* von 1958 betrachtet er die EGKS in einer Art Fallstudie und versucht daraus, allgemeine Schlüsse zu ziehen.

Der Neofunktionalismus baut auf dem Funktionalismus (vgl. Analyse) auf, der maßgeblich von David Mitrany (1888-1975) geprägt wurde. In seinem Werk *A Working Peace System* (1943) plädiert er für funktionale, sachbezogene Lösungen abseits von großen Visionen zur Schaffung einer alles übergreifenden Föderation. Dieses Merkmal ist auch zentral für den Neofunktionalismus, der sich im Vergleich zum Funktionalismus aber mehr an der sozialwissenschaftlichen Theoriebildung orientiert. Der Neofunktionalismus bemüht sich um eine Klassifikation von Integrationsstufen und betont supranationale Organe wie die Kommission stärker. Der Anspruch der Theorie liegt in der Beschreibung und Erklärung der freiwilligen Abgabe von Souveränität durch Nationalstaaten und der Entstehung neuer Konfliktlösungsmechanismen:

> "The study of regional integration is concerned with explaining how and why states cease to be wholly sovereign, how and why they voluntarily mingle, merge, and mix with their neighbors so as to lose the factual attributes of sovereignty while acquiring new techniques for resolving conflict between themselves." (Haas 1971: 6)

Die Integration folgt dabei einer Sachlogik: Um effizienter wirtschaften zu können ist Kooperation und Harmonisierung auf bestimmten, aneinander angrenzenden Gebieten notwendig. Dafür eignen sich technische, „unpolitische" Prozesse besser, denn sie sind einfacher durchzusetzen und scheitern nicht so leicht am politischen Unwillen einzelner Regierungen. Die zentrale Rolle bei der Schaffung und Formulierung solcher Regelungen nehmen dabei nicht Politiker, sondern Fachexperten ein (**Epistemic Communities,** Haas 1992). Diese nehmen durch ihren Sachverstand substanziellen Einfluss auf Gesetze.

Der zentrale Mechanismus zur Erklärung von Integration ist der so genannte **spill-over**. Haas selbst nutzt zwar in seinem Werk diesen Begriff noch nicht, legt aber die Grundlagen für die spätere Definition Lindbergs:

> "'Spill-over' refers to a situation in which a given action, related to a specific goal, creates a situation in which the original goal can be assured only by taking further actions, which in turn create a further condition and a need for more action, and so forth." (Lindberg 1963: 10)

Dieser Mechanismus geht zurück auf das Konzept der funktionalen Differenzierung des französischen Soziologen Emile Durkheim (1858-1917), wonach die Arbeitsteilung moderner Gesellschaften zu gegenseitigen Abhängigkeiten (Interdependenzen) führt. Durch die immer kleinteiliger werdende Produktion sind aneinandergrenzende Sektoren eng verknüpft, verschiedene wirtschaftliche Bereiche hängen miteinander zusammen. Dieses Prinzip wurde von Haas auf die europäische Integration übertragen. Regeln europäische Sachexperten einen dieser Bereiche (Kohle und Stahl durch die EGKS), müssen auch angrenzende Bereiche geregelt werden, sonst wäre die ursprünglich vorhergesehene Umsetzung nicht effektiv. Soll bspw. der europäische Markt für Kohle und Stahl geregelt werden, müssen auch die Transportbedingungen zwischen den einzelnen Staaten angeglichen werden – sonst könnten für einige Länder Wettbewerbsnachteile und somit ungewollte Ungleichgewichte entstehen. Aus ebendiesem Grund liegt es nahe, Tarife und Zölle abzuschaffen. Produktion und Logistik hängen jedoch eng mit Dienstleistungen und Lohnkosten zusammen, Bereiche, die gleichfalls nach Regelungen verlangen. Daher werden mit dem gemeinsamen Binnenmarkt auch die Freiheit von Personen und Dienstleistungen vorangebracht, um hier eine gewisse Angleichung zu gewährleisten. Damit ist die ursprüngliche Gesetzgebung auf zwei weitere große Bereiche „übergesprungen“: Zölle und Freizügigkeit. Aufgrund der Ineffizienz durch unterschiedliche nationale Währungen (häufige erratische Auf- und Abwertungen) werden die Preise im Binnenmarkt verzerrt, weswegen eine gemeinsame Währung Vorteile verspricht. Eine Währungsunion hat allerdings weitere – ursprünglich nicht berücksichtigte – Ineffizienzen zur Folge (z.B. hohe Haushaltsdefizite, Überschuldung), die durch weitere Institutionen (EFSF/ESM) und Normen (Fiskalpakt) beseitigt werden müssen. Dieses Beispiel zeigt: Ob beabsichtigt oder nicht, die Integration dehnt sich ausgehend von einem ersten, technischen Integrationsschritt funktional und territorial stetig aus: Wie konzentrische Kreise, die durch einen einzelnen Tropfen beim Auftreffen auf Wasser ausgelöst werden, vergrößern sich so die europäisch geregelten Bereiche immer weiter. Dieser Regelungsbedarf kann durchaus über das hinausgehen, was ursprünglich beabsichtigt war, Haas spricht von *unintended consequences* (unbeabsichtigten Folgewirkungen).

Graphische Darstellung 23: Wirkungsmechanismen funktionaler spill-over-Effekte

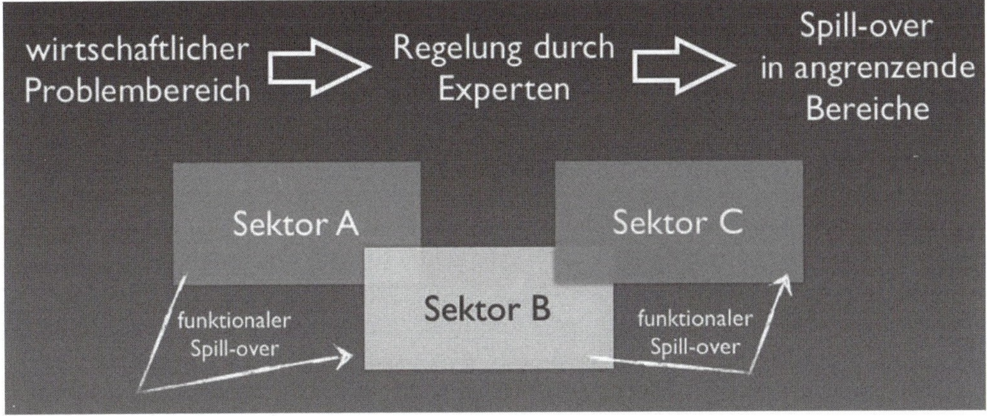

Quelle: Eigene Darstellung.

Die Bündelung der Fachexpertise lässt im Zeitablauf ein „neues Zentrum“ entstehen, das in supranationaler Manier die von der Integration erfassten Sachbereiche administriert. Je mehr Bereiche erfasst werden und je genauer sie geregelt sind, desto mehr verschiebt sich dann auch die Loyalität der Bevölkerung auf die supranationale Ebene. Aus sozioökonomischen Erfordernissen erwächst so **politische Integration**.

Fassen wir zusammen: Integration wird im Neofunktionalismus ausschließlich als Prozess und nicht als Zustand verstanden. Sachzwänge erfordern supranationale technische Lösungen jenseits von Politisierungen. Die Bevölkerung wendet sich den Institutionen zu, um bestimmte Erwartungen erfüllt zu bekommen. Diese Loyalitätsverschiebung verläuft zu Gunsten eines neuen Zentrums mit rechtlicher Autorität. Das Resultat ist eine politische Gemeinschaft, die zwar die Nationalstaaten überlagert, aber nicht zwingend als föderaler Staat verstanden werden muss. Die Verlagerung von Loyalität ist für das Endergebnis der politischen Gemeinschaft entscheidend, nicht aber als Vorbedingung von Integration zu sehen. Gemäß dem funktionalistischen Prinzip steht die Gemeinschaft nicht am Anfang, sondern am Ende des Integrationsprozesses. Wie auch bereits am Namen der Theorie deutlich wird, ist Haas somit den Funktionalisten (*form follows function*) zuzurechnen:

> “Political integration is the process whereby political actors in several distinct national settings are persuaded to shift their loyalties, expectations and political activities toward a new centre, whose institutions possess or demand jurisdiction over the pre-existing national states. The end result of a process of political integration is a new political community, superimposed over the pre-existing ones.” (Haas 1958: 16)

6. Bewertung

Der Neofunktionalismus kann immer noch einen wichtigen Beitrag zur Erklärung der Entwicklung der europäischen Integration leisten. Zwar hatte Haas seine Theorie selbst aufgrund der nationalistischen Tendenzen in den 1970er Jahren und der Politik des leeren Stuhls durch Frankreich („De Gaulle has proved us wrong“) als „obsolescent“ (Haas 2004: xix), also außer Gebrauch kommend, eingestuft. Diese Einschätzung wurde jedoch von ihm selbst nach Beschluss der EEA wieder revidiert. Tatsächlich lässt sich auch in der seit 2009 andauernden Staatsschuldenkrise wieder ein erhöhtes Tempo der Integration feststellen. Der besonderen Rolle von Krisen für die Integration war sich Haas schon bewusst: „The mounting fuel crisis of Europe has offered ECSC (= EGKS, Anm. d. Verf.) a dramatic possibility of enlarging its sphere of competence since 1954“ (Haas 1958: 105). Die krisenbedingt stärkere Integration ist dabei heute genau so gültig wie die schrittweise Optimierung früherer Entscheidungen. Ein Beispiel hierfür ist der Fiskalpakt, der die Maastricht-Kriterien ergänzt und präzisiert. Auch *integration by law* kann als neofunktionalistischer Prozess verstanden werden, da sich durch juristische Entscheidungen des EuGH die Orientierung des Rechtssystems zugunsten der supranationalen Ebene verschiebt (Burley/Mattli 1993).

Beachtlich ist vor allem die prognostizierte, langfristige Entwicklung der Europäischen Integration, die sich – wenn auch nicht gleichmäßig – in eine pro-integrative Richtung bewegt. Die negative Bewertung der Theorie erscheint im Nachhinein betrachtet also als vorschnell. Gegenüber diesen positiven Seiten steht die berechtigte Kritik am automatischen und gleichförmig ablaufenden Verständnis von Integration. Rückschläge in der Integrationsgeschichte, z.B. die Politik des leeren Stuhls oder der gescheiterte Verfassungsvertrag, können mit dem Neofunktionalismus nicht erklärt werden. Diese Rückschritte werden von Kritikern als **spill-backs** definiert. Die Frage, warum diese auftauchen, kann der Neofunktionalismus allerdings nicht beantworten. Außerdem ist der Begriff der „politischen Gemeinschaft“ nicht genau definiert. Daher ist es schwierig, zu bestimmen, wann Integration tatsächlich erfolgt ist.

7. Prognose

Aus Sicht der Theorie gibt es nur eine mögliche Entwicklung: stärkere Integration. Unbeabsichtigte Folgewirkungen werden unvermeidlich zu weiteren Integrationsschritten führen. Nur so können Prozesse der Globalisierung und europäische Probleme effektiv gestaltet werden. Anzeichen dafür sind insbesondere in der Staatsschuldenkrise erkennbar: Die Schaffung des permanenten Europäischen Stabilitätsmechanismus’ (ESM) zur Unterstützung überschuldeter Länder der Eurozone, der Vertrag über Stabilität, Koordinierung und Steuerung in der Wirtschafts- und Währungsunion (VSKS) inklusive des sogenannten Fiskalpakts zur Stärkung der Haushaltsdisziplin und die nachhaltige Ausgestaltung öffentlicher Haushalte, eine Finanztransaktionssteuer in elf EU-Ländern und die Ausübung einer Bankenaufsicht durch die EZB. Die Geschwindigkeit des Umbaus von Institutionen und Kompetenzen in der Europäischen Staatsschuldenkrise ist unvergleichlich und wird auch in den kommenden Jahren zu Weiterentwicklungen des EU-Institutionengefüges führen. Diese Neuerungen verlangen nach Präzisierung, weiteren Regelungen und Harmonisierung in angrenzenden Bereichen, beispielsweise bei gesetzlichen Mindestlöhnen, der Ausgestaltung des Arbeitsrechts oder der Festlegung von Kompetenzen der neu geschaffenen und bereits bestehenden Institutionen.

Fraglich ist dabei, ob der Optimismus des Neofunktionalismus bezüglich der Geschwindigkeit der Integration angebracht ist. Die erweiterten Tätigkeiten der EU führen insbesondere in den Krisenländern zu Protesten gegen Sparmaßnahmen und Reformen. Nicht erst seit der Staatsschuldenkrise herrscht eine gewisse Europamüdigkeit, die Wahlbeteiligung bei Europaparlamentswahlen sinkt stetig und die Unterstützung der EU-Politik in der Bevölkerung fehlt: der Loyalitätstransfer zum neuen Zentrum stockt oder kehrt sich gar um. Insofern geraten die nationalen Regierungen in Erklärungsnot und versuchen, weitere Integrationsschritte von der Zustimmung der Bevölkerung abhängig zu machen. Der Integrationsprozess wird politisiert und somit verlangsamt. Darüber hinaus werden nationale Ausnahmen und Alleingänge wahrscheinlicher, womit sich die Frage stellt, ob die Integration immer die gesamte EU umfassen muss, oder ob ein „Europa der verschiedenen Geschwindigkeiten“, vielleicht sogar ein „*Europa à la carte*“ denkbar ist. Anzeichen für diese Entwicklung gibt es bereits, wie die Möglichkeit der Einführung einer Finanztransaktionssteuer in elf Mitgliedstaaten gezeigt hat. Der Vorteil wäre, dass sich politische Regelungen besser auf nationale Besonderheiten anpassen ließen. Allerdings würde dies auf Kosten der Solidarität und des Zusammenhalts geschehen, der ein Grundgedanke der europäischen Einigung ist: Ein Binnenmarkt und eine politische Gemeinschaft verkraften nur bedingt Ausnahmen.

8. Handlungsempfehlung

Die EU sollte die Integration weiter vorantreiben und sich einer politischen Gemeinschaft nähern. So kann Europa gestärkt und der Zusammenhalt zwischen den Staaten gefördert werden. Eine Rückbesinnung auf nationale Prinzipien würde zu erheblichen Kosten und zum Zustand des 20. Jahrhunderts führen, so hat es auch das Nobelkomitee in seiner Verleihung des Friedensnobelpreises an die EU begründet. Dafür müssen die Gruppen unterstützt werden, die Integration befürworten und tatsächlich vorantreiben: Facheliten, Interessensgruppen und die supranationalen Organe der Union. Der Funktionalismus braucht keine „guten Europäer", sondern Partikularinteressen, die in Kooperation und Supranationalisierung einen Vorteil sehen (Haas 2004: xiv).

Fraglich ist allerdings, ob der quasi automatische Loyalitätstransfer von der nationalen zur supranationalen Ebene noch in ausreichendem Maße erfolgt. Die naheliegende Strategieempfehlung wäre, die elitenorientierte Organisation der europäischen Integration beizubehalten und die Ergebnisse und Erfolge der Integration (Freizügigkeit, Wohlstand, Frieden) besser „zu verkaufen": mehr Marketing als Instrument, um mehr Zustimmung zu Europa zu erzeugen. Doch je mehr Lebensbereiche durch die Integration erfasst werden, desto mehr wird Europa hinterfragt und – bisher vor allem durch populistische Parteien – herausgefordert. Hierauf hat der Neofunktionalismus – jenseits der Forderung nach „besserer Politik" – keine Antwort.

Glossar

Funktionalistisch, föderalistisch	Demokratiedefizit
Intergouvernemental, supranational	Politische Integration
Spill-over, spill-back	Unanticipated consequences
Epistemic Communities	
Integration by law	

Übungsfragen

1. Was waren – historisch betrachtet – die Gründe, weswegen sich föderalistische Projekte wie der Verfassungsvertrag (2005) und die Europäische Politische Gemeinschaft (1954) nicht haben durchsetzen können? Glauben Sie, dass es dieselben Gründe sind, die die Realisierung der „Vereinigten Staaten von Europa" wenig wahrscheinlich machen?
2. „Die Beteiligung der Bevölkerung bringt die europäische Integration zum Erliegen, denn dann wird jede Gurkenkrümmung politisiert." Diskutieren Sie diese These mit Hilfe zentraler Aussagen der Neofunktionalistischen Theorie!
3. Wenden Sie den Neofunktionalismus auf die UN an (vgl. Kap. Internationale Institutionen). Welche Grenzen der Anwendbarkeit sehen Sie?
4. Transferfrage: Lesen Sie die Teile 5. der Kap. Welthandesordnung und Finanzkrise. Versuchen Sie die europäische Integration mithilfe der Theorie des Neoliberalen Intergouvernementalismus oder der Kritischen Theorie zu erklären!

Filmtipp: L'Auberge Espagnole (2002), Cédric Klapisch [Spielfilm]

EU-Vertiefung dank ERASMUS: Der französische Student Xavier verbringt ein Jahr in Barcelona in einer WG mit anderen europäischen Studenten. Diese lernen sich untereinander immer besser kennen und lieben.

Empfohlener historischer Text zur Europäischen Integration

Weidenfeld, Werner (unter Mitarbeit von Edmund Ratka) (2013): Die Europäische Union/Politisches System und Politikbereiche. In: Dies. (Hrsg.): Die Europäische Union. München: W. Fink (UTB), S. 69–112.

Empfohlener theoretischer Text über den Neofunktionalismus

Conzelmann, Thomas (2010): Neofunktionalismus. In: Schieder, Siegfried/Spindler, Manuela (Hrsg.): Theorien der Internationalen Beziehungen. Opladen [u.a.]: Barbara Budrich Verlag, S. 157–186.

Empfohlener Originaltext zur Theorie

Haas, Ernst B. (1971): The Study of Regional Integration: Reflections on the Joy and Anguish of Pretheorizing. In: Regional Integration: Theory and Research. Cambridge, MA: Harvard University Press, S. 3–42.

Übrige verwendete Literatur

Burley, Anne-Marie/Mattli, Walter (1993): Europe before the Court: A Political Theory of Legal Integration. In: International Organization 47, 2, S. 41-76.

Haas, Ernst B. (1958/2004): The Uniting of Europe: Political, Social, and Economic Forces, 1950-1957. Notre Dame, Ind.: University of Notre Dame Press.

Haas, Peter M. (1992): Introduction: Epistemic Communities and International Policy Coordination. In: International Organization 46, 1, S. 1–35.

Kimmel, Adolf (2007): Das französische Referendum vom 29. Mai 2005 – Nein zu Europa?. In: Frankreich Jahrbuch 2006 – Politik und Kommunikation. Wiesbaden: VS Verlag für Sozialwissenschaften, S. 183–201.

Marchetti, Andreas/ Demesmay, Claire (2010): Der Vertrag von Lissabon: Welche Grundlagen für Europa? In: Marchetti, Andreas/Demesmay, Claire (Hrsg.): Der Vertrag von Lissabon – Analyse und Bewertung. Baden-Baden: Nomos, S. 21–32.

Mitrany, David (1944): A Working Peace System: An Argument for the Functional Development of International Organization. London: Royal Institute of International Affairs.

Nobelprize.org. Nobel Media AB (2014): The Nobel Peace Prize 2012 to the European Union (EU) – Press Release, online unter: http://www.nobelprize.org/nobel_prizes/peace/laureates/2012/press.html [letzter Zugriff am 04.02.2014].

Lindberg, Leon (1963): The Political Dynamics of European Economic Integration. Stanford, CA: Stanford University Press.

4.3. Regionale Integration: Die Erweiterungen der EU

Mitarbeit: Stefanie Idler

1. Einstieg

„Der 1. Mai 2004 war in Irland ein freundlicher Frühlingstag. Der Rasen vor Phoenix Castle, 30 Kilometer von Dublin entfernt, war so grün, wie ein Rasen in Irland nur sein kann. Eine weiträumige, gepflegte Parklandschaft umgibt Schloss und Rasen. Sie vermittelt das Gefühl einer friedlichen Gelassenheit. Es war ein gut gewählter Ort, um eine Zeremonie zu vollziehen, die einen Wendepunkt in der Geschichte Europas darstellt: den Beitritt von acht mittel- und osteuropäischen Staaten sowie Malta und Zypern zur Europäischen Union. (…)
Die schlichte und würdige Zeremonie in Irland fand ihren Höhepunkt, als nach dem Aufziehen der Fahnen der jetzt 25 Mitgliedsstaaten der EU die Europafahne am Mast emporstieg. Ein Kinderchor sang die zur Europahymne gewordene Ode an die Freude aus dem letzten Satz der 9. Sinfonie von Ludwig von Beethoven – geboren in Bonn am Rhein. Der Chor sang den deutschen Text von Friedrich Schiller – geboren in Marbach am Necker. Ich suchte den Blick der bisherigen lettischen Außenministerin Sandra Kalniete. Diese großartige, im sibirischen Gulag geborene Frau war von diesem Tag an Mitglied der EU-Kommission und würde in den Sitzungen der Kommission auf dem Platz neben mir sitzen. Sie hatte den Satz gesagt, der das Ereignis dieses Tages vollkommen ausdrückte: ‚Das ist der Triumph Europas über das 20. Jahrhundert.'" (Günter Verheugen, EU-Erweiterungskommissar, 2005: 63)

2. Leitfrage: Wie und warum kommt es zu Erweiterungen der EU?

3. Beschreibung: Ein Rückblick auf die EU-Erweiterungen

Die Europäische Union ist im Laufe ihres Bestehens enorm gewachsen. Mit dem Beitritt Kroatiens (Juli 2013) steigt die Anzahl der Mitgliedstaaten auf 28 und noch scheint es damit nicht getan – trotz Krisenzeiten herrscht ein Drang in die EU.

Graphische Darstellung 24: EU-Mitgliedstaaten im Jahr 2014

Source:http://europa.eu/about-eu/countries/index de.htm

Quelle: © Europäische Union, 1995-2014, online unter: http://europa.eu/about-eu/countries/index_de.htm [letzter Zugriff am 17.01.14]

Der Ursprung der heutigen Union geht auf die im Jahr 1951/1952 gegründete Montanunion zurück (vgl. Kap. EU-Vertiefung). Bereits zu dieser Zeit wurde das Versprechen getätigt, dass jeder europäische Staat einen Beitrittsantrag stellen kann, um Teil der Gemeinschaft zu werden (heute Art. 49 EUV). Mit zunehmender inhaltlicher Integration und steigendem Wohlstand der Europäischen Gemeinschaften (EG) nahm das Interesse an einer Mitgliedschaft zu und mündete in die erste Erweiterung. Deren Antragsphase lag bereits in den 1960er Jahren und verlief alles andere als reibungslos.

Graphische Darstellung 25: Historischer Erweiterungsprozess

Wer?	Wann?	Wie?
1. Norderweiterung Großbritannien (GB), Dänemark (DK), Irland (IRL)	1973	Zwei Mal wird Antrag Großbritanniens von De Gaulle abgelehnt, Volksabstimmung in Norwegen (NO) scheitert
1. Süderweiterung		
Griechenland (GR)	1981	Politisches Votum für GR, keine vollständige Übernahme des Rechtsbestands der EG
2. Süderweiterung		
Portugal (PT), Spanien (ES)	1986	Schwere Budget- und Agrarverhandlungen (v.a. Fischerei), Regierung Thatcher bedingt sich „Britenrabatt" aus
2. Norderweiterung Finnland (FI), Schweden (SE), Österreich (AT)	1995	Problemlos, Volksabstimmungen in der Schweiz (CH) zum Europäischen Wirtschaftsraum (EWR) und in NO scheitern
1. Osterweiterung Estland (EE), Lettland (LV), Litauen (LT), Polen (PL), Ungarn (HU), Tschechische Republik (CZ), Slowakei (SK), Slowenien(SI), Malta (MT), Zypern (CY)	2004	Langes Verfahren, erfolgreiche Verhandlungen mit Übernahme des Rechtsbestandes, Vereinigung CY scheitert in Volksabstimmung
2. Osterweiterung Rumänien (RO), Bulgarien (BG)	2007	Keine vollständige Übernahme des Rechtsbestandes wegen garantiertem Beitrittsdatum, Schutzklauseln sichern Reformen auch nach dem Beitritt
Südosteuropaerweiterungen Kroatien (HR)	2013 -?	*Stop-and-go*; Erweiterungsmüdigkeit und nachlassende Beitrittsneigung, zuletzt trat HR 2013 bei

Quelle: Eigene Darstellung.

Verantwortlich hierfür war vor allem Großbritannien. Denn für das Vereinigte Königreich waren ursprünglich das Commonwealth und die guten Beziehungen zu den USA von größerem Interesse, was sich in einer grundsätzlichen Skepsis gegenüber einem potentiellen Beitritt äußerte. Die britische Regierung hatte sogar die Entscheidung gefällt, eine Alternativorganisation zu gründen: die European Free Trade Association (EFTA).[78] Nachdem die EFTA sich als vergleichsweise weniger dynamisch erwiesen hatte, stellte London ein Beitrittsgesuch. Beide britischen Anträge wurden zunächst vom französischen Staatspräsidenten Charles de Gaulle blockiert, der insbesondere die rein wirtschaftlichen Ambitionen Großbritanniens monierte (Urwin 1991: 123-126). Großbritannien konnte somit erst rund zehn Jahre nach dem ersten Beitrittsantrag als offizielles Mitglied aufgenommen werden. Norwegens Beitritt scheiterte hingegen an einer Volksabstimmung, obwohl der Beitrittsvertrag schon fertig ausgehandelt war. 1973, 21 Jahre nach dem Beginn des europäischen Integrationsprozesses, traten im Zuge der 1. Norderweiterung Großbritannien, Dänemark und Irland der EG bei.

78 In den 1990er Jahren begründeten die EU und die EFTA zusammen den Europäischen Wirtschaftsraum (EWR).

Die acht Jahre später stattfindenden Süderweiterungen verliefen ebenso mit einigen Schwierigkeiten. Intention für die Aufnahme von Griechenland, Portugal und Spanien war unter anderem, die Länder für die Überwindung der Diktatur hin zur Demokratie (1974/1975) zu belohnen (Bache/George 2006: 150 u. 542). Besonders die Griechen, die 1981 hinzukamen, pochten auf schnelle und unkomplizierte Verhandlungen. Ein politisches Votum des Rats machte einen vorzeitigen Beitritt möglich, was zur Folge hatte, dass Griechenland den gemeinsamen Rechtsbestand (vgl. Analyse) nie übernahm. Selbst die Europäische Kommission hatte von einer Aufnahme Griechenlands abgeraten - der Rat setzte sich jedoch über diese Empfehlung hinweg (Nugent 2004: 27f.). Portugal und Spanien folgten im Jahr 1986. Kritisch gestalteten sich die daraus resultierenden Auswirkungen auf das Agrarbudget, was vor allem Großbritannien – mit einem wenig subventionierten Agrarsektor – ein Dorn im Auge war. Premierministerin Margaret Thatcher handelte für ihr Land Sonderkonditionen aus, so dass seit 1984 von dem sogenannten **Britenrabatt** gesprochen wird.

In den 1980er Jahren stand die inhaltliche Vertiefung im Fokus (1986 Einheitliche Europäische Akte, 1992 Vertrag zur Europäischen Union [EUV]). Dies bedeutete aber nicht, dass die geographische Erweiterung beendet war. Gerade der Fall des „Eisernen Vorhangs“ im Jahr 1989 sollte diesbezüglich eine drastische Wende bringen. Der EUV hatte auch das Ziel, die EU aufnahmefähig zu machen. 1995 kam es zur 2. Norderweiterung, als Finnland, Schweden und Österreich problemlos beitreten konnten. Norwegens zweiter Versuch scheiterte abermals an der Bevölkerung, da die eigenen nationalen Fischereirechte nicht an die EU abgetreten werden sollten.[79] Auch die Schweizer Bevölkerung stimmte 1992 gegen eine weitergehende Heranführung an die EU und ist deshalb seitdem gezwungen, mit der EU bilateral zu verhandeln.

Die eigentliche Herausforderung in dem neu konstituierten Europa war jedoch der Umgang mit den sich transformierenden Staaten des vormaligen Ostblocks. Wie sollte mit ihnen verfahren werden? Diese Fragen führten zur breiten Diskussion ob bilaterale Abkommen (siehe Schweiz) oder eine weitere Aufnahmerunde die ideale Lösung seien. Am Ende kam es zum sogenannten *„big-bang“* (Smith 2011: 312f.): 2004 erweiterte sich die Mitgliederzahl der EU um zehn Staaten. Letztendlich konnte jedoch eine positive Bilanz gezogen werden – die meisten Staaten waren sehr engagiert, sich schnell anzupassen und die Vorgaben, die Beitrittskriterien (vgl. Analyse), einzuhalten. Dennoch gab es „Sorgenkinder“: Zypern etwa sollte geeinigt beitreten. Hierzu regte die EU an, ein Referendum über einen Zusammenschluss durchzuführen. Aber nur die türkischen Zyprioten stimmten für eine Vereinigung, die griechischen dagegen, weswegen der griechisch dominierte Teil allein als „Zypern“ der EU beitrat (Smith 2010: 307). Dies führte zu diplomatischen Verstimmungen mit der Türkei.

79 Ein konfliktträchtiges Thema stellt in Europa der Fischfang dar. In den 1950er und 70er Jahren war es v.a. zwischen Großbritannien, Spanien und Island zu heftigen Streitigkeiten über die Nutzung und Abgrenzung von Fischereigebieten gekommen. Gerne werden diese Auseinandersetzungen im Nordostatlantik unter dem Begriff „Kabeljaukriege“ zusammengefasst. Eine Schlichtung erfolgte im Jahr 1982 durch ein, von den Vereinten Nationen eingeleitetes, Seerechtsübereinkommen. Doch immer wieder kommt es zu Disputen zwischen einigen Staaten bezüglich der Fangrechte (World Ocean Review 2013: 1).

Die Zypernfrage

Die Ursprünge des Zypernkonflikts mit den ethnischen Spannungen zwischen der griechisch- und der türkischsprachigen Bevölkerungsgruppe gehen auf den Untergang des Osmanischen Reiches und die Nationalbewegungen zurück. Massaker an den türkischen Zyprioten (1963) und einen durch die Militärjunta in Athen initiierten Putsch der zyprischen Regierung nahm die Türkei 1974 zum Anlass, militärisch zu intervenieren und den nördlichen Landesteil zu besetzen. Einer der immer noch brisanten Hauptkonfliktpunkte nach der Besetzung bezieht sich auf die politische Ordnung des Landes:

- Die griechische Seite setzt sich für „eine starke Zentralregierung, (...) eine multiregionale Föderation (...) [sowie einen] Abzug der türkischen [Besatzungs]truppen" ein.
- Demgegenüber missfällt der türkischen Seite eine solche Regierungsform. Beansprucht wird dafür „[ein] aus zwei ethnisch soweit als möglich homogenen Bundesländern gebildete[r] Staat [sowie] [p]olitische Gleichheit auf allen Ebenen" (Faustmann 2009).

Bis heute haben vor allem die UN zahlreiche Versuche unternommen, Lösungen für eine Einigung der zwei zypriotischen Volksgruppen, beziehungsweise zwischen Griechenland und der Türkei, zu finden, jedoch konnten kaum Fortschritte einer Annäherung erzielt werden.

Auch Rumänien und Bulgarien bereiteten der Union einige Unannehmlichkeiten. Da die Anpassungsleistungen beider Staaten nicht ausgereicht hatten, konnten die Länder 2004 nicht mit beitreten. Gleichwohl forderten sie ein festes Beitrittsdatum, was durch den Rat gewährt wurde. Drei Jahre später (2007) durften Rumänien und Bulgarien sich offizielles Mitglied der EU nennen, obwohl sie den Besitzstand der Union (vgl. Analyse) nicht vollständig übernommen hatten. Allerdings führte die EU für diese beiden Länder sogenannte **Schutzklauseln** (im Bereich Justiz und Inneres sowie den Binnenmarkt betreffend) ein, die es – eine institutionelle Innovation – der EU erlauben, defizitäre Aspekte auch nach dem Beitritt zu überwachen (Kreile 2008: 486).

4. Analyse: Das Beitrittsverfahren

In diesem Abschnitt wird zunächst der Ablauf des Beitrittsprozesses näher betrachtet, dann einige Spezifika der Verhandlungen geklärt, bevor abschließend auf verschiedene Beitrittsformen hingewiesen wird.

a) Ablauf eines Beitritts

Nach der genauen Betrachtung der historischen Ereignisse stellt sich die Frage, wie die Mitgliedschaft erreicht werden kann und welche Bedingungen ein potentieller Kandidat erfüllen muss. Der eigentliche Beitrittsprozess setzt sich aus drei Phasen zusammen:[80]

1) Antragsphase

Der am Beitritt interessierte Staat stellt einen Aufnahmeantrag. In einer Art Vorbereitungsprogramm („Stabilisierungs- und Assoziierungsprozess", SAP) wird die Eignung

80 Siehe hierzu die Seite der Europäischen Kommission, online unter: http://ec.europa.eu/enlargement/policy/steps-towards-joining/index_en.htm [letzter Zugriff am 17.01.2014].

des Staates (im EU-Jargon: pre-in) geprüft. Die Verhandlungen dieser Phase enden mit einem Stabilisierungs- und Assoziierungs-Abkommen (SAA)[81], wonach dem Staat der sogenannte Kandidatenstatus verliehen wird.

2) Verhandlungsphase
Der Rat der EU entscheidet, nach Stellungnahme der Kommission, darüber, ob der Kandidatenstaat in diese Phase eintreten darf. Darauffolgend werden die Verhandlungen begonnen. Kritisch ist dabei der Terminus „Verhandlung“ zu sehen, da im eigentlichen Sinne nicht verhandelt wird. Stattdessen macht die EU Vorgaben, die seitens der Kandidatenländer umgesetzt werden müssen. 35 Kapitel Gesetzestexte gilt es komplett zu übernehmen. Spielraum gibt es nur bei den Übergangsmodalitäten, die ausgehandelt werden können, die Übernahme der Regelungen kann gestreckt werden. Dieser Prozess erfordert viel Aufwand und nimmt viel Zeit in Anspruch, da die Kapitel zumeist erst in die Sprache des Beitrittslandes übersetzt werden müssen. Auch die Schaffung neuer politischer und gesellschaftlicher Institutionen in den Beitrittsländern kann erforderlich werden.

3) Ratifikationsphase
Wurden die Verhandlungen erfolgreich beendet, tritt die letzte Phase in Kraft – es beginnt die Ratifikation. Damit der Kandidat aber zum Vollmitglied werden kann, bedarf es sowohl der Zustimmung des Rats (einstimmig), des Europäischen Parlaments, der Mitgliedstaaten als auch des Beitrittslandes selbst. Erst dann kann der eigentliche Beitrittstermin festgelegt werden.

Die Osterweiterung bereitete der EU große Sorgen, denn die beitrittswilligen Staaten mussten eine doppelte Herausforderung meistern: Übergang von der Diktatur zur Demokratie und von der Plan- zur Marktwirtschaft. Anlässlich der Zweiten Norderweiterung wurden deshalb Beitrittskriterien auf einer Konferenz des Europäischen Rates in der dänischen Hauptstadt (1993) beschlossen, um die Frage zu beantworten, wie eine künftige Einigung Europas vonstatten gehen sollte. Im Zuge des Beitrittsprozesses verdienen die Beitrittskriterien, die sogenannten „**Kopenhagener Kriterien**“, besondere Beachtung (Smith 2011: 304 u. 306):

1) Politisches Kriterium
Der Kandidat muss über stabile demokratische Verhältnisse und gefestigte Institutionen verfügen. Des Weiteren muss der Grundrechtsschutz gewährleistet sein.

2) Kriterium der funktionierenden Marktwirtschaft
Die Unternehmen in dem jeweiligen Kandidatenland müssen dem Wettbewerb im Binnenmarkt standhalten können.

3) Vollständige Übernahme des gemeinsamen Besitzstandes (acquis communautaire)
Das Beitrittsland muss alle „europäischen Gesetze“ in toto übernommen haben.

4) Absorptionsfähigkeit/Integrationsfähigkeit (integration capacity)
Kann die EU den Beitritt eines Landes institutionell „verdauen“? Dieses Kriterium setzt die EU sich selbst (v.a. hinsichtlich eines zukünftigen Türkei-Beitritts).

81 Die SAA sind nur für die Beitritte der westlichen Balkanländer vorgesehen. Island und die Türkei mussten diese somit nicht abschließen.

Graphische Darstellung 26: Status beitrittsinteressierter Länder[82]

Land	SAA in Kraft	Mitgliedschafts-status	Beginn der Verhandlungen	Ende der Verhandlungen
Albanien	01.04.09	Potenzieller Kandidat	-	-
Bosnien und Herzegowina	Unterzeichnet 16.06.08	Potenzieller Kandidat	-	-
Kosovo[83]	28.10.13 Verhandlungsbeginn über SAA	Potenzieller Kandidat	-	-
Ehemalige jugoslawische Republik Mazedonien	01.04.04	Kandidat	29.03.12 Beitrittsdialog auf hoher Ebene mit Kommission	-
Montenegro	01.05.10	Kandidat	29.06.12	-
Serbien	01.09.13	Kandidat	21.01.14	-
Island	-	Kandidat	27.07.10	-
Türkei	-	Kandidat	03.10.05	-

Quelle: Eigene Darstellung.

Als fünftes, indirektes Beitrittskriterium für die Nachfolgestaaten Jugoslawiens hat sich im Laufe der letzten Jahre die Kooperation mit dem Jugoslawientribunal (ICTY, vgl. Kap. 3.3.) entwickelt. Als Serbien und Kroatien sich unwillig zeigten, mutmaßliche Kriegsverbrecher an das Tribunal in Den Haag auszuliefern, suspendierte die Kommission immer wieder die Beitrittsverhandlungen.

Aktuell sind Island[84], die Türkei und Montenegro im Beitrittsprozess am weitesten fortgeschritten. Alle drei Staaten haben die Verhandlungen mit der EU bereits eröffnet. Die Türkei allerdings wird in naher Zukunft einer Mitgliedschaft nicht deutlich näher kommen, da die Verhandlungen seit geraumer Zeit stagnieren. Die Öffnung oder der Abschluss einiger Kapitel werden von Mitgliedstaaten (AT, FR, DE, CY) blockiert (Smith 2011: 317).

b) Spezifika und Charakter der Verhandlungen

Formal gesehen verhandeln alle Länder unabhängig voneinander mit Brüssel, d.h. die Fortschritte eines anderen Landes in den Verhandlungen spielen für das eigene keine Rolle (**Regatta-Prinzip**). Diese Fortschritte werden anhand der Beitrittskriterien definiert und gehen mit dem Begriff der **Konditionalität** einher. Konditionalität impliziert Aufla-

82 Daten auf Grundlagen der Tagespresse sowie der Europäischen Kommission, online: http://ec.europa.eu/enlargment/ countries/check-current-status/index_en.htm [letzter Zugriff am 17.01.2014].

83 Kosovo ist zwar in der Tabelle aufgeführt, wird aber gesondert behandelt, da fünf Mitgliedstaaten (ES, GR, CY, RO, SK) der EU Kosovo nicht als eigenständigen Staat anerkennen.

84 Insbesondere mit Island hätte es voraussichtlich zu einem schnellen Abschluss kommen können, da das Land bereits Mitglied des Europäischen Wirtschaftsraums (EWR) ist und dementsprechend viele Normen implementiert hat. Doch Ende Februar 2014 wurde bekannt, dass die derzeitige Mitte-Rechts-Regierung den isländischen Mitgliedschaftsantrag zurückziehen möchte.

gen und Bedingungen, die zunächst erfüllt werden müssen, bevor positive Transfers (Vorteile durch Annäherung an die EU) erfolgen können. In diesem Sinne sind die sogenannten **asymmetrischen Verhandlungen**– die „mächtige EU" verhandelt mit einem „kleinen beitrittswilligen Land" – eng mit der Konditionalität verbunden, da sie vorschreiben, dass die Stufen des Beitrittsprozesses schrittweise erfolgreich abgeschlossen werden müssen. Falls dies nicht geschieht und ein Land nicht „liefert", wird die darauffolgende Ebene nicht erreicht und alle damit einhergehenden Anreize (Kredite, etc.) bleiben aus (Schimmelfennig 2007: 127). Um ein Vorankommen zu fördern, bietet die Kommission technische Unterstützung an und nimmt somit im gesamten Beitrittsablauf eine Schlüsselrolle ein. Wegen ihrer herausragenden Rolle im Beitrittsprozess wird der Europäischen Kommission von Analysten eine **gate-keeper-Funktion** zugesprochen (Grabbe 2003: 316f.). Angesichts dieses Status ist die Kommission dazu befugt, die Staaten zu *screenen*, also den aktuellen Stand der jeweils zu verhandelnden Kapitel zu überprüfen. Im Anschluss an das **screening** fungiert sie zu jeder Zeit als Wächter des Verfahrens und verfasst Fortschrittsberichte (*monitoring*). Allerdings ist die Kommission dabei auf die Informationen der Beitrittsländer angewiesen. Infolgedessen bedarf es eines hohen Kooperationsgrades zwischen den Organen und den einzelnen Kandidatenländern.

c) Beitrittsformen

Im Idealfall tritt also ein Land der Union bei, das sich grundsätzlich mit den Idealen, Werten und Grundprinzipien der EU identifiziert. Die *acquis*-Übernahme geschieht somit nicht aufgrund des externen Drucks und der materiellen Anreize, sondern stellt eine durch Eigenleistung erbrachte Errungenschaft dar. Der Staat teilt die ideellen Grundlagen der deutsch-französischen Versöhnung, was auch in dem Bestreben zum Ausdruck kommt, die eigene Geschichtspolitik[85] an die der Nachbarn anzunähern. Die Integration Europas ist insofern ein immanent politischer und gesellschaftlicher Prozess, der über eine rein ökonomische Betrachtung hinausgeht. Ein solcher, idealtypischer Beitritt kann als **idealistischer Beitritt** bezeichnet werden (Stahl 2013: 451).

Die Geschichte der Beitrittsprozesse hat allerdings gezeigt, dass immer wieder Staaten der EG oder EU beitreten konnten, obwohl sie die Beitrittskriterien nicht erfüllt haben. Die EU hat dies zugelassen, weil sie die Kandidaten für andere Leistungen – wie die Überwindung der Diktatur – belohnen wollte (GR), oder ein weiteres Zuwarten ineffektiv erschien (BG, RO). Einige Staaten haben die politisch-ideellen Werte der ursprünglichen Sechs nie „gekauft", sondern sind eher an den ökonomischen Vorteilen interessiert (GB, DK). Staaten wie Zypern oder Kroatien haben ihre Zugehörigkeit zur Union eher über kulturelles *belonging* definiert, denn über die Erfüllung eines Leistungskatalogs. In vielen gesellschaftlichen Teilbereichen blieben die Reformen deshalb oberflächlich oder gar deklatorisch. Solche **strategischen Beitritte** (Stahl 2013: 451-453) haben jedoch den Nachteil, dass Wertekonflikte mit in die Union hineingezogen werden und mit jedem neuen Integrationsschritt zum Ausdruck kommen. Im Extremfall droht ein Staat, an den unterlassenen Anpassungsleistungen zu zerbrechen (Griechenland in der Schuldenkrise) und be-

85 „Geschichtspolitik" oder auch „Erinnerungspolitik" bezeichnet die politisch organisierte Darstellung der Vergangenheit, wie sie bspw. in Museen, Denkmälern und Schulbüchern zum Ausdruck kommt (vgl. auch 4. im Kap. Nahostkonflikt).

lastet die Solidarität der Union. Im Zeitablauf führen die „unerledigten Hausaufgaben" in Rumänien, Bulgarien, Griechenland und Zypern zu einer nachlassenden Erweiterungsbereitschaft in den alten Mitgliedstaaten (**enlargement fatigue**). Doch steckt die Union in einem Dilemma: Schiebt sie nämlich die Beitritte von beitrittswilligen Staaten auf, um strategische Beitritte zu vermeiden, erfasst die Erweiterungsmüdigkeit die Bevölkerungen der *pre-ins*.

5. Erklärung: Rhetorical Action

Warum kam es nach dem Fall des Eisernen Vorhangs dazu, dass die geographische Erweiterung fortgesetzt wurde? Was war der Grund dafür, dass weitere Beitritte erfolgten, obwohl die Kosten manches Mal den Nutzen überwogen? Frank Schimmelfennig setzte sich mit dieser Forschungsfrage auseinander und fand in seinen Werken *The Community Trap: Liberal Norms, Rhetorical Action, and the Eastern Enlargement of the European Union* (2001) und *The EU, NATO, and the Integration of Europe: Rules and Rhetoric* (2003) eine Antwort auf diese Fragen.

In einem ersten Schritt bedient sich Schimmelfennig (2001: 47f. u. 54) grundsätzlich liberaler Argumente zur Erklärung der Osterweiterung, indem er annimmt, dass sowohl die alten als auch die beitrittswilligen Staaten bestimmte Präferenzen verfolgen und eigennützig handeln. So war Großbritannien weniger an inhaltlicher Vertiefung als an einer Erweiterung des Binnenmarktes interessiert, die durch weitere Beitritte gewährleistet worden wäre. Auch für Deutschland bedeuteten weitere Mitgliedstaaten einen größeren Absatzmarkt und folglich Aussichten auf wirtschaftliche Gewinne. Allein die zukünftige Arbeitsmarktsituation bereitete den Deutschen Sorgen, da die Angst vor kostengünstigeren Arbeitskräften aus Osteuropa vorherrschend war. Großbritannien als auch Deutschland standen einer Erweiterung folglich weitgehend positiv gegenüber und übernahmen eine aktive Rolle im Erweiterungsprozess (*driver*). Frankreich hingegen setzte auf inhaltliche Vertiefung, um die Funktionsfähigkeit der Union zu gewährleisten und stimmte nicht in die Erweiterungseuphorie mit ein (*brakeman*) (ebd. 2001: 49-55). Daneben waren es vor allem die beitrittswilligen Staaten, die durch eine Mitgliedschaft Aussichten auf einen höheren Lebensstandard wahrnehmen wollten (*driver*).

Generell hätte die Möglichkeit bestanden, all diesen Interessen dauerhaft durch institutionelle Lösungen wie Assoziierungsverträge oder Partnerschaftsabkommen (siehe Partnership for Peace (PfP) der NATO) gerecht zu werden.[86] Dieses Szenario trat jedoch nicht ein. Stattdessen kam es zu weiteren Aufnahmen, was u.a. den französischen Präferenzen völlig widersprach. Eingedenk der Einstimmigkeitserfordernisses des Beitritts stellt sich die Frage: Warum erfolgte kein Veto der *brakemen*?

Schimmelfennig (2001: 47f.) sieht in diesem Punkt die Schwäche liberaler Erklärungen.[87] Die liberalen Theorien könnten zwar gut erklären, warum Länder wie Großbritannien oder die Beitrittsländer selbst die Erweiterung befürworteten, aber sie erklären nicht, warum Länder wie Frankreich letztendlich zustimmten. Er kommt zu dem Schluss, dass

86 Bereits 1988 gab es die ersten Handels- und Kooperationsabkommen mit einigen der zukünftigen Mitgliedstaaten. Im Jahr 1991 folgten Assoziierungs- oder Europaabkommen (Kreile 2008: 479).

87 So etwa des Neoliberalen Institutionalismus (vgl. Kap. Internationale Institutionen) wie des Intergouvernementalen Liberalismus (vgl. Kap. Welthandelsordnung).

es hierfür konstruktivistischer Erklärungen bedürfe. Der prägende Faktor ist dabei Sprache/Rhetorik (ebd. 2001: 63-65; 2003: 279). Hierzu betrachtet er den politischen Diskurs zwischen den Staaten. Im Zuge der *rhetorical argumentation* beginnen Großbritannien und Deutschland demnach, Frankreich an das große Versprechen (*rhetorical commitment)* zu erinnern, das 20. Jahrhundert zu überwinden, Krieg, Hass sowie Faschismus hinter sich zu lassen, und sich für die Zusammenführung des Kontinents einzusetzen (ebd. 2001: 66-72). Sukzessiv fallen die beitrittswilligen Staaten in den Chor ein: Anpassungsleistung der Neudemokratien müssten anerkannt werden und Eigeninteressen einzelner Staaten dürften die Einheit Europas nicht gefährden (ebd. 2001: 68f.; Lippert 2003: 8). Es kommt zu dem von Schimmelfennig (2001: 64f.; 2003: 270) analysierten Prozess des **shamings**. Die *driver* erinnern die *brakemen* an deren eigene Rhetorik und bezichtigen sie der Verfolgung kleinlicher Interessen im Angesicht großer Herausforderungen. Staaten wie Frankreich treten nicht mehr für ihre Positionen ein, aus Angst vor einem potentiellen Gesichtsverlust und dem Einbüßen der eigenen Glaubwürdigkeit (ein liberales Gut). Um einer Isolation entgegenzuwirken, bleiben die Kritiker ruhig und verstummen **(silencing)**. Die *driver* setzen sich durch und ein potentielles Veto der *brakemen* bleibt aus (ebd. 2003: 274). Als prägender Faktor wirkt hierbei die **argumentative Selbstverstrickung (rhetorical self-entrapment)**, da die Gegner an ihre eigenen großen Worte erinnert und beschämt werden. Die Rhetorik der Vergangenheit könne nicht vergessen werden und Staaten, die instrumentell dagegen halten wollen, kämen aus der sich selbst gestellten Falle nicht mehr heraus. Die eigene Glaubwürdigkeit zu wahren, stellt im Zweifel das im Vergleich zur Interessenspolitik höhere Gut dar (ebd. 2001: 77).

Insgesamt versucht Schimmelfennig vorwiegend liberal zu argumentieren, um zu begründen, wie es zur Osterweiterung kam. Der Liberale Intergouvernementalismus[88] (vgl. Kap. 2.3.) liefert in einem *first cut* eine gute Begründung für die Präferenzen der beitrittswilligen Staaten sowie der *driver*. Um aber die Erklärungslücke der Beitritte zu schließen, bedürfe es ergänzender, sozialkonstruktivistischer Argumente (ebd. 2001: 62 u. 76f.).

Schimmelfennig benutzt den Soziologischen Institutionalismus als eine Art *second cut* und belegt sein Vorgehen mit dem Terminus Rhetorical Action: Durch den instrumentellen Einsatz von Sprache gelingt es internationalen Akteuren, die entgegengesetzten Präferenzen anderer zu überspielen.

6. Bewertung

Alles in allem sind die Aufnahmerunden der letzten Jahre als positiver Prozess zu bewerten. Die großen europäischen Themen „Frieden, Wohlstand und Sicherheit durch Erweiterung" konnten gelöst werden – ein unglaublicher politischer Erfolg. Im Detail ergeben sich allerdings Probleme mit Zypern, Rumänien und Bulgarien, die die ideelle Idee der EU nicht mitgetragen haben und mit denen von Seiten der EU in der Umsetzung des *acquis* nicht strikt genug umgegangen wurde. Der Preis, der dafür bezahlt werden muss, manifestiert sich in politischer Instabilität in den Ländern und Blockaden im Rat.

88 Schimmelfennig spricht vom „Rationalen Institutionalismus". Da die Benennung liberaler Theorien in der Theoriedebatte nicht einheitlich ist, wird hier – aus didaktischen Wiedererkennungsgründen – auf diejenige liberale Theorie in diesem Band Bezug genommen, die sich am ausgiebigsten mit der Präferenzbildung beschäftigt hat.

Bewertung der Theorie

Da es Frank Schimmelfennig gelingt, einen Zusammenhang von wirtschaftlichen über strategische hin zu ideellen Gründen zu konstruieren, weist Rhetorical Action einen starken Erklärungswert auf. Alle drei Aspekte werden durch die Theorie sinnvoll miteinander verknüpft. Auffallend ist aber, dass der sozialkonstruktivistische Wirkungsmechanismus von ihm eher eine negative Konnotation erfährt. Schimmelfennig (2003: 265) verwendet im Zuge der Theorie zumeist pejorativ geprägte Begriffe wie *shaming* oder *(self-)entrapment*. Auch Rhetorical Action ist etwas Negatives, denn Politiker verschleiern ihre instrumentellen Absichten mit schönen Worten.

Im Rahmen dessen stellt sich die Frage, ob der Sozialkonstruktivismus nicht auch die Präferenzen der Beitrittskandidaten erklären kann? Wenn dies der Fall wäre, bräuchte es keinen liberalen Ansatz mehr. Der Sozialkonstruktivismus erweist sich jedoch zugegebenermaßen im Erklärungsvergleich als deutlich komplexer, weil er nachweisen muss, woher die Präferenzen der Staaten kommen. Für Schimmelfennig spricht also die Sparsamkeit der Theoriebildung, allerdings ist er deshalb gezwungen, zwei Theorieschulen zu kombinieren.

Dies führt zur Diskussion, ob es metatheoretisch überhaupt „erlaubt" sei, zwei verschiedene Theorien mit unterschiedlichen Ontologien zu verwenden (vgl. hierzu auch das Schlusskapitel). Hat er sich dadurch forschungstheoretisch inkonsequent verhalten? Denn eine Theorie behält ihren Wert nur dann, wenn sie in sich möglichst schlüssig ist und mit wenigen Annahmen auskommt. Man kann Schimmelfennigs Ansatz verteidigen, indem an sein *first cut-second cut*-Verfahren erinnert wird: Die beiden Theorieschulen erklären nicht alternativ das Gleiche, sondern wirken komplementär. Der Sozialkonstruktivismus soll nur das erklären, was der Neoliberalismus nicht erklären kann. Dementsprechend kann man argumentieren, dass verschiedene Theorieanwendungen gerechtfertigt sind, solange sie auf verschiedene Fragestellungen angewendet werden.

7. Prognose

Neben der Funktionsfähigkeit wird in naher Zukunft zweifellos die *enlargement fatigue* eines der größten Probleme für die Gemeinschaft darstellen. Weitere Aufnahmen nach dem Beitritt Kroatiens sind in den nächsten Jahren unwahrscheinlich und die Chancen für eine Beitrittsratifikation mit der Türkei stehen eher schlecht. Dies liegt an den Präferenzen der Staaten, die sich wohl zwangsläufig durchsetzen und große Ratifikationsschwierigkeiten sowie immer weniger *shaming*- und *silencing*-Prozesse mit sich bringen werden. Kurz gesagt: Es wird immer mehr *brakemen* und immer weniger *driver* geben. Es ist anzunehmen, dass Vetomöglichkeiten und Blockaden anderer Staaten (etwa Kroatiens gegenüber dem potentiellem Beitritt Serbiens) zunehmend zu beobachten sein werden. Gerade bezüglich der Südosteuropa-Erweiterungen existiert in vielen alten Mitgliedstaaten die Angst vor „billigen" Arbeitskräften und die Zunahme der Kriminalität. Da das große Versprechen in den Augen vieler mit dem *big bang* 2004/07 bereits erfüllt ist, werden *shaming* und *silencing* unwahrscheinlich. Der bittere Beigeschmack der früheren Erweiterungen und das Gefühl, dass neue Beitritte nur Nachteile bringen würden, überlagern das große Versprechen – das große Versprechen wird zum leeren Versprechen. Die Erweiterungspolitik der EU wird in dieser Perspektive in eine Phase der Stagnation eintreten.

8. Handlungsempfehlung

Um zukünftige Beitritte weiterhin zu legitimieren, gilt es, die Erfolge der Erweiterungspolitik klar zu benennen und das große Versprechen nicht aus den Augen zu verlieren (Stichwort Friedensnobelpreis für die EU).

Die EU muss sich allerdings darüber klar werden, ob bei zukünftigen Beitritten weiterhin auf Konditionalität gesetzt werden soll und ob sie diese konsequent durchhalten will. Im Falle eines Verzichts verabschiedet sich die EU jedoch von einer zentralen Triebkraft ihrer *transformative power* und läuft Gefahr, ihre Werte und Identität aufs Spiel zu setzen. Aber selbst wenn an der Konditionalität festgehalten wird, könnte daraus ein Verlust ihrer Anziehungskraft resultieren, da die Zustimmung potentieller Beitrittsstaaten zwangsläufig sinken wird. In jedem Fall müssten die bisherigen Mitgliedstaaten mit offenen Karten spielen sowie ehrlich und konsistent gegenüber den Beitrittskandidaten und der eigenen Bevölkerung auftreten. Nur so kann ein breiter Konsens für einen weiteren Ausbau der EU geschaffen werden.

Glossar

Idealistischer vs. strategischer Beitritt	Acquis communautaire
Kopenhagener Kriterien	Shaming
Regatta-Prinzip	Konditionalität
Asymmetrie der Verhandlungen	Gate-keeper-Funktion
Screening	Enlargement fatigue
(argumentative) Selbstverstrickung (self-entrapment)	
Rhetorisches Handeln (Rhetorical Action)	silencing

Übungsfragen

1. An welchen Punkten im Verhandlungsprozess kann ein Mitgliedstaat einen neuen Beitritt verzögern oder gar verhindern?
2. Wäre ein Beitritt der Türkei eher ein idealistischer oder ein strategischer? Finden Sie für beides Argumente!
3. Bosnien-Herzegowina erhält das Versprechen einer potentiellen Mitgliedschaft und die Ukraine nicht. Warum ist das so? Argumentieren Sie mit Rhetorical Action!
4. Transferfrage: Lesen Sie Teil 5 des Kapitels zur Finanzkrise. Versuchen Sie, die EU-Erweiterungspolitik aus Sicht der Kritischen Theorie zu sehen. Was wäre Ihre Kritik am Beitrittsverfahren?

Filmtipp: Arm. Ausgebeutet. Abgelehnt. Die neuen Einwanderer vom Balkan (2013), Carsten Behrendt, Tonja Pölitz, Alexander Roettig [Dokumentation]

Die 30-minütige Reportage gewährt einen Einblick in die schwierigen Umstände unter denen sogenannte Armutsflüchtlinge aus Rumänien ihr Land verlassen und in Deutschland aufgenommen werden. Zugleich werden Reaktionen von EU-Mitbürgern gezeigt.

Empfehlenswert zur Beschreibung des Erweiterungsprozesses

Lippert, Barbara (2003): Von Kopenhagen bis Kopenhagen: Eine erste Bilanz der EU-Erweiterungspolitik. In: Aus Politik und Zeitgeschichte 1–2, S. 7–15.

Smith, Karen E. (2011): Enlargement, the Neighbourhood, and European Order. In: Hill, Christopher/Smith, Michael (Hrsg.): International Relations and the European Union. Oxford: OUP, S. 299–323.

Empfehlenswerter Originaltext zur Theorie

Schimmelfennig, Frank (2001): The Community Trap: Liberal Norms, Rhetorical Action, and the Eastern Enlargement of the European Union. In: International Organization 55, 1, S. 47–80.

Übrige verwendete Literatur

Bache, Ian/George, Stephen (2006): Politics in the European Union. Oxford: Oxford University Press.

Faustmann, Hubert (2009): Die Verhandlungen zur Wiedervereinigung Zyperns: 1974–2008. In: APuZ 2009, 12, online unter: http://www.bpb.de/apuz/32118/die-verhandlungen-zur-wiedervereinigung-zyperns-1974-2008 [letzter Zugriff am 17.01.14].

Grabbe, Heather (2003): Europeanization Goes East: Power and Uncertainty in the EU Accession Process. In: Featherstone, K./Radaelli, C. (Hrsg.): The Politics of Europeanization. Oxford, Oxford University Press; S. 303–327.

Kreile, Michael (2008): Die Erweiterungspolitik der Europäischen Union. In: Weidenfeld, Werner (Hrsg.): Die Europäische Union: Politisches System und Politikbereiche. Bonn: Bundeszentrale für Politische Bildung, S. 476–503.

Nugent, Neill (2004): European Union Enlargement. Houndsmills: Palgrave Macmillan.

Schimmelfennig, Frank (2003): The EU, NATO and the integration of Europe: Rules and Rhethoric. Cambridge: Cambridge University Press.

Schimmelfennig, Frank (2007): European Regional Organizations, Political Conditionality, and Democratic Transformation in Eastern Europe. In: East European Politics and Societies 21, 1, S. 126–141.

Stahl, Bernhard (2013): Another "strategic accession"? The EU and Serbia (2000-2010). In: Nationalities Papers. The Journal of Nationalism and Ethnicity 41, 3, S. 447–468.

Urwin, Derek W. (1991): The Community of Europe. A history of European Integration since 1945. London: Longman.

Verheugen, Günther (2005): Europa in der Krise. Für eine Neubegründung der europäischen Idee. Köln: Kiepenheuer&Wisch.

World Ocean Review (2013): Die Zukunft der Fische – die Fischerei der Zukunft: Fischereipolitik – Wege zu einem besseren Fischereimanagement, online unter: http://worldoceanreview.com/wor-2/fischereipolitik/fischereimanagement/ [letzter Zugriff am 17.01.14].

4.4. Regionale Integration: Gemeinschaftsbildung in Südostasien

Mitarbeit: Katharina McLarren

Die vielen täglichen Konfliktmeldungen machen vergessen, dass in weiten Teilen der Welt seit langem kein Krieg mehr zu beobachten war. Auch Südostasien, dessen Länder in Form der ASEAN kooperieren, gehört zu diesen *zones of peace*.

1. Einstieg

„One Vision, One Identity, One Community" so lautet das offizielle Motto der 1967 gegründeten Association of Southeast Asian Nations (ASEAN).

Graphische Darstellung 27: ASEAN Hymne

Soprano ASEAN Anthem The ASEAN WAY

Quelle: Association of Southeast Asian Nations (ASEAN) 2014.

2. Leitfrage: Warum hat es in Südostasien seit mehr als 40 Jahren keinen Krieg gegeben?

3. Beschreibung[89]: Die Entwicklung der ASEAN

a) Südostasien: eine politisch, ökonomisch und kulturell heterogene Region

Ziel der Association of Southeast Asian Nations (ASEAN) ist es, die wirtschaftliche, kulturelle und politische Zusammenarbeit in der Region zu stärken sowie Sicherheit in der Region zu schaffen. Stellt man die geographische, wirtschaftliche, historische und kulturelle Heterogenität der Region in Rechnung, erscheint das Ziel sehr ambitioniert.

Die Geographie der Mitgliedstaaten ist an sich bezeichnend, da sich die Grenzen der ASEAN von Myanmar im Norden bis West-Neuguinea (Indonesien) im Südosten erstrecken (entspricht der Strecke Köln bis Ulaanbaatar in der Mongolei). Vier der zehn Staaten sind Inselstaaten, wobei Malaysia aus einer Halbinsel sowie zwei nordwestlichen Teilen der Insel Borneo besteht. Bis auf Thailand standen alle Mitgliedstaaten einmal unter Kolonialherrschaft, was wiederum Folgen für die spätere Festlegung der Grenzen in der Region hatte und zu postkolonialen Konflikten führte.

Graphische Darstellung 28: Südostasien mit den zehn ASEAN-Staaten

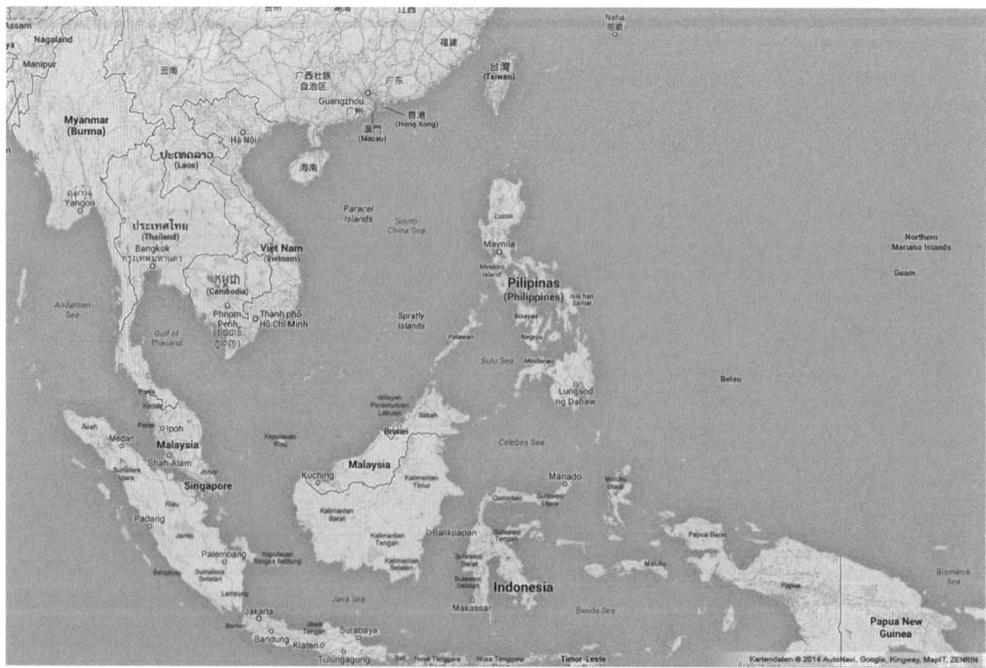

Quelle: Google; Kartendatein © 2014 AutoNavi, Google, Kingway, MapIT, Zenrin.

89 Die Beschreibung ist eine aktualisierte Version früherer Veröffentlichungen zur ASEAN, vgl. Stahl (2010; 1998: 181-226).

Auch die **wirtschaftlichen Disparitäten** sind gewaltig. Ein Land gilt als ökonomisches Zentrum: Singapur. Während das Bruttonationaleinkommen (BNE) je Einwohner in Laos gerade mal bei 1200 US-Dollar und in Thailand bei knapp über 5,000 US-Dollar[90] liegt, ist das BNE je Einwohner in Singapur mit 47,000 US-Dollar fast das neunfache Thailands und sogar knapp das vierzigfache von Laos und liegt über dem deutschen (D: 44,000 US-Dollar). Zudem sind die Gesellschaften in ethnisch-kultureller Hinsicht sehr vielfältig: So sind ca. 50 Prozent der Bevölkerung Malaysias Malaien und knapp 24 Prozent Chinesen. 60 Prozent sind Anhänger des Islams, ca. 20 Prozent sind Buddhisten und zehn Prozent Christen. In Indonesien sind über 85 Prozent Muslime, wohingegen auf den Philippinen über 80 Prozent römisch-katholisch und nur fünf Prozent Muslime sind. Neben der geographischen, wirtschaftlichen und gesellschaftlichen Vielfalt, gibt es in der Region auch ein breites Spektrum an politischen Systemen. Vietnam bezeichnet sich als Sozialistische Republik, wohingegen Thailand, mit einigen blutigen Unterbrechungen, durchgehend ein Königreich war und heute als konstitutionelle Monarchie gilt. Die Philippinen und Indonesien sind Präsidialrepubliken. Das Spektrum reicht also von Demokratien (Indonesien, Thailand) über **defekte Demokratien**[91] (Philippinen, Malaysia, Kambodscha) bis hin zu autoritären Regimen verschiedenster Ausprägung (Einparteiensysteme in Singapur und Vietnam, Sultanat in Brunei, Militärregime in Myanmar[92]).

Die Region ist reich an Rohstoffen (z.B. Erdöl, Zinn) und da ein Großteil des Außenhandels der lokalen Staaten über See abgewickelt wird, sind die ASEAN-Staaten von der Sicherheit der Seewege abhängig. Die Insellage einiger Mitgliedstaaten erschwert die Kontrolle des eigenen Territoriums – die Schwierigkeiten der Staaten mit Piraterie in der Region zeigt dies – und erleichtert die Unterstützung von Guerillaverbänden von außen. Alle südostasiatischen Staaten haben die Erfahrung gemacht, dass diese Faktoren die Region für internationale Großmächte attraktiv machen, so dass es unmöglich ist, sich von internationalen Entwicklungen dauerhaft abzukoppeln.

Die kolonialen Erblasten und die ethnischen und sozialen Spannungen haben immer wieder zu innerstaatlichen Konflikten geführt, wie die:

- Aufstände der konservativ-islamischen Aceh Sumatra National Liberation Front in Aceh, der nördlichen Spitze der indonesischen Insel Sumatras,
- wiederkehrenden Unruhen im muslimischen Teil Süd-Thailands,
- Aufstände der muslimischen Guerilla („Moros") und kommunistischer Widerstandsgruppen auf den Philippinen,
- die blutig niedergeschlagene Rebellion ethnischer Minderheiten und buddhistischer Mönche in Myanmar.

Nur selten ist es jedoch zwischen den Staaten zu gewaltsamen Konflikten gekommen. Ein Beispiel sind die Feuergefechte, die sich thailändische und kambodschanische Truppen um Zugangsrechte zum Tempel Preah Vihear 2011/2012 lieferten. 2013 kam es zu Irritationen zwischen den Philippinen und Malaysia als philippinische Rebellen in die malaysi-

90 Die BNE Angaben beruhen auf Daten von www.weltalmanach.de (Stand: Sept. 2013).

91 „Defekte Demokratien (…) sind solche Regime, in denen der Prozess der demokratischen Konsolidierung nicht zu einer umfassenden Etablierung liberaldemokratischer Verfahren und Institutionen, sondern vielmehr zu deren ‚perverser' Institutionalisierung geführt hat" (Merkel et al. 2003: 12).

92 Vgl. zur Öffnung Myanmars seit 2012 das Kap. Menschenrechte.

sche Provinz Sabah eindrangen und nur mit Waffengewalt vertrieben werden konnten („Lahad Datu Standoff"). Gleichwohl – mit Hilfe der Institutionalisierung der ASEAN gelang es den Ländern, zwischenstaatliche Kriege zu vermeiden. Seit 1967 findet ein simultaner Prozess des *widening* und *deepening* statt.

b) Die Erweiterung der ASEAN (widening)

Im August 1967 gelang die Gründung der Association of Southeast Asian Nations (ASEAN) durch Thailand, die Philippinen, Indonesien, Singapur und Malaysia in Form der Declaration of Bangkok[93]. Nach Erlangung der Unabhängigkeit traten das Sultanat Brunei 1984 und im Juli 1995 Vietnam der ASEAN bei. Zwei Jahre später erfolgte dann der Beitritt von zwei der drei übrigen Staaten Indochinas – Laos und Myanmar (Burma).

- 1967 Bangkok Declaration
(Thailand, Singapur, Indonesien, Philippinen, Malaysia)
- 1984 + Brunei
- 1995 + Vietnam
- 1997 + Myanmar, Laos
- 1999 + Kambodscha

= ASEAN (zehn Mitglieder)

Insbesondere der Beitritt Myanmars brachte der Staatengemeinschaft international Schwierigkeiten ein. Die seit Jahrzehnten regierende Militärjunta hatte ein Repressionsregime installiert, das sich sogar lange unwillig zeigte, die Hilfe der ASEAN-Nachbarn zu akzeptieren, als das Land im Mai 2008 durch einen Zyklon verwüstet worden war.[94] Die Öffnung des Landes seit 2011 hat die Diskussion innerhalb der ASEAN um **flexible engagement**, die Einmischung in die inneren Angelegenheiten eines Mitgliedstaates, etwas beruhigt.

Kambodscha, dessen Mitgliedschaft zunächst vereinbart, aber nach bürgerkriegsähnlichen Unruhen suspendiert worden war, wurde erst im April 1999 das zehnte und wohl vorläufig letzte Mitglied der ASEAN. Beitrittsgesuche von Papua-Neuguinea und Sri Lanka wurden abgelehnt. Bereits in der Gründungserklärung – bestätigt in der ASEAN-Charter 2007 – wurde der regionale Bezug in der Form betont, dass die Gemeinschaft „is open for participation to all states in the South-East Asian Region".[95] Die Gemeinschaft tut sich bis heute schwer mit einem Beitritt Ost-Timors, gestattete indes seine Teilnahme am ASEAN Regional Forum (ARF).

93 Siehe: ASEAN, online unter: http://www.asean.org/news/item/the-asean-declaration-bangkok-declaration [letzter Zugriff am 26.02.2014].

94 O.V. „Forcing help on Myanmar". In: Economist v. 24.5.2008, S.20-21 und o.V. „A modest opening". In: Economist v. 22.5.2008, S. 69.

95 Declaration of Bangkok, vierter Punkt.

Das ASEAN Regional Forum (ARF)

Ziele:

1. Der konstruktive Austausch sowie die Beratung zu politischen und sicherheitsbezogenen Themen, die von gemeinsamem Interesse sind, sollen gefördert werden;
2. Wesentliche vertrauensbildenden Maßnahmen sowie präventive Diplomatie in der Asien-Pazifik Region sollen durchgeführt werden.

Dies soll dazu führen, dass die Muster der Beziehungen in der Asien-Pazifik Region vorhersehbar und somit konstruktiv gestaltet werden können.

Teilnehmer:

ASEAN Mitgliedstaaten sowie Australien, Bangladesch, China, Europäische Union, Indien, Japan, Kanada, Mongolei, Neuseeland, Nordkorea, Osttimor, Pakistan, Papua-Neuguinea, Russland, Sri Lanka, Südkorea, USA.

Faktisch wurde im Laufe der Zeit durch diverse Institutionalisierungsformen in Südostasien ein Interaktionsraum abgestufter Dichte geschaffen. Pointiert könnte man die verschiedenen Ebenen aus ASEAN-Perspektive mit den Schlagworten „gemeinsames Handeln", „Wohlverhalten", „Mitreden" charakterisieren. Die Ebene des „gemeinsamen Handelns" bildet dabei die ASEAN-Mitgliedschaft. Ein zweiter Raum des „Wohlverhaltens" wurde durch den **Treaty of Amity and Cooperation** (1976) geschaffen. Die Unterzeichnerländer – Papua-Neuguinea, Indien, China, Australien, Japan, Frankreich, Russland, Neuseeland, Südkorea – verpflichten sich dem Wertekodex der Gemeinschaft, ohne sie allerdings mitgestalten zu können. Unter Umständen wird ihnen zudem ein Beobachterstatus bei den ASEAN-Außenministertreffen eingeräumt. Der dritte Interaktionsraum des Informationsaustausches („Mitreden") umfasst die im Anschluss an die ASEAN-Treffen stattfindenden Post-Ministerial Conferences, die sich seit 1994 im Rahmen des ASEAN Regional Forums (ARF) bis hin zum ersten East Asian Summit (2005) weiter entwickelt haben.

c) Die Vertiefung der ASEAN (deepening)

Die in der Bangkok-Declaration 1967 formulierten Ziele der ASEAN lassen zunächst den Schwerpunkt der gemeinsamen Politik im ökonomischen und kulturellen Bereich vermuten. Doch in den folgenden Jahrzehnten bestimmte die Sicherheitspolitik die Agenda. Neun Jahre nach der Bangkok-Deklaration, beim ersten gemeinsamen Treffen der Regierungschefs auf Bali, wurde mit der oben erwähnten Treaty of Amity and Cooperation (TAC) auch die *Declaration of ASEAN Concord* verabschiedet. Darin finden sich u.a. eine Vereinbarung über Mechanismen friedlicher Konfliktbeilegung, der explizite Verzicht auf Androhung oder Anwendung von Gewalt und die Einrichtung eines zentralen ASEAN-Sekretariats in Jakarta. Darüber hinaus wurde das Konzept der „**resilience**" eingeführt, welches die Verlagerung von Ökonomie und Kultur hin zu sicherheitspolitischen Zielen markiert. *Resilience* steht in diesem Zusammenhang für Unabhängigkeit, Souveränität, territoriale Integrität und nationale Identität (Feske 1991: 113f). Dabei besteht nach allgemeinem Verständnis ein enger Zusammenhang zwischen interner und externer Sicherheit: „Each member state resolves to eliminate threats posed by subversion to its stability, thus strengthening national and ASEAN resilience."[96] So drückt *resilience* folgende geteilte Überzeugungen aus:

- Hauptziel eines jeden Staates (und jeder Regierung) ist die innenpolitische und wirtschaftliche Stabilität.
- Hauptinstrument dazu ist der wirtschaftliche Erfolg in Form von extern motiviertem Wachstum und gesteuerten binnenwirtschaftlichen Umverteilungsmechanismen.
- Essentielles weiteres Mittel, um wirtschaftlichen Erfolg und nationale Souveränität zu gewährleisten, ist eine flexible Außen- und Sicherheitspolitik, die die Freiheit der Meere aufrechterhält und die militärische Abwesenheit von Großmächten in der Region anstrebt.

1971 wurde als sicherheitspolitisches Konzept der ASEAN die sogenannte „**ZOPFAN**" (Zone of Peace, Freedom and Neutrality) formuliert, in der Neutralität implizit als Abwesenheit einer Einmischung externer Mächte in der Region verstanden wird. In der Abschlusserklärung der Regierungskonferenz von Manila (1987) stellten die Teilnehmerländer klar, dass die ASEAN kein Militärbündnis sei und eine kernwaffenfreie Zone in Südostasien angestrebt würde. Eine erfolgreiche Weiterentwicklung gelang 1995 auf der 5. Gipfelkonferenz in Bangkok durch die Implementierung einer atomwaffenfreien Zone in Südostasien (**SEANWFZ** – Southeast Asian Nuclear-Weapon-Free Zone). Die Staaten stimmten darin überein, dass sie darauf verzichten, Kernwaffen zu entwickeln, zu bauen oder zu erwerben. Jedem Vertragsstaat blieb es jedoch überlassen, mit Kernwaffen bestückte Schiffe oder Flugzeuge von Drittstaaten im eigenen Hoheitsgebiet zu akzeptieren – mit diesem Passus sollte vor allem den USA entgegengekommen werden.

Die Vereinbarungen von Singapur 1992 brachten einen Institutionalisierungsschub: Man kam überein, die Kooperation in Sicherheitsfragen auszuweiten, die Institutionen der ASEAN zu stärken sowie eine Freihandelszone in Südostasien (**AFTA**) zu errichten. Die Vision „ASEAN 2020", die auf dem informellen Gipfel von Kuala Lumpur im Dezember 1997 verabschiedet wurde, sieht u.a. die Errichtung einer „Gemeinschaft humaner Gesellschaften" vor, die sich an eine gemeinsame regionale Identität gebunden fühlt, sich jedoch aus Gesellschaften mit eigener nationaler Identität zusammensetzt. Eine weitere Vertiefung der Institutionalisierung konnte auf dem neunten ASEAN Gipfel auf Bali im Oktober 2003 vereinbart werden. Die ins Leben gerufene „ASEAN Community" ruht nunmehr auf drei Pfeilern:

96 Declaration of ASEAN Concord 1976, zit.n. Feske (1991): 21.

Graphische Darstellung 29: Drei Pfeiler der ASEAN Community

ASEAN Gemeinschaft		
ASEAN politische Sicherheitsgemeinschaft	**ASEAN Wirtschaftsgemeinschaft**	**ASEAN sozio-kulturelle Gemeinschaft**
• ASEAN Ministertreffen (AMM) • ASEAN Regionales Forum (ARF) • sicherheitspolitische Abkommen: – SEANWFZ – TAC – ZOPFAN • Zusammenarbeit in den Bereichen: – Verteidigung – Verbrechensbekämpfung – ...etc.	• ASEAN Wirtschaftsminister Treffen (AEM) • ASEAN Freihandelszone (AFTA) • Mekong Basin Entwicklungszusammenarbeit • Zusammenarbeit in den Bereichen: – Wissenschaft & Technik – Mineralien – Telekommunikation & IT – ...etc.	• Katastrophenhilfe • Ländliche Entwicklung & Armutsbekämpfung • Zusammenarbeit in den Bereichen: – Tourismus – Kunst & Kultur – Gesundheit – Bildung – ...etc.
Gemeinschaftszusammenarbeit (Community Outreach)		

Quelle: Eigene Darstellung in Anlehnung an University of Technology University Thanyaburi, online unter: http://www.site.rmutt.ac.th/ASEAN/?p=273[letzter Zugriff am 30.01.2014].

Dabei fasst die ASEAN Security Community die bis dato verabschiedeten Ziele und Institutionen (TAC, ZOPFAN, SEANWFZ, ARF) zusammen. Besonders betont wurden darüber hinaus die friedliche Konfliktregulierung mit dem expliziten Verzicht auf Gewaltanwendung und -androhung, der Respekt vor der Souveränität der Einzelstaaten, das Prinzip der Nicht-Einmischung in die inneren Angelegenheiten eines anderen ASEAN Mitgliedstaats und das Konsensprinzip bei der Entscheidungsfindung. Beeinflusst durch 9/11 und die Anschläge terroristischer Gruppen in Südostasien betonten die Staats- und Regierungschefs die folgenden Handlungsfelder (Severino 2006: 356):

- die Entwicklung von gemeinsamen Normen und Werten,
- die Sicherheit der Seewege,
- die Nicht-Verbreitung von Massenvernichtungswaffen,
- Terrorismus und transnationale Verbrechen,
- Verteidigungskooperation,
- die Kooperation mit den Vereinten Nationen.

Der zweite Pfeiler der ASEAN Community enthält die Bestimmungen zur wirtschaftlichen Kooperation, denn „deepening" fand auch im ökonomischen Bereich statt. Im Rahmen der ASEAN Economic Community sollte der freie Verkehr von Waren, Dienstleistungen und Kapital ermöglicht und die Vielfalt der Region so genutzt werden, dass Chancen für Unternehmen geschaffen und die Region für Direktinvestitionen aus dem Ausland attraktiv wird. Wichtig ist dabei auch Bildungsabschlüsse gegenseitig anzuerkennen, Kapazitäten auszuweiten oder auch die Kommunikation in diesem Bereich innovativ zu gestalten.[97]

97 Siehe dazu: http://www.asean.org/news/item/declaration-of-asean-concord-ii-bali-concord-ii [Stand: Sept. 2013].

Während die Ziele und Politikfelder der ersten und zweiten Säule ausformuliert und in den folgenden Jahren durch spezifische „*plans of action*“ unterfüttert wurden, blieben die Inhalte der dritten – der Socio-Cultural Community – vage. Die Idee einer soziokulturellen Gemeinschaft war erst spät in die Verhandlungen eingebracht worden und sollte den Eindruck vermeiden, in der ASEAN gehe es nur um Sicherheit und Wirtschaft.

Vier Jahre später erfuhr die Kooperation eine weitere Vertiefung mit der Verabschiedung einer **ASEAN Charter**, die bereits im Vientane Action Plan (2004) angedacht worden war. Die Charta fasste den bisherigen Institutionalisierungsstand in übersichtlicher Weise zusammen. Bemerkenswerterweise findet sich in Artikel 1 (7) die explizite Selbstverpflichtung auf Demokratie, *good governance*, *rule of law* und Menschenrechte, wenn auch „with due regard to the rights and responsibilities of the Member States“. Darüber hinaus stärkt die Charta die ASEAN Identität: Die Organisation erhält Rechtspersönlichkeit, eine Flagge, ein Motto („One Vision, One Identity, One Community“), ein Emblem, eine Hymne (vgl. Einstieg) und sogar einen ASEAN-Tag (8. August).

4. Analyse: Kultur und Lernen

a) Kulturspezifische Entscheidungsfindung: Der ASEAN Way

Wie im Kapitel Diplomatie dargestellt wird, hat sich das staatsbasierte System der Diplomatie aus dem europäischen Staatensystem des 17. Jahrhunderts heraus entwickelt. Bis heute prägt die westliche Weise Verhandlungen zu führen, die Herausbildung internationaler Organisationen und Institutionen. Das entpersonalisierte Repräsentationsprinzip, das Denken in Anreizen, *side-payments* und Rückversicherungen sind typische Elemente dieses westlich geprägten Verhandlungssystems. Eine Weiterentwicklung der besonderen Art stellte dabei die europäische Integration der letzten 60 Jahre dar, die eine supranationale Entscheidungsfindung hervorgebracht hat (vgl. Kap. EU-Vertiefung).

In der ASEAN hat sich eine kulturspezifische Modifikation herausgebildet – der sogenannte **ASEAN Way** (Acharya 2009: 54-97). Zentral ist dabei die Einstimmigkeit als Grundprinzip der Entscheidungsfindung. Die ASEAN Charter definiert die Gemeinschaft explizit als „intergouvernementale Organisation“ (Art. 3), angewiesen auf den gemeinsamen Willen der Regierungen. Ein in der Bangkok-Erklärung vorgesehenes Schiedsgericht (High Council), dessen Procedere erst 34(!) Jahre später festgelegt wurde, ist nie angerufen worden. Bei Streitfällen wandten sich die Mitgliedstaaten lieber an den Internationalen Gerichtshof in Den Haag. Das Einstimmigkeitsgebot erfordert eine vermehrte Kompromissbereitschaft der Staatschefs oder Minister. Jenseits des formalen Prinzips der Einstimmigkeit gilt es, informelle Entscheidungsprozesse zu beachten, die sich an kulturellen Praktiken der Region orientieren (Stahl 1998: 186f. und die dort angegebene Literatur): Kompromisssuche, Konsensprinzip, Nachbarschaftshilfe, Vier-Augengespräche, *feeler technique*, *nobody leads principle*, *agreeing first, details later*. Diese Prinzipien – wohl arabischen Ursprungs – stammen größtenteils aus der malaiischen Dorfgemeinschaft. Dort bedeutet bspw. „Kompromisssuche“

> “that a leader should not act arbitrarily or impose his will, but rather make gentle suggestions of the path a community should follow, being careful always to consult all other participants fully and to take their views and feelings into consideration before delivering his synthesis-conclusion” (Feith 1962: 40, zitiert nach Jorgensen-Dahl 1976: 529).

Diese Art der Entscheidungsfindung führt zu einem Konsensbeschluss. Auf dem Weg dorthin ist das „Vorfühlen" (*feeler technique*) und dezentes Auftreten (*nobody leads principle*) von großer Bedeutung. Innerhalb der ASEAN-Struktur hat sich dergestalt eine gewisse Eigendynamik der Verhandlungsführung etabliert: „Bei jeder Entscheidung würde jedes Land durch informelle Kontakte die Positionen der anderen Mitglieder sondieren und nach dem Prinzip des gemeinsamen Nenners a priori in die interne nationale Meinungsbildung einbeziehen" (Kumerloeve 1986: 42). Dabei findet eine Diskussion auf höherer Ebene nur dann statt, wenn eine Übereinkunft möglich erscheint. Offensichtlich strittige Fragen werden hingegen an die Komitees delegiert und dort konserviert, bis ein Meinungswandel stattgefunden hat. Das Konsensprinzip bedeutet, dass Beschlüsse nur einstimmig getroffen werden können. Um das Gesicht zu wahren, kommt jedoch kein Vorschlag zur Abstimmung, bei dem ein Staat sein Veto einlegen müsste. Besonders wichtig für die erfolgreiche Beschlussfassung ist dabei die *feeler technique*, nach der zunächst einmal die Initiativseite lange informelle Sondierungen bei den Partnern vornimmt, bevor ein Vorschlag offiziell lanciert wird. Jeglicher Ausdruck einer Uneinigkeit wird auf diese Weise vermieden.

Auffällig ist darüber hinaus, dass die formalen Dokumente der ASEAN i.d.R. die Form einer *declaration* haben. Im Unterschied zu einem (völkerrechtlich bindenden) Vertrag gilt sie als unverbindlich, wodurch den Signatarstaaten keinerlei einklagbare Pflichten aus der Erklärung erwachsen. Demzufolge können einzig aus einem gewissen Gruppendruck oder aus der kulturbedingten Gefahr des Gesichtsverlustes wirksame Verbindlichkeiten entstehen. Das Einstimmigkeitsprinzip und die fehlenden Sanktionsmöglichkeiten lassen der **Rolle von Einzelpersönlichkeiten** an der Staatsspitze erhöhte Bedeutung zukommen. Die ASEAN lebte lange Zeit von den Persönlichkeiten an der Spitze der Mitgliedstaaten: Suharto (Indonesien), Lee Kuan Yew (Singapur) und Mahathir (Malaysia) prägten die Politik der Gemeinschaft in den 1990er Jahren und in den ersten Jahren des 21. Jahrhunderts. Ihr Abtritt von der politischen Bühne könnte perspektivisch eine Schwächung der ASEAN bedeuten.

b) Lernen in der internationalen Politik

Wenn sich Einstellungen, Ziele und grundsätzliche Politiken über lange Zeit verändern, ist es plausibel, einen Lernprozess anzunehmen. Wie kann „Lernen" konzeptualisiert werden? Levy (1994) hat ein Konzept zum „Foreign Policy Learning" vorgelegt. Er definiert Lernen „as a change of beliefs (...) or the development of new beliefs, skills, or procedures as a result of the observation and interpretation of experience" Levy (1994: 283). Er betont, dass

> "[l]earning is not a passive activity in which historical events generate their own lessons that actors then absorb. Learning is active in several respects. (...) The different frames that people apply generally result in variations in learning across individuals in the same situation. (...) Second, actors actively search for the information they believe is necessary for a valid interpretation of historical experience. (...) Finally, interpretations of experience are taught as well as learned, and actors make great efforts to influence how others interpret experience. They promote their ideas" (Levy 1994: 283–84).

Aber Politikwandel sollte nicht generell mit Lernen gleich gesetzt werden. Umgekehrt führt nicht jedes Lernen auch zum politischen Wandel (Levy 1994: 289f.).

> "Rather than equate learning with policy change, it is more useful to conceptualize a political learning model as involving a two-stage process or causal chain in which (1) the observation and interpretation of experience lead to a change in individual beliefs and (2) belief change influences subsequent behaviour." (Levy 1994: 291)

Entsprechend der verschiedenen Ebenen außenpolitischen Wandels (vgl. Punkt 4 im Kap. 5.3.) kann Lernen anhand verschiedener „Tiefe" unterschieden werden:

Graphische Darstellung 30: Levels of Learning

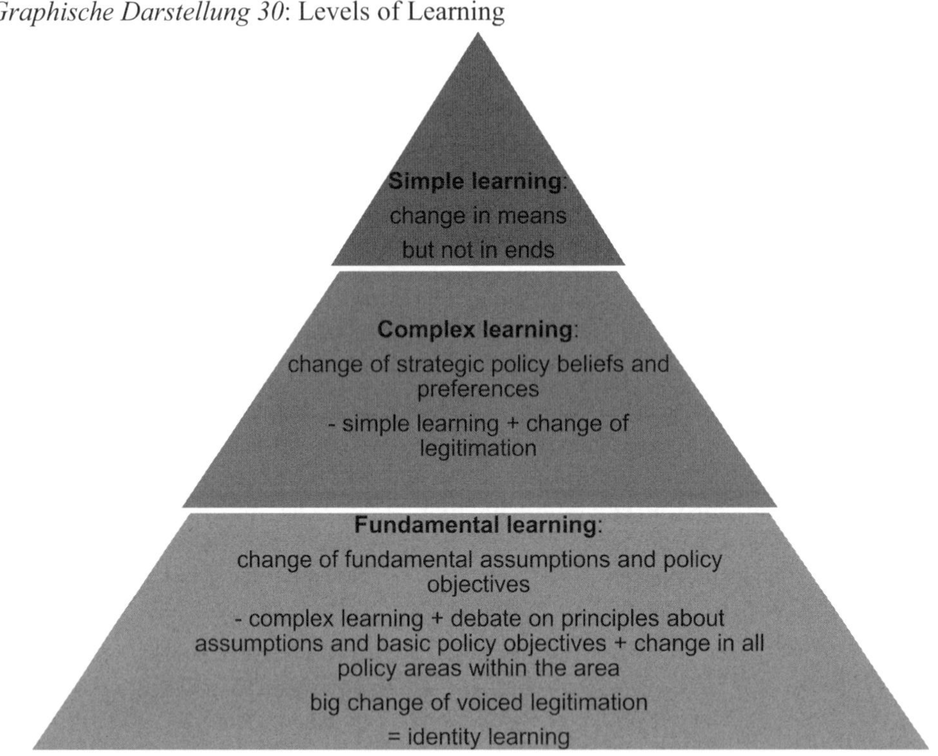

Quelle: Modifiziert aus: Tetlock (1991: 27-31) und Levy (1994: 286).

Wie im folgenden Teil deutlich wird, spielt „Lernen" für die Herausbildung einer „Sicherheitsgemeinschaft" eine bedeutende Rolle.

5. Erklärung: Security Communities

a) Annahmen

Das Konzept der **Security Community** entstammt der sozialkonstruktivistischen Theorieschule, die zum Ende des Kalten Krieges verstärkt Identität, Normen und die gesellschaftliche Grundlage globaler Politik in den Vordergrund der Analyse setzte. Eine Security Community, ursprünglich von Karl Deutsch (1957) für die USA und Westeuropa konzipiert und von Adler und Barnett weiter entwickelt, entsteht „whenever states become integrated to the point that they have a sense of community, which, in turn, creates the assurance that they will settle their differences short of war" (Adler/Barnett 1998: 3).

Eine Gemeinschaft zeichnet sich durch ein gemeinsames Verständnis der politischen Welt, einen hohen Grad an Interaktion zwischen den Mitgliedern sowie ein gewisses Verpflichtungs- und Verantwortungsgefühl gegenüber anderen Mitgliedern aus (ebd. 31). Sicherheitsgemeinschaften können in zwei Kategorien eingeteilt werden: pluralistisch (*pluralist)* oder verschmolzen (*amalgamated,* z.B. die USA). Während die Erwartungshaltungen an Frieden und Sicherheit in beiden Fällen gleich sind, so wahren die Staaten in einer pluralistischen Security Community ihre Souveränität, wie es in der ASEAN der Fall ist (Adler/Barnett 1998: 5).

Die Theorie sieht ein Faktorenbündel am Werk, das die Herausbildung einer Security Community erklärt (ebd. 37-48). Dieses Bündel lässt sich wiederum in drei Gruppen aufteilen, die wiederum verschiedene Entwicklungsstufen (*tiers*) repräsentieren. Eine erste Stufe enthält die Hintergrundbedingungen (*precipitating conditions*). Hierbei spielen eine ökonomisch, demographisch oder technologisch gewandelte Umwelt sowie **externe Bedrohungen** eine große Rolle. Werden diese Veränderungen von den Staaten der Region neu interpretiert, so kommen die Faktoren der zweiten Stufe zum Zuge.

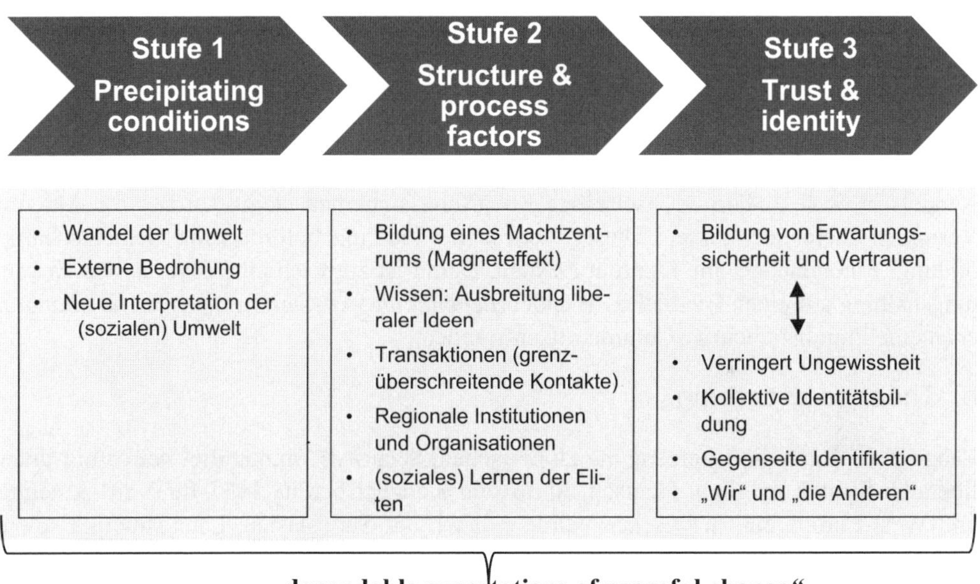

Quelle: Eigene Darstellung.

In dieser Stufe unterscheiden Adler und Barnett Struktur- und Prozessfaktoren. Strukturell entsteht ein „**Magnetfaktor der Macht**", wenn „larger, stronger, more politically, administratively, economically, and educationally advanced political units were found to form the cores of strengths around which in most cases the integrative process developed" (Deutsch 1957: 38). Eine Gruppe starker, funktionierender Staaten zieht also kleinere, schwächere Staaten an. Ein zweiter wichtiger struktureller Faktor ist Wissen, hier verstanden als kognitive Struktur (Adler/Barnett 1998: 40). Insbesondere **liberale Ideen** von Demokratie und Marktwirtschaft – so ihre Annahmen – seien geeignet, eine transnationale Staatsbürgerkultur (*civic culture*) und ebensolche Zivilgesellschaften (*civil societies*) hervorzubringen.

In Bezug auf die Prozesse ist ein ökonomischer Faktor grundlegend: **Transaktionen**. In diesem Zusammenhang ist der Begriff Transaktionen nicht auf Handel beschränkt, sondern kann auch Migration, Tourismus und Austausch im Bildungs- und Kulturbereich bedeuten. Der Ansatz von Deutsch wurde mitunter auch als *transactionalist* bezeichnet, da er eben diese Transaktionen innerhalb einer Gemeinschaft untersuchte. Wichtig ist, dass diese Transaktionen als Teilprozess gesehen werden. Die Transaktionszunahme wird begleitet von einer Ausbreitung von Wissen (s.o.). An dieser Stelle darf die aktive **Rolle von Institutionen** nicht unterschätzt werden, die „facilitate and encourage transactions" (ebd. 42). Darüber hinaus vermögen gemeinsame Institutionen und Organisationen das Bewusstsein für ein gemeinsames Schicksal (*common fate*), für zurückhaltendes Verhalten und kulturelle Ähnlichkeit zu fördern. Nicht zuletzt sichern Institutionen Lernprozesse ab – und **Lernen** ist eine wichtige, letzte Prozessvariable. *Social learning* bedeutet hier „an active process of redefinition or reinterpretation of reality" durch die Eliten (ebd. 43). Da die Eliten ihre Glaubenssätze und ihre Identitäten verändern, ist soziales Lernen hier mehr als komplexes Lernen, sondern schließt *fundamental learning* mit ein (vgl. 4b.). Zusammengefasst sei festgehalten, dass sich die Faktoren der zweiten Ebene sämtlich gegenseitig beeinflussen und verstärken: Liberale Ideen verbreiten sich über die Eliten hinausgehend zunehmend in den Zivilgesellschaften. Ein neues, im Entstehen begriffenes Machtzentrum aus starken Staaten verlangt nach weitergehender Institutionalisierung und weitergehendem Lernen. Grundlegende Ziele und Überzeugungen werden geändert.

Sind all diese Faktoren erfüllt, besteht die Möglichkeit eines vollständigen Politikwandels in Stufe 3. Die wechselseitige Erwartungssicherheit steigt, so dass die Akteure Vertrauen zueinander fassen. Dieses Vertrauen wiederum befördert die Gemeinschaftsbildung: Eine gemeinsame Identität entsteht. Damit ist zugleich eine zuverlässige Erwartungshaltung auf einen friedlichen Wandel (*dependable expectations of peaceful change*), eben eine Pluralist Security Community entstanden.

b) Theorieanwendung

Lange Zeit schien die Überzeugung zu herrschen, Security Communities wären nur unter liberalen Staaten möglich. Deutsch führte sein Konzept bereits 1957 für Nord-Amerika und West-Europa ein, inzwischen wurde es auch auf Südostasien, Lateinamerika sowie Südosteuropa angewendet. In der folgenden Tabelle soll veranschaulicht werden, wie die Entwicklung hin zu einer Security Community im Falle der ASEAN verlief. In der Folge der Umwälzungen der 1960er und 1970er Jahre interpretierten die ASEAN-Staaten die externen Bedrohungen neu und suchten politisch einen eigenen Weg im Ost-West-Konflikt. Die Ausweitung von Transaktionen in Form der Freihandelszone und die gemeinsame Ausrichtung auf den Binnenmarkt der USA setzten gemeinsame Lernprozesse in Gang, in deren Verlauf die ökonomische Integration vertieft wurde. Ungestörte Entwicklung war ein Selbstzweck, der durch sicherheitspolitische „stand-still"-Vereinbarungen abgesichert wurde, wie das Treaty of Amity and Cooperation in Southeast Asia. Die gemeinsamen Institutionen, der praktizierte ASEAN Way und das Prinzip der Nicht-Einmischung beförderten das wechselseitige Vertrauen. Dieser Zustand hat wiederum zur Folge, dass das Gefühl der Gemeinschaft verstärkt wird, was auch eine direkte Auswirkung auf die Außenpolitiken der Staaten hat; ASEAN intern, aber auch darüber hinaus.

Theorie	ASEAN
Precipitating factors: Wandel in der Umwelt Externe Bedrohung Neue Interpretation der Umwelt → **Stufe 1**	Latente Bedrohung durch den Aufstieg Chinas (Kulturrevolution, Vietnam-Krieg) Einsicht in eigene Schwäche (Kalter Krieg) Ethnische Konflikte, Terrorismus, Piraterie, Umweltprobleme
Bildung eines Machtzentrums von stabilen Staaten	Konsolidierung Indonesiens, Malaysias, Singapurs und Thailands
Ausbreitung von Wissen → liberale Ideen Transactions (grenzüberschreitende Kontakte) Institutionenbildung Soziales Lernen → **Stufe 2**	„Western-minded élites" Außenhandelsorientierung, Wachstumsstrategien Vertiefung ASEAN (Bali Concord II), ASEAN Community Revision der Staatsziele: Resilience
Erwartungssicherheit Vertrauen Identitätsbildung und Identifikation mit der Region → **Stufe 3**	ASEAN Way ASEAN Charter • Hymne • ASEAN-Tag • Symbole • Externe Verhandlungen gegenüber anderen
Ergebnis: „zuverlässige Erwartung eines friedlichen Wandels"	

Quelle: Eigene Darstellung.

Der ASEAN Way lässt sich demnach nicht nur in Lernphasen, sondern auch in Stufen der zunehmenden Identitätsbildung analysieren und erklären. Durch Prozesse wie Kompromisssuche oder der *feeler technique* kann die Entwicklung von einer Stufe zur nächsten entsprechend langsam oder schnell voranschreiten.

6. Prognose

In Bezug auf die Hintergrundbedingungen wird einiges von der Interpretation des Verhaltens Chinas abhängen. Wenn China als zunehmend gefährlicher wahrgenommen wird – der Konflikt um die Spratly-Inseln ist hier ein Indikator – wäre eine wichtige *precipitating condition* für eine Weiterentwicklung der ASEAN gegeben.

Spratly Inseln

China erhebt Anspruch auf Inseln südlich des Festlandes, dabei handelt es sich um eine Inselgruppe, die aus mehr als 100 Inseln besteht. Neben Vietnam und den Philippinen erheben auch Brunei und Malaysia Ansprüche auf die vermeintlich rohrstoffreichen Inseln, die zudem wichtig für Handelswege und die Fischerei sind. Bisher kam es immer wieder zu Auseinandersetzungen. ASEAN verabschiedete ein sogenanntes „Code of Conduct", das jedoch keine bindende Wirkung hat. Auch die USA haben sich als Mittler eingeschaltet.

Die ASEAN kann auch im Hinblick auf die Transaktionen in der Region optimistisch sein, denn die großen wirtschaftlichen Disparitäten in der Region versprechen auch in Zukunft hohe Wachstumsraten. Doch das beständige *institution-building* verspricht mehr, als es zu halten imstande ist (Stahl 2010) und der zukünftige Lerneffekt bleibt unklar: Wünschen die Mitgliedstaaten überhaupt eine substanzielle Veränderung des Status quo (Haacke 2003: 232)? Letztlich liegt es an ihnen zu entscheiden, ob ein Wandel notwendig ist. Bislang hat die Politik der Nicht-Einmischung, der ASEAN Way, aber auch des „stand-stills“ jedenfalls einen Beitrag zum Frieden in der Region geleistet.

7. Bewertung

Während insbesondere Analytiker aus der Region dazu neigen, der ASEAN vor allem Lob zuteil werden zu lassen – ist sie doch zweifellos die erfolgreichste Regionalorganisation außerhalb Europas – tun insbesondere Studien angelsächsischer Provenienz die Institution als bloße Quasselbude und Scheininstitution ab (z.B. Jones/Smith 2007). Eine Beurteilung hängt immer davon ab, welche Kriterien man anlegt. Das entscheidende Kriterium in diesem Beitrag war, ob die ASEAN in der Lage gewesen ist, Frieden in der Region zu schaffen. Sicherlich hat die Organisation die Sicherheitsprobleme nicht zu lösen vermocht, sie hat sie eingefroren und ausgelagert – eine Sicherheitsgemeinschaft im Entstehen. Man kann darin ebenfalls eine Form des *identity learnings* erkennen. Eine Sicherheitsgemeinschaft mit einer starken Identität wird nicht über Nacht gebildet, sondern entwickelt sich. Der ASEAN Way ist genau das – ein bestimmter Weg oder eine gewisse Art, politischen Wandel zu vollführen. Das politische Ergebnis ist allemal bemerkenswert: kein Krieg in Südostasien seit fast 50 Jahren.

Bewertung der Theorie

Die Theorie will einen im Vergleich zu realistischen Theorien höheren Erklärungswert produzieren und kann bspw. begründen, warum das Sicherheitsdilemma (Punkt 4. im Kap. 1.3.) in Teilen der Welt keine Geltung hat (Adler/Barnett 1998a: 5). Es möchte der *logic of anarchy* eine *logic of community* entgegensetzen (ebd. 9). Dies gelingt insofern, als die Theorie einen guten Erklärungswert für das Phänomen der *zones of peace* generieren kann. Das Konzept der Security Communities erklärt beispielsweise gut, wie und warum sich das ASEAN Regional Forum herausbildete, welches explizit danach strebt, mehr Vorhersehbarkeit und Vertrauensbildung in der Region und seiner Nachbarschaft zu schaffen.

Adler und Barnett charakterisieren ihren Ansatz erstens als sozialkonstruktivistischen Ansatz. Sicherlich können die Autoren die materielle Grundlage ihrer Theorie nicht leugnen (ebd. 12-13). Beispiele sind der technologische Wandel (Stufe 1) und die Transaktionen (2). Doch nicht sie entscheiden über die Wirkungsrichtung, sondern immaterielle Variablen wie die „neue Interpretation der Umwelt“ (1) und das „soziale Lernen“ (2). All dies führt wiederum zu „weichen“ Ergebnissen wie Vertrauen (3) und einer Identität (3), die aber massive, eben auch materielle Konsequenzen zeitigen: Krieg wird undenkbar.

Das verschachtelte Miteinander von Faktoren soll zweitens zugleich „pfadabhängig“ sein:

> "Pathdependent patterns are characterized by self-reinforcing positive feed-back. Initial choices, often, often small and random, determine future historical trajectories. Once a particular path is chosen, it precludes others, even if these alternatives might, in the long run, have proven to be more efficient or adaptive." (Krasner 2009: 104)

Mit dem Hinweis auf **Pfadabhängigkeit** bei einem Set von ca. zehn Variablen drängt sich das Bild vom Straßensystem auf, das viele Kreuzungen (eine neue Variable kommt hinzu) aufweist. Ist man aber einmal auf einer Straße, ist das Ergebnis unausweichlich. Welche Kreuzungen und welche Straßen sind aber die wichtigsten? Welche kann ich verpassen oder umfahren und würde gleichwohl ans Ziel gelangen? In theoretischer Sprache formuliert: In welchem Verhältnis stehen die Variablen zueinander und wann, unter welchen Bedingungen wird die nächste Ebene erreicht? Das Gebot der Sparsamkeit – eine Theorie sollte sich auf wenige, im besten Fall einen Erklärungsfaktor konzentrieren – erfüllt die Theorie jedenfalls nicht.

8. Handlungsempfehlung

Bereits 1994 tagte das ASEAN Regional Forum zum ersten Mal, im Jahre 2007 nahmen 27 Staaten an dem Treffen teil. Neben den USA, der EU, Russland und Australien, waren Nord- und Südkorea anwesend, sowie China, Bangladesch und Pakistan. Wie die ASEAN hat auch dieses Forum ein eigenes Motto: „Promoting peace and security through dialogue and cooperation in the Asia Pacific." Aus diesen insgesamt 37 Staaten wird wohl keine Security Community, aber es ist ein weiterer Schritt zunehmender Transaktionen, der politischen Zusammenarbeit oder eben der Kommunikation, bzw. eines Wissensaustauschs. ASEAN sollte auch in Zukunft seine Stärken einsetzen. Foren zum sicherheitspolitischen Dialog zu bieten eröffnet die Chance, die Sicherheitsgemeinschaft behutsam zu erweitern.

Nach innen sollte die ASEAN ihrer blumigen Rhetorik Taten folgen lassen: Transitionen wie in Myanmar unterstützen, Piraterie bekämpfen, lokale Unruheherde bilateral eindämmen und von Naturkatastrophen heimgesuchten Ländern helfen. Schwelende Konflikte, wie der um den Tempel Preah Vineah, stellen die Sicherheitsgemeinschaft auf die Probe. Die ASEAN muss daran arbeiten, dass militärische Konflikte weiterhin unvorstellbar bleiben.

Glossar	
Defekte Demokratie	
Pluralistische Security Community	Transaktionen
Simple/complex/fundamental learning	Resilience
Pfadabhängigkeit (path dependency)	ASEAN Way

Übungsaufgaben

1. Diskutieren Sie Vor- und Nachteile der Politik der Nicht-Einmischung!
2. Arbeiten Sie die Unterschiede in der Erweiterungspolitik der Europäischen Union (vgl. Analyse im Kap. Erweiterung der EU) und der ASEAN (ASEAN Way) heraus!
3. Nehmen Sie an, China würde gerne Mitglied der ASEAN werden. Erklären Sie mit Hilfe des Konzepts der Security Communities, warum dies unplausibel wäre!

4. Transferfrage: Können Sie die Integration in Südostasien auch mit anderen Theorien erklären? Versuchen Sie dies mit Rhetorical Action (vgl. Kap. Erweiterung der EU) und Neoliberalem Institutionalismus (Kap. Internat. Institutionen)!

Filmtipp: Porampo: Pirates of the Malacca Straits (2008), Michael Rawlins [Dokumentation]

Die Sicherheit der Meerenge zwischen Singapur, Malaysia und Indonesien ist allen Staaten gleich wichtig. Diese Sicherheit wird von den sogenannten Porampo bedroht, Piraten des 21. Jahrhunderts, die Filmemacher Rawlins begleitet.

Empfehlenswert zur Entstehung und Entwicklung der ASEAN

Stahl, Bernhard (2010): Die Gemeinschaft südostasiatischer Staaten (ASEAN): Erfolge und Probleme einer überforderten Institution. In: Nabers, Dirk (Hrsg.): Multilaterale Institutionen in Ostasien-Pazifik. Genese – Strukturen – Substanz – Perspektive. Wiesbaden: VS, S. 17–53.

Empfehlenswerter Originaltext zur Theorie

Adler, Emanuel/Barnett, Michael (1998b): A framework for the study of security communities. In: *Dies. (Hrsg.):* Security Communities. Cambridge: Cambridge University Press, S. 29–65.

Übrige verwendete Literatur

Acharya, Amitav (2009): Constructing a Security Community in Southeast Asia. New York: Routledge.

Adler, Emanuel/Barnett, Michael (1998a): Security Communities in theoretical perspective. In: Dies. (Hrsg.): Security Communities. Cambridge: Cambridge University Press, S. 3–28.

ASEAN Community, online unter: www.site.rmutt.ac.th/ASEAN/?p=273 (University of Technology University Thanyaburi) [letzter Zugriff: 15.01.2013].

ASEAN, online unter: www.asean.org [letzter Zugriff: 15.01.2013].

Der neue Fischer Weltalmanach, online unter: www.weltalmanach.de [letzter Zugriff: 15.01.2013].

Deutsch, Karl W. (1957): Political Community and the North Atlantic Area: International organization in the light of historical experience. Princeton: Princeton University Press.

Feith, Herbert (1962): The Decline of Constitutional Democracy in Indonesia. Ithaca: Cornell University Press.

Feske, Susanne (1991): ASEAN: ein Modell für regionale Sicherheit: Ursprung, Entwicklung und Bilanz sicherheitspolitischer Zusammenarbeit in Südostasien. Baden-Baden: Nomos.

Freedom House, online unter: www.freedomhouse.org/regions/asia-pacific [letzter Zugriff: 15.01.2013].

Haacke, Jürgen (2003): ASEAN's Diplomatic and Security Culture. London: Routledge.

Jones, David Martin/Smith, M.L.R. (2007): Making Process, Not Progress: ASEAN and the Evolving East Asian Regional Order. In: International Security 32, 1, S.148–184.

Jorgensen-Dahl, Arnfinn (1976): ASEAN 1967-1976. Development or Stagnation? In: Pacific Community 7, S. 519–535.

Krasner, Stephen D. (2009): Power, the State, and Sovereignty. New York: Routledge.

Kumerloeve, Arnd D. (1986): Ansätze außerökonomischer Kooperation der Asean-Staaten. Bochum: Ruhr-Univ. Bochum.

Levy, Jack S. (1994): Learning and Foreign Policy: Sweeping a Conceptual Minefield. In: International Organization 48, 2, S. 279–312.

Merkel, Wolfgang et al. (2003): Defekte Demokratie. Band 1: Theorie. Wiesbaden: VS Verlag für Sozialwissenschaften.

Severino, Rodolfo C. (2006): Southeast Asia in search of an ASEAN Community. Singapore: Institute for Southeast Asian Studies.

Stahl, Bernhard (1998): Warum gibt es die EU und die ASEAN? Baden-Baden: Nomos.

4.5. Studie zu Methoden: Der Inselstreit zwischen Japan und China

Mitarbeit: Benedikt Backhaus

Diese Fallstudie soll die Verknüpfung zwischen Theorien und den dazugehörigen Methoden fördern, um Verbindungen und Anknüpfungspunkte zwischen beiden zu verdeutlichen. Zusätzlich soll auch das Filtern von Informationen aus Texten eingeübt werden, da dies ein wichtiger Bestandteil politikwissenschaftlicher Arbeit ist.

Der Fall: Im September 2012 kam es zwischen Japan und China zu einer Konfrontation um eine unbewohnte Inselgruppe im ostchinesischen Meer. Der Konflikt um das japanisch „Senkaku-“ und chinesisch „Diaoyu-“Inseln genannte Gebiet, in dem sich reiche Rohstoffvorkommen (v.a. Erdgas und Erdöl) befinden, reicht weit zurück. Nach dem Zweiten Weltkrieg durch die USA verwaltet, wurde die Inselgruppe 1972 an Japan zurückgegeben, die Eigentumsfrage blieb allerdings offen. Seitdem kam es immer wieder zu kleineren Auseinandersetzungen, wie beispielsweise zum Kreuzen japanischer bzw. chinesischer Patrouillen- oder Kriegsschiffe und zur Besetzung der Inseln durch radikale Anhänger der jeweiligen Konfliktpartei.

Auslöser des Konflikts im September 2012 war der Kauf von drei der auch von China und Taiwan beanspruchten Senkaku/Diaoyu-Inseln von einem japanischen Privatbesitzer durch den japanischen Staat. Erstmals seit 1958 drang einige Zeit später ein chinesisches Überwachungsflugzeug sowie Überwachungsdrohnen in den Luftraum über den Senkaku/Diaoyu-Inseln ein, woraufhin Japan F-15-Kampfflugzeuge entsendete. Daraufhin kam es zu massiven Protesten in China sowie der Anschuldigung des chinesischen Außenministers Yang Jiechi, Japan habe die Inseln „gestohlen“ und damit „Chinas territoriale Staatshoheit verletzt“. Es solle „konkrete Handlungen vornehmen, [um] seine Fehler zu korrigieren“.

Das politische System der Volksrepublik China ist ein sozialistisches Einparteiensystem. Die Herrschaft in China geht von der Kommunistischen Partei aus, Entscheidungen werden im Politbüro aus ca. 20 Parteimitgliedern und im Zentralkomitee mit ca. 150 bis 200 Mitgliedern getroffen. Der Vorsitzende des ständigen Ausschusses des Politbüros vereint in sich die höchsten Ämter, Staat und Armee. Xi Jinping, Generalsekretär dieses Gremiums und Staatspräsident Chinas, erklärte die Inselgruppe bei einem Treffen mit US-Präsident Obama zu den „Kerninteressen“ seines Landes. Obama forderte eine diplomatische Lösung des Konflikts. Die üblichen diplomatischen Kanäle sollten genutzt werden, um eine friedliche Beilegung der Streitigkeiten zu erreichen. Aus Tokio hingegen wurde bereits einige Zeit zuvor verkündet, dass es gar „keinen Territorialkonflikt zwischen Japan und China“ (Seiji Maehara, ehem. Außenminister Japans) gebe. Japan ist eine parlamentarische Monarchie. Die Exekutive besteht aus dem Kabinett, das vom Premierminister geleitet wird. Dieser wird von Unterhaus (Shūgiin) und Oberhaus (Sangiin) gewählt und daraufhin vom Kaiser (Tennō) ernannt. Das Parlament (Kokkai), bestehend aus Unter- und Oberhaus, ist für die Gesetzgebung verantwortlich. Die Legislaturperiode beträgt drei Jahre für das Oberhaus und vier Jahre für das Unterhaus, wobei es in der Nachkriegsgeschichte außer 1976 immer vorher zu Neuwahlen kam.

Übungsaufgaben

1. Nehmen wir an, Sie möchten im vorliegenden Fall eine Aussage über die Kriegswahrscheinlichkeit treffen. Dazu müssten Sie Annahmen über die Ursachen des Konflikts machen – also eine Theorie wählen. Im Folgenden finden Sie eine Graphik mit drei Theorien als Beispiel vorgegeben. Nun wollen wir den Fall konkret untersuchen. Welche Methoden kommen in Frage? Oft bestimmen Theorien zwar nicht im strengen Sinne über die anzuwendende Methode, legen aber eine oder mehrere Methoden nahe. Welche Theorie passt zu welcher Methode und welche relevanten Informationen/Daten braucht man, um die jeweilige Methode erfolgreich anzuwenden?
2. Welche zusätzlichen Informationen wären hilfreich bei der Anwendung der Theorie? Wie würden Sie bei der Recherche vorgehen und welche Kanäle würden Sie nutzen?
3. „Im strengen Sinne gibt es keine Beschreibung ohne Theorie" (vgl. auch 1.1.). Erläutern Sie diese metatheoretische Aussage mit Hilfe dieses Falls!
4. Finden Sie für den o.g. Fall vier geeignete Fragestellungen für Seminararbeiten, die eine bestimmte Theorie beinhalten! Wie würden Sie bei der Beantwortung der Fragestellungen vorgehen?

Literatur zu den drei Theorien

Vgl. Teil Frieden – der Demokratische Frieden (4.1.)
Vgl. Teil Krieg – die USA, 9/11und der Irak-Krieg (für Securitization) (3.2.)
Vgl. Grundlagen – Diplomatie (für Englische Schule) (1.2.)

Literatur zum Fall

Wong, Edward (2013): Hacking U.S. Secrets, China Pushes for Drones. New York Times, online unter: http://www.nytimes.com/2013/09/21/world/asia/hacking-us-secrets-china-pushes-for-drones.html?pagewanted=all [letzter Zugriff: 10.01.2014].

Ebbighausen, Rodian (2013): Chronik zum Ostchinesischen Meer. Deutsche Welle, online unter: http://www.dw.de/chronik-zum-ostchinesischen-meer/a-16610224 [letzter Zugriff: 10.01.2014].

o.A. (2013): Senkaku Islands are „core interest" of China, Xi tells Obama, Global Post, online unter: http://www.globalpost.com/dispatch/news/kyodo-news-international/130611/senkaku-islands-are-core-interest-china-xi-tells-obama [letzter Zugriff: 10.01.2014].

o.A. (2012): Japan und China liefern sich Wortgefecht im Inselstreit. Focus Online, online unter: http://www.focus.de/politik/ausland/konflikte-japan-und-china-liefern-sich-wortgefecht-im-inselstreit_aid_828821.html [letzter Zugriff: 10.01.2014].

Graphische Darstellung 31: Theorien und Methoden zur Überungsaufgabe 1

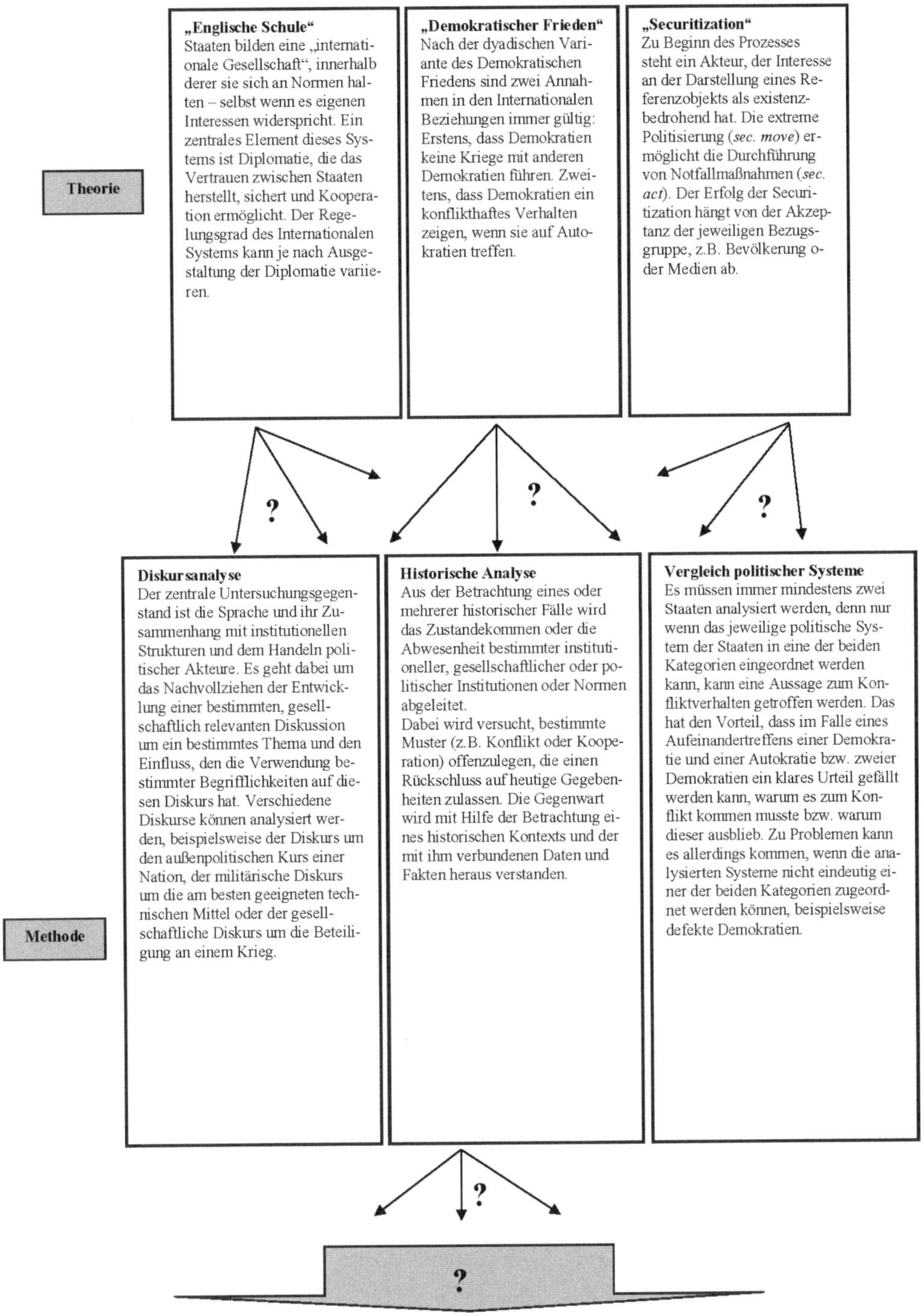

Theorie

„Englische Schule"
Staaten bilden eine „internationale Gesellschaft", innerhalb derer sie sich an Normen halten – selbst wenn es eigenen Interessen widerspricht. Ein zentrales Element dieses Systems ist Diplomatie, die das Vertrauen zwischen Staaten herstellt, sichert und Kooperation ermöglicht. Der Regelungsgrad des Internationalen Systems kann je nach Ausgestaltung der Diplomatie variieren.

„Demokratischer Frieden"
Nach der dyadischen Variante des Demokratischen Friedens sind zwei Annahmen in den Internationalen Beziehungen immer gültig: Erstens, dass Demokratien keine Kriege mit anderen Demokratien führen. Zweitens, dass Demokratien ein konflikthaftes Verhalten zeigen, wenn sie auf Autokratien treffen.

„Securitization"
Zu Beginn des Prozesses steht ein Akteur, der Interesse an der Darstellung eines Referenzobjekts als existenzbedrohend hat. Die extreme Politisierung (*sec. move*) ermöglicht die Durchführung von Notfallmaßnahmen (*sec. act*). Der Erfolg der Securitization hängt von der Akzeptanz der jeweiligen Bezugsgruppe, z.B. Bevölkerung oder Medien ab.

?

?

?

Methode

Diskursanalyse
Der zentrale Untersuchungsgegenstand ist die Sprache und ihr Zusammenhang mit institutionellen Strukturen und dem Handeln politischer Akteure. Es geht dabei um das Nachvollziehen der Entwicklung einer bestimmten, gesellschaftlich relevanten Diskussion um ein bestimmtes Thema und den Einfluss, den die Verwendung bestimmter Begrifflichkeiten auf diesen Diskurs hat. Verschiedene Diskurse können analysiert werden, beispielsweise der Diskurs um den außenpolitischen Kurs einer Nation, der militärische Diskurs um die am besten geeigneten technischen Mittel oder der gesellschaftliche Diskurs um die Beteiligung an einem Krieg.

Historische Analyse
Aus der Betrachtung eines oder mehrerer historischer Fälle wird das Zustandekommen oder die Abwesenheit bestimmter institutioneller, gesellschaftlicher oder politischer Institutionen oder Normen abgeleitet.
Dabei wird versucht, bestimmte Muster (z.B. Konflikt oder Kooperation) offenzulegen, die einen Rückschluss auf heutige Gegebenheiten zulassen. Die Gegenwart wird mit Hilfe der Betrachtung eines historischen Kontexts und der mit ihm verbundenen Daten und Fakten heraus verstanden.

Vergleich politischer Systeme
Es müssen immer mindestens zwei Staaten analysiert werden, denn nur wenn das jeweilige politische System der Staaten in eine der beiden Kategorien eingeordnet werden kann, kann eine Aussage zum Konfliktverhalten getroffen werden. Das hat den Vorteil, dass im Falle eines Aufeinandertreffens einer Demokratie und einer Autokratie bzw. zweier Demokratien ein klares Urteil gefällt werden kann, warum es zum Konflikt kommen musste bzw. warum dieser ausblieb. Zu Problemen kann es allerdings kommen, wenn die analysierten Systeme nicht eindeutig einer der beiden Kategorien zugeordnet werden können, beispielsweise defekte Demokratien.

?

?

Quelle: Eigene Darstellung.

5. Globale Fragen (2)

5.1. Globale Wohlfahrt: Die Finanzkrise

Mitarbeit: Manuel Iretzberger

1. Einstieg: Island – ein reiches Land geht bankrott

Auf der Jahresversammlung der europäischen Politikwissenschaftler erinnerte der isländische Präsident an den Zusammenhang zwischen Politik und Ökonomie:

> "[I]n October 2008, Iceland became one of the first countries to be hit by a financial tsunami rooted in the fundamental fallacy that the market should reign supreme, that economics mattered more than politics. Within a few months, the collapse of our financial institutions came to threaten the stability of our democratic system and the cohesion of our society. There were protests and riots; the police had to defend the Parliament and the Prime Minister's Office. The inherent balance of our well-established republic was suddenly in danger. Iceland had been one of the most peaceful and harmonious societies in the world. Yet the failure of the market system threatened the survival of our political and social order. It brought us close to collapse, a possibility which in the previous decades had been almost ignored by established leaders in economics and political science alike. (...) The government resigned in the early weeks of 2009, a minority cabinet was formed and parliamentary elections called to enable the nation to choose a new assembly. The leadership of the Central Bank and the Financial Supervisory Authority was replaced; a special prosecutor appointed to seek out those who had broken the law and within a year that Office had become the largest judicial entity in our country. (...) Our experience thus illustrates the crucial linkage between the economy and the state, between democracy and the free market. Which should be paramount in the resurrection of our societies: Economics or politics? This is the question which the recent financial crisis has brought to the forefront. It can no longer be evaded. There is simply too much at stake, as we saw in a nutshell here in Iceland and can almost every day be witnessed somewhere in Europe." (Grimsson 2011)

2. Leitfrage: Wie wirken sich die Risiken der Globalisierung politisch aus?

3. Beschreibung: Die Finanzkrise seit 2007[98]

Es soll in dieser Beschreibung um die Finanzkrise ab 2007 gehen, die im Herbst 2007 auf dem Immobilienmarkt der USA begann und sich auf die globalen Finanzmärkte und sogar auf die Weltwirtschaft übertrug. Die Finanzkrise ist als Teilbereich des Themenkomplexes Globalisierung zu sehen, oder genauer, als unerwünschter Nebeneffekt. Auf einige Aspekte der Globalisierung wurde in Kapitel Welthandelsordnung (2.3.) eingegangen. Es lassen sich im Fall der Krise mehrere ineinandergreifende Teilbereiche festmachen, die in der Abbildung zum Immobilienmarkt nachvollziehbar sind: Der Immobilienmarkt, der Interbankensektor, der Anlagemarkt und die Güterwirtschaft. Auf dem Immobilienmarkt (1) interagieren Hauskäufer und Banken, auf dem Interbankensektor (2) versorgen sich die Kreditinstitute gegenseitig mit Liquidität, auf dem Anlagemarkt (3) wird in Finanzpro-

98 Diese Zusammenfassung basiert auf Sinn (2009), auch die folgenden Graphiken sind dem Buch entnommen.

dukte, wie etwa Fonds, investiert und Unternehmen der Realwirtschaft (4) werden Kredite für ihre Investitionen von den Banken zur Verfügung gestellt. Es lassen sich eine Vielzahl von Faktoren benennen, die die Finanzkrise erst ermöglicht haben. Diese sollen anhand der verschiedenen Bereiche gesondert dargestellt werden.

Graphische Darstellung 32: Der Immobilienmarkt

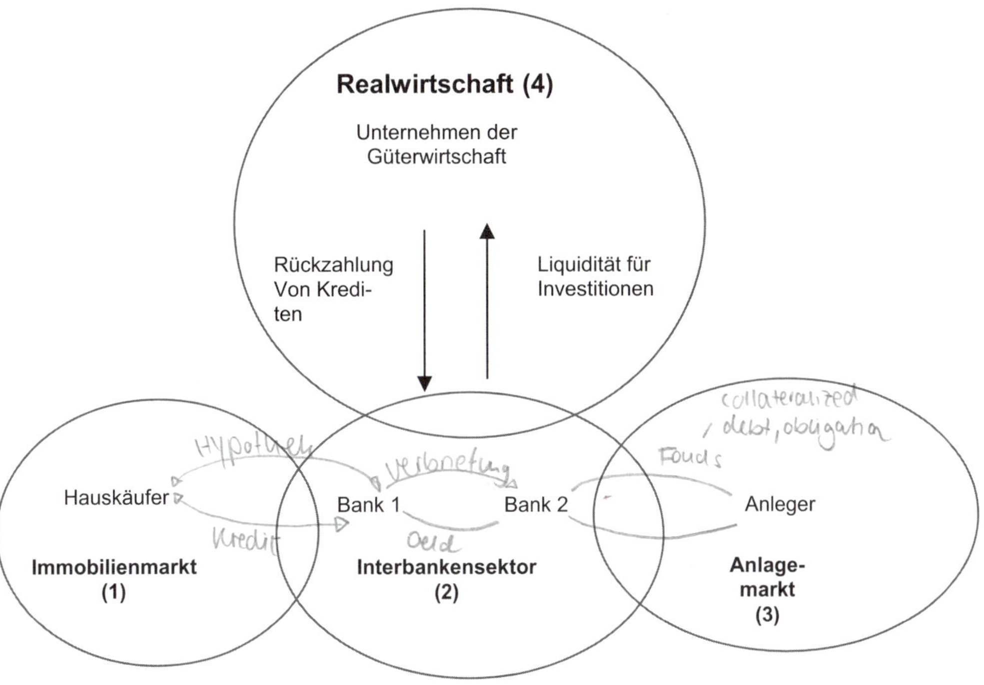

Quelle: Eigene Darstellung.

Der Immobilienmarkt (1)

Der Ausgangspunkt der Krise lässt sich darin sehen, dass auf dem US-Immobilienmarkt zu viele Immobilien zu immer höheren Preisen gekauft wurden, bei denen sich die Käufer bei Banken verschuldet haben. Ein wichtiger Grund hierfür war, dass die Federal Reserve Bank (Fed), die Zentralbank der USA, in der Folge der *dotcom*-Krise in der „New Economy"[99] im Jahr 2000 die Leitzinsen senkte und somit Anreize zur Kreditaufnahme setzte. Besonders auf dem Häusermarkt wurden Kredite zu leichtfertig an Personen vergeben, die keine ausreichenden Sicherheiten in Form von Vermögenswerten besaßen. In der Folge wurden Häuser auf Kredit gekauft, wobei eine Hypothek auf das Haus als Sicherheit für die Bank fungierte. Mit dem Erwerb von Immobilien konnten zudem Steuerersparnisse erlangt werden, was die Nachfrage weiter erhöhte. In einem eigenen Haus zu wohnen,

99 Damit wurden Unternehmen bezeichnet, die sich auf sogenannte Zukunftsbranchen spezialisiert hatten, deren Entstehung eng mit dem Vormarsch des Internets verknüpft war (Dotcom steht für die Endung „.com" vieler Internetadressen). Da übertriebene Erwartungen an die Entwicklung dieser Unternehmen gestellt wurden, wurde zu viel Geld in sie investiert und es bildete sich eine „Blase", die schließlich platzte.

hat in den USA einen großen gesellschaftlichen Stellenwert. In diese Richtung ging auch ein „Anti-Armuts-Gesetz", das 1995 unter Clinton beschlossen worden war. Dieses hatte zum Ziel, Kreditangebote auch für weniger wohlhabende Bevölkerungskreise sicherzustellen, hatte aber den Nachteil, dass sich die private Verschuldung weiter erhöhte.

Ein letzter Punkt sind Konsumentenkredite, etwa für die Einrichtung der neuen Häuser, für Autos oder Fernseher, die den Immobilienkäufern über die Höhe der eigentlichen Hypothek hinaus zusätzlich von Banken zur Verfügung gestellt wurden und die die Verschuldungsproblematik weiter verschärften. All die genannten Umstände sorgten dafür, dass amerikanische Banken immer mehr Kredite aus Immobilienkäufen mit hoher Ausfallwahrscheinlichkeit, sogenannte *sub-prime mortgage loans*, in ihren Büchern stehen hatten.

Graphische Darstellung 33: Abgeschlossene Hypothekenkredite im Subprime-Markt (1. Quarttal 1998 bis 4. Quartal 2008)

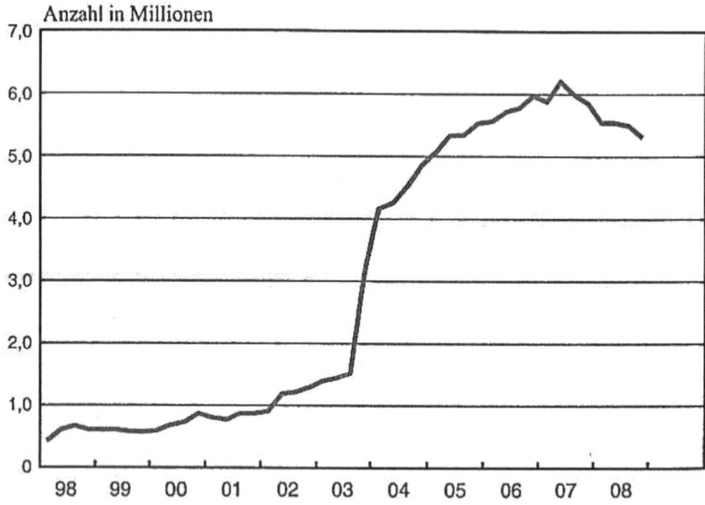

Quelle: Sinn (2009): 123.

Der Interbankensektor und der Anlagemarkt (2 + 3)

Diese Kredite allein wären für das Finanzsystem in seiner Gesamtheit nicht sonderlich bedrohlich gewesen, denn selbst wenn Zahlungen ausbleiben, kann eine genügend hohe Ausstattung mit Eigenkapital Banken vor dem Konkurs retten. Zudem wäre ein Zusammenbruch einzelner Banken keine Gefahr für die Wirtschaft als Ganzes. Genau diese beiden Sicherheitsmechanismen griffen aber nicht. Das Risiko für einzelne Banken wurde intransparent auf alle Banken verteilt, denn auf dem Bankensektor wurden im Zuge der Verbriefung der Hypotheken verstärkt einzelne Forderungen (hier: der Anspruch auf Rückzahlung der Schulden) zu Wertpapieren gebündelt und auf dem Finanzmarkt gehandelt. Die Idee dabei ist, das Einzelausfallrisiko dadurch zu minimieren, dass es mit anderen Risiken vermischt wird – eine gängige Praxis etwa für Rückversicherer, um sehr hohe Einzelfallrisiken wie Atomkraftwerke oder Staudämme abzusichern. Das Problem war nun, dass immer mehr hohe Einzelrisiken zusammengemischt und weiter verkauft wurden (sog. Collateralized Debt Obligations, CDOs). So breiteten sich die „faulen“ Papiere aus dem US-Immobilienmarkt im gesamten Bankensektor aus und wurden – solange die Immobilienpreise immer weiter stiegen und der Markt florierte – in ihrem Wert immer größer. Diese risikoreichen Papiere befanden sich zum Großteil im Besitz internationaler Banken, weil sie hohe Renditen[100] versprachen. Die hohen Renditen wiederum erzeugten einen hohen Wettbewerbsdruck, da eine Bank, die nicht in diese Papiere investiert, die Abwanderung ihrer Anleger hätte fürchten müssen. Darüber hinaus gab es durch das „billige Geld“ der Notenbanken, also Geld zu einem sehr niedrigen Zinssatz, einen starken Anreiz, als Bank selbst Kredite aufzunehmen, um mit diesem Geld verbriefte Hypothekendarlehen zu kaufen. Die Zinsdifferenz zwischen den Zinsen für den von der Bank aufgenommenen Kredit und der Rendite aus den Immobilienpapieren wirkt wie ein „Hebel“, der die Verschuldung der Banken immer größer und die Eigenkapitelausstattung immer geringer werden ließ.[101] Als die Rendite von derart operierenden Banken stieg, erhöhte sich – aufgrund der erwähnten Anlegerproblematik – der Druck auf solide Banken, die sich bis hierhin auch mit niedrigerer Rendite zufrieden gegeben hatten. In der Folge stiegen auch die an die Rendite gekoppelten Bonuszahlungen für Manager. Diese hatten ein Interesse daran, ihre Boni weiter zu erhöhen, indem sie Kunden dazu brachten, Geschäfte in sehr profitablen, aber hoch-riskanten, Subprime-Papieren abzuschließen. Schließlich ist noch die Rolle von Rating-Agenturen zu betonen. Deren Aufgabe ist es eigentlich, die Zuverlässigkeit von Schuldnern zu bewerten und das Ausfallrisiko für Rückzahlungen zu berechnen. Die Bewertungen von Immobilienbanken durch zwei der wichtigsten Ratingagenturen, Standard & Poor's und Moody's, sind in folgender Abbildung dargestellt.

Graphische Darstellung 34: Die Bewertungen der US-Investmentbanken

	Standard and Poor's long	Moody's long
Bear Stearns ✝	A	A2
Goldman Sachs	AA–	Aa3
Lehman Brothers ✝	A+	A1
Merrill Lynch ✝	AA+	A1

Quelle: Sinn (2009): 143.

Sie stuften – der Buchstabe A steht für eine positive Beurteilung – die Zahlungsfähigkeit verschiedener Banken, die die Finanzkrise letztlich nicht überlebt haben (Kreuze), fälschlicherweise als positiv ein (ein sehr hohes Ausfallrisiko hätte mit C bezeichnet werden müssen). Ein Grund dafür mag gewesen sein, dass die Agenturen gleichzeitig häufig auch

100 Eine Rendite bezeichnet allgemein den Rückfluss auf investiertes Kapital, z.B. ein Geschäft, in das man 100 € investiert hat, bringt 20 € pro Jahr und hat daher eine Rendite von 20 Prozent p.a.

101 In der Finanzwirtschaft wird dies als Leverage-Effekt bezeichnet: Solange die Eigenkapitalrendite höher ist als der Fremdkapitalzins, lohnt sich Verschuldung.

als Berater dieser Unternehmen tätig waren. Es lässt sich also festhalten, dass die Schulden vom Immobilienmarkt auf den Bankensektor übergegangen waren, der überdies eine schlechte Kapitalstruktur[102] aufwies. Sollte die Blase, die sich gebildet hatte, platzen, so drohten fatale Konsequenzen in Form eines Kaskadeneffekts.[103]

Letztendlich kam es zu einem Platzen der Blase und die Krise nahm ihren Lauf. Als sich die Wirtschaftsdaten in den USA verschlechterten, begannen zum einen, die Hauspreise zu fallen und zum anderen verloren viele Bürger ihre Jobs und konnten die Kredite nicht mehr bedienen. Nun begann der Wert der Hypotheken zu sinken und mit ihnen der Wert der Subprime-Papiere. Es kam zu Panikverkäufen von immer mehr Marktteilnehmern, bis schließlich der ganze Markt kollabierte.

Graphische Darstellung 35: Preisentwicklung der US-Immobilien (Case-Shiller-Index)

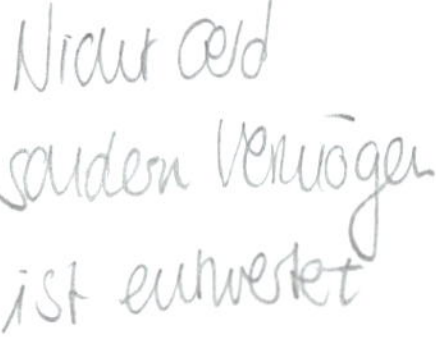

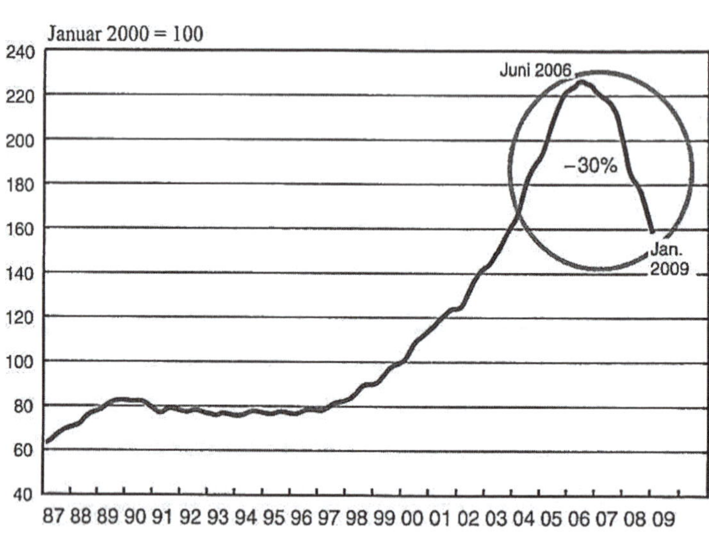

Quelle: Sinn (2009): 48.

Weil aber, wie gesehen, der ganze Interbankensektor am Immobilienmarkt hing, setzte sich die Krise hier fort. Niemand wusste, welche Bank über schlechte Papiere verfügte und als die Rating-Agenturen plötzlich damit begannen, Korrekturen in Form von Abwertungen durchzuführen, weigerten sich die Banken, sich gegenseitig Geld zu leihen. Dies geschah zu einem Zeitpunkt, als sie selbst hohe Kredite bedienen mussten, die sie für die Investitionen in den Immobilienmarkt aufgenommen hatten. Nun waren sie gezwungen, Vermögen zu verkaufen, sie mussten hohe Verluste realisieren und der Kursverfall der Hypothekenverbriefungen beschleunigte sich. Der Mangel an Vertrauen verschärfte die ohnehin schon herrschende Geldknappheit weiter. So kam es, dass die Hypothekenbanken

102 Die Kapitalstruktur bezeichnet das Verhältnis von Eigenkapital (Einlagen) zu Fremdkapitel (Verbindlichkeiten). Erwirtschaftet ein Unternehmen einen Verlust, muss das Eigenkapital dafür haften. Reicht es nicht aus – bei einer schlechten Kapitalstruktur – geht das Unternehmen bankrott.

103 Der Begriff bezeichnet eine Kette von Ereignissen, bei denen jedes durch ein vorhergehendes ausgelöst wird und wiederum ein neues anstößt. Ein anderes passendes Bild wäre hier das vom Schneeballsystem oder Domino.

Fannie Mae und Freddie Mac im Herbst 2008 staatliche Hilfe beantragen und die Investmentbank Lehman Brothers Insolvenz anmelden mussten. In der Folge geriet der weltgrößte Versicherungskonzern AIG und die Investmentbanken Bear Stearns und Merrill Lynch in Zahlungsschwierigkeiten und die US-Regierung teilverstaatlichte die Citibank und die Bank of America. Jetzt stand der gesamte Finanzmarkt vor dem Kollaps – eine große Depression wie 1929 drohte.

Als **Große Depression** von 1929 bezeichnet man die von den USA ausgehende Weltwirtschaftskrise, deren Beginn auf den 24. Oktober 1929 datiert wird. An diesem „Schwarzen Donnerstag" und am darauffolgenden Dienstag brachen die Kurse an der New Yorker Börse, der Wall Street, dramatisch ein. Dies bedeutete das Ende der „Goldenen Zwanziger Jahre" und die Krise breitete sich weltweit aus: Unternehmen mussten Konkurs anmelden, Banken brachen zusammen, Massenarbeitslosigkeit und Deflation entstanden. Neben dem genannten Börsencrash werden auch der weltweite Preisverfall auf den Agrar- und Rohstoffmärkten sowie die Umwälzungen der Arbeitsverhältnisse in der Industrie infolge des Ersten Weltkrieges für die Krise mitverantwortlich gemacht. Die Federal Reserve und andere Zentralbanken reagierten in der Angst vor einer Inflation mit einer Geldmengenverknappung, was die dramatischen Auswirkungen der Krise nur weiter verstärkte. Darüber hinaus verschärften auch protektionistische Maßnahmen den Rückgang des Welthandels (vgl. Kap. Welthandelsordnung). Die globale Wirtschaft erholte sich erst nach Ende des Zweiten Weltkrieges vollständig von den Nachwirkungen der Krise.

Die Realwirtschaft (4)

Aufgrund der Angewiesenheit der Realwirtschaft auf Liquiditätsversorgung aus dem Bankensektor griff die Krise schließlich sogar auf diesen Bereich über. Die grassierenden Bankenzusammenbrüche vernichteten Einlagen und Investoren fanden kaum noch Kreditgeber. Der Nachfragerückgang in den USA machte sich schnell in anderen, exportabhängigen Ländern bemerkbar und es kam zu einer weltweiten Rezession. Die Konjunkturentwicklung in vielen Staaten war rückläufig und es gab Konkurse oder Zahlungsschwierigkeiten etlicher kleiner, mittelständischer und einiger großer Unternehmen – wobei der gerettete Konzern General Motors hier das bekannteste Beispiel darstellen dürfte. Es wurde zur Stützung von Finanzmärkten und Realwirtschaft vor allem auf Stimuli in Gestalt von Konjunkturpaketen gesetzt.[104] Mit diesen antizyklischen Maßnahmen und der Rettung systemrelevanter Unternehmen griffen die Staaten aktiv ein, in der Hoffnung, die Auswirkungen der Krise bekämpfen zu können. Obwohl diese Interventionen eine hohe Belastung der Staatshaushalte darstellten, kann man dennoch davon sprechen, dass sie erfolgreich waren, da ein Totalzusammenbruch der Weltwirtschaft verhindert werden konnte und die Wirtschaft sich seit dem Frühjahr 2009 langsam wieder zu erholen begann. Allerdings erhöhten sich durch die staatlichen Kapitalhilfen für die Banken in allen westlichen Staaten nun die öffentlichen Schulden signifikant, weswegen in der Folge auch die Euro-Staaten Griechenland, Portugal und Spanien in ernsthafte wirtschaftliche Schwierigkeiten gerieten (vgl. Teil 3. im Kap. Vertiefung der EU).

104 Dieses Vorgehen basiert auf den Annahmen von John Maynard Keynes (1883-1946), der ein korrigierendes Eingreifen des Staates in das Marktgeschehen in Krisenzeiten befürwortet hatte.

4. Analyse: Das internationale Finanzsystem

Es gibt grundsätzlich verschiedene Möglichkeiten, wie sich **ökonomische Prozesse** im internationalen System organisieren lassen. Wie verhält sich das für die internationale Finanzstruktur, also „the sum of all arrangements governing the availability of credit plus all the factors determining the terms on which currencies are exchanges for on another" (Strange 1988: 88)? Die erste Variante ist die staatliche Organisation der Weltwirtschaft, in dem ein Weltstaat *top-down*, notfalls auch mit **Zwang**, die Produktion und Verteilung wirtschaftlicher Güter vornehmen würde. Dies ist allenfalls für Imperien möglich (vgl. 5. im Kap. Diplomatie), nicht aber im anarchischen Staatensystem. Eine zweite Option stellt die institutionelle Regelung dar, die mit Anreizsystemen operiert und von der potentielle Mitglieder überzeugt werden müssen. Solche Institutionen (vgl. 5. im Kap. Internationale Institutionen) könnten einerseits von einem hegemonialen Staat, wie den USA zu Zeiten der Pax Americana[105] oder von einem Bund mehrerer Staaten organisiert werden. Dieses Modell, das auf **Überzeugung** basiert, findet sich im Bereich der internationalen Handelspolitik (vgl. Kap. Welthandelsordnung). Weil institutionelle Lösungen voraussetzungsreich sind und große politische Anstrengungen erfordern, wird vieles über Märkte, die dritte Möglichkeit, geregelt. Private sowie staatliche Akteure, die wie private agieren, nehmen **Tauschprozesse** über Märkte vor. Eine solche Lösung kann auch bewusst angestrebt werden, etwa weil man von der Effizienz von Märkten im Vergleich zu den beiden anderen Varianten überzeugt ist. Dies ist der Fall für die Produktion und die Verteilung internationaler Finanzgüter. Erst nach dem Ausbruch der Finanzkrise versuchte eine Staatengruppe (G20) mit Hilfe einer ad hoc Institutionalisierung, Regeln zu schaffen. In der Hauptsache aber reagierte jeder Staat autonom auf die Finanzkrise: Nationale Antworten auf eine globale Krise.

Die **Gruppe der Zwanzig (G20)**, bestehend aus 19 großen Industrie- und Entwicklungsländern sowie der EU, hat sich zum Ziel gesetzt, internationale wirtschaftliche Kooperation durch intergouvernementale Vereinbarungen zu erreichen. Sie entstand 1999 als Treffen der Finanzminister und Zentralbankvorsitzenden in Folge der „Asienkrise" und wurde seit 2008 durch ein jährliches Treffen der Staats- und Regierungschefs aufgewertet. Die G20 soll die G8, welche aus den G7-Staaten USA, Großbritannien, Frankreich, Deutschland, Japan, Italien und Kanada sowie Russland besteht, ablösen und für eine gerechtere Repräsentation des sogenannten „globalen Südens" sorgen, indem nicht nur westliche Länder, sondern auch aufstrebende Schwellenländer vertreten sind. Die G20 wurden gar als „neue Weltregierung" bezeichnet, konnten aber die großen Hoffnungen, die an sie geknüpft wurden, nicht erfüllen. Seit dem Washingtoner Gipfel in 2008 wurden zur Bekämpfung der Wirtschaftskrise verschiedene Maßnahmen zur Stimulierung der Wirtschaft und Regulierung der Finanzmärkte beschlossen, welche daraufhin national umgesetzt werden sollten: (eine Auswahl)

- Benennung „systemrelevanter" Banken
- Regulierung der sogenannten Schattenbanken
- Schaffung eines Regulierungsgremiums: Finanzstabilitätsrat (FSB)

---

105 Diese Zeit dauerte von Anfang des Kalten Krieges bis zu Beginn der 1970er Jahre. Die USA nutzten ihre Hegemonie, um in ihrer Einflusszone (vgl. Kap. Abschreckung), die eigene Vorstellung von Liberalismus umzusetzen (Embedded Liberalism, vgl. Kap. Welthandel).

- Schärfere Vorschriften für Eigenkapital und Liquiditätsreserven von Banken und anderen Marktakteuren
- Regelung zur Beschränkung für die Vergütung (Bonuszahlungen) in der Kreditwirtschaft
- Zusagen zu einer Stabilisierung der Schuldenquote bis 2016 und zur Festsetzung von maximalen Defizitzielen
- Aufstockung der Mittel des Internationalen Währungsfonds und Vorschlag, dessen Kompetenz auszuweiten

Wie können die Ereignisse der Finanzkrise und die Struktur der internationalen Finanzordnung gedeutet werden? Eine (kritische) Interpretation wird im Folgenden vorgestellt.

5. Erklärung: Eine Neo-Gramscianische Kritik

Robert W. Cox ist mit seinem Ansatz, der versucht, Deutungsalternativen zu herkömmlichen Sichtweisen anzubieten, der Revolutionären Theorieschule zuzurechnen. Sein Ansatz beruht wesentlich auf den Gedanken Antonio Gramscis, der wiederum stark auf die Theorie Karl Marx' Bezug nahm.

Marxismus

Karl Marx (1818-1883) entwickelte seine Lehre vom Kommunismus, die die Geschichte als eine Geschichte von Klassenkämpfen interpretiert. Dabei beruhen die gesellschaftlichen Verhältnisse auf den materiellen (Besitz-)Verhältnissen. Für den Kapitalismus sieht er das wesentliche Merkmal darin, dass in ihm eine Spaltung in Klassen herrscht, in Form eines Gegensatzes von Kapital und Arbeit bzw. von Bourgeoisie und Proletariat.

Dieser **Klassenantagonismus** ist die Grundlage aller Vorgänge im kapitalistischen System.

Während die Kapitalisten über das Eigentum an Produktionsmitteln verfügen, sind die Arbeiter diejenigen, die die eigentlichen Werte schaffen. Weil die Kapitalisten gemäß der Logik des Systems Profite erzielen müssen, eignen sie sich einen Teil des vom Arbeiter geschaffenen Werts, den Mehrwert an. Dieser ergibt sich, vereinfacht gesagt, aus der Differenz von erbrachter Arbeitsleistung und bezahltem Lohn. Den ausgebeuteten Arbeitern steht so immer weniger Geld zur Verfügung, was die Nachfrage nach den von den Kapitalisten verkauften Gütern senkt. Das System ist also in sich widersprüchlich und neigt zu einer ständigen Überproduktion von Gütern. Diese Widersprüche können auf verschiedene Arten temporär abgemildert werden, etwa durch Kriege, in denen Güter vernichtet werden, indem durch Imperialismus neue Märkte erschlossen werden, oder durch intensivierte Ausbeutung, die die Profite der Kapitalisten kurzfristig erhöht. Damit der Widerstand gegen das kapitalistische System möglichst gering bleibt, wird über die ökonomische Basis des Klassenantagonismus ein ideologischer Überbau errichtet. Dabei agiert der Staat als ideeller Gesamtkapitalist – das heißt, nicht als Interessenvertreter einzelner Kapitalisten, sondern als Wahrer des Kapitals an sich – indem er durch seine Polizei für Ordnung sorgt, seine Wissenschaftler Herrschaftswissen produzieren lässt, oder dessen Medien eine systemkompatible Meinung veröffentlichen.

Antonio Gramsci (1891-1937), der den Großteil seiner Schriften im Gefängnis verfasste – er war unter Mussolini wegen seiner politischen Aktivitäten verurteilt worden – führte Marx' Gedanken fort. Während Marx hauptsächlich ökonomische Prozesse im Blick hatte, fragte sich Gramsci, wie eine dauerhafte Machtstellung der Kapitalisten in einer Gesellschaft aufrecht erhalten werden kann. Er führte dazu den Begriff der **Hegemonie** ein, welcher zum einen die tatsächliche Herrschaftsposition, zum Beispiel das Privateigentum an Produktionsmitteln, aber auch die langfristige Sicherung dieser Position mit Hilfe eines hegemonialen Konsenses umfasst. Hierzu muss die herrschende Klasse einen **historischen Block** bilden, um den sie auch andere Gruppen, die sie von ihrem hegemonialen Projekt überzeugt hat, versammelt. Ein historischer Block überformt soziale Klassen und transformiert sie in ein aktives und legitimiertes Herrschaftssystem (Gill 1995: 400). Dies kann zum Beispiel durch Kompromisse geschehen, aber auch durch Institutionen, die eine bestimmte Ideologie verbreiten. Ein Beispiel hierfür wäre der Glauben daran, dass jeder für sein eigenes Schicksal verantwortlich ist. Wird diese Sichtweise akzeptiert, sucht die ausgebeutete Klasse den Grund für ihre Situation bei sich selbst und nicht in der Ungerechtigkeit des Systems.

Cox führt mit seinem neo-gramscianischen[106] Ansatz die Gedanken seines Vordenkers im Wesentlichen fort. Sein größter Verdienst liegt darin, dass er das Konzept der Hegemonie, das bei Gramsci noch auf die Ebene der Nationalstaaten beschränkt war, auf das internationale System ausweitet. Er versucht zu zeigen, dass sich Hegemonie und historische Blöcke auch über Staatsgrenzen hinweg ausdehnen können.

a) Von der internationalen zur hegemonialen Ordnung

Graphische Darstellung 36: Von der internationalen zur hegemonialen Ordnung

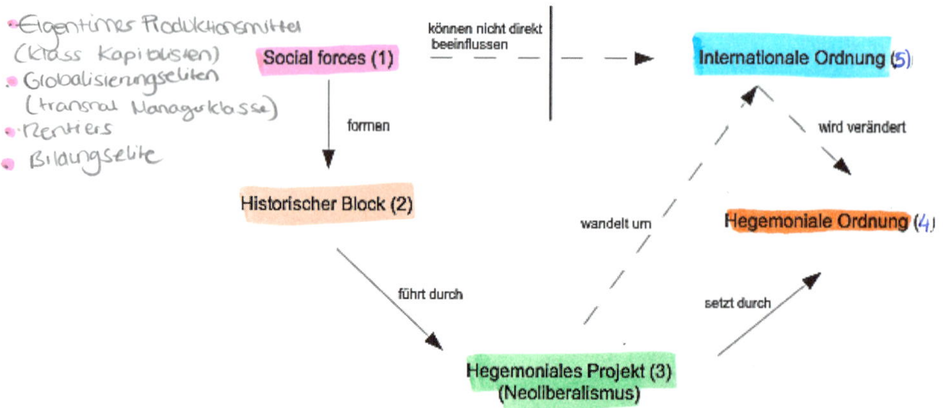

Quelle: Eigene Darstellung.

Die Grafik zeichnet einen solchen Prozess für die neoliberale hegemoniale Ordnung nach. Die **social forces** (1), also die verschiedenen Klassen, von denen hier die herrschende kapitalistische betrachtet werden soll, sind die treibenden Akteure für die Entwicklungen des internationalen Systems. Da die Kapitalisten, die als Eigentümer der Produktionsmit-

106 Es gibt freilich ein breites Spektrum (neo-)marxistischer Ansätze in den IB, vgl. etwa Krell (2009): 263ff.

tel die internationalen Verhältnisse beherrschen, allein in der Minderheit wären und die internationale Ordnung nicht auf direktem Wege verändern können, müssen sie, um ihre Herrschaft zu sichern, einen historischen Block bilden (2). Sie binden also verschiedene Gruppen in ihre Herrschaft mit ein. Darunter fallen Rentiers, also Anteilseigner, die von Kapitalrenten profitieren, ebenso wie Manager, die im strengen Sinne ja eigentlich Angestellte und keine Kapitalisten sind, sich aber wegen hoher Gehälter auf die Seite der Kapitalisten schlagen. Da die Manager verschiedener Staaten alle ähnliche Interessen haben, bilden sie eine „**transnationale Managerklasse**", die länderüberschreitend zusammenarbeitet. Politiker, Bildungseliten und Medienkonzerne verbreiten eine entsprechende Ideologie, die weitere Bevölkerungsschichten von der neoliberalen Ordnung überzeugen soll. Mit dieser Allianz kann das hegemoniale Projekt (3) in eine beständige hegemoniale Ordnung überführt werden. Sobald diese einmal besteht, wirkt sie wieder zurück auf andere Bereiche, wie etwa die nationalen Produktionsbedingungen. So können nun zum Beispiel, da schrankenloser Wettbewerb als Teil des Projekts weithin akzeptiert wird, beliebig Fabriken in Niedriglohnländer verlagert werden. Es besteht also eine komplexe Wechselwirkung zwischen der internationalen und den nationalen Ebenen. Weitere Elemente der hegemonialen Ordnung, die ein reibungsloses Profitstreben der Globalisierungseliten garantieren sollen, wären die Zurückdrängung des Staates, die Deregulierung der Finanzmärkte oder die Sozialisierung von Unternehmensverlusten.

b) Handlungsressourcen der social forces

Graphische Darstellung 37: Handlungsressourcen der social forces

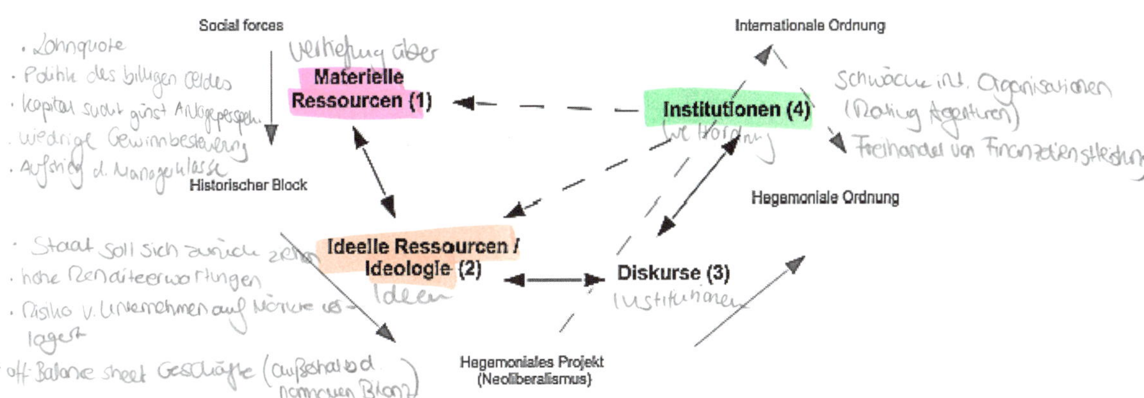

Quelle: Eigene Darstellung.

Es lassen sich vier Felder festhalten, auf denen soziale Kräfte – hier wieder auf die herrschende Seite beschränkt – handeln können und die wiederum alle in einem interdependenten Verhältnis stehen. Erstens gibt es materielle Faktoren (1), auf die zurückgegriffen werden kann. Hier sind, neben der Macht, die direkt aus dem Besitz von Geld resultiert, vor allem ökonomische Sachzwänge zu nennen, die sich aus der Logik des Systems ergeben. Ausgangspunkt der Argumentation wäre für die USA etwa die immense Ungleichverteilung der Einkommen und Vermögen. Mit einem Verweis auf diese lässt sich die Macht der Gewerkschaften zurückdrängen. Den Kapialisten und der mit ihnen verbündete Staat gelingt es, die Lohnquote[107] zu drücken, oder niedrigere Unternehmenssteuern implementieren. Wichtig ist bei den materiellen Faktoren, dass diese auch unabhängig von bewusst handelnden Individuen oder Gruppen wirken und ihnen vor allem aus klassisch-marxistischer Perspektive eine überragende Bedeutung zugeschrieben werden muss. Zweitens können – zum Beispiel durch Medienkonzerne – Ideen und Wertvorstellungen (2) geprägt werden, etwa die Auffassung, dass Kapitalanlagen jenseits staatlicher Kontrolle nicht verwerflich sind oder 25 Prozent Eigenkapitalredite ein normales betriebswirtschaftliches Ziel darstellen. Diese beiden Elemente können sich in Diskursen (3) verbinden und in Form von Institutionen (4) verfestigt werden, wobei Institutionen selbst wieder auf die anderen Faktoren zurückwirken, beispielsweise indem sie als Organisationen gewisse Werte propagieren oder an bestimmte Zwecke gebundene Geldmittel zur Verfügung stellen.

c) Anwendung auf die Finanzkrise

Es hat sich in den vorhergehenden Abschnitten bereits angedeutet, wie eine Erklärung der Finanzkrise aus neo-gramscianischer Sicht aussehen kann. Eine eher idealistische Interpretation würde den Ideen und persönlichen Motiven der Akteure eine bedeutende Rolle zuschreiben (Gill 2008). Dieser Sicht nach hat also die transnationale Managerklasse ihr neoliberales Projekt aktiv und bewusst vorangetrieben. In einer eher materialistischen Perspektive wäre das Handeln von Akteuren stärker durch die materiellen Umstände bestimmt und das hegemoniale Projekt eher als Folge der marxistischen Systemlogik anzusehen. Während im ersten Fall die neoliberale Ordnung menschengemacht ist und deshalb relativ leicht verändert werden kann, muss im zweiten Fall das kapitalistische System unbedingt als Ganzes abgeschafft werden. Beide Varianten sind jedoch nicht trennscharf abzugrenzen.

Im Beschreibungsteil haben sich zwei hauptsächliche Ursachen der Finanzkrise gezeigt. Zum einen waren das die Verschuldung der Immobilienkäufer und zum anderen das eng vernetzte und risikofreudig agierende Bankensystem. Mit Cox kann man diese Punkte im Wesentlichen übernehmen, muss sie jedoch in gesamtgesellschaftliche Zusammenhänge einbetten. Der Umstand, dass bei vielen Bevölkerungsschichten zu wenig Geld vorhanden ist und ihnen die Immobilien trotzdem verkauft werden, ist dem bestehenden Klassenantagonismus geschuldet: Einerseits wird eine Klasse ausgebeutet, andererseits ist die andere dazu gezwungen, ihre Produkte abzusetzen. Diese Entwicklung ist also systemimmanent. Aber man kann dieser Problematik nicht einfach entgegenwirken, indem man dem daraus erwachsenden Krisenpotential einen auf Sicherheit ausgerichteten Bankensektor entgegenstellt. Denn das, was mit dem neoliberalen Projekt umgesetzt wurde, entspricht ebenso der Logik des Systems. Der eigentliche Sinn von Kreditsicherheiten wird durch das System pervertiert, indem deren Verbriefung und Handel zum Erwerbszweck selbst wird (Scholte 2005: 165ff.). Wettbewerb, die Regelung über Märkte, Gier, die Jagd nach immer größeren Boni, die Schwäche von Institutionen zur Überwachung von Finanzmarktaktivitäten: Die durch die transnationale Managerklasse herbeigeführte hegemoniale Ordnung dient genau dazu, Unternehmen das Streben nach Profit zu erleich-

107 Die Lohnquote bezeichnet den prozentuellen Anteil aller Arbeitnehmereinkünfte einer Volkswirtschaft am Nettonationaleinkommen. Unternehmensgewinne stellen eine andere Quelle des Nettonationaleinkommens dar und führen bei Anstieg zu einem Sinken der Lohnquote.

tern und die Umschlaggeschwindigkeit des Kapitals zu erhöhen. Man könnte alternativ etwas weniger radikal argumentieren und sagen, dass das Verhalten der Managerklasse nicht unmittelbar aus der Systemlogik folgte und es deshalb auch innerhalb des Kapitalismus möglich ist, eine stabilere Ordnung zu schaffen. In diesem Fall müsste aber immerhin noch die Hegemonie der herrschenden Klasse durch einen historischen Gegenblock der beherrschten Klassen durchbrochen werden. Der Ausbruch der Krise selbst markierte den Zeitpunkt, an dem die Widersprüche des Systems einen kritischen Punkt erreichten. Das muss nicht heißen, dass der Kapitalismus damit am Ende angelangt ist, aber er steckt in einer **„organischen Krise"**: Der Kapitalismus befindet sich in einer Übergangsphase und muss eine neue Akkumulationsweise herausbilden. Gerade die Lösungsversuche der Politik würden einen Neo-Gramscianer in dieser Sichtweise bestätigen. Denn anstatt über alternative Wirtschaftsordnungen jenseits des Kapitalismus zu diskutieren, kam dieser bereits bald wieder ins Laufen, wobei die Rettung der Banken durch staatliche Hilfen und somit den Steuerzahler erfolgte. Nach Cox ist also die hegemoniale Ordnung bereits vollständig in die politische Praxis eingedrungen, Eliten wie die Bevölkerung haben ihre Werte verinnerlicht – sie werden selbst durch eine solche organische Krise nicht mehr in Frage gestellt (Macartney 2009): Die gigantischen Umverteilungen von staatlichen Mitteln (erwirtschaftet vor allem von der Mittel- und Unterschicht) zugunsten der Banken, Eigentümer und transnationalen Managerklasse werden klaglos akzeptiert und nachhaltige Reformbemühungen um die G20 auf internationaler Ebene von der Bankenlobby verhindert (Young 2013).

6. Bewertung

Die große Stärke von Cox – und neo-gramscianischen Ansätzen im Allgemeinen – liegt sicherlich darin, zu zeigen, wie eng Ökonomie und Politik, oder das Geschehen auf nationaler und internationaler Ebene, verknüpft sind und in welch komplexen Beziehungen sie zueinander stehen. Die konsequent transnationale Perspektive ist sehr selten in der IB und ihr gelingt es, die Wechselwirkungen zwischen dem *2nd image* – der nationalen Ebene – und dem *3rd image* – dem internationalen System – zu verdeutlichen.

Allerdings ist die radikale Anklage gegen das kapitalistische System – so würden Anhänger der Liberalen Theorieschule einwenden, nach streng positivistischen[108] Kriterien nicht zu beweisen. Die Theorie ist zu komplex, um kausale Zusammenhänge postulieren zu können, die sich einer empirischen Prüfung unterziehen ließen. Wie und unter welchen Umständen bildet sich ein „hegemoniales Projekt"? Wie und warum finden sich verschiedene Akteure zu einer „transnationalen Managerklasse" zusammen? Das Postulat der Ideologie oder das Gesetz vom tendenziellen Fall der Profitrate[109] sind jedenfalls nicht falsifizierbar, sodass die neo-gramscianische Theorie aus Sicht mancher Liberaler lediglich als skurrile Verschwörungstheorie aufgefasst werden mag. Anhänger der **Kritischen Theorie** könnten erwidern, dass es gar nicht die Absicht von Cox ist, Wissenschaft im herkömmlichen Sinne zu betreiben. Er verfolgt keinen **„problem-solving**-Ansatz", denn eine derartige Theorie

108 Zum „Positivismus" vgl. den Kasten in den Schlussbetrachtungen.

109 Mit diesem Theorem will Marx zeigen, dass es für die Kapitalisten immer schwerer wird, Profite zu erzielen, je weiter die technische Entwicklung voranschreitet. Mehrwert lässt sich ja nur durch Ausbeutung von Arbeitern und nicht durch den Einsatz von Maschinen erzielen (vgl. Kasten oben: Marxismus).

> „nimmt die Welt so, wie sie sie findet, mit den vorherrschenden Gesellschafts- und Machtbeziehungen und den Institutionen, in denen diese organisiert sind, als gegebenen Handlungsrahmen. Das Ziel des Problemlösens besteht (...) darin, diese (…) Institutionen reibungslos funktionieren zu lassen, indem man sich effektiv mit einzelnen Störquellen auseinandersetzt. (…) Problemlösungstheorien sind (...) ahistorisch, denn sie postulieren letztlich eine andauernde Gegenwart (die Unvergänglichkeit der Institutionen und Machtbeziehungen, die ihre Parameter darstellen)." (Cox 1981: 128-129)

Für die Kritische Theorie ist die bestehende Ordnung das zentrale Problem und er will versuchen, diese zu verstehen und Möglichkeiten zu ihrer Überwindung aufzuzeigen:

> „Eine Kritische Theorie (...) [ist] in dem Sinne kritisch, dass sie außerhalb der vorherrschenden Ordnung dieser Welt steht und danach fragt, wie es zu dieser Welt kam. Anders als die Problemlösungstheorie hält die Kritische Theorie Institutionen und Gesellschafts- und Machtbeziehungen nicht für selbstverständlich, sondern stellt sie in Frage, indem sie sich mit ihren Ursprüngen befasst und damit, wie und ob sie sich allmählich verändern können. Sie zielt auf eine Bewertung genau des Handlungsrahmens (...), die die Problemlösungstheorie als Rahmenbedingung akzeptiert. (…) Kritische Theorie ist Theorie der Geschichte in dem Sinn, dass es ihr nicht nur um Vergangenheit geht, sondern um den Prozess der historischen Veränderung." (Cox 1981: 129)

7. Prognose

Die Theorie kann keine eindeutige Prognose abgeben. Es lassen sich jedoch zwei widerstreitende Szenarien ausmachen. Das erste Szenario besteht darin, dass die Herrschaft der transnationalen Managerklasse weiter bestehen bleibt. Es lässt sich demnach erwarten, dass die Entmachtung der Nationalstaaten zugunsten der Finanzmärkte kontinuierlich fortschreiten wird und die Politik dadurch weiter entdemokratisiert wird. Dieser Lesart zufolge wäre auch eine Umgestaltung der Akkumulationsweise denkbar, die aber lediglich die Form der hegemonialen Produktion verändert. Diverse biopolitische Ansätze im Rahmen der revolutionären Theorieschule diskutieren eine solche mögliche alternative Ausgestaltung.[110] Ein zweites Szenario wäre, dass sich verstärkt Widerstände gegen die Widersprüche des Systems bilden – wie zum Beispiel in Form der Occupy-Bewegung oder anderer Protestgruppen – und somit genügend Druck aufgebaut werden kann, um die hegemoniale Ordnung in Frage zu stellen und schließlich zu überwinden.

8. Handlungsempfehlung

Nach Cox müsste versucht werden, die Widersprüche des Systems aufzudecken und das Wissen darüber zu verbreiten. Auf dieser Basis könnte man versuchen, Solidarität innerhalb der beherrschten Klassen zu befördern und eine breite Gegenbewegung gegen die hegemoniale Managerklasse aufzubauen. Je nachdem, wie stark man an die Reformierbarkeit des Systems glaubt, wäre es möglich, sozial ausgewogene Lösungen innerhalb des Kapitalismus zu finden. Eine eher orthodox-marxistische Sicht würde die Sinnhaftigkeit solcher Versuche bezweifeln und einen echten Fortschritt erst in der Überwindung des

110 Vgl. etwa Hardt/Negri (2003). Biopolitik bezeichnet den Zugriff auf das Leben selbst. In dem Sinne wäre etwa die Tendenz, dass in Unternehmen zunehmend flache Hierarchien und eine Team-Atmosphäre geschaffen werden, kritisch zu sehen. Dies könnte lediglich eine Strategie sein, um Arbeitnehmer zu verstärkter Selbstausbeutung, etwa auch durch Arbeit außerhalb der eigentlichen Arbeitszeiten, zu bewegen.

Kapitalismus sehen. Beide Sichtweisen würden aber als zu bekämpfenden Gegner die hegemoniale Ordnung der transnationalen Managerklasse ausmachen.

Glossar

Organisation ökonomischer Prozesse: Zwang, Überzeugung, Tausch

Critical vs. problem-solving theory	Globale Finanzarchitektur
Transnationale Managerklasse	Klassenantagonismus
Hegemonie (Gramsci), hegemoniales Projekt	Historischer Block
Social forces	Organische Krise

Übungsfragen

1. Wirken die Folgen der Finanzkrise heute noch fort oder ist sie bereits vollständig überwunden? Sammeln Sie Argumente dafür und dagegen!
2. Welche Umstände können eine Regulierung der Finanzmärkte aus neo-gramscianischer Sicht schwierig oder sogar unsinnig machen?
3. Wie lässt sich nach Cox erklären, dass Flüchtlinge, die nach Europa kommen wollen, an den Außengrenzen durch die EU-Agentur Frontex abgewiesen werden?
4. Tranferfrage: Lesen Sie die Teile 5 der Kapitel Internationale Institutionen, Entwicklungszusammenarbeit und Welthandelsordnung. Versuchen Sie eine Erklärung der Finanzkrise aus Sicht einer liberalen Theorie (vgl. Neoliberaler Institutionalismus; Rent-Seeking oder Liberaler Intergouvernementalismus)! Inwieweit sind all diese Ansätze im Sinne Cox' „problem-lösend"?

Filmtipp: Inside Job (2010), Charles Ferguson [Dokumentation]

Filmemacher Ferguson deckt die Korruption innerhalb des US-Bankensystems auf, die 2008 zur Finanzkrise führte. Mithilfe von Interviews mit Insidern werden Verbindungen zwischen Banken, Regierung und Wissenschaft nachgewiesen.

Empfohlener Text zur Finanzkrise

Sinn, Hans-Werner (2009): Kasino-Kapitalismus: Wie es zur Finanzkrise kam, und was jetzt zu tun ist. Berlin: Econ.

USA (2011): Der Financial Crisis Inquiry Commission (FCIC) Report. Washington, DC: Financial Crisis Inquiry Commission.

Empfohlener Text zum Verständnis der Theorie

Bieler, Andreas/Morton, Adam D.(2010): Neo-Gramscianische Perspektiven. In: Schieder, Siegfried/Spindler, Manuela (Hrsg.): Theorien der Internationalen Beziehungen. Opladen: Verlag Barbara Budrich, S. 371–398.

Originaltext zur Theorie

Cox, Robert (1983): Gramsci, Hegemony and International Relations: An Essay in Method. In: Millenium 12, 2, S. 162–175.

Übrige verwendete Literatur

Cox Robert (1981): Social forces, states and world orders: Beyond International Relations Theory. Millenium 10, 2, S. 127–155.

Gill, Stephan (1995): Globalisation, Market Civilisation, and Disciplinary NeoLiberalism. In: Millenium 24, 3, S. 399–423.

Gill, Stephan (2008): Power and Resistance in the New World Order. London: Palgrave Macmillan.

Grimsson, Ólafur Ragnar (2011): Can political science keep up with the 21st century? Plenary Lecture by the President of Iceland Ólafur Ragnar Grimsson at the General Conference of the European Consortium for Political Research, online unter: http://www.forseti.is/media/PDF/2011_08_25_ECPRraeda.pdf [letzter Zugriff am 30.01.2014].

Hardt Michael/ Negri Antonio (2003): Empire – die neue Weltordnung. Frankfurt a.M.: Campus.

Krell Gerd (2009): Weltbilder und Weltordnung – Einführung in die Theorie der internationalen Beziehungen. Baden-Baden: Nomos.

Macartney, Huw (2009): Disagreeing to Agree: Financial Crisis Management within the 'Logic of No Alternative'. In: Politics 29, 2, S. 111–120.

Scholte, Han Aart (2005): Globalization – a critical introduction. Basingstoke: Palgrave Macmillan.

Strange, Susan (1988): States and Markets. London: Pinter.

Young, Brigitte (2013): Zwischen Erwartung und Realität – Eine kritische Bilanz der G20 Finanzmarkt- und Wirtschaftsreformen. In: Zeitschrift für Außen- und Sicherheitspolitik 6, S. 161–178.

5.2. Entwicklungszusammenarbeit

Mitarbeit: Sonja Keller

1. Einstieg

Was ist Entwicklungszusammenarbeit? Eine Stammtischweisheit:

> „Entwicklungszusammenarbeit bedeutet, Geld von den Armen in den reichen Ländern zu nehmen, um es den Reichen in den armen Ländern zu geben."

2. Leitfrage: Wie können wir das System der Entwicklungszusammenarbeit (und seine Ineffizienzen) verstehen?

3. Beschreibung: Ziele und Ausgestaltung der Entwicklungszusammenarbeit

a) Ziele der EZ

Unter Entwicklungszusammenarbeit (EZ) wird die Planung und Durchführung von Projekten und Programmen in Entwicklungsländern verstanden, die entwicklungspolitischen Zielen dienen. Entwicklungspolitische Ziele sind gemeinhin „universal gedachte „Verbesserungen" der Lebensbedingungen der Menschen vor Ort" (Büschel 2010: 2), wobei Armutsreduzierung ein zentrales Anliegen ist.[111] EZ ist somit die Praktik von Entwicklungspolitik als Politikbereich, der sich mit Entwicklungskonzepten, der Konzipierung von Leitlinien, den involvierten Institutionen und den Rahmenbedingungen auf nationaler und internationaler Ebene in Bezug auf Entwicklungsfragen beschäftigt (Ihne/Wilhelm 2006: 4; Büschel 2010: 2).

Erreicht werden sollen die oben generell beschriebenen Ziele der EZ durch die Beschleunigung und Förderung der Prozesse des wirtschaftlichen, politischen und gesellschaftlichen Strukturwandels. Es existiert allerdings eine Vielzahl unterschiedlicher Strategien, wie Entwicklung konkret zu erreichen sei. Man unterscheidet beispielsweise zwischen *bottom-up* und *top-down* Ansätzen, die die Bedeutung von Graswurzelbewegungen und hierarchischer Steuerung unterschiedlich bewerten.

Der Beginn der internationalen EZ wird häufig analog zu den Entwicklungsdekaden der Vereinten Nationen auf die beginnenden 1960er Jahre datiert. Historiker räumen jedoch ein, dass Entwicklungspolitik ihre Anfänge im frühen 20. Jahrhundert hat, als die alten Kolonialmächte England und Frankreich Politiken zur Entwicklung ihrer Kolonien und Mandatsgebiete entwarfen. Ihre Entwicklungsprojekte stellen die konzeptionelle Grundlage der globalen EZ dar (Büschel 2010: 3, 4).

---

111 Zum normativen Charakter der EZ siehe den Abschnitt „Das Grundmodel" in der Analyse.

Kolonialismus

bezeichnet die Ausdehnung der Herrschaftsmacht von Ländern des Nordens über Gebiete des Südens mit dem vorrangigen Ziel der wirtschaftlichen Ausbeutung. Zwar waren im Zeitalter der Entdeckungen auch missionarische Gründe und der Handel maßgeblich (seit der Industrialisierung v. a. der Bezug billiger Rohstoffe); im Vordergrund stand jedoch immer die Mehrung des Reichtums der Kolonialherren und „Mutterländer". 1914 befand sich über die Hälfte der Weltbevölkerung unter direktem kolonialem Einfluss. Insbesondere nach dem Zweiten Weltkrieg erfolgte eine weitgehende Dekolonialisierung. Obwohl die ehemaligen Kolonialstaaten nun formal unabhängig waren, blieben aufgrund der geschaffenen Strukturen (künstliche Grenzen, mangelhafte Infrastruktur, einseitige wirtschaftliche Orientierung etc.) kulturelle, wirtschaftliche u. a. Abhängigkeitsstrukturen bestehen (Schubert/Klein 2011). Vgl. auch 7. im Kap. Staatszerfall.

Insgesamt zählt man zwischen 1960 und 2000 vier Entwicklungsdekaden mit je unterschiedlichen Ansätzen zur Erreichung von Entwicklung.[112] Auf die vierte Entwicklungsdekade folgte die Ausarbeitung der **Millennium Development Goals (MDGs)** als international verbindliche Entwicklungsagenda, die 2000 durch die Vereinten Nationen beschlossen wurde (vgl. 3. im Kap. Internat. Institutionen).

Mit der Ausarbeitung einer Folgeagenda für Entwicklung, die im Anschluss an die MDGs gültig sein soll, wurde ein hochrangiges internationales Expertengremium durch den Generalsekretär der Vereinten Nationen Ban Ki Moon beauftragt. Gleichzeitig ist allerdings ein anderes Gremium mit der Ausarbeitung der **Sustainable Development Goals (SDGs)** im Rahmen des Rio+20-Gipfels von 2012 (vgl. Kap. Klimapolitik) beauftragt, eine Agenda für eine ökologisch zukunftsfähige Entwicklung zu erarbeiten. Dies stellt eine Parallelstruktur innerhalb der Vereinten Nationen dar und verdeutlicht, dass beide Konzepte, menschliche Entwicklung als Armutsreduzierung und nachhaltige Entwicklung als Achtung ökologischer Rahmenbedingungen, noch nicht vollständig zusammengeführt sind (Klingebiel 2013: 20).

b) Ausgestaltung der EZ

EZ ist traditionell von einem Geber-Nehmer-Verhältnis geprägt und beschreibt einen Ressourcentransfer finanzieller, technischer oder personeller Art vor dem Hintergrund entwicklungspolitischer Zielsetzungen. Um den Willen zu einer partnerschaftlichen Zusammenarbeit auszudrücken, spricht man mittlerweile auch von Partnerländern. Unterschieden wird gemeinhin zwischen Leistungen im Rahmen von Soforthilfe oder Katastrophenmaßnahmen und lang- oder mittelfristigen Projekten und Programmen.

Das gesamte Volumen der weltweit gezahlten EZ ist schwer zu bemessen, da keine Einigkeit darüber besteht, welche Leistungen in den Rahmen der EZ fallen. Geschätzt wird der jährliche Umsatz der globalen EZ auf insgesamt über 150 Mrd. US-Dollar (Sangmeister/Schönstedt 2010: 17). Zum Vergleich: Die Höhe der ausländischen Direktinvestitionen jenseits von EZ-Leistungen in Entwicklungsländer betrug 2012 ca. 703 Mrd. US-Dollar (www.unctad.org); das Bundesministerium für Arbeit und Soziales tätig-

112 Eine ausführliche Übersicht über die unterschiedlichen Dekaden und ihre Ansätze findet sich bei Ihne 2006.

te 2012 Ausgaben in Höhe von 126,5 Mrd. Euro (www.bmas.de) und die Ausgaben des US-Verteidigungsministeriums im Jahr 2012 lagen bei ca. 525 Mrd. US-Dollar (www.whitehouse.gov).

Ein Großteil der getätigten EZ wird von den sogenannten „traditionellen Gebern" geleistet. Als traditionelle Geber werden diejenigen Staaten bezeichnet, die im Entwicklungshilfeausschuss der OECD im Development Assistance Committee (DAC) zusammengeschlossen sind. Unter den insgesamt 24 Mitgliedern befindet sich neben den 23 Mitgliedsländern wie beispielsweise Frankreich, Großbritannien, Deutschland, die USA, Japan und Südkorea auch die Europäische Kommission. Die von ihnen geleistete **öffentliche Entwicklungszusammenarbeit (Official Development Assistance/ODA)** belief sich im Jahr 2011 auf ca. 134 Mrd. US-Dollar (www.oecd-ilibrary.org).[113] Im Durchschnitt entspricht dies 0,31 Prozent des Bruttonationaleinkommens (BNE) der Geberländer. Als Zielwert für die öffentliche Entwicklungszusammenarbeit wird seit 1970 der Wert 0,7 Prozent des BNEs regelmäßig bestätigt. Um zur öffentlichen EZ gezählt werden zu können, müssen die Leistungen einen Zuschussanteil von mindestens 25 Prozent beinhalten und der wirtschaftlichen und/oder sozialen Entwicklung von Entwicklungsländern dienen. Sie müssen zudem durch öffentliche Mittel bereitgestellt und an Entwicklungsländer, internationale Organisationen zugunsten von Entwicklungsländern oder an Staatsangehörige von Entwicklungsländern gezahlt werden.

Öffentliche EZ wird bilateral, also direkt zwischen Geber- und Empfängerland, und multilateral im Rahmen von internationalen Organisationen und Institutionen geleistet. Häufig wird über die multilaterale Entwicklungszusammenarbeit beispielsweise im Rahmen der Vereinten Nationen gesprochen, wobei das Gros der Entwicklungszusammenarbeit über bilaterale Kooperationen getragen wird.

Unter der bilateralen öffentlichen Entwicklungszusammenarbeit versteht man den Transfer von Ressourcen von einem Geberland in ein Nehmerland. Im Falle Deutschlands ist ein eigenes Ministerium, das Bundesministerium für wirtschaftliche Zusammenarbeit und Entwicklung (BMZ) mit der Konzeptionierung und der Ausarbeitung der Leitlinien der deutschen Entwicklungspolitik betraut. Es wurde 2013 mit einem Etat von über 6 Mrd. Euro ausgestattet (www.bmz.de). Hiervon wurde knapp die Hälfte für die bilaterale staatliche Entwicklungszusammenarbeit veranschlagt, ca. ein Drittel entfiel auf die multilaterale EZ im Rahmen von internationalen Organisationen. EZ-Projekte führt das BMZ nicht selbst durch, sondern beauftragt hierfür Durchführungsorganisationen. Hierzu zählen die KfW-Entwicklungsbank, die Gesellschaft für Internationale Zusammenarbeit (GIZ), die aus der Fusion der verschiedenen Durchführungsorganisationen Gesellschaft für Technische Zusammenarbeit (GTZ), dem Deutschen Entwicklungsdienst (DED) und InWent hervorgegangen ist, das Centrum für Migration und Entwicklung (CIM) und der Senior Expert Service (SES).

Multilaterale EZ erfolgt im Rahmen zwischen- und überstaatlicher Institutionen, die sich durch Beiträge der Mitgliedsländer oder über den Kapitalmarkt finanzieren. Zu den

---

113 Neben die traditionellen Geber treten insbesondere seit Beginn des 21. Jahrhunderts vermehrt neue Geber, auch *emerging donors* oder Non-DAC-Akteure genannt. Die Entwicklungszusammenarbeit dieser Geber wird häufig als Süd-Süd-Kooperation bezeichnet. Als wichtigste Vertreter dieser Gruppe betrachtet man China, Indien, Venezuela und Saudi-Arabien mit einem Beitrag von jährlich jeweils ca. einer Milliarde US-Dollar oder mehr (Chahoud 2008; Klingebiel 2013: 23).

multilateralen Akteuren zählen die Sonderorganisationen und -körperschaften der Vereinten Nationen wie das United Nations Development Programme (UNDP), das World Food Programme (WPF), der United Nations International Children's Emergency Fund (UNICEF) etc., die sich in der United Nations Development Group (UNDG) freiwillig zusammengeschlossen haben, um kohärenter agieren zu können. Hinzu kommen die internationalen Finanzierungsinstitute wie die Weltbank, und verschiedene regionale Entwicklungsbanken wie die African Development Bank, die Asian Development Bank und die Inter-American Development Bank. Diese vergeben günstige Kredite oder nehmen Kreditsicherungen für ärmere Länder vor, die am normalen Kapitalmarkt keine Kredite bekommen würden. Ein weiterer Akteur der multilateralen Entwicklungszusammenarbeit ist die EU, die sich insbesondere auf die AKP-Staaten (Afrika, Karibik, Pazifik), die Mittelmeeranrainerstaaten und die Gemeinschaft Unabhängiger Staaten (GUS) fokussiert. EuropeAid ist mit der Umsetzung der europäischen Entwicklungspolitik durch Programme und Projekte betraut.

In der EZ sind zudem eine sehr große Anzahl transnationaler Akteure zu finden. Hierzu gehören Unternehmen, die im Rahmen von **Public Private Partnerships**[114] (PPPs) mit Durchführungsorganisationen gemeinsame Projekte aufsetzen. Hinzu kommt eine Vielzahl von Nichtregierungsorganisationen (NGOs), die sich teils über Spenden und teils über Zuwendungen aus öffentlichen Geldern finanzieren. Hier gibt es beispielsweise für Deutschland die kirchlichen Hilfswerke wie Brot für die Welt – Evangelischer Entwicklungsdienst, Caritas und Misereor, säkulare NGOs wie die Welthungerhilfe, CARE und Oxfam und solche, die bestimmte Themen vertreten wie Amnesty International. Politische Stiftungen führen als **QUANGOs** (*quasi-non-governmental organisations*) entwicklungspolitische Projekte in Entwicklungsländern durch. Im Falle Deutschlands sind sie eng an die deutschen Parteien gebunden und ihre Ziele ähneln denen der staatlichen Akteure. Private Stiftungen fördern zudem Vorhaben im Bereich der EZ aus ihrem Stiftungsvermögen. Unter den privaten Stiftungen stellt die Bill and Melinda Gates Foundation mit Ausgaben von ca. 2,3 Mrd. US-Dollar die größte dar; ihre Ausgaben sind dementsprechend höher als die der kleinen öffentlichen Geber (Klingebiel 2013: 24). Zu nennen sind schließlich private Initiativen oder Ein-Personen-NGOs, auch genannt MONGOs (My Own NGO, Polman 2010). Dies sind teilweise registrierte private Organisationen, die sich über Spenden finanzieren und Projekte in einem oder mehreren Entwicklungsländern durchführen. Sie haben zumeist ehrenamtlichen Charakter und ihr Spendenaufkommen liegt bei unter 1 Mio. Euro. Ihre Wirksamkeit wird aufgrund ihrer mangelnden Professionalität häufig bestritten, doch sie erlangen z.T. große mediale Aufmerksamkeit.

114 In Public Private Partnerships arbeiten Privatunternehmen und öffentliche Einrichtungen vertraglich geregelt zusammen zur Bewältigung spezifischer Aufgaben.

Art der Zusammenarbeit	Akteure	Finanzierung
Bilaterale EZ	Durchführungsorganisationen (GIZ, CIM, SES, KfW-Entwicklungsbank)	Steuermittel
Multilaterale EZ	UN-Organisationen (UNDP, Unicef, WFP etc.)	Mitgliedsbeiträge
	Weltbank, regionale Entwicklungsbanken	Kapitalmarkt
	Europäische Kommission	Mitgliedsbeiträge, Eigenmittel
Transnationale EZ	Unternehmen, auch im Rahmen von PPPs	Eigenes Kapital/gemischte Finanzierung
	NGOs (kirchlich, säkular, themenspezifisch)	Spendenaufkommen, Kirchensteuer (für kirchliche Träger)/Mitgliedsbeiträge und Steuermittel
	Politische Stiftungen/QUANGOs	Steuermittel
	Private Stiftungen	Stiftungskapital
	Ein-Personen-Initiativen/MONGOs	Spendenaufkommen

Quelle: Eigene Darstellung.

Eine Bilanzierung der EZ, die darlegt, was EZ zur Steigerung von Wohlfahrt bewirkt, ist bis jetzt nicht eindeutig gelungen. Häufig werden verausgabte Mittel beziffert, um Aussagen über die generelle Leistungsfähigkeit der EZ zu treffen. So kann man beispielsweise herausfinden, dass seit 1960 insgesamt über 3,6 Billionen US-Dollar in entwicklungspolitische Maßnahmen geflossen sind. Aufschluss über Auswirkungen der Maßnahmen gibt diese Information allerdings nicht. Andererseits werden die Lebensbedingungen der betroffenen Menschen in Zahlen ausgedrückt, um darzustellen, was EZ potenziell bewirkt haben könnte. So lebten beispielsweise 2010 22 Prozent der Weltbevölkerung in Armut (1990: 46,7 Prozent). 2011 litten 16 Prozent an Hunger (1990: 25 Prozent), die Kindersterblichkeit betrug 2012 50 pro 1000 unter Fünfjährige (1990: 87 pro 1000), und die Müttersterblichkeit lag 2010 bei 210 pro 100 000 Geburten (1990: 400 pro 100 000) (für mehr siehe auch United Nations 2013).[115]

Ob allerdings EZ überhaupt auf positive Entwicklungen Einfluss gehabt hat, und warum nicht – wenn doch Projekte in diesen Bereichen durchgeführt wurden – bleibt offen. Beispielsweise fallen positive Entwicklungen in der weltweiten Armutsrate mit einem starken Wirtschaftswachstum in den Schwellenländern, und hier insbesondere in China, zusammen, ohne dass abschließend zu klären sei, welchen Anteil daran EZ hat. Ein anderes Beispiel ist die Beobachtung, dass Staaten, die hohe Summen an EZ erhalten, sich nicht zwangsläufig „besser" oder „schneller" entwickeln, als diejenigen, die wenig oder keine EZ-Gelder empfangen (Easterly 2006: 50). Auch schlagen sich viele einzelne als erfolgreich bewertete Projekte nicht zwangsläufig auf die Gesamtleistung eines Landes nieder.

Im Folgenden wird eine Innenansicht des EZ-Systems gezeichnet und es schließlich anhand einer ausgewählten Theorie erklärt.

115 Fortschritte in der Verbesserung der Lebenssituationen der Menschen variieren stark je nach Region. So ist beispielsweise der Anteil der Armen in China von 60 Prozent (1990) auf 12 Prozent (2010) gesunken, in Subsahara-Afrika jedoch lediglich von 56 Prozent (1990) auf 48 Prozent (2010) (United Nations 2013).

4. Analyse: Das Grundmodell und inhärente Probleme der EZ

In der Analyse soll zunächst das der EZ zugrunde liegende Grundmodell vorgestellt werden. Im Anschluss wird das EZ-System unter Aspekten der Effizienz und der Leistungsfähigkeit näher beleuchtet.

a) Das Grundmodell: Was ist Entwicklung und wie kann man sie messen?

Entwicklung ist ein normatives Konzept, wobei Entwicklung positiv konnotiert ist (Ziai 2010: 24): Entwicklung will zu einer besseren Welt beitragen. Entwicklung oder auch Modernisierung meint den Wandel von einfachen Agrargesellschaften zu hoch komplexen und differenzierten Industriegesellschaften, der im 19. Jahrhundert von den westlichen Gesellschaften vollzogen wurde. Dieser Wandel zeichnet sich durch wirtschaftliche, politische und soziokulturelle Merkmale wie Industrialisierung, Säkularisierung, Demokratisierung, Individualisierung, Massenkonsum und Urbanisierung aus. Anhand dieses Entwicklungspfads können Entwicklungsschritte messbar gemacht werden. Staaten, die auf diesem Entwicklungspfad weniger weit fortgeschritten sind, die also den modernistischen Strukturwandel nicht in dieser Form vollzogen haben, werden dementsprechend als rückständig, vormodern oder unterentwickelt klassifiziert (ebd. 24). Es handelt sich also originär um ein westliches Konzept, das nicht davon ausgeht, dass gesellschaftliche Entwicklungen andere Richtungen nehmen können (oder sollten?) als die oben beschriebene.

Entwicklungsländer
Sammelbegriff für Länder, deren (wirtschaftlich-technischer) Entwicklungsstand und der damit verbundene (soziale) Lebensstandard (sehr) niedrig ist. Der Begriff stammt aus den 1950er-Jahren und beurteilt den Entwicklungsstand (u.a. hohe Analphabetenquote, hohe Arbeitslosenquote, mangelhafte Infrastruktur, Monokultur, mangelhafte Kapitalausstattung) und den Lebensstandard (Massenarmut, Unterernährung etc.) der Entwicklungsländer aus Sicht der Industrienationen.

Quelle: http://www.bpb.de/nachschlagen/lexika/politiklexikon/17410/entwicklungslaender

Um Länder gemäß ihrem Entwicklungsgrad klassifizieren zu können, wurden von verschiedenen Organisationen unterschiedliche Indizes entwickelt. Ein Konsens darüber, welche Indikatoren einbezogen werden und wie diese gewichtet werden, besteht nicht. Die Auswahl umfasst in den meisten Fällen ökonomische, soziodemographische, ökologische, soziokulturelle und politische Indikatoren. Aus diesen Kennzahlen leiten sich die verschiedenen Klassifizierungen und Unterklassifizierungen von Ländern ab, beispielsweise die Zuordnung zu den „am wenigsten entwickelten Ländern“ (Least Developed Countries/LDCs). Unter Entwicklungsländer werden auf diese Weise diejenigen gefasst, die beispielsweise ein geringes durchschnittliches Pro-Kopf-Einkommen bei extrem ungleicher Verteilung aufweisen, deren Bevölkerung, oder große Teile der Bevölkerung durch schlechte Versorgung unterernährt sind, in denen eine hohe Analphabetenrate, hohe Kindersterblichkeit und/oder niedrige Lebenserwartung herrscht, und die sich in einer starken außenwirtschaftlichen Abhängigkeit von wenigen Exportprodukten befinden. Zu nennen sind zudem *bad governance* (autoritärer Staat mit schwacher Legitimation, verbreiteter Korruption und mangelnder Fähigkeit, Programme und Reformen umzusetzen) und gewaltsam ausgetragene Konflikte nach innen und außen. „Entwicklung“ bedeutet also immer, von einer sozioökonomischen Beschreibung von Gesellschaften auszugehen.

b) EZ unter der Lupe: Effizienzmängel und eingeschränkte Leistungsfähigkeit[116]

Mangelnde Koordinierung: Im Rahmen der EZ wird von einer Vielzahl an Akteuren eine große Anzahl an Projekten durchgeführt (vgl. Tabelle zuvor). Nicht selten kommt es hierbei zu Parallelarbeiten oder sich untereinander widersprechenden Vorhaben. So wurde beispielsweise „(j)ahrelange Aufbauarbeit zur regionalen Entwicklung, z.B. seitens der GTZ in der Elfenbeinküste (...) konterkariert durch unabgestimmte und unkoordinierte Lieferungen kostenfreier Nahrungsmittel“ (Daldrup 2013: 243). Zusätzlich kommen Politiken aus anderen Bereichen, z.B. (Außen-)Wirtschaftspolitik oder Finanzpolitik hinzu, die nicht unbedingt den Zielen der Entwicklungspolitik entsprechen müssen, das Handlungsfeld aber tangieren. Durch den Mangel an Kohärenz sowohl innerhalb der EZ als auch zwischen den verschiedenen Politikfeldern kommt es zu Beeinträchtigungen der Effektivität und der Nachhaltigkeit der Maßnahmen.

Mangelnde Wirkungsmessung: Der Erfolg von EZ wird üblicherweise daran bemessen, wie viel Geld in die Projekte geflossen ist (**Input-Evaluation**) und wie die Ressourcen unmittelbar in den Projekten umgesetzt wurden (**Output-Evaluation**), nicht aber, welche Wirkungen EZ letztendlich gezeigt hat (**Impact-Evaluation**) – also ob sich beispielsweise die Lebensumstände der Zielgruppe tatsächlich und nachhaltig verbessert haben. Wirkungsmessung ist im Vergleich zur Input- oder Output-Evaluation um einiges komplizierter. Sie muss nachweisen, wie die Intervention die Situation verändert hat, muss also darlegen, wie die Situation verlaufen wäre, hätte es keine Intervention gegeben. Die Dominanz der Input-Orientierung spiegelt sich auch in der Forderung wider, dass eine Erhöhung der ODA auf 0,7 Prozent des BNEs der Geberländer mehr Erfolge in der EZ hervorbringen würde: Mehr Geld, mehr Erfolg. Dem stehen Analysen entgegen, die zu dem Ergebnis kommen, dass ein erhöhter Input der EZ die Effektivität von Maßnahmen verringert (Faust/Neubert 2010: 182).

Aufdrängung: Die Geber transferieren mit den Ressourcen in die Empfängerländer zugleich ihre Lösungsmodelle für die – oft auch vom Geber – identifizierten Probleme. Diese Lösungen und Entwicklungsmodelle müssen allerdings im Empfängerland nicht unbedingt erwünscht oder seiner Situation angemessen sein. Sind sie es nicht, kann es dazu kommen, dass sie aufgedrängt werden, und dass sich die Eliten vor Ort diese auch aufdrängen lassen. Dies führt wiederum zu nicht nachhaltigen Lösungen, denn ohne Reformwilligkeit der Eliten berühren

> „[d]urch Entwicklungshilfe finanzierte Programme und Projekte (z.B. zur Reform der Wirtschaftspolitik oder zum „*Empowerment*“ unterprivilegierter Gruppen) (...) die kurzfristigen Interessen mächtiger Gruppen innerhalb und außerhalb des Staatsapparates. In solchen Fällen (was übrigens auch für die lokale Ebene gilt, entgegen aller Begeisterung für die Projekte „an der Basis“, „small is beautiful“ usw.) werden Projekte entweder zu Fall gebracht (z.B. Verwaltungsreformprojekte, Ein-

116 Diese Probleme reflektieren die persönlichen Erfahrungen des Autors in der praktischen EZ, finden sich aber zugleich in vielfältigen Verklausulierungen in der Literatur.

sparungen im Staatsapparat usw.) oder so umgebogen, dass die Früchte den Eliten zugute kommen" (Wolff 2005: 277).

Aufgedrängte Maßnahmen sind dementsprechend ineffektiv und nicht nachhaltig. Wären die Eliten jedoch von sich aus motiviert, Armut zu bekämpfen und die Maßnahmen im Sinne der Bevölkerung, kann man mutmaßen, dass sie diese selbst durchführen würden – EZ wäre mithin überflüssig. Die Bevölkerung im Empfängerland hat ihrerseits kaum eine Möglichkeit, über angemessene und unangemessene Maßnahmen abzustimmen, da sie weder das EZ-Personal noch die Eliten wirklich zur Verantwortung ziehen kann, was zur Ineffektivität von Maßnahmen beiträgt (Easterly 2006: 14).

Duale Lohnstrukturen und „postkolonialer Habitus": Häufig kommen diejenigen, die EZ leisten sollen, im Empfängerland in den Genuss eines sehr hohen Lebensstandards. Hierbei liegt dieser sowohl höher als der der lokalen Bevölkerung als auch über dem Standard, den man im Heimatland durchschnittlich genießt. Dies ist unter anderem der Fall, weil Anreize geschaffen werden sollen, auch in Ländern mit geringen Lebensstandards zu arbeiten. Da die aufnehmenden Länder häufig sehr arm sind, liegen die Gehälter der Entsandten weit über dem Durchschnitt und ähneln eher den Eliten des Landes als der breiten Bevölkerung. Die EZ-Community hält sich überwiegend in der jeweiligen Hauptstadt auf und verkehrt dort mit Fachministern, Kollegen und Angehörigen von Botschaften und leitenden Firmenmanagern. Das hohe Lohnniveau ermöglicht zugleich eine Wohnung in den besten Vierteln der Hauptstadt sowie Dienstleistungspersonal in Form von Chauffeuren, Hauspersonal und Sicherheitsdienst. Dies kann zur Ablösung und Entfremdung der EZ-Community vom Zielland führen. Der „postkoloniale Habitus" lässt den EZ-Mitarbeiter in Erfahrung bringen, was Minister und andere Eliten in der Hauptstadt wollen, aber nicht unbedingt, was im Sinne der Landbevölkerung vonnöten ist.

Kulturelles (Un-)Verständnis: Da nicht davon auszugehen ist, dass die kulturellen Rahmenbedingungen im Partnerland denen des Geberlandes entsprechen, trifft man sehr häufig auf Situationen, die kulturelles Hintergrundwissen verlangen. Kultur, verstanden als das einer Gesellschaft zugrunde liegende Deutungs- und Wertesystem stellt einen blinden Fleck im unter a. genannten Entwicklungsverständnis und sehr häufig auch in der Entwicklungspraxis dar. Die Tatsache, dass die jeweilige Kultur einen großen Einfluss auf die mögliche Richtung der Entwicklung verschiedener Gesellschaften hat und dass Kultur und Entwicklung in einem wechselseitigen Verhältnis zueinander stehen, wird so häufig nicht genügend berücksichtigt. Hier muss man die Frage stellen, ob die entsendeten Fachkräfte über genügend kulturelle Kenntnisse und generell Wissen über das Partnerland oder die Region verfügen, um dort zielführend zu arbeiten, oder eine angemessene Vorbereitung bekommen, zumal sie häufig in technischen und wirtschaftlichen Bereichen ausgebildet sind. In der Regel beschränken sich die Trainings vor Antritt der Ausreise jedoch auf Sprachkurse und so verfügt das entsendete Personal nicht über das nötige kulturelle Verständnis. Im Ergebnis bedeutet das, dass der/die Entsandte die ersten beiden Jahre hauptsächlich damit zubringt, zu erlernen, „wie der Hase hier läuft".

Interessenskonflikte: In der EZ selbst sind viele Arbeitsplätze angesiedelt, wobei der Arbeitsbereich EZ im Verhältnis zu anderen gesellschaftlichen Arbeitsbereichen eher isoliert ist. Oft hat man den Eindruck, es sei schwierig, in den Bereich hineinzukommen, allerdings ist es ebenfalls schwierig, wieder herauszufinden und sich in andere Arbeitsgebiete zu integrieren. Hinzu kommt, dass die Arbeitsplätze auf Projektbasis – das heißt auf Zeit – vergeben werden, obwohl die Aufgaben vor Ort eher Daueraufgaben sind. Ist ein Projekt beendet, fällt auch der Arbeitsplatz weg. Diese strukturellen Rahmenbedingungen legen es nahe, die Projekte an den Interessen des Projektpersonals auszurichten. Das Projektpersonal hat deshalb einen hohen Anreiz, immer neue „Bedarfe" zu kreieren, um seinen Arbeitsplatz zu rechtfertigen.

Ein anderer Fall ist das Interesse der Geberländer, durch EZ die eigene Wirtschaft zu fördern und neue Märkte zu erschließen. Dies kann im Endeffekt vergleichsweise teuer und ineffizient sein (Klingebiel 2013: 15).

Ein weiteres Interessensproblem besteht in der Tatsache, dass EZ in den meisten Fällen über die Regierungen der Partnerländer läuft. Führt man sich vor Augen, dass schlechte Regierungsführung ein weitverbreitetes Problem in Entwicklungsländern ist, ist es fraglich, ob Maßnahmen tatsächlich diejenigen erreichen, die ursprünglich als Zielgruppe galten. So können Geldströme abgezweigt und korrupte Eliten an der Macht gehalten werden. Auf diese Weise kommen Hilfsleistungen denjenigen zugute, die sie nicht unbedingt verdienen. Neuere Studien deuten zudem darauf hin, dass Hilfsgelder einen negativen Einfluss auf die Qualität des Regierungshandelns haben (Easterly 2006: 127).

Das Phänomen der **Refugee Warriors**, der Flüchtlingskrieger, ist ein besonders drastisches Beispiel für das Interessensproblem im Bereich der Not- und Katastrophenhilfe. Refugee Warriors sind gleichzeitig Flüchtlinge und Milizen bzw. Warlords, die Flüchtlingscamps übernehmen, sich von den Hilfslieferungen ernähren und Konflikte auch innerhalb der Camps fortführen. Dies entspringt der Beobachtung, dass die Bewohner der Camps nicht lediglich ein homogenes Flüchtlingskollektiv darstellen, sondern dass sich komplexe Konfliktstrukturen und Feindschaften in den Camps fortsetzen. Hilfsleistungen und Flüchtlinge als potenzielle Krieger stellen so wichtige Ressourcen für Rebellengruppen dar. Die Hilfsleistungen werden in diesen Fällen instrumentalisiert. Dies kann zur Folge haben, dass gewaltsame Konflikte in die Länge gezogen werden und die betroffenen Staaten destabilisiert werden. Schätzungen zufolge liegt der weltweite Anteil an Flüchtlingskriegern in Camps bei 15-20 Prozent (Polman 2010: 120).

5. Erklärung: Rent-Seeking

Warum kommt es zu diesen Effizienzproblemen? Die Theorie, die hier herangezogen wird, ist der **Rent-Seeking** Ansatz (Krueger 1974). Hierbei handelt es sich um einen Ansatz aus der Politischen Ökonomie, der der liberalen Theorieschule zuzurechnen ist. Der Ansatz unterstellt also allen Akteuren – seien es EZ-Organisationen, lokale Eliten und Regierungen – ein nutzenorientiertes Verhalten.

Unter Renten versteht man in der modernen Volkswirtschaft überhöhte Erträge, man spricht auch von Vorzugs- oder Mehreinkommen. Überhöht ist ein Einkommen, wenn es durch überhöhte Preise oder besonders niedrige Kosten zustande kommt; es ist dementsprechend ein unverdientes Einkommen, dem keine entsprechende Leistung gegenübersteht. Vereinfacht kann man sich hier jede Form von „Handgeld", Provision oder Prämie vorstellen, damit der Handel überhaupt stattfinden kann. Das Einkommen kann aus jeglichen Produktionsfaktoren gewonnen werden, also aus Umwelt, Kapital, Arbeit und Wissen. Dieses überhöhte Einkommen versteht man in Abgrenzung zu „normalem" Einkommen. Ein „normales" Einkommen ist in der liberalen Marktwirtschaft über Marktpreise definiert, die durch das Spiel von Angebot und Nachfrage zustande kommen. Ist dieses Spiel gestört, beispielsweise durch **Monopolbildung**, können überhöhte Preise verlangt werden. Hierbei ist es wichtig zu beachten, dass durch den überhöhten Preis, der auf ein Gut gezahlt wird, ein Nutzenentgang bzw. ein Wohlfahrtsverlust entsteht: Was man mit dem Geld hätte machen können, das übrig geblieben wäre, wenn man nicht den überhöhten Preis hätte zahlen müssen.

Das Phänomen der Suche nach überhöhten Erträgen und des Bemühens um Preisverzerrungen (Rent-Seeking) von Einzelnen oder Interessenorganisationen kann grundsätzlich in jeder Gesellschaft auftreten. Gibt es jedoch eine funktionierende Marktwirtschaft mit transparenten Preisbildungsprozessen, einen großen Markt mit heftigem Wettbewerb und ein pluralistisches demokratisches System, schränkt dies Rent-Seeking ein. Welche politischen Strukturen begünstigen nun aber die Aneignung von Renten, verhindern also, dass Preis-Leistungsverhältnisse über den Markt zustande kommen?

Rent-Seeking tritt vermehrt in Autokratien, totalitären Regimen und **defekten Demokratien** auf. Unter defekten Demokratien (Merkel 2003) oder auch „hybriden Regimen" versteht man politische Systeme, die zwischen liberalen Demokratien und Autokratien liegen, beispielsweise Systeme im Übergang (zur Definition siehe Fußnote 91). Schaffen die Staaten es nicht, ihre Demokratie zu konsolidieren, können sie auch in diesem Übergangsstadium festsitzen. Insbesondere in solchen Systemen ist die Wahrscheinlichkeit sehr hoch, dass versucht wird, hohe Renten zu erzielen. In **rent-seeking societies** konkurrieren Wirtschaftssubjekte um Monopolpositionen, die sie, wenn sie sie besetzt haben, sichern. Durch das Ausschalten der Konkurrenz kommt es zu der gewünschten Preisverzerrung zugunsten des Anbieters: Überhöhte Preise können verlangt, höhere Erträge erzielt und Renten abgeschöpft werden. Der Aufwand, Konkurrenten abzuschrecken oder zu vertreiben, kann hoch sein und Teile der überhöhten Erträge beanspruchen. Dies stellt eine Investition in die Sicherung der Monopolposition dar, die keinen weiteren Nutzen bringt; es entsteht also kein Mehrwert. Hierin besteht ein großer Unterschied zu liberalen Marktwirtschaften. In solchen treten bei stark wachsenden Märkten schnell viele Unternehmen in den Markt ein, um das Angebot herzustellen, nach dem die Nachfrage besonders hoch ist. Dies ist nicht der Fall in *rent-seeking societies*, da Märkte auch mit unlauteren Mitteln gesichert werden, und so der Eintritt in den Markt be- oder verhindert wird. Die Unternehmen investieren weniger in das Marktwachstum oder die Produktqualität, sondern suchen die Markteintrittsbarrieren zu erhöhen, um unerwünschte Konkurrenz abzuhalten. Wirtschaftliche Stagnation ist deshalb die Folge.

Es gibt bestimmte Positionen, die die Aneignung von Renten erleichtern bzw. ermöglichen. Dies kann beispielsweise das Finanzministerium, und innerhalb des Finanzministeriums insbesondere der Zoll sein. Hinzu kommt das Innenministerium mit der häufig unterbezahlten Polizei. An diesen Stellen können sehr einfach Zusatzeinkommen geschaffen werden. Ist man nicht mächtig genug, um sich diese Positionen zu sichern, gibt es die Möglichkeit, sich durch Andienung bei der Klientel der Mächtigen Einkommen zu verschaffen (**Patronage**). Man stellt ihnen also Dienste zur Verfügung und wird im Gegenzug begünstigt. Gesellschaftiche Gruppen, die von dieser Art der Verteilung der Renten ausgeschlossen sind, können aufgrund des unfreien Marktes nur sehr eingeschränkt wirtschaftlich tätig werden und bleiben häufig arm.

Man kann festhalten, dass die Verhaltensweisen der Wirtschaftssubjekte in *rent-seeking societies,* wie Lobbyismus, das Andienen an Monopolisten und das Austragen von Verteilungskämpfen, um freien Wettbewerb zu verhindern, schließlich die Wachstumsmöglichkeiten der gesamten Volkswirtschaft verringern. Hierbei wird der direkte Zusammenhang zwischen Staatsverhalten und Einkommensstruktur deutlich. Damit lässt sich erklären, warum viele arme Länder trotz ihres hohen Wachstumspotenzials nicht in der Lage sind, Wachstum zu generieren.

Anwendung auf die EZ

EZ-Mittel stellen in diesem Sinne internationale Transfers dar, die „verrentet" werden. Die Verrentung von Transfers wird unter anderem dadurch ermöglicht, dass Gelder an Regierungen ausgezahlt werden, die als korrupt oder undemokratisch eingestuft werden. Easterly (2006: 124) stellt beispielsweise fest, dass

> „2002 die 25 undemokratischsten Regierungschefs der Welt (...) Entwicklungshilfe in Höhe von 9 Milliarden Dollar [erhielten]. Ebenso erhielten die 25 korruptesten Staaten im selben Jahr 9,5 Milliarden Dollar an Hilfsgeldern. Die 15 Länder, die 2002 am intensivsten unterstützt wurden – nämlich mit jeweils über 1 Milliarde Dollar – gehörten 2002 im Schnitt zu den schlechtesten 25 Prozent aller Regierungen (gemessen an Demokratie, Korruption etc.)".

Teile dieser Renten werden durch die Eliten, die in der Lage sind, sie abzuschöpfen, wiederum investiert, um demokratische Prozesse und eine gerechtere Verteilung der Renten zu verhindern, um also an der Macht zu bleiben. Diese Transfers ernähren die Entourage der Mächtigen. Mit anderen Worten unterstützen in solchen Fällen die Renten in Form von Hilfsleistungen die Stabilität des Systems. Die Input-Orientierung der EZ verschleiert hierbei den Rentencharakter der Leistungen, da durch eine reine Input-Evaluation nicht klar wird, was mit den Mitteln tatsächlich geschieht. Dies kann anhand des folgenden Beispiels verdeutlicht werden:

> „Ein (...) Beispiel gab Claire Lockhart, von 2001 bis 2005 UN-Beraterin in Afghanistan. Sie ging einem Hausbauprojekt in der Provinz Bamiyan nach. Es startete im Sommer 2002 mit 150 Millionen Dollar im Topf. Als erstes zahlten die Geberländer das Geld an eine Hilfsorganisation in Genf aus. Diese bestimmte 20 Prozent davon für die eigene Organisation und vergab die Ausführung an einen Partner in Washington, DC. Auch der behielt 20 Prozent für sich und gab die Sache an wieder eine andere Organisation. Diese nahm 20 Prozent und verschob die Ausführung ebenfalls weiter. Von dem Geld, was dann noch übrig war, kaufte die letzte Organisation in der Reihe einen Posten Holzbalken im Nachbarland Iran. Sie wurden von einem Transportunternehmen, dessen Eigentümer der Gouverneur von Bamiyan war, gegen das Fünffache der üblichen Kosten nach Afghanistan verschifft. Endlich abgeliefert in den Dörfern, die für die Hilfe auserwählt waren, zeigte sich, dass die Balken zu schwer waren für die Lehmmauern der afghanischen Häuser. Die Dorfbewohner konnten nichts anderes mehr damit anfangen, als das Holz zu zerhacken und es als Brennholz für ihre Kochstellen zu verwenden." (Polman 2010: 162)

An diesem Beispiel lässt sich nachvollziehen, dass die Gelder auf dem Weg abgezweigt wurden und schließlich nur ein Bruchteil der ursprünglichen Leistung bei der Zielgruppe angekommen ist. Der große Unterschied zwischen Input und Impact wird hier deutlich.

Kulturspezifische Faktoren können zudem zur Instrumentalisierung und Aneignung von Renten genutzt werden. Dies ist der Fall, wenn kulturalistische Begründungen für die Zahlung von zusätzlichen Geldern angeführt werden. So können bei der Projektdurchführung z.B. Hilfskräfte und Dolmetscher empfohlen werden, die das Doppelte oder Dreifache des Marktüblichen kosten, aber „dringend empfohlen" werden (Dieke 2013: 160). Projektpersonal, das die kulturellen Gegebenheiten des Ziellandes nicht kennt oder kulturell nicht geschult ist, wird nicht unterscheiden können, ob es sich bei den Versuchen, Gelder abzuzweigen, um kulturelle Eigenheiten oder schlicht korruptes Verhalten handelt.

Die Finanzierung der eigenen Ansprüche soll an dieser Stelle ebenfalls erwähnt werden. Hier kann beobachtet werden, dass sich das EZ-System selbst durch die Geltendmachung von Privilegien Renten aneignet. Wie bereits erwähnt, liegen die von den Hilfs- und Durchführungsorganisationen gezahlten Gehälter zumeist sehr hoch, und dies mit der Begründung, dass so Anreize geschaffen werden, um die Arbeit zu machen. Da allerdings kein wirklicher Marktpreis existiert für die Arbeit der Entwicklungshelfer, da die Produktion von Entwicklung durch öffentliche EZ in Staatshand liegt und die Durchführungsorganisationen ein Monopol auf das Angebot dieser Leistung haben, ist es schwer zu sagen, wo der Rentenanteil des Gehalts anfängt. Zu diesen Leistungen kommen teilweise noch weitere Privilegien hinzu, beispielsweise die Übernahme der Miete oder enorm hohe Umzugszuschüsse durch die Hilfsorganisationen. Rent-Seeking ermöglicht auf diese Weise auch den oben skizzierten „postkolonialen Habitus".

6. Prognose

In kurz- und mittelfristiger Perspektive ist aus Sicht der Theorie die Interessenkomplementarität – die Aufrechterhaltung und Abschöpfung von Renten – innerhalb des EZ-Systems, also zwischen den Gebern und Entwicklungshelfern in den reichen Ländern und deren Gegenstücken in den armen Ländern sehr stabil. Daher ist es fraglich, ob sich mittelfristig etwas ändern wird, trotz wechselnder Agenden im Entwicklungsdiskurs, da die Grundstruktur des EZ-Systems erhalten bleibt. Die Tatsache, dass EZ in den Geberländern eher einen Nebenschauplatz der Politik darstellt, also nicht unbedingt im Zentrum des öffentlichen Interesses steht, trägt zu ihrer Stabilität bei. Kritik und Hinweise auf die Ineffektivität der EZ werden allerdings stärker.[117]

7. Bewertung

Anhand der Theorie kann aufgezeigt werden, dass EZ in Ländern, die eine starke und intransparente *rent-seeking society* haben, eine systemstabilisierende Wirkung hat. Die Theorie erklärt insofern eher Kontinuität als Wandel. Man muss allerdings vorsichtig sein, die systemstabilisierende Wirkung von EZ nicht überzubewerten. Systemverände-

117 Kritik am EZ-System nimmt auch von Entwicklungsökonomen aus den Entwicklungsländern selbst immer mehr zu. Ein prominentes Beispiel hierfür ist das Werk „Dead Aid – Why Aid Is Not Working and How There Is Another Way for Africa" von Dambisa Moyo. Sie vertritt die These, dass staatliche EZ Korruption begünstige, Empfängerländer in einen Teufelskreis der Abhängigkeit von EZ Geldern und nicht zu einer Verbesserung der Lebensumstände der breiten Bevölkerung, sondern im Gegenteil zu einer Verschlechterung führe. Stattdessen schlägt sie vor, die traditionelle EZ abzuschaffen, da sie sehr häufig die eigentliche Zielgruppe verfehle, und an ihrer Stelle marktbasierte Lösungen wie Handel und ausländische Direktinvestitionen (FDI) stärker zu fördern.

rungen sind möglich, wie erst kürzlich während der Umbrüche in der arabischen Welt zu beobachten war. Die demographische Entwicklung in den betroffenen Ländern hat sich zu einem Sprengsatz für das System entwickelt. So haben immer mehr Menschen ihren Anteil an den Renten eingeklagt, die jahrelang nicht durchgesickert sind: Es kam also zu einem „Druck von unten".

Die von der Theorie attestierte systemstabilisierende Wirkung von EZ hat gerade für die Ärmsten besonders schwerwiegende Folgen. Sie sind meist aus dem Rentenverteilungssystem der EZ ausgeschlossen, und ihre Teilhabe am wirtschaftlichen Leben wird, wie oben erwähnt, stark eingeschränkt. Hinzu kommen bei grassierender Korruption Ausgaben für Schmiergelder, beispielsweise bei Behörden und der Polizei, die zur Folge haben können, dass Familien letztendlich das Geld für Schulgebühren oder sogar Essen fehlt. Insbesondere da öffentliche EZ hauptsächlich über Regierungen und Behörden abläuft, können in der ausgeschlossenen Bevölkerung Gefühle von Ohnmacht und Konspiration gegenüber dem EZ-System entstehen. Die Anreize, selbst in das Rentensystem einzutreten, indem man sich den Mächtigen andient, sind dementsprechend hoch.

8. Handlungsempfehlung

Um die Möglichkeit zur Aneignung von Renten zu schwächen, ist es in der Evaluation von EZ dringend nötig, sich statt auf den Input stärker auf die Wirkung von EZ zu fokussieren. Dies erscheint allerdings nur möglich, wenn die Evaluation extern, transparent und nach angemessenen Methoden erfolgt, und die Arbeitsplätze des EZ-Personals nicht vom Erfolg des Projekts abhängig sind. Würde die Wirkung eines Projekts negativ evaluiert, stünde der Arbeitsplatz auf dem Spiel, was wiederum Anreize schafft, die eigenen Projekte positiv zu evaluieren und das kurzfristige Interesse, Renten abzuschöpfen in den Vordergrund rückt. Stattdessen wäre es ratsam, Personal so anzustellen, dass es in die Lage versetzt wird, Projekte abzubrechen, wenn sich herausstellt, dass sie nicht wirksam oder sogar kontraproduktiv sind, ohne dass es seinen eigenen Arbeitsplatz damit gefährdet. Die Projektorganisation als Entgeltrahmen sollte folglich aufgegeben werden. Dies würde dann auch die Orientierung an der langfristigen Perspektive der Projektmitarbeiter auf Armutsbewältigung stärken.

Fraglich ist in diesem Zusammenhang, ob Projektmanagement überhaupt das angemessene Mittel zur Bekämpfung von Armut ist. Unter einem Projekt versteht man eine Organisationsform zur Bewältigung von temporären Aufgaben, also zeitlich beschränkten Aufträgen, wie das Bauen einer Brücke. Armut ist jedoch ein strukturelles Problem, also eine dauerhafte Aufgabe, ein Prozess. Dies kann als Geburtsfehler der EZ betrachtet werden und es stellt sich die Frage, ob Projekte durch ihren zeitlich befristeten Charakter und im Angesicht der langfristigen und strukturellen Eigenschaft von Armut die Abschöpfung von Renten verstärken, denn kurze Projektdauern für langfristige Aufgaben schaffen viel unnötige Papierarbeit und bürokratischen Aufwand sowohl in der Geber- als auch der Empfängeradministration.

Um Effektivitätsverlusten und der Instrumentalisierung von Renten durch kulturalistische Begründungen vorzubeugen, ist es zudem empfehlenswert, die kulturelle Ausbildung des EZ-Personals zu verbessern und Experten in Regionen einzusetzen, in denen sie sich tatsächlich auskennen.

Es ist zudem vorzuschlagen, dass sich die EZ auf diejenigen Länder fokussiert, die willens sind, ernsthafte Anstrengungen zur Armutsbewältigung in Angriff zu nehmen und dafür tatsächlich Unterstützung benötigen. Eine solche Konzentrationsstrategie würde sich auf sehr wenige Länder beschränken, und sowohl die Staaten ausschließen, die durch ihre eigenen wirtschaftlichen Erfolge selbst in der Lage sind, Armut erheblich zu verringern oder sogar zu beseitigen wie beispielsweise Indien und China, und diejenigen Staaten, die sich bekanntermaßen durch schlechte Regierungsführung auszeichnen. Die Konzentration auf wenige, dem Vorhaben der Armutsreduzierung aufgeschlossene Länder, ermöglicht dann eine Schwerpunktsetzung für die Kooperation.

Glossar	
Rent-Seeking	Rent-seeking societies
Monopolbildung	Patronage
Aufdrängungsproblem	Post-kolonialer Habitus
Refugee Warriors	Sustainable development
Input-, output-, impact-Evaluation	QUANGO

Übungsaufgaben

1. „Ein wirklicher Fachmann wird in jedem Land Erfolg haben." Nehmen Sie Stellung zu dieser Aussage unter Bezugnahme auf das Grundmodell der EZ auf der einen und die Unterschätzung von Kultur auf der anderen Seite!
2. Welche Auswirkungen auf die EZ ergeben sich durch Staatszerfall (vgl. 4. in 3.4.)?
3. Transferfrage: Versuchen Sie, den Befund der Stabilität des derzeitigen EZ-Systems mit Hilfe des Systemischen Sozialkonstruktivismus (vgl. 5. in 5.1.) zu erklären!
4. Transferfrage: Sehen Sie Unterschiede in der Erklärung zwischen Rent-Seeking und einer neo-gramscianischen Sichtweise (vgl. Kap. 5.1.)? Bedenken Sie bei den Unterschieden die Zugehörigkeit zu den verschiedenen Theorieschulen!

Filmtipp: Jenseits aller Grenzen (2003), Martin Campbell [Spielfilm]

Die reiche Britin Sarah Jordan (Angelina Jolie) glaubt mit einer großzügigen Spende viel Gutes zu tun. Der Arzt Nick Callahan (Clive Owen) zeigt ihr, wie komplex, frustrierend und mitunter gefährlich die Welt der Entwicklungshilfe sein kann.

Empfohlener Beitrag zur Geschichte, den Institutionen und den Zielen der EZ

Sangmeister, Hartmut/Schönstedt, Alexa (2010): Entwicklungszusammenarbeit im 21. Jahrhundert. Baden-Baden: Nomos.

Empfohlener Beitrag zur Theorie

Schmid, Claudia (1997): Rente und Rentier-Staat: Ein Beitrag zur Theoriengeschichte. In: Boeckh, Andreas/Pawelka, Peter (Hrsg.): Staat, Markt und Renten in der internationalen Politik. Opladen: Westdeutscher Verlag, S. 28–50.

Originalbeitrag zur Theorie

Krueger, Anne O. (1974): The Political Economy of the Rent-Seeking Society. In: The American Economic Review 64, 3, S. 291–303.

Übrige verwendete Literatur

Büschel, Hubertus (2010): Geschichte der Entwicklungspolitik. In: Docupedia-Zeitgeschichte. Online unter: http://docupedia.de/zg/Geschichte_der_Entwicklungspolitik?oldid=84614 [letzter Zugriff: 15.01.2014].

Daldrup, Ulrich (2013): Grad und Verbindlichkeit ethischer Verpflichtungen aus Sicht eines Consulting-Unternehmens. In: Ethik in der Praxis der Entwicklungszusammenarbeit, Zeitschrift der Arbeitsgemeinschaft Entwicklungsethnologie e.V. 20, 1+2. K.A.: Politischer Arbeitskreis Schulen e.V., S. 242-245.

Dieke, Gerold (2013): Ethik aus der Perspektive der Consulting-Wirtschaft. In: Ethik in der Praxis der Entwicklungszusammenarbeit, Zeitschrift der Arbeitsgemeinschaft Entwicklungsethnologie e.V. 20, 1+2. K.A.: Politischer Arbeitskreis Schulen e.V., S. 157–161.

Easterly, William (2006): Wir retten die Welt zu Tode. Für ein professionelleres Management in Kampf gegen die Armut. Frankfurt a.M./NewYork: Campus.

Faust, Jörg/Neubert, Susanne (2010): Wirksamere Entwicklungspolitik: Befunde, Reformen, Instrumente. Baden-Baden: Nomos.

Ihne, Hartmut/Wilhelm, Jürgen (2006): Grundlagen der Entwicklungspolitik. In: Dies. (Hrsg.): Einführung in die Entwicklungspolitik. Hamburg: LIT Verlag, S. 1–40.

Klingebiel, Stephan (2013): Entwicklungszusammenarbeit: eine Einführung. Bonn: German Development Institute / Deutsches Institut für Entwicklungspolitik (DIE) (Studies 73).

Merkel, Wolfgang/Puhle, Hans-Jürgen u.a. (2003): Defekte Demokratien: Theorien und Probleme, Bd. 1. Opladen: Leske + Budrich.

Polman, Linda (2010): Die Mitleidsindustrie – Hinter den Kulissen internationaler Hilfsorganisationen. Frankfurt a.M.: Campus.

Schubert, Klaus/Klein, Martina (2011): Das Politiklexikon: „Kolonialismus“. Bonn: Dietz, online unter: http://www.bpb.de/nachschlagen/lexika/politiklexikon/17718/kolonialismus [letzter Zugriff am 30.01.2014].

United Nations (2013): Millennium Development Goals Report 2013, online unter: http://www.un.org/millenniumgoals/pdf/report-2013/mdg-report-2013-english.pdf [Zugriff: 05.03.2014].

Wolff, Jürgen (2005): Entwicklungshilfe: Ein hilfreiches Gewerbe? Versuch einer Bilanz. Münster: LIT Verlag.

Ziai, Aram (2010): Zur Kritik des Entwicklungsdiskurses. In: APuZ 2010, 10. Bundeszentrale für politische Bildung, online unter: http://www.bpb.de/apuz/32908/zur-kritik-des-entwicklungsdiskurses?p=all [letzter Zugriff: 15.01.2014].

5.3. Deutsche Außenpolitik

1. Einstieg

„Deutsche Außenpolitik beruht auf einem breiten Konsens der Selbstzufriedenheit. (...) In dem Maße, wie sich in Deutschland ein eigenständiger Gestaltungsanspruch in der internationalen Politik etabliert, sinkt [jedoch] die Bereitschaft, Ressourcen dafür aufzubringen. (...) Der Anteil der internationalen Politik am Gesamthaushalt verringerte sich [zwischen 1990 und 2001, Anm. d. Autors] – entgegen aller politischer Rhetorik – von 21,5 auf 12%. (…) Statt offensiv für internationale Verpflichtungen und Kompromisse zu werben, schottet die Regierung ihre Außenpolitik vor der Öffentlichkeit ab. Die Bevölkerung habe kein Interesse an den komplexen und nur schwer durchschaubaren internationalen Fragen, lautet das Argument der Politiker. (…) Wenn es ans Wählen geht, möchte der Exportweltmeister Deutschland nichts von der Welt wissen, und Politiker aller Parteien befördern die allgemeine Ignoranz. Die Ausblendung der Außenwelt suggeriert in Wahlkämpfen Allkompetenz und Allmacht der nationalen Politik. Das weckt falsche Erwartungen, die zum Preis des Vertrauensverlustes nur enttäuscht werden können. Internationale Institutionen werden mithin auf dem Altar der kurzfristigen Wahlkampferwägungen geopfert – kein Ausdruck einer zukunftsfähigen Weltpolitik. (…) Der Konsens der Selbstzufriedenheit muss im Zeitalter der Globalisierung entzaubert werden." (Zürn 2006)

2. Leitfrage: Wie versucht Deutschland, seine Umwelt zu beeinflussen?

3. Beschreibung: Akteure und Verhaltensmuster der deutschen Außenpolitik

Die folgende Beschreibung orientiert sich zunächst an den Akteuren der deutschen Außenpolitik (a.), bevor auf die Verhaltensmuster eingegangen wird (b.). Die Fallstudie zur Ermöglichung der deutschen Einheit („2+4-Verhandlungen", c.) dient der Verdeutlichung der allgemeinen Verhaltensmuster.

a) Wer macht deutsche Außenpolitik (Akteure)?

Diejenigen Akteure in Deutschland, die versuchen, auf das internationale Umfeld Einfluss zu nehmen, sind die folgenden (in Stichpunkten):

- **Kanzler**: Richtlinienkompetenz (Art. 65 GG); Einflussgewinn durch zunehmende Bedeutung der Gipfeldiplomatie; Personalentscheidungen für die Besetzung institutioneller Spitzenämter
- **Auswärtiges Amt (AA)**: unterhält deutsche Botschaften und Konsulate; Außenminister gehört in Koalitionsregierung üblicherweise einer anderen Partei an als der Kanzler (erhöhte Unabhängigkeit gegenüber dem Kanzleramt)
- **Bundesministerium für Wirtschaftliche Zusammenarbeit (BMZ):** Entwicklungszusammenarbeit mit Staaten außerhalb der OECD (vgl. Kap. 5.2.)
- **Verteidigungsministerium:** Einbindung in die NATO seit 1955, in die EU seit 1999; Post-Konflikt Missionen (Afghanistan, Kosovo)

- **Übrige Ministerien**: Außenpolitische Tätigkeit praktisch aller Ministerien im Zuge der europäischen Integration; Wirtschafts-, Finanz- und Arbeitsministerien fungieren als „doppelte Gesetzgeber" (Vorbereitung und Umsetzung deutscher Gesetze und Abstimmung von Gesetzen mit anderen Regierungen in Brüssel)
- **Bundestag und Bundesrat**: Entscheidung über völkerrechtliche Verträge und Auslandseinsätze; Bundesrat ist zu befassen, wenn europarechtliche Fragen die Belange der Bundesländer tangieren (seit EU-Vertrag von Maastricht 1993)
- **Bundespräsident**: größtenteils repräsentative Funktionen; Unterzeichnung völkerrechtlicher Verträge; Möglichkeit der Erwirkung einer Klärung beim BVerfG bei Zweifel an Verfassungsmäßigkeit (Maastrichter Verträge 1993, Lissaboner Vertrag 2009); Staatsbesuche; langfristiger Einfluss auf die Außenpolitik durch geschichtspolitische Handlungen
- **Bundesverfassungsgericht**: situativer außenpolitischer Akteur; Urteile markieren deutsche Gestaltungsmöglichkeiten (Beispiele: Einsatz der Bundeswehr außerhalb der Grenzen des Bündnisgebiets 1994, Lissabonner Vertrag 2009)
- **Parteistiftungen**: Konrad Adenauer – (CDU), Friedrich Ebert – (SPD), Heinrich Böll – (B90/Grüne), Friedrich Naumann – (FDP), Hanns Seidel – (CSU) und Rosa Luxemburg – (Die Linke) Stiftung; eigene Büros in vielen Ländern; Durchführung entwicklungspolitischer Projekte agieren als formal autonom, teilen aber inhaltlich die Grundprinzipien deutscher Außenpolitik; Schnittfläche zwischen traditioneller Außenpolitik und transnationaler Politik

b) Was macht deutsche Außenpolitik aus? (Muster des außenpolitischen Verhaltens)

Die Außenpolitik der Bundesrepublik zeichnet sich nach allgemeiner Wahrnehmung durch eine große Kontinuität aus. Blickt man auf die wichtigsten Bereiche deutscher Außenpolitik (Europapolitik, Weltordnungspolitik, Transatlantische Beziehungen), so ergeben sich folgende Muster auf der Verhaltensebene:

	Europapolitik		Internationale Ordnungspolitik	Transatlantische Beziehungen
Grundsätzliche Verhaltensmuster nach 1945	Stetiger Unterstützer der Vertiefung: mehr EU-Institutionen, mehr qualifizierte Mehrheitsentscheidungen im Rat, mehr Mitsprache für das Europäische Parlament, zuletzt Engagement zum Abschluss des Lissaboner Vertrags (2007-09) (vgl. Kap. Vertiefung der EU)	Stetiger Unterstützer aller Erweiterungsrunden (vgl. Erweiterung der EU)	Unterstützer von Institutionalisierungen und von IOs (WTO, UNO, IWF, Internationaler Strafgerichtshof (IstGH)) Keine Entsendung von größeren Blauhelmkontingenten in Krisensituationen, aber Teilnahme an NATO- oder EU-Missionen in Post-Konfliktsituationen (Afghanistan, Kosovo, Bosnien) Propagierte (erfolglos) UN-Reform Einsetzen für globale Klimapolitik	Sowohl-als-auch-Politik: Kombination von atlantischer Sicherheitspolitik UND europäischer Verteidigung Pro NATO-Reform & Erweiterungen (Beitritt der südosteuropäischen & baltischen Staaten) Mit USA Einsatz für offene Märkte, aktive Handelspolitik & Abschluss der Welthandelsrunde
Spezielle Beziehungen	Frankreich als bevorzugter Partner für Politikinitiativen		Versöhnungspolitik (z.B. Fonds für ehem. Zwangsarbeiter in 1990ern) Unterstützung Israels	Verlässlicher Bündnispartner & Unterstützer der USA in Krisen (Ausnahmen: Irak 2003; Libyen 2011) Irritation durch Abhör-Skandal (PRISM) 2013
Aspekte/ Indikatoren für Wandel in den letzten Jahren	Abnehmen des Engagement in der Vertiefung seit den 1990ern in einigen Politikfeldern (Asyl, Arbeitsmigration)	Ablehnung des Türkeibeitritts & skeptischer ggü. Balkan-Erweiterung	Zunehmende Passivität in IO und internationalen Regimen	Streit in G20 über globale Konjunkturpolitik & Schuldenkrise seit 2009 gegen NATO-Beitritt der Ukraine & Georgien (2008)

Quelle: Eigene Darstellung.

Die Tabelle zeigt eine bemerkenswerte **Kontinuität** in der Außenpolitik. Von diesen Grundmustern ist Deutschland nur selten abgewichen. Wenn es geschah, sorgte dies für große internationale Aufmerksamkeit und breite Rezeption in der Literatur. Die vier wichtigsten Ereignisse waren:

1) „**Ostpolitik**": Die Ostpolitik der sozialliberalen Koalition Ende der 1960er und Anfang der 1970er Jahre sorgte für Besorgnis bei den Verbündeten, die eine schleichende Neutralisierung der Bundesrepublik befürchteten. Der Bundesregierung war daran gelegen, durch erklärten Gewaltverzicht politische und wirtschaftliche Kooperationen mit den östlichen Nachbarstaaten möglich zu machen. Der Regierung gelang es, die Ostpolitik in der Folge in ein transatlantisches Dialogkonzept im Rahmen der Konferenz für Sicherheit und Zusammenarbeit in Europa (KSZE/OSZE) einzubetten.
2) **Anerkennung Kroatiens und Sloweniens**: Im Zuge des Zerfalls Jugoslawiens (vgl. Kapitel 3.3.) rückte Deutschland als erstes westliches Land im Herbst 1991 von einem Festhalten an der Föderation Jugoslawien ab und forderte die Anerkennung Kroatiens

und Sloweniens. Als die deutsche Regierung eine vereinbarte EG-weite Prüfung im Januar 1992 nicht abwartete, sondern die beiden Länder zu Weihnachten 1991 anerkannte, reagierten die westlichen Verbündeten und EG-Partner überwiegend mit großer Verstimmung. Die Befürchtung war, dass das vereinte Deutschland nun in seinem traditionellen Einflussgebiet des Balkans seine Muskeln spielen lassen würde (*new assertiveness*). Deutschland versuchte diesem Eindruck entgegen zu wirken, indem es in der Bosnienkrise sehr zurückhaltend agierte und auch im Kosovo-Krieg Solidarität mit den Verbündeten übte.

3) **„Nein" zum Irak-Krieg**: Als die G.W. Bush-Administration im Sommer 2002 mit den Vorbereitungen für einen Feldzug gegen den Irak begann, distanzierte sich die Regierung Schröder im Wahlkampf öffentlich von dem Vorhaben (vgl. Kapitel 3.2.). Der Bundeskanzler kündigte an, sich auf keinen Fall an der Invasion Iraks zu beteiligen. Als Frankreich und Russland im Januar 2003 gleichfalls ihr Missfallen zum Ausdruck brachten, Großbritannien, Spanien, Polen und Italien jedoch den Angriff unterstützten, war die Spaltung der EU offensichtlich. Da weder Massenvernichtungswaffen im Irak gefunden, noch Verbindungen zum Terrornetzwerk al-Qaida nachgewiesen werden konnten, sahen sich die Kriegsgegner im Nachhinein bestätigt. Die EU reagierte auf ihre Uneinigkeit mit der Lancierung einer Europäischen Sicherheitsstrategie (ESS) im Dezember 2003.
4) **Enthaltung im Sicherheitsrat (Libyen)**: Im Frühjahr 2011, nach den Aufständen in Tunesien, Ägypten und Jemen, brachen in Libyen Kämpfe zwischen dem Machthaber Ghaddafi und Aufständischen aus. Angesichts bevorstehender Massaker an der Zivilbevölkerung der ost-libyschen Großstadt Benghazi brachten Frankreich und Großbritannien auf Initiative der Arabischen Liga eine Sicherheitsratsresolution zur Etablierung einer Flugverbotszone ein, der sich die USA in letzter Minute anschlossen. Deutschland verweigerte sich mit einer Enthaltung diesem Vorhaben und zog seine Marineeinheiten aus dem NATO-Verband im Mittelmeer ab.

Die genannten Vorkommnisse haben Diskussionen im In- und Ausland über die Verlässlichkeit und Kontinuität der deutschen Außenpolitik genährt. Gleichwohl überwiegt in der Gesamtschau des deutschen Verhaltens nach dem Zweiten Weltkrieg die Kontinuität. Besonders anschaulich lässt sich die Qualität der Außenpolitik in den Verhandlungen zur deutschen Einheit (1989/90) erkennen.

c) Wie lassen sich die Verhaltensmuster im konkreten Fall beobachten? Das Beispiel der 2+4-Verträge[118]

Nach der bedingungslosen Kapitulation des Deutschen Reiches war im Potsdamer Abkommen (2.8.1945) der provisorische Status Deutschlands geregelt worden. Danach übernahmen die vier Siegerstaaten des Zweiten Weltkriegs (USA, SU, UK, F) die Verantwortung über die Besatzung.[119] Nach dem Beginn des Kalten Krieges (vgl. Kap. 3.1.)

118 Vgl. Weidenfeld (2007).

119 Ostpreußen, Pommern und Schlesien kamen unter polnische und sowjetische Verwaltung, das Saarland unter französische. 1955 entschied sich eine breite Mehrheit der Saarländer dafür, der Bundesrepublik beizutreten.

förderten die Westmächte die Demokratisierung und die wirtschaftliche Erholung der Westzonen, während die von der Sowjetunion verwaltete Zone sich anders entwickelte und zur DDR wurde. Nach der Gründung der Bundesrepublik Deutschland 1949 gelang es der Regierung Adenauer, im Rahmen der Deutschlandverträge 1952 und mit dem Beitritt zur NATO und der Westeuropäischen Union 1955, die vollständige Souveränität für Westdeutschland zu erlangen. Das Besatzungsstatut der Westmächte wurde in ein NATO-Statut umgewandelt. Die Bundesrepublik schloss in der Folge Verträge mit Polen, der DDR und der SU, in denen sie ihren Verzicht auf Gebietsrevisionen erklärte („Ostverträge“, s.o.), doch gab es bis zum Fall der Mauer keinen Friedensvertrag für Gesamtdeutschland.

Nach dem Fall der Mauer im November 1989 präsentierte Bundeskanzler Kohl einen Zehn-Punkte-Plan (28.11.1989), der eine Vereinigung als politische Option zuließ. Die Regierung beriet ihr Vorhaben ausführlich auf dem NATO-Gipfel in Ottawa (13.2.1990), an dem auch die Warschauer-Pakt-Staaten teilnahmen. Es wurde vereinbart, eine solche Möglichkeit durch Verhandlungen der vier Siegermächte mit den beiden deutschen Staaten („2+4“) zu erörtern. Dabei zeigten sich die Regierungen Frankreichs und des Vereinigten Königreichs zu Beginn skeptisch, aber die europäischen Bevölkerungen und vor allem die Administration von George H. Bush erwiesen sich als nachhaltige Unterstützer der Einheit. Als Hauptprobleme stellten sich die Frage nach dem Bündnisstatus Gesamtdeutschlands, die Grenzfestlegung sowie das Schicksal der in der DDR stationierten Roten Armee heraus. Auf dem Gipfel von Paris (17.7.1990) erkannten die beiden deutschen Staaten die Oder-Neiße-Grenze als zukünftige Ostgrenze Deutschlands an. Im Spätsommer gelangen Außenminister Genscher und Bundeskanzler Kohl dann in Einzelgesprächen mit ihren sowjetischen Verhandlungspartnern Schewardnadse und Gorbatschow die Ausräumung der strittigen Punkte. Auf der Abschlusskonferenz in Moskau (12.9.1990) wurden die folgenden Eckpunkte festgelegt:

- Die Bundeswehr wird reduziert auf max. 370.000 Soldaten.
- Der Abzug der Roten Armee aus Ostdeutschland erfolgt bis 1994. Deutschland verpflichtet sich, Zahlungen für die Unterbringung der Soldaten in Russland zu leisten.
- Auf dem Gebiet Ostdeutschlands dürfen keine ausländischen Truppen oder Atomwaffen stationiert werden.
- Das souveräne Gesamtdeutschland verfügt über das Recht, seine Bündnisse frei zu wählen.

Aufgrund der geglückten internationalen Einbettung konnte die Vereinigung am 3.10. 1990 erfolgen.

4. Analyse: Außenpolitischer Wandel – außenpolitische Entscheidungen

Im Folgenden wird eine Definition von „Außenpolitik“ und zwei gängige Modelle zur Analyse von Außenpolitik vorgestellt.

a) Definition von „Außenpolitik“

In einer gängigen Definition von Carlsnaes wird Außenpolitik wie folgt definiert:

"Foreign policies consist of those **actions** which, expressed in the form of explicitly stated goals, commitments and/or directives, and **pursued by governmental representatives** acting on behalf of their sovereign communities, are **directed** towards objectives, conditions and actors – both governmental and non-governmental – which they want to affect and **which lie beyond their territorial legitimacy.**" (Carlsnaes 2002: 335; Hervorhebungen durch den Autor)

Diese Definition ist insoweit traditionell, als dass sie von Regierungsvertretern ausgeht, die Außenpolitik machen. Allerdings zeigt sich ein weites Verständnis dahingehend, dass sehr verschiedene Akteure als Adressaten von Außenpolitik gelten.

b) Analysemodell zu außenpolitischem Wandel

Graphische Darstellung 38: Ebenen außenpolitischen Wandels

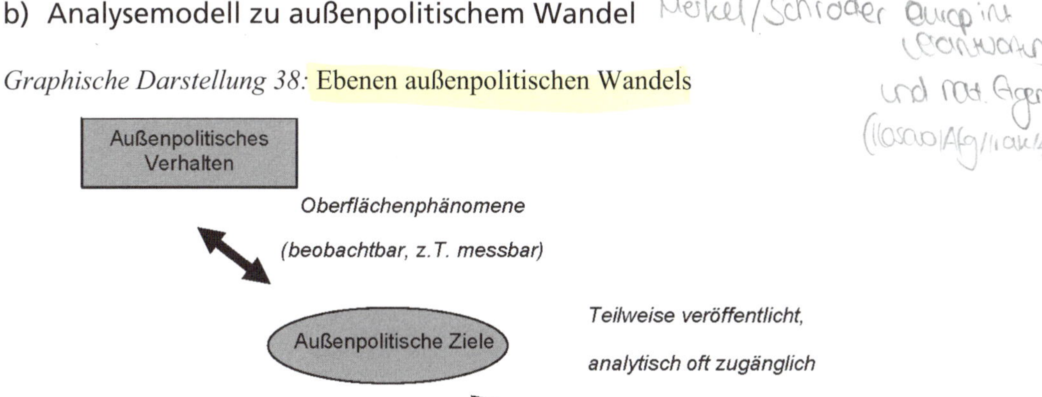

Quelle: Eigene Darstellung inspiriert durch: Medick-Krakau (1999): 3-32.

Die im Deskriptionsteil angeklungene Frage nach Kontinuität und Wandel der Außenpolitik ist eine sehr häufige in der Außenpolitikforschung. Analytisch gilt es, verschiedene Ebenen zu unterscheiden, auf denen Kontinuität oder Wandel diagnostiziert werden können. Die meisten Ansätze sehen zumindest drei Ebenen: Erstens die außenpolitischen Mittel und Instrumente, die zum Einsatz kommen (Verhaltensebene), zweitens die politischen Ziele, die planvoll mittelfristig erreicht werden sollen (Zielebene) sowie drittens die Ebene der den Handlungen zugrundeliegenden Motive (etwa Macht, Nutzenkalkül oder Identität).

Diese Abstufung erlaubt eine nuancierte Untersuchung von außenpolitischem Wandel. War etwa die deutsche Enthaltung in der Libyen-Frage lediglich eine Verhaltensabweichung bei unveränderten Zielen und Motiven? Oder spiegelt es einen grundlegenden Wandel der Motive deutscher Außenpolitik wider? Diese Frage nach den Motiven lässt sich aber nur unter Zuhilfenahme einer Theorie (vgl. Punkt 5) beantworten. Das Modell bietet insofern vor allem eine konzeptionell-analytische Hilfestellung: Von welchen Annahmen geht man aus, wenn man vom „Wandel der deutschen Außenpolitik" spricht?

c) Modelle zum außenpolitischen Entscheidungsverhalten

Eine weitere häufig anzutreffende analytische Frage betrifft die Natur der Entscheidungsfindung: Wie und warum werden außenpolitische Entscheidungen getroffen? Als Raster zur Beantwortung dieser Frage hat Graham Allison drei Modelle vorgeschlagen:

Graphische Darstellung 39: Modelle zur Analyse des Entscheidungsverhaltens

Models/ Criteria	Rational actor	Organisation model	Governmental politics
Actor	State (as black-box)	State as organisation	Government
Interests, Goals, Objectives	State interest, Costs and benefits	Organisational goals as resultant of standard operating procedures	Political outcomes as compromise and resultant of negotiating
Implications for methods	Analysis of circumstances and situation, state goals	Analysis of routines and bureaucratical constraints	Analysis of „action channels", the players' status orientation, negotiating skills

Quelle: Darstellung nach Allison/Zelikow (1999).

Das „rationale Akteursmodell" stellt die einfachste Variante der Entscheidungsfindung dar: Der Staat als Ganzes „entscheidet" auf Basis einer einfachen Kosten-Nutzen-Abwägung. Der Staat wird hierbei nicht „geöffnet", d.h. innenpolitische und gesellschaftliche Faktoren spielen keine Rolle. Deshalb spricht man diesbezüglich auch vom Staat als einer „*black box*". Dieses Modell erweist sich deswegen als kompatibel mit realistischen Theorien der IB (vgl. 1.1.). Im zweiten Modell (*organisation model*) werden Entscheidungen als Routinen getroffen. Der außenpolitische Apparat rückt hierbei ins Zentrum der Untersuchung. Eine Entscheidung steht am Ende eines bürokratischen Prozesses von *standard operating procedures*, in dessen Verlauf dafür vorgesehene Entscheidungsebenen und Entscheider die Entscheidungen vorbereiten, modifizieren und verändern. Mit der Betonung auf das „übliche Verfahren" passt dieses Modell gut zu sozialkonstruktivistischen Theorien. Drittens kann *decision-making* als politischer Aushandlungsprozess verschiedener Interessen und Funktionsträger begriffen werden (*governmental politics*). Minister verschiedener Ministerien, Parteivertreter und Repräsentanten von Interessensverbänden vertreten ihre jeweilige Einrichtung („where you stand depends on where you sit") und versuchen, deren Interesse in die Entscheidung einzubringen. Regierungssystem (z.B. parlamentarisches vs. präsidentielles) und politische Praxis (Koalitions- oder Minderheitsregierungen) bestimmen mit darüber, wie viele und welche Akteure besondere Chancen haben, in diesem Aushandlungsprozess die Oberhand zu gewinnen. Dieses Modell stimmt mit den Annahmen liberaler Theorien der IB überein (vgl. 1.1.).

Anwendungsbeispiel: Der Verkauf deutscher Leopard-Panzer nach Saudi-Arabien

Wie können wir diese außenpolitische Entscheidung nachvollziehen? Im einfachsten Fall gehen wir davon aus, dass Deutschland als Staat entscheidet (*rational actor*): Kosten und

Nutzen des Verkaufs werden im Hinblick auf die Interessen Deutschlands bewertet. Im Sinne des *organisational models* würden die bürokratischen Feinheiten des Entscheidungsprozesses als Routineverfahren untersucht: Um ein Exportgeschäft von Rüstungsgütern erfolgreich abzuwickeln, benötigt ein Rüstungsunternehmen eine Genehmigung durch das Bundeswirtschaftsministerium (BMWi). In Koordinierung mit anderen Ministerien (u.a. Auswärtiges Amt) wird über potentielle Waffenexporte ein Beschluss getroffen. Bei Uneinigkeit oder in risikobehafteten Fällen liegt es am Bundessicherheitsrat (zentrales Gremium in sicherheitspolitischen Anliegen, das sich aus Regierungsvertretern zusammensetzt), eine nicht-öffentliche Entscheidung herbeizuführen. Die Entscheidung als *governmental politics* würde die Verhandlungen zwischen den Parteien in der Regierungskoalition in den Blick nehmen und dabei die Stellung wichtiger Akteure wie der Kanzlerin, des Außen- und Verteidigungsministers oder der außenpolitischen Sprecher der Parteien berücksichtigen.

Das Anwendungsbeispiel macht deutlich, dass dieses Modell nur Antwort auf die Frage gibt, **wie** die Entscheidung zustande gekommen ist – aber nicht, **warum** es zu der Entscheidung kam. Dies kann nur eine Theorie leisten.

5. Erklärung: Die Zivilmachttheorie

a) Die Annahmen

Die Außenpolitik Deutschlands und Japans hielt Hanns W. Maull Ende der 1980er Jahre für so auffällig, dass er nach alternativen Erklärungen zu etablierten Theorien suchte. Seine Zivilmachttheorie (1990/91) macht Anleihen bei zwei etablierten Theorien der Sozialwissenschaften. Zum einen orientiert sie sich an der **Zivilisationstheorie** von Norbert Elias (1939/1969). In seinem epochalen Werk hat Elias die Nationenwerdung Frankreichs nachgezeichnet: Die Monopolisierung von Gewalt, der Nachahmungseffekt bürgerlicher Eliten und die „Pazifizierung des Kriegers" führten im Zeitablauf zu einer Zivilisierung der Gesellschaft, in der die zwischenmenschliche Gewalt zunehmend verschwand. Maull überträgt den Elias'schen Gedanken nun auf die Außenpolitik. „Zivilmächte" sind „Akteure mit spezifischen Verhaltensweisen, die besonders geeignet sind, die Prozesse der Zivilisierung der internationalen Politik voranzutreiben" (Maull 1992: 274). Eine zweite Anleihe nimmt die Zivilmachttheorie an der **Rollentheorie**, die in der Soziologie groß geworden ist. Dabei ersetzt Maull die Rolle des Individuums durch die des Staates (Anthropomorphisierung des Staates). Dessen Rolle wird durch zwei Faktoren bestimmt: Erstens durch die Selbsterwartungen („**Ego-Rolle**"), zweitens durch die Fremderwartungen („**Alter-Rolle**"). Konzeptionell wird die Rolle eines Staates in „Rollenverhalten" und „Rollenkonzept" aufgespaltet. Unter Rollenverhalten wird das „tatsächliche Verhalten eines staatlichen Rolleninhabers in konkreten Situationen außenpolitischer Interaktion" (Kirste/Maull 1996: 290) verstanden. Das **Rollenkonzept** bezeichnet demgegenüber die Antriebskräfte für das Rollenverhalten, die Ego- und die Alter-Rolle. Dabei gilt es zu beachten, dass Staaten viele einzelne Rollen gegenüber verschiedenen Akteuren und in verschiedenen Situationen „verinnerlicht" haben. Deshalb lässt sich ein Rollenkonzept auch als ein Rollenbündel verstehen – als eine Ansammlung verschiedener Rollenerwartungen.

Graphische Darstellung 40: Die Zivilmacht als Rollenbündel

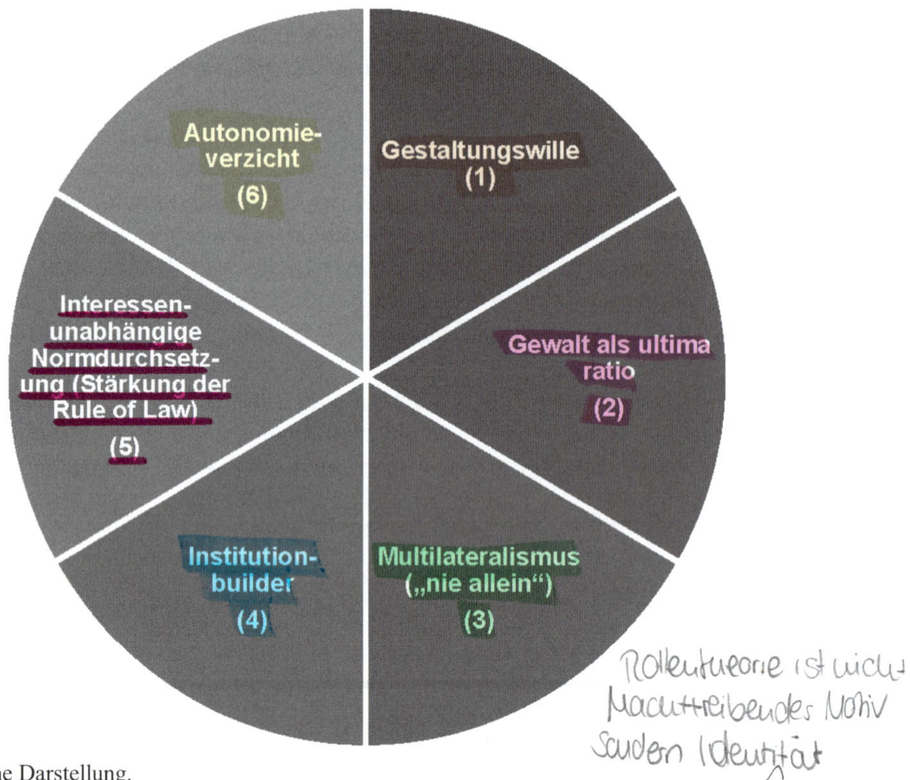

Quelle: Eigene Darstellung.

Mit der starken Betonung von Erwartungen gehört die Zivilmachttheorie zur sozialkonstruktivistischen Theorieschule der IB (vgl. 1.1.). Eine *civilian power* verfügt über ein spezifisches Rollenkonzept, das durch sechs **Rollensegmente** gekennzeichnet ist:

Eine Zivilmacht hat den Willen, seine Umgebung zu gestalten **(1)** und setzt hierfür in der Regel auf friedliche Mittel. Diese „**Kultur der Zurückhaltung**“ (**culture of restraint/reticence**) setzt sich von klassischer Machtpolitik unter Verwendung militärischer Instrumente zur Konfliktlösung ab. Nur im Ausnahmefall (ultima ratio) beteiligt sich die Zivilmacht an militärischen Engagements **(2)**, wenn es etwa darum geht, internationalen Normen Geltung zu verschaffen. In der Gestaltung der Weltordnung spielen Multilateralismus **(3)**, eine Stärkung des Völkerrechts und von internationalen Institutionen **(4)** eine Schlüsselrolle. Um internationale Normen und die Rule of Law zu stärken, befolgt eine Zivilmacht die Normen selbst dann, wenn sie den eigenen Interessen zuwiderlaufen **(5)**. Darüber hinaus ist eine Zivilmacht zum Zweck der Förderung von Institutionen auch bereit, auf eigene Autonomierechte zu verzichten **(6)**.

In einem Forschungsprojekt (Frenkler et al. 1997: 102f.) wurde die Aussagefähigkeit der Zivilmachttheorie in Fallstudien aus den 1990er Jahren geprüft. Danach haben sich die folgenden drei Rollensegmente als besonders charakteristisch für eine Zivilmacht herausgestellt: interessenunabhängige Normdurchsetzung, Autonomieverzicht und Gestaltungswille.

Im außenpolitischen Handeln der Zivilmacht können nun diverse **Rollenkonflikte** auftreten (Harnisch et al. 2011a: 256). Zum einen können die Erwartungen an Deutschlands Verhalten von außen mit den Eigenerwartungen konfligieren (**Inter-Rollenkonflikt**). So haben Frankreich und die USA im Libyen-Fall eine aktive Unterstützung erwartet, die Erwartungen Deutschlands an sich selbst waren jedoch durch militärische Zurückhaltung geprägt. Zum anderen ist es möglich, dass verschiedene Rollensegmente des Rollenkonzepts sich widersprechen. Ein solcher **Intra-Rollenkonflikt** liegt etwa vor, wenn Deutschland im Sinne seiner Vorstellungen agieren will (starker Gestaltungswille), aber dafür keine Partner findet („nie allein"). Diese beiden Konfliktarten können auch komplementär oder konsekutiv auftreten: Im erwähnten Libyen-Fall etwa bestärkten die Fremderwartungen zugleich die Rollensegmente „Normdurchsetzung" (Befolgung einer UN-Sicherheitsratresolution) und „**Multilateralismus**" (Deutschland handelt mit den wichtigsten Verbündeten), doch diese standen im Intra-Rollenkonflikt mit dem Rollensegment Gewaltverzicht. Derartige Rollenkonflikte führen in der Regel zu einem unentschlossenen und wankelmütigen Rollenverhalten der Zivilmacht. Sie bilden aber zugleich auch eine Quelle für **Rollenwandel**. Das Streben nach Kongruenz zwischen Rollenverhalten und Rollenkonzept sowie zwischen Fremd- und Eigenerwartungen setzt Lernprozesse in Gang, wodurch sich das Rollenkonzept verändern kann (Harnisch 2012). Unter Anwendung des unter 4. eingeführten Außenpolitik-Ebenen Modells könnten nun Lernprozesse verschiedener Intensität unterschieden werden (vgl. auch 4. In 4.4.).

b) Anwendung der Theorie

Die in 3b) und 3c) konstatierten Verhaltensmuster lassen sich mit der Zivilmachttheorie gut erklären. So zeigt die Fallstudie zur deutschen Einheit den Willen Deutschlands, die internationale Agenda im eigenen Sinne zu gestalten. Europa- und Weltordnungspolitik betreibt Deutschland vor allem als Institutionenpolitik: Beständig haben sich deutsche Regierungen für die Schaffung neuer globaler Organisationen und Regime eingesetzt (Kyoto-Protokoll, ICC) und arbeiten aktiv an der Reform bestehender internationaler Organisationen (UNO-Reform, Doha-Runde der WTO). Politische Initiativen in der Europapolitik wurden nie allein, sondern vor allem mit Frankreich zusammen lanciert (z.B. Währungsunion). Zudem hat sich Deutschland stets für eine Stärkung der supranationalen Akteure der EU (EP, Kommission) eingesetzt, obwohl es dadurch – gerade als wirtschaftlich stärkstes Land in der EU – an Autonomie verloren hat. In militärischen Auslandseinsätzen hat Deutschland eine „Kultur der Zurückhaltung" gepflegt. Nur in Ausnahmesituationen – wie im Kosovo-Krieg und in Afghanistan – hat sich Deutschland auch militärisch engagiert. Dies geschah vor allem, um den gewandelten Fremderwartungen an Deutschland gerecht zu werden. Hatten diese im Nachklang des Zweiten Weltkrieges eher vorgesehen, dass Deutschland aufgrund seiner Kriegsvergangenheit auf militärische Mittel gänzlich verzichten sollte, wurden nach der Vereinigung amerikanische und europäische Stimmen lauter, die ein stärkeres militärisches Engagement für friedensschaffende und -erhaltende Einsätze erwarteten. Diesen gewandelten Fremderwartungen hat Deutschland etwa im Kosovo-Krieg entsprochen (Maull 2000).

6. Bewertung

Die Zivilmachttheorie gilt als die weithin beste und bekannteste, um die deutsche Außenpolitik zu analysieren und zu erklären. Sicherlich kursieren noch weitere Begriffe zur Benennung der deutschen Außenpolitik wie „Handels- oder Wirtschaftsmacht" (Staack 2007), „Zentralmacht" (Baumann 2007) oder „Friedensmacht" (vorwiegend im politischen Diskurs). Doch sind diese Konzepte weit weniger theoretisch ausgereift als das Zivilmachtkonzept. Dessen Stärke liegt in der konzeptionellen Klarheit, da beliebige Politikfelder und Ereignisse mit der Theorie untersucht und bewertet werden können (etwa: „Verhält sich Deutschland in der Schuldenkrise als Zivilmacht?"). Die Theorie ist somit in der Lage, einen guten Erklärungsbeitrag für die deutsche Außenpolitik über lange Zeiträume und diverse Politikfelder zu bieten. Allerdings konstatiert Maull selbst, dass wir in immer mehr Fällen abweichendes Rollenverhalten beobachten – er spricht vom „Ausfransen" der Zivilmacht (Maull 2004), ihrer „Erosion" (Maull 2011: 95) und einer „prekären Kontinuität" (Maull 2006). Kritiker der Zivilmachttheorie interpretieren dies als **„Normalisierung" der deutschen Außenpolitik**: Die deutschen Eliten würden „machtpolitisch re-sozialisiert" und ähnelten somit zunehmend den Eliten anderer europäischer Großmächte wie Frankreich oder Großbritannien (Baumann/Hellmann 2001).

Aus theoretischer Perspektive lassen sich durchaus einige Kritikpunkte an der Theorie formulieren: So wird nicht aufgelöst, welche Folgen und Implikationen Rollenkonflikte für das Rollenverhalten haben. Darüber hinaus handelt es sich bei der Zivilmachttheorie um ein statisches Modell, in dem Wandel konzeptuell nicht berücksichtigt wird. Die Forschungen zur allgemeinen Rollentheorie sind diesbezüglich vielversprechend (Harnisch et al. 2011b), doch steht ihre Spezifikation für die Zivilmachttheorie noch aus.

7. Prognose

Grundsätzlich wären aus Sicht der Zivilmachttheorie keine grundlegenden Veränderungen der deutschen Außenpolitik zu erwarten, auch nicht hin zu einer „Normalisierung" – zumal die Fremderwartungen wohl konstant bleiben werden. Allerdings könnten wir eine weitergehende Abschwächung der Zivilmachteigenschaften erwarten, wenn sich das beobachtete Rollenverhalten so fortsetzt. Warum das so kommen könnte, ist nicht leicht zu argumentieren, da die Theorie keine belastbaren Aussagen zum Politikwandel trifft. Bei unveränderten Fremderwartungen würde man am Ego-Part des Rollenkonzepts ansetzen. Intuitiv könnte man einen Verlust von Gestaltungswillen konstatieren und die Rollensegmente *„institution builder"*, *„norm entrepreneur"* und „Autonomieverzicht" scheinen sich sämtlich abzuschwächen. Eine Vermutung wäre hier, dass die deutschen Eliten nicht mehr gestalten möchten und die Projektion eigener Werte auf die EU und die internationalen Institutionen abnimmt. Würde man dies als empirischen Trend annehmen, wäre die plausible Frage, wann Deutschland keine Zivilmacht mehr sein wird.

8. Handlungsempfehlung

Anhänger des Zivilmachttheorie würden zu fordern, wieder mehr Gestaltungswillen zu zeigen. Hierzu bedürfte es jedoch auch der Entwicklung von Ordnungskonzepten, die für europäische wie transatlantische Partner attraktiv sein könnten. Die immer öfter vorzufindende Verachtung für die Politik wichtiger Partner im deutschen Diskurs sollte beendet und stattdessen Frankreich und die USA unterstützt werden, wenn damit eine Stärkung des Völkerrechts erreicht werden kann. Deutschland könnte auch sein erlahmtes Interesse an den internationalen Institutionen wiederentdecken und alternative Institutionenmodelle entwickeln, um das Politikversagen in wichtigen globalen Fragen – wie der Klimapolitik – zu überwinden.

Glossar

Außenpolitische Rolle (Ego- und Alter-Rolle)	Zivilmacht
Fremd- und Selbstzuschreibung/-wahrnehmung	Normalisierung
Rollensegment, -konflikt, -konzept	Assertiveness/normalization
Reticence/restraint	Multilateralismus
Außenpolitischer Wandel	Inter- und Intra-Rollenkonflikt
Sowohl-als-auch Politik	
Entscheidungsverhalten: rational, organisational and governmental actor model	

Übungsfragen

1. Sehen Sie ein „Normalisierungsmuster" der deutschen Außenpolitik? Argumentieren Sie mit außenpolitischen Verhaltensweisen seit 1990! Führen Sie umgekehrt Argumente dafür an, dass Deutschland immer noch eine Zivilmacht ist!
2. Zeigt die Enthaltung im UN-Sicherheitsrat in der Libyen-Frage 2011 einen Wandel der deutschen Außenpolitik? Argumentieren Sie mit Hilfe des Modells unter 4b!
3. Die Mehrheit der Bundesbürger ist skeptisch in Bezug auf militärische Gewaltanwendung – viele Partner Deutschlands erwarten jedoch auch diesbezüglich ein stärkeres Engagement. Wie stellt sich diese Spannung theoretisch dar (unter Anwendung der Rollentheorie)? Was bedeutet das für die Zivilmacht Deutschland?
4. Transferfrage: Wie würde der Liberale Intergouvernementalismus die deutsche Außenpolitik erklären (vgl. 5. im Kap. Welthandelsordnung)?

Filmtipp: Macht Mensch Merkel (2013), Bettina Schausten, Mathis Feldhoff [Dokumentation]

Einblick in die Welt Angela Merkels – wer sie ist, was sie bewegt und welche Ziele sie hat. Kritiker sowie Unterstützer kommen zu Wort und überlegen, wie eine CDU ohne Merkel aussehen würde und wie viel Macht sie tatsächlich hat.

Empfohlene Quelle zur Analyse und Beschreibung deutscher Außenpolitik

Schmidt, Siegmar/Hellmann, Gunther/Wolf, Reinhard (2007): Handbuch zur deutschen Außenpolitik. Wiesbaden: VS Verlag für Sozialwissenschaften.

Empfohlener Originaltext zur Theorie

Kirste, Knut/Maull, Hanns W. (1996): Zivilmacht und Rollentheorie. In: Zeitschrift für Internationale Beziehungen 30, 2, S. 283-312.

Übrige verwendete Literatur

Allison, Graham T./Zelikow, Philip (1999): The Essence of Decision. Explaining the Cuban Missile Crisis. New York: Longman.

Baumann, Rainer/Hellmann, Gunther (2001): Germany and the Use of Military Force: 'Total War', the 'Culture of Restraint', and the Quest for Normality. In: German Politics 10, 1, S. 61–82.

Carlsnaes, Walter (2002): Foreign Policy. In: Ders. et al. (Hrsg.): Handbook of International Relations. London: Sage, S. 331–349.

Elias, Norbert (1939/1969): Über den Prozeß der Zivilisation; Band 1 und 2; Bern/München: Francke.

Frenkler, Ulf/Harnisch, Sebastian/Kirste, Knut/Maull, Hanns (1997): Deutsche, amerikanische und japanische Außenpolitikstrategien 1985-1995. Eine vergleichende Untersuchung zu Zivilisierungsprozessen in der Triade, DFG Projekt Zivilmächte, Schlussbericht und Ergebnis. Trier. Online unter: http://www.politik.uni-trier.de/pubs/forsch/civil.pdf [letzter Zugriff am 28.11.13].

Harnisch, Sebastian (2012): Conceptualizing in the Minefield: Role Theory and Foreign Policy Learning. In: Foreign Policy Analysis 8, 1, S. 47–69.

Harnisch, Sebastian et al. (2011a): Conclusion: role theory, role change and the international social order. In: Ders. (Hrsg.): Role Theory in International Relations. Approaches and Analysis. London: Routledge, S. 252–261.

Harnisch, Sebastian et al. (2011b): Role Theory in International Relations. Approaches and Analysis. London: Routledge.

Maull, Hanns W. (1990/91): Germany and Japan – The New Civilian Powers. In: Foreign Affairs 69, 5, S. 91–106.

Maull, Hanns W. (1992): Zivilmacht Bundesrepublik Deutschland. Vierzehn Thesen für eine neue deutsche Außenpolitik. In: Europa-Archiv 10, S. 269–278.

Maull, Hanns W. (2000): Germany and the Use of Force – Still a 'Civilian Power? In: Survival 42, 2, S. 56–80.

Maull, Hanns W. (2004): 'Normalisierung' oder Auszehrung? Deutsche Außenpolitik im Wandel. In: Aus Politik und Zeitgeschichte 11, S. 17–23.

Maull, Hanns W. (2006): Die prekäre Kontinuität: Deutsche Außenpolitik zwischen Pfadabhängigkeit und Anpassungsdruck. In: Schmidt, M.. G./Zohlnhöfer, R. (Hrsg.): Regieren in der Bundesrepublik Deutschland. Innen- und Außenpolitik seit 1949. Wiesbaden: VS Verlag für Sozialwissenschaften, S. 421–446.

Maull, Hanns W. (2011): Deutsche Außenpolitik: Orientierungslos. In: Zeitschrift für Politikwissenschaft 21, 1, S. 67–91.

Medick-Krakau, Monika (1999): Außenpolitischer Wandel: Diskussionsstand – Erklärungsansätze – Zwischenergebnisse. In: Ders. (Hrsg.): Außenpolitischer Wandel in theoretischer und vergleichender Perspektive: Die USA und die Bundesrepublik Deutschland. Baden-Baden: Nomos, S. 3–32.

Staack, Michael (2007): Deutschland als Wirtschaftsmacht. In: Schmidt, Siegmar/Hellmann, Gunther/Wolf, Reinhard (Hrsg.): Handbuch zur deutschen Außenpolitik. Wiesbaden: VS Verlag für Sozialwissenschaften, S. 85–97.

Weidenfeld, Werner (2007): Der „Zwei-plus-Vier"-Vertrag. In: Schmidt, Siegmar. et al. (Hrsg.): Handbuch zur deutschen Außenpolitik. Wiesbaden: VS Verlag für Sozialwissenschaften, S. 112–124.

Zürn, Michael (2006): Edel, hilfreich – nicht gut. In: Die ZEIT v. 12.10.2006, S. 10.

5.4. Globale Klimapolitik

Mitarbeit: Daniel Weger

1. Einstieg

Graphische Darstellung 41: Kabinettssitzung unter Wasser

Quelle: EPA/MALDIVES PRESIDENCY/HO EDITORIAL USE ONLY (zu dpa „UN-Bericht: Klimawandel schreitet ungebremst voran“ vom 27.09.2013) +++(c) dpa – Bildfunk+++

Im Oktober 2009 demonstrierten Mohamed Nasheed, Präsident der Malediven, und sein Kabinett, wie eine typische Kabinettssitzung des Inselstaates in Zukunft aussehen könnte: Er und seine Minister tagten eine Stunde lang in voller Taucherausrüstung unter Wasser. Was zunächst absurd erscheinen mag, stellt für die Malediven ein nicht allzu unwahrscheinliches Szenario dar: Der Staat ist einer der tiefgelegensten der Erde und bekommt die Folgen des Klimawandels in Form ansteigender Meeresspiegel besonders zu spüren. Laut aktueller Forschungen werden die 1200 Inseln bei unveränderter Entwicklung des Klimas zum Ende des 21. Jahrhunderts nicht mehr bewohnbar sein.

2. Leitfrage: Inwiefern können durch globale Klimapolitik der Klimawandel begrenzt und negative Auswirkungen auf die Wohlfahrt verhindert werden?

3. Beschreibung: Klimawandel und Klimapolitik

a) Implikationen und Folgen des Klimawandels

Der natürliche Treibhauseffekt ist per se nichts schlechtes, sorgt er doch dafür, dass Leben auf dem Planeten Erde überhaupt erst möglich ist. In die Erdatmosphäre einfallende Sonnenstrahlen werden von Treibhausgasen wie Kohlendioxid (CO_2) oder Methan (CH_4) absorbiert und schließlich in Wärmeenergie transformiert. Dadurch beträgt die Durchschnittstemperatur an der Erdoberfläche +15°C, ohne den natürlichen Treibhauseffekt würde sie bei -18°C liegen, was die Erde zu einem nicht bewohnbaren Ort machen würde. Problematisch ist jedoch eine zu hohe Konzentration an Treibhausgasen in der Erdatmosphäre, da dadurch ein übermäßiger Anstieg der Temperaturen an der Erdoberfläche herbeigeführt wird.

Doch wie kommt es überhaupt zu einer Erhöhung an Treibhausgasemissionen? Die Antwort auf diese Frage lässt sich relativ einfach im Bereich der Wirtschaft finden. Die Industrialisierung führte zu einer veränderten Nutzung von Ressourcen. Fossile Brennstoffe wie Braun- und Steinkohle und später Erdöl und Erdgas spielten eine immer bedeutendere Rolle in der Produktion. Allerdings setzt das Verbrennen fossiler Brennstoffe das Treibhausgas Kohlenstoffdioxid frei und ist somit einer der Hauptverursacher einer erhöhten Konzentration der Spurengase in der Erdatmosphäre, die seit Beginn der Industrialisierung um ca. 30 Prozent gestiegen ist. Da der Mensch somit einen wesentlichen Anteil an der Erderwärmung trägt, spricht man heute von einem anthropogenen Klimawandel.[120]

120 Das Verbrennen fossiler Brennstoffe macht den größten Teil der durch den Menschen verursachten Treibhausgasemissionen aus, dennoch gibt es weitere Faktoren, die nicht zu vernachlässigen sind: So wird beispielsweise bei Waldrodungen ebenfalls Kohlendioxid emittiert und durch Viehzucht und Reisanbau wird das Treibhausgas Methan (CH_4) freigesetzt. Auch bei der Produktion von Düngemitteln entstehen Treibhausgase, vor allem Distickstoffoxid (N_2O), besser bekannt als Lachgas.

Graphische Darstellung 42: Verteilung der Kohlendioxid-Emissionen

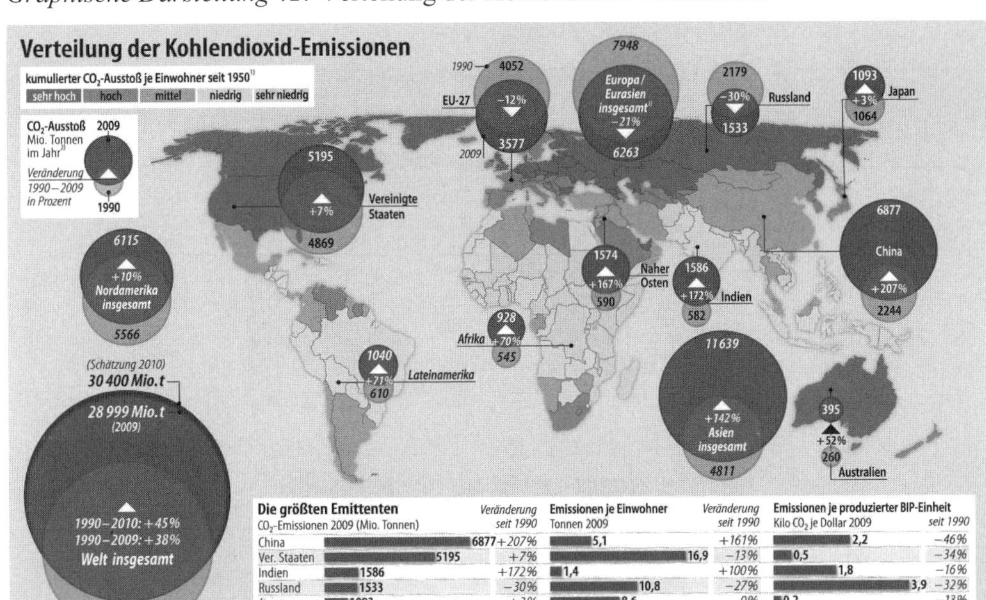

Die größten Emittenten – CO_2-Emissionen 2009 (Mio. Tonnen)	Veränderung seit 1990	Emissionen je Einwohner – Tonnen 2009	Veränderung seit 1990	Emissionen je produzierter BIP-Einheit – Kilo CO_2 je Dollar 2009	seit 1990
China 6877	+207%	5,1	+161%	2,2	−46%
Ver. Staaten 5195	+7%	16,9	−13%	0,5	−34%
Indien 1586	+172%	1,4	+100%	1,8	−16%
Russland 1533	−30%	10,8	−27%	3,9	−32%
Japan 1093	+3%	8,6	0%	0,2	−13%
Deutschland 750	−21%	9,2	−24%	0,4	−39%
Iran 533	+197%	7,3	+122%	3,4	+32%
Kanada 521	+20%	15,4	−1%	0,6	−23%
Südkorea 516	+125%	10,6	+98%	0,7	−15%
Großbritan. 466	−15%	7,5	−21%	0,3	−42%

Quelle: EPA/MALDIVES PRESIDENCY/HO EDITORIAL USE ONLY (zu dpa „UN-Bericht: Klimawandel schreitet ungebremst voran“ vom 27.09.2013) +++(c) dpa – Bildfunk+++

In obenstehender Grafik werden die absoluten Werte der Treibhausgasemissionen der einzelnen Staaten im Jahre 2009 dargestellt. Dabei wird deutlich, dass China noch vor den USA für den höchsten Wert verantwortlich ist. Außerdem ist festzuhalten, dass der CO_2-Ausstoß in den BRICS-Staaten (Brasilien, Russland, Indien, China und Südafrika), die als Schwellenländer bezeichnet werden, im Zeitraum 1990 bis 2009 besonders stark zugenommen hat. Bei Betrachtung der Pro-Kopf-Emissionen stellt sich allerdings heraus, dass die Industrienationen weit vor den Schwellenländern rangieren. Auch die Färbung der Staaten, die den kumulierten Pro-Kopf-Ausstoß seit 1950 darstellt, zeigt, dass historisch gesehen die Industriestaaten für das Gros der Treibhausgasemissionen verantwortlich sind, was die These der historischen Schuld der Industrienationen untermauert.

Die nachfolgende Grafik soll noch einmal veranschaulichen, dass erstens nur wenige Staaten für den Großteil der CO_2-Emissionen verantwortlich sind, zweitens, welche bedeutende Rolle fossile Brennstoffe bei der globalen Energieerzeugung einnehmen und drittens, wie stark der weltweite Ausstoß von Treibhausgasemissionen in den letzten Jahrzehnten angestiegen ist.

Graphische Darstellung 43: Emissionsausstoß und Primärenergieträger

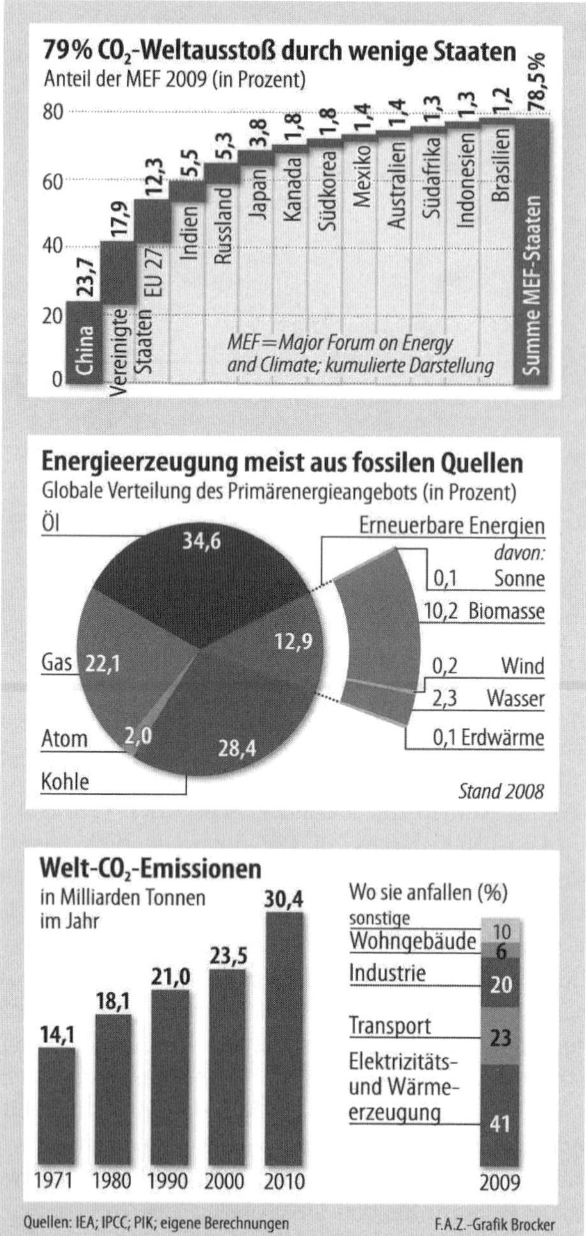

Quelle: © F.A.Z. Grafik Brocker (2011), online unter: http://www.faz.net/aktuell/wirtschaft/wirtschaftspolitik/ klimagipfel-in-durban-keine-loesung-nirgendwo-11546865.html [letzter Zugriff am 03.02.2104].

Darüber hinaus führen Phänomene wie das globale Bevölkerungswachstum, eine globalisierte Weltwirtschaft und technologischer Fortschritt zu einer steigenden Nachfrage nach Ressourcen und Energie, was wiederum zu einer erhöhten Freisetzung von Treibhausgasen führt. Andererseits wird auf verschiedenste Art und Weise, z.B. durch Waldrodungen, die Biokapazität[121] der Erde verringert, was zur Folge hat, dass immer weniger Kohlenstoffdioxid durch die Natur selbst abgebaut werden kann.

Für den Menschen sind die Folgen, die der anthropogene Klimawandel mit sich bringt, schon in der Gegenwart spürbar, doch das zukünftige Ausmaß ist derzeit nur schwer abzuschätzen. Es sind jedoch nicht die höheren Durchschnittstemperaturen an sich, die den Menschen zunehmend Sorge bereiten sollten, sondern extreme Wetterereignisse, deren Anzahl und Intensität erwiesenermaßen stark zunehmen. Das Abschmelzen von Polkappen und Gletschern und der Anstieg des Meeresspiegels sind ebenfalls Boten einer zunehmenden Erderwärmung.

Während geophysikalische Ereignisse wie Erdbeben nicht durch menschliches Verhalten beeinflussbar sind, so ist die Zunahme an klimatologischen Extremereignissen durchaus auf den anthropogenen Klimawandel zurückzuführen. Durch Wetterextreme wie Wirbelstürme, Tsunamis, Überschwemmungen und Dürren entstehen massive Schäden, die große volkswirtschaftliche Auswirkungen haben. Es gibt jedoch starke regionale Unterschiede hinsichtlich der Auswirkungen, denn am stärksten sind Entwicklungsländer betroffen, obwohl sie kaum Schuld an der Erderwärmung tragen. Ihre geographische Lage und schlechte Anpassungsfähigkeit, aufgrund fehlender finanzieller und technologischer Mittel, macht sie zu den primären Opfern des Klimawandels. Weil einige Orte dieser Welt in Zukunft nicht mehr bewohnbar sein werden, wie eingangs am Beispiel der Malediven erwähnt, wird es zu verstärkter klimabedingter Migration kommen. Darüber hinaus ist der Agrarsektor, der äußerst abhängig von Wetter bzw. Klima ist, in vielen Entwicklungsländern der bedeutendste Wirtschaftsbereich. So hat beispielsweise eine Überschwemmung, die zu hohen Ernteausfällen führt, in einem Entwicklungsland enorme Auswirkungen auf die gesamte Volkswirtschaft. Doch auch Naturkatastrophen in reicheren Ländern wie den USA können Konsequenzen für ärmere Länder haben, da durch Ernteausfälle entstehende Nahrungsmittelknappheit in Industrieländern die Weltmarktpreise nach oben treibt, worunter die armen Agrarimportländer am meisten leiden. Aber nicht nur Land- und Forstwirtschaft sind in besonderer Weise vom Klimawandel betroffen: Auch Eigentümer von Immobilien, die Tourismusbranche, das Gesundheitswesen, das Verkehrswesen, die Infrastruktur und die Industrie erleiden enorme finanzielle Schäden und sind dadurch, wenn auch aus unterschiedlichen Gründen, Leidtragende des anthropogenen Klimawandels. Eine unmittelbar betroffene Branche sind Rückversicherer, die nun in bestimmten Gebieten konsequenterweise gar keinen Versicherungsschutz mehr anbieten, weil ihnen das Risiko zu hoch ist, für Schäden in Millionen- oder gar Milliardenhöhe aufkommen zu müssen.

Klimakosten entstehen jedoch nicht nur durch katastrophenbedingte Schäden, sondern auch durch Investitionen in neue Technologien, die zu effektiverem Klimaschutz beitragen sollen. Es herrscht Konsens darüber, dass die Schäden und somit die volkswirtschaftlichen Kosten umso geringer sein werden, je früher effektive Maßnahmen zum Schutz des Klimas ergriffen werden. So kommt der „Stern Report", in dem der ehemalige Weltbank-

121 Die Biokapazität ist das Gegenstück zum Konzept des ökologischen Fußabdruckes. Während letzterer die ökologischen Kosten bezeichnet, die durch den menschlichen Lebensstil verursacht werden, versteht man unter der Biokapazität die Fähigkeit eines Ökosystems, Ressourcen bereitzustellen und Abfallprodukte abzubauen und zu verwerten.

Chefökonom Nicholas Stern im Auftrag der britischen Regierung die wirtschaftlichen Folgen der globalen Erwärmung untersuchte, zu dem Schluss, dass bei frühzeitigem Handeln der Nutzen der Klimainvestitionen sogar die Kosten, die dabei entstehen, übersteigen würde. Insgesamt sind solche Vorhersagen jedoch mit großen Unsicherheiten verbunden, da in den Modellen meist stark vereinfachend vorgegangen wird und somit die Ergebnisse in besonderem Maß von den jeweiligen Annahmen abhängen. So sind beispielsweise zukünftige Preisentwicklungen äußerst schwer einschätzbar und haben doch einen großen Einfluss auf die Entwicklung von Zukunftsszenarien. In jedem Fall macht es der wissenschaftlich bewiesene Zusammenhang von erhöhter CO_2-Konzentration und steigenden Temperaturen an der Erdoberfläche notwendig, dass sich der Mensch Gedanken über sein eigenes Handeln macht und etwas gegen den Klimawandel unternimmt. Hier kommt nun die internationale Klimapolitik ins Spiel, deren Ziel es ist, den Klimawandel zu bekämpfen und Anpassungsstrategien zu finden.

b) Globale Klimapolitik

Der Begriff „Umwelt" hat erst in den 1970er Jahren Einzug in die Politik gehalten und somit handelt es sich dabei um ein noch recht junges Politikfeld. Neben dem Klima beschäftigt sich die Umweltpolitik mit zahlreichen anderen Problemen wie der Wasserknappheit, dem Erhalt der Biodiversität und dem Erhalt der Ozonschicht. Hier soll jedoch nur näher auf das klimapolitische Geschehen auf internationaler Ebene eingegangen werden, da der Klimawandel derzeit das beherrschende Thema auf dem Feld der Umweltpolitik ist und andere Themen wie Wasserknappheit oder Erhalt der Biodiversität in starker Abhängigkeit dazu stehen.

Der erste Schritt zu globalen Anstrengungen zur Bekämpfung des Klimwandels war der sogenannte **„Erdgipfel"**, der 1992 in **Rio de Janeiro** stattfand. Nachdem die UN-Generalversammlung 1990 Verhandlungen über ein globales Klimaabkommen beschlossen hatten, wurde im Rahmen der Konferenz der Vereinten Nationen über Umwelt und Entwicklung (UNCED) in Rio de Janeiro die **Klimarahmenkonvention** (UNFCCC) ausgehandelt, die 1994 in Kraft trat und bis heute von 192 Staaten unterzeichnet wurde. Das Ziel, das die Staaten in Aritkel 2 der Klimarahmenkonvention gemeinsam vereinbarten, ist die Senkung der anthropogenen Treibhausgasemissionen zur Stabilisierung der Treibhausgaskonzentration in der Erdatmosphäre. So soll die globale Erwärmung verlangsamt und den Ökosystemen eine Anpassung an die veränderten klimatischen Verhältnisse ermöglicht werden. Insgesamt soll also eine anthropogene Störung des Klimasystems verhindert werden. In Artikel 4 wurde zudem das „Prinzip der gemeinsamen, aber unterschiedlichen Verantwortlichkeiten" festgelegt. Einerseits verpflichten sich damit alle Staaten zur Verfolgung des gemeinsam vereinbarten Ziels, der Bekämpfung des Klimawandels. Andererseits wird die historische Schuld der Industrieländer als Hauptverursacher herausgestellt. Hintergrund dieses Prinzips ist zudem der fortwährend hohe Pro-Kopf-Ausstoß der Industriestaaten und deren bessere finanzielle und technische Möglichkeiten zur Bekämpfung des Klimawandels.

Im Zuge des „Berliner Mandats" (1995) setzten sich die Unterzeichnerstaaten zum Ziel, exakte Maßnahmen, Reduktionsziele und Emissionsbegrenzungen festzulegen. Seitdem treffen sich die Unterzeichnerstaaten jährlich im Rahmen der sogenannten Conference of the Parties (COP). Der bis dato bedeutendste Schritt in der Geschichte der globalen Klimapolitik war der Beschluss des „**Kyoto-Protokolls**" im Jahre 1997, wodurch die zwei Jahre zuvor in Berlin initiierten Verhandlungen zum Abschluss gebracht wurden. Es wurden konkrete Maßnahmen zum Schutz des Weltklimas in Form dreier flexibler Mechanismen beschlossen: International Emissions Trading (IET), Joint Implementation (JI) und Clean Development Mechanism (CDM). Während es sich bei ersterem Mechanismus schlicht um den **Handel von Emissionszertifikaten** (vgl. Analyse) zwischen Staaten handelt, zielen die letzteren beiden auf die gemeinsame Durchführung von Klimaschutzprojekten durch Industrie- und Entwicklungsländer ab. Man versucht so, eine „Win-win-Situation" zu schaffen, indem Entwicklungsländer vom Technologietransfer profitieren und sich die Industrieländer die dadurch in den Entwicklungsländern eingesparten Emissionsrechte zuhause anrechnen lassen können.

Das Ziel von Kyoto war es, bis 2012 eine Reduktion der Treibhausgasemissionen um 5,2 Prozent im Vergleich zum Basisjahr 1990 zu erreichen. Dabei fielen die Zielsetzungen recht unterschiedlich aus: Beispielsweise verpflichtete sich die EU zu einer Reduktion um acht Prozent, die USA zu sieben Prozent und Japan zu sechs Prozent. Die Entwicklungsländer, zu denen auch Schwellenländer wie die BRICS-Staaten gezählt wurden, wurden gemäß des „Prinzips der gemeinsamen, aber unterschiedlichen Verantwortlichkeiten" zu keinerlei Einsparungen verpflichtet. Diese Länder pochten auf ihr Recht auf wirtschaftliche Entwicklung, das durch Verpflichtungen zur Reduktion von CO_2-Emissionen stark eingeschränkt worden wäre. Insgesamt beteiligten sich allerdings nur 38 Industriestaaten an diesem Vorhaben. So hatten beispielsweise die USA zwar das Kyoto-Protokoll unterzeichnet, es aufgrund fehlender Zustimmung im Kongress jedoch nie ratifiziert, sodass ihre Reduktion von sieben Prozent unverbindlich blieb.

In der folgenden Grafik werden die im Rahmen des Kyoto-Protokolls vereinbarten Zielsetzungen und die tatsächlichen Veränderungen der Treibhausgasemissionen einiger Staaten verglichen. Auffällig ist dabei, dass die Erfolgsquote einzelner Staaten extrem unterschiedlich ausfällt und Versprechen auf Einsparungen an Treibhausgasemissionen nicht zwangsläufig Taten folgen lassen.

In Bonn wurde 2001 die 6. COP von Den Haag fortgesetzt und es kam zum „Bonn Agreement", in dem sich die Staaten zu den Zielen des Kyoto-Protokolls bekannten. Die Bedingungen des Bonner Beschlusses wurden jedoch erst 2004 mit dem Beitritt Russlands erfüllt: mindestens 55 der in der UNFCCC vertretenen Staaten hatten das Kyoto-Protokoll ratifiziert und diese Staaten waren verantwortlich für mindestens 55 Prozent der im Basisjahr 1990 ausgestoßenen Treibhausgase. Somit konnte das Kyoto-Protokoll 2005 in Kraft treten; die erste Verpflichtungsperiode war 2008 bis 2012, die zweite Verpflichtungsperiode von 2013 bis 2020.

Graphische Darstellung 44: Kyoto-Protokoll – Reduktionsziele und Einsparungen

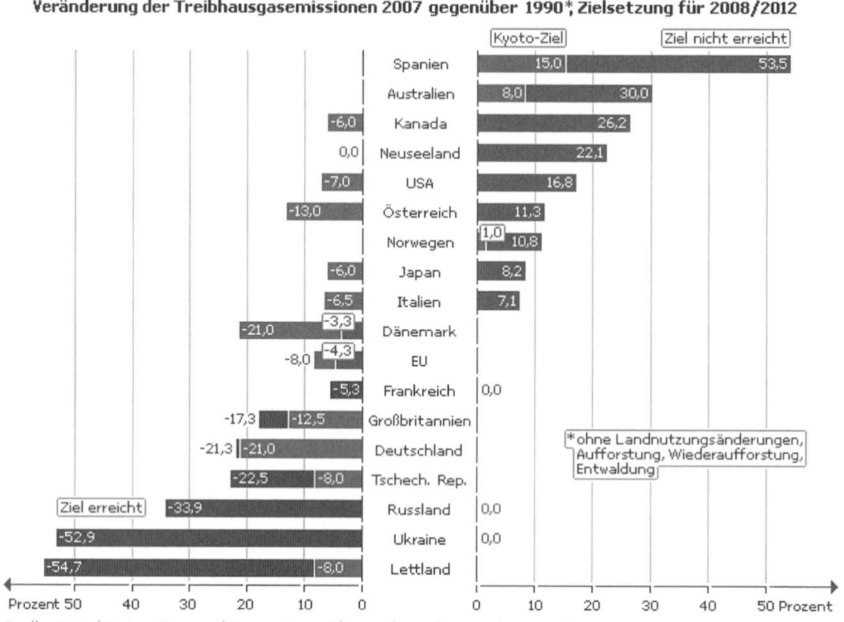

Quelle: Bundeszentrale für politische Bildung (2011), online unter: http://www.bpb.de/nachschlagen/zahlen-und-fakten/globalisierung/52817/internationale-vertraege, in: United Nations Framework Convention on Climate Change (UNFCCC): www.unfccc.int [letzter Zugriff am 03.02.2104].

Der durch Wissenschaftler beratene intergouvernementale Weltklimarat **IPCC (Intergovernmental Panel on Climate Change)**, der infolge einer Klimakonferenz in Toronto 1988 gegründet wurde, legte 2007 einen „Assessment-Report" vor, der die globale Klimapolitik bis heute nachhaltig beeinflusst: Einerseits stellte der Bericht fest, dass die Folgen einer Erderwärmung um zwei Grad im Vergleich zum vorindustriellen Niveau beherrschbar sein sollten, andererseits verdeutlichte er, dass dies nur mit konsequentem Handeln möglich sei. So sollte ein Anstieg der Treibhausgasemissionen bis etwa 2015 gestoppt werden und danach bis zur Mitte des 21. Jahrhunderts eine Reduktion der Emissionen um 50 bis 85 Prozent im Vergleich zum Jahr 2000 erfolgen. Zwar sei es auch notwendig, dass die Schwellen- und Entwicklungsländer deutlich von ihren prognostizierten Emissionen abweichen, doch besonders die Industrieländer wurden zum Handeln aufgerufen: Bis 2020 sollten diese Staaten ihre Emissionen um 25 bis 40 Prozent im Vergleich zu 1990 reduzieren. Somit wurde klar, dass die im Kyoto-Protokoll festgelegten Zielsetzungen nicht ausreichend waren, um das **„2-Grad-Ziel"** einzuhalten. Falls die Weltgemeinschaft untätig bleiben sollte, prognostizierte die Studie eine Erhöhung der Durchschnittstemperaturen um 2,4°C bis 6,4°C bis zum Jahre 2100.

Am Ende der Verhandlungen standen der COP in Kopenhagen lediglich eine vage Absichtserklärung nach der Einhaltung des „2-Grad-Ziels". Doch selbst wenn alle Staaten diese unverbindlichen Zielsetzungen einhalten, reichte dies nicht für einen effektiven

Klimaschutz im Sinne des „2-Grad-Ziels". Der Post-Kyoto-Prozess wird deshalb seit Kopenhagen als gescheitert angesehen.

Auch auf den folgenden Konferenzen blieben entscheidende Beschlüsse aus: In Cancún wurde 2010 lediglich das „2-Grad-Ziel" offiziell anerkannt und in Durban einigte man sich 2012 darauf, dass man bis 2015 ein global verbindliches Klimaabkommen beschließen wolle, welches dann ab 2020 gelten würde. Konkret wurde man nur bei den Finanztransfers von den Industriestaaten an die Entwicklungsländer: Aus dem 2010 errichteten Green Climate Fund sollten die Entwicklungsländer einmalig 30 Mrd. US-Dollar sofort und danach jährlich weitere 100 Mrd. US-Dollar für Klimaschutzprojekte erhalten.

Einen kleinen Erfolg konnte man schließlich auf der COP in Doha 2012 verzeichnen, als eine Verlängerung des Kyoto-Protokolls bis 2020 beschlossen wurde. Allerdings haben Russland, Japan und Kanada für die 2. Phase ein *opt-out* geltend gemacht. Da außerdem die beiden größten Emittenten USA und China ohnehin nicht am Kyoto-Protokoll teilnehmen, zeichnen die nunmehr am Kyoto-Protokoll beteiligten Staaten lediglich für 15 Prozent der weltweiten CO_2-Emissionen verantwortlich, weshalb die Effektivität dieser Maßnahme zum Schutze des Weltklimas angezweifelt werden darf.

4. Analyse: Akteure und Emissionshandel

c) Akteure in der globalen Klimapolitik

Auf Akteursebene kommt in der globalen Klimapolitik zweifellos den Staaten die wichtigste Rolle zu, genauer gesagt Regierungsmitgliedern – globale Klimapolitik ist also primär intergouvernementale Politik. Daneben agieren aber auch Internationale Organisationen (IOs) sowie transnationale Akteure wie Nichtregierungsorganisationen (NGOs), und Vertreter aus der Wirtschaft bei Weltklimaverhandlungen mit Beobachterstatus. Die Weltorganisation für Meteorologie (WMO) – ihrerseits Teil des IPCC – gibt neben dem IPCC den wichtigsten wissenschaftlichen Input, der als Grundlage für die Verhandlungen dient.

Im Zuge der Verhandlungen im Rahmen des UNFCCC-Prozesses kommt es zur Herausbildung von (Interessens-)Koalitionen. Neben den bereits erwähnten BRICS-Staaten stemmt sich auch die OPEC (Organization of the Petroleum Exporting Countries) gegen zu harte Klimaschutzmaßnahmen. Während die Schwellenländer Angst vor niedrigeren Wachstumsraten haben, sorgen sich die Erdölstaaten um rückläufige Exporte. So traten während der Kyoto-Verhandlungen mehrere Staaten unter der Führung der USA als Bremser auf. Die sog. „Umbrella Group" (Japan, USA, Schweiz, Kanada, Australien, Norwegen, Neuseeland, Russland, Ukraine) legte eine ablehnende und blockierende Verhandlungshaltung an den Tag, da fossile Brennstoffe in den Industrien dieser Staaten eine bedeutende Rolle spielte und einschneidende Klimaschutzmaßnahmen somit nicht im Interesse der heimischen Wirtschaften gewesen wären.

Auf der Gegenseite treten neben der EU die AOSIS (Alliance of Small Island States) und die LDC (Least Developed Countries) für einen besseren Klimaschutz ein. Die Inselstaaten und Entwicklungsländer fordern eine Verringerung der CO_2-Emissionen, weil ihre Existenz grundlegend von der Erderwärmung bedroht ist bzw. sie in besonderem Maße von den Folgen des Klimawandels betroffen sind. Somit ist auch in der globalen Klimapolitik ein Konflikt zwischen Norden und Süden zu erkennen.

b) Emissionshandel

Das bislang populärste Instrument zur Senkung der Treibhausgasemissionen ist der Handel mit Emissionszertifikaten. Der Mechanismus dieses marktorientierten Instruments funktioniert folgendermaßen: Durch eine Obergrenze an Zertifikaten (*cap*), die sich am Klimaziel orientiert, wird eine künstliche Knappheit hergestellt, die dazu führt, dass die Preise für die Zertifikate mit zunehmender Nachfrage steigen. Dadurch sollen Unternehmen angeregt werden, lieber in effizientere Technik als in teure Zertifikate zu investieren. Es investieren jedoch nur diejenigen Unternehmen in neue Technologien, für die es am günstigsten ist. Unternehmen, die eine solche Umstellung auf eine klimaschonendere Produktionsweise teuer zu stehen käme, kaufen eher Zertifikate. Somit werden auch die volkswirtschaftlichen Kosten reduziert, da nur dort Klimagase eingespart und neue Technologien ausgebaut werden, wo dies am kostengünstigsten möglich ist. Neben Kosteneffizienz und Flexibilität bestehen die Vorteile des Emissionshandels darin, dass konkrete Reduktionsziele festgelegt und Sanktionen bei Überschreiten des *caps* erteilt werden können. Der bedeutendste Vorteil ist jedoch mit Sicherheit der, dass Anreize für die Entwicklung innovativer Technologien geschaffen werden.

In der folgenden Grafik wird der Mechanismus des Handels mit Emissionszertifikaten beispielhaft dargestellt:

Graphische Darstellung 45: Mechanismus des Handels mit Emissionszertifikaten

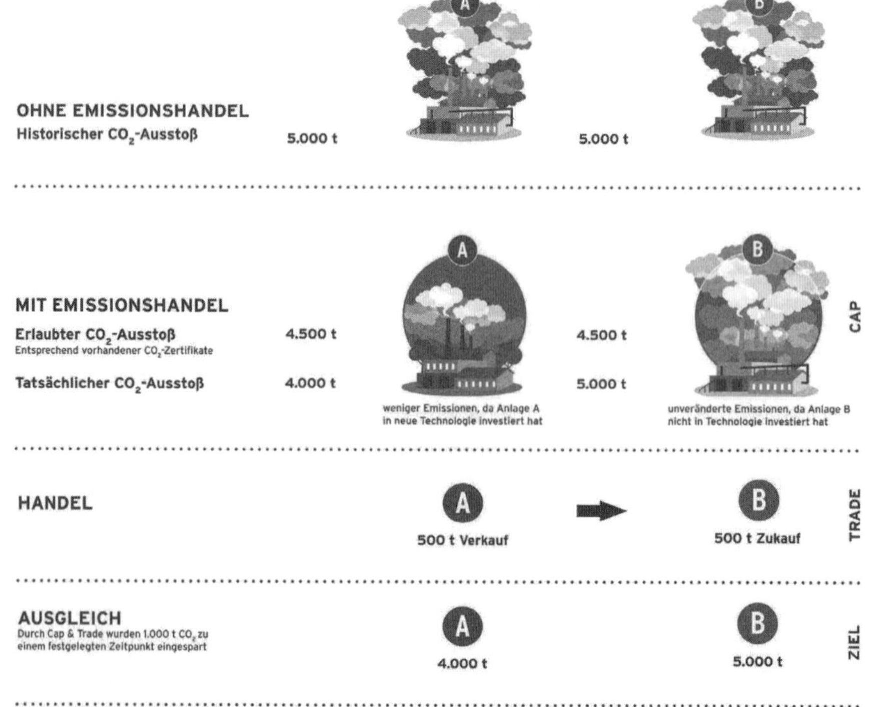

Quelle: bpb/DEHSt.

Es zeigen sich aktuell jedoch auch einige **Probleme des Emissionshandels**: Rezessionen können durch niedrigeren Energieverbrauch der Industrie die künstlich hergestellte Knappheit an Zertifikaten entschärfen. Dieses Überangebot an Zertifikaten führt wiederum dazu, dass deren Preise fallen. Die Emissionsrechte werden dadurch wertlos, da das Angebot im Emissionshandel im Gegensatz zur Nachfrage unflexibel ist. Den Staaten ist es zudem erlaubt, ungenutzte Zertifikate für die Zukunft anzusparen, was die Überallokation weiter verstärkt. Insgesamt führen zu niedrige Preise der Emissionsrechte dazu, dass effektive Klimaschutzmaßnahmen ausbleiben, da kein Anreiz besteht, in bessere Technologien zu investieren. Laut Experten sollte die Tonne CO_2, deren Preis derzeit bei etwa fünf Euro liegt, im europäischen Emissionshandel mindestens 20 Euro kosten, um bei den Unternehmen für Investitionsanreize zu sorgen. Die Stabilisierung des Marktes könnte durch eine weitere Verknappung von Zertifikaten herbeigeführt werden. Einige Verantwortungsträger in Politik und Wirtschaft zweifeln jedoch an, ob dieses nachträgliche *backloading* ein zulässiges Eingreifen in den Markt sei. Zudem sollte man nicht vergessen, dass der Emissionshandel längst nicht alle Branchen und Schadstoffe erfasst. So wurden die Ölindustrie und der Flugverkehr erst 2013 in das Emissionshandelssystem eingebunden. Problematisch ist darüber hinaus, dass ein Teil der Zertifikate kostenlos zugewiesen wird. Dies führt in manchen Fällen sogar dazu, dass Unternehmen, die diese Zertifikate eigentlich nicht benötigen, sich durch deren Weiterverkauf zusätzlich bereichern können.

Die EU führte im Jahr 2005 das Europäische Emissionshandelssystem (EU EHS) ein, wodurch das im Kyoto-Protokoll festgelegte Ziel einer Verringerung der Emissionen um 8 Prozent im Vergleich zu 1990 erreicht werden sollte. Im Unterschied zum internationalen Emissionshandel des Kyoto-Protokolls agieren im EU EHS nicht Staaten, sondern Unternehmen als Hauptakteure. Aufgrund des Erfolges des EU EHS wollen bereits weitere Staaten wie die Schweiz, Norwegen und Australien dem Handelssystem beitreten. Für die Zukunft ist eine Zusammenführung des EU EHS mit dem internationalen Emissionshandel im Rahmen des Kyoto-Protokolls geplant.

Auch in den G2-Staaten USA und China tut sich hier bereits etwas: Während in den USA bislang nur der Bundesstaat Kalifornien über ein eigenes Emissionshandelssystem verfügt, wird in China bereits in mehreren einzelnen Provinzen mit Emissionsrechten gehandelt. Eine Ausweitung dieses Systems auf das gesamte Staatsgebiet der Volksrepublik ist bereits in Planung. Allerdings sollten die chinesischen Ambitionen nicht zu hoch bewertet werden: Das Basisjahr der Reduktionsziele ist das Jahr 2010 und insgeheim wird immer noch fest von einem Anstieg der Treibhausgasemissionen bis 2030 ausgegangen. Außerdem wird durch die bestehenden Emissionshandelssysteme der chinesischen Provinzen nur ein Teil der Treibhausgase abgedeckt.

5. Erklärung: Die Theorie der Kollektivgüter

Die Frage, warum sich die Politik mit der globalen Klimapolitik so schwertut, soll im Folgenden mit der Theorie des kollektiven Handelns beantwortet werden, die Mancur Olson in seinem Werk *The Logic of Collective Action: Public Goods and the Theory of Groups* (1965, 2002) darlegt. Diese Theorie stammt aus der Volkswirtschaft und zählt somit nur im weiteren Sinne zu den Theorien der Internationalen Beziehungen (Liberale Theorieschule). Sie kann dennoch gewinnbringend auf einige Bereiche der internationalen

Politik angewendet werden, in denen die Allokation von Kollektivgütern eine zentrale Rolle spielt.

a) Die Annahmen

Olsen führt grundsätzlich eine Unterscheidung zwischen „privaten Gütern" (Konsumgüter, Investitionsgüter usw.) und „**Kollektivgütern**" (auch: öffentliche Güter) ein. Ein Kollektivgut (*pure public good*) zeichnet sich laut Olson durch (1) Nicht-Ausschließbarkeit (*infeasibility of exclusion*) und (2) **Nicht-Rivalität** (*jointness of supply*) aus. **Nicht-Ausschließbarkeit** bedeutet, dass niemand vom Gebrauch ausgeschlossen werden kann, wenn das Gut erst einmal produziert wurde. Vereinfacht gesagt: Gibt es in einer Region saubere Luft, kann niemandem verwehrt werden, diese auch einzuatmen. Nicht-Rivalität besagt, dass das Gut gleichzeitig von mehreren konsumiert werden kann, ohne dass dadurch der Nutzen für den Einzelnen abnimmt, noch die Kosten für die Produktion des Gutes steigen. Da der Preis für den Konsum eines Kollektivguts oft Null oder sehr gering ist, bestehen starke Anreize zur Ausbeutung des Gutes: Die Meere werden überfischt, die Wälder abgeholzt und die Luft verschmutzt. Es kommt zur **„tragedy of the commons"** (Hardin 1968) oder auch **„Allmende-Problem"** genannt: Das rationale Wirtschaftsstreben der Individuen ruiniert langfristig die Lebensgrundlagen aller. In der Sprache der Volkswirtschaftslehre heißt das: Durch das individuelle Marktverhalten wird ein Teil der Umweltkosten externalisiert: Die Allgemeinheit oder der Staat müssen diese **„sozialen Kosten"** (Coase 1960) tragen.

Da der Markt nicht bereit ist, solche Güter zu (re-)produzieren, kommt es bei Kollektivgütern zu einer suboptimalen Bereitstellung, kurz gesagt: zu einem **Marktversagen**. Deshalb ist laut Olson die Produktion eines Kollektivgutes eine der zentralen Funktionen von politischen oder gesellschaftlichen Institutionen. Dabei treten jedoch mehrere Probleme auf, die sich aus dem rationalen Verhalten der einzelnen Akteure ergeben. Zunächst ist die **Verteilung der Kosten** zur Finanzierung des Gutes nicht ganz unproblematisch, weil jedes Mitglied nur in dem Maße Beiträge zahlen will, in dem es auch von dem Gut profitiert. Ebenso bedeutend ist die **free-rider** Problematik, die sich direkt aus dem Merkmal der Nicht-Ausschließbarkeit ergibt: Einige Akteure sind versucht, das Kollektivgut zu konsumieren, ohne für einen Teil der Produktionskosten aufkommen zu wollen – sie agieren als Trittbrettfahrer. Nach Olson wird dieses Problem mit zunehmender Gruppengröße gravierender, da der Beitrag des Einzelnen unbedeutender wird und das opportunistische Verhalten somit weniger auffällt. Außerdem sind auch die **Transaktionskosten** (vgl. 5. im Kap. 2.1.) umso höher, je mehr Mitglieder die Gruppe vorweist. Somit liegt für die Bereitstellung öffentlicher Güter ein sogenanntes **„Gefangenendilemma"** vor, da nicht-kooperatives Verhalten die dominante Strategie darstellt. Zwar würden alle am meisten profitieren, wenn jeder seine Beiträge leistete, doch für den Einzelnen lohnt sich der Betrug, denn er kann sich dadurch in eine relativ bessere Position bringen.

Graphische Darstellung 46: Auszahlungsmatrix für Gefangenendilemma

	Akteur A		
Akteur B	Verhalten	Kooperation	Nicht-Kooperation
	Kooperation	+3/+3 (I)	+1/+4 (II)
	Nicht-Kooperation	+4/+1 (IV)	+2/+2 (III)

Quelle: Eigene Darstellung.

In obenstehender Grafik wird die Auszahlungsmatrix für ein Gefangenendilemma beispielhaft dargestellt. Das Gefangenendilemma modelliert eine bestimmte Spielsituation, wie sie etwa für zwei Staaten in der internationalen Umweltpolitik anzutreffen ist. Das Problem beim Gefangenendilemma stellt die Interdependenz des Verhaltens dar, d.h. die Auszahlung der beiden Akteure beruht sowohl auf der eigenen Wahl der Strategie als auch auf der des anderen Akteurs. So wäre es die insgesamt beste Lösung, wenn beide sich für ein kooperierendes Verhalten entscheiden würden, d.h. aktiv den Ausstoß von klimaschädlichen Gasen zu reduzieren (Lösung I). Da es sich jedoch für den einzelnen Akteur lohnt, weiterhin die Umwelt zu verschmutzen, wenn der andere Einsparungen von Treibhausgasemissionen betreibt, wird dieser aufgrund rationaler und ökonomischer Erwägungen vom kooperierenden Verhalten abweichen (II bzw. IV). Demjenigen Akteur, der zwar aktiv Klimaschutz betreibt, jedoch wirtschaftlich dafür bestraft wird, bleibt somit als einzige Möglichkeit, um wirtschaftlich nicht schlechter gestellt zu sein, dass er ebenfalls nicht kooperiert. Somit wird bei (III) ein sog. „Nash-Gleichgewicht“ erreicht, da sich an diesem Punkt die beiden dominanten Strategien treffen. Nicht-Kooperation wird deshalb als „dominante Strategie“ bezeichnet, da sich dieses Verhalten in jedem Fall auszahlt, man also dadurch immer die höchste Auszahlung für sich selbst erzielen kann.

Die für beide beste Lösung (I) wird deswegen verfehlt, weil beide kein **Vertrauen** in die Aufrichtigkeit des anderen haben können. Vertrauen ist eine „Annahme bzw. Wette über das künftige Handeln anderer" (Sztomka 1995: 256); es erscheint damit als zugeschriebene, pauschale (Handlungs-)Glaubwürdigkeit und beschreibt das Kalkül, dass die zukünftigen Handlungen des Partners nicht zum eigenen Nachteil führen. Das Vertrauensproblem verschärft also die Schwierigkeiten, ein Kollektivgut zu produzieren.

Um gegen Trittbrettfahrer vorgehen zu können, muss die Möglichkeit zur effektiven Sanktionierung gegeben sein. Die Gruppe muss sich also gewisser Maßnahmen bedienen können, die Zwang auf den Trittbrettfahrer ausüben, damit dieser seine Beiträge doch zahlt. Die besten Chancen hierfür sieht Olson in positiven bzw. negativen selektiven Anreizen, die den Einzelnen zu einer aktiven Teilnahme in der Institution bewegen. Olsens Analyse trifft sich an dieser Stelle mit Keohanes Liberalem Institutionalismus (vgl. 5. im Kap. 2.1.): Institutionen sind dringend vonnöten, um Transaktionskosten zu sparen, Transparenz und Vertrauen herzustellen und Reziprozität zu gewährleisten.

b) Anwendung der Theorie des Kollektiven Handelns auf die Klimapolitik

Beide Merkmale, durch die ein Kollektivgut definiert ist, treffen auf das Gut „sauberes Weltklima“ zu. Es kann sogar von einem globalen Kollektivgut gesprochen werden, da die spezifische Gruppe, auf die sich das Gut bezieht, die gesamte Weltbevölkerung ist.

Dass die Situation eines Gefangenendilemmas auftritt, ist vor allem auf die produktionsseitigen Eigenschaften zurückzuführen: Beim Kollektivgut „saubere Umwelt“ handelt es sich um ein **Summations-Gut**. Dies bedeutet, dass die einzelnen Beiträge aufaddiert werden (Einsparungen an Treibhausgasemissionen) und es dementsprechend keine Rolle spielt, wann, wo und von wem ein Beitrag geleistet wird. Es besteht also keine akteursspezifische Bedeutung des Beitrags, weshalb Nicht-Kooperation für den Einzelnen die dominante Strategie ist, weil sie sich immer auszahlt (siehe Gefangenendilemma).

Bei der Betrachtung von Kosten und Nutzen wird klar, warum es zu keinem verbindlichen Klimaabkommen kommt: Die Inselstaaten und die LDC versprechen sich den höchsten Nutzen von der Produktion des Kollektivguts. Sie haben jedoch nicht die finanziellen Mittel, um dafür aufzukommen und sind deswegen auf die Mithilfe der reicheren Länder angewiesen. Einige dieser Länder, allen voran die USA, wollen jedoch nicht für die Beiträge aufkommen, da sie in dem Prinzip der gemeinsamen, aber geteilten Verantwortlichkeiten eine Institutionalisierung des Trittbrettfahrens sehen, weil bestimmte Staaten automatisch von Beitragszahlungen befreit sind. Demgegenüber betonen die Schwellen- und Entwicklungsländer fortwährend die historische Schuld der Industrienationen und ihr Recht auf wirtschaftliche Entwicklung. Aber auch die Industrieländer wollen nicht allein zahlen, da sie Angst davor haben, ihre Wettbewerbsfähigkeit zu gefährden bzw. am Ende auf den gesamten Kosten sitzen zu bleiben. Auch gibt es keinen Staat, der einen so großen Nutzen aus der Produktion des Kollektivguts „saubere Umwelt“ ziehen könnte, dass er sich alleine dazu bereit erklären würde, die Kosten zu tragen. Das Emissionshandels-System ist ein Schritt in die richtige Richtung, aber die Staaten haben es bislang verstanden, das System zu unterlaufen und so die Anreize für umweltschonendes Verhalten minimiert. Auch hieran lässt sich erkennen, wie groß das Trittbrettfahrer-Problem ist.

6. Prognose

Da die Theorie des Kollektiven Handelns von rationalem Verhalten des einzelnen Akteurs ausgeht, erscheint es äußerst unwahrscheinlich, dass gegenwärtige, konkrete Nachteile zugunsten möglicher zukünftiger Vorteile in Kauf genommen werden. Im Falle des Klimaschutzes ist die Staatengemeinschaft zudem auf jeden einzelnen Beitrag angewiesen (Summations-Gut!) und so wird es auch in Zukunft immer wieder Zugeständnisse an „Bremser“ geben. Daher ist auch die Einführung strenger internationaler Sanktionen im Falle des Nicht-Einhaltens von festgelegten Verpflichtungen nicht zu erwarten. Die Prognose der Theorie des Kollektiven Handelns für die internationale Klimapolitik fällt nicht besonders gut aus: Eine Studie kam zu dem Ergebnis, dass es sich beim Klimaregime UNFCCC um eine äußerst große Gruppe mit „niedriger Kooperationstiefe“ (Böhmelt/ Pilster 2011) handelt. Es treffen also all jene Eigenschaften zu, die die Bereitstellung eines Kollektivguts äußerst unwahrscheinlich erscheinen lassen. Die Aussichten auf ein verbindliches Weltklimaabkommen sind somit denkbar schlecht, vielmehr sind auf globaler Ebene auch in absehbarer Zukunft bloße Absichtserklärungen zu erwarten. Effizientes Vorgehen gegen den Klimawandel wird eher auf nationalstaatlicher Ebene bzw. im Rahmen regionaler Institutionen (bspw. EU) vorzufinden sein. Denkbar sind nationale Anpassungsstrategien, die konkret auf länder- bzw. regionenspezifische Probleme zugeschnitten sind. Aufgrund wiederkehrenden **Politikversagens** verspricht man sich auch in diesem Politikfeld viel von einer Privatisierung. Man setzt dabei auf die Innovationskraft privater Unternehmen, die technische Lösungen anbieten, um etwa das Klima zu beeinflussen.

7. Bewertung

Die Theorie des Kollektiven Handelns versucht darzustellen, welche Auswirkungen das Verhalten eines Einzelnen auf das Verhalten einer Gruppe haben kann. Sie identifiziert die (Ver-)Handlungsprobleme, die entstehen können, wenn sich alle Akteure innerhalb einer Gruppe rational bwz. nutzenmaximierend verhalten (*rational choice*). Daher eignet sich die Theorie gut zur Erklärung von Politikversagen im Bereich des globalen Regierens: Die Staatenwelt schafft es nicht, ein Anreizsystem zu schaffen, das den Klimawandel beherrschbar macht. Problematisch ist allerdings, dass sie sehr auf ökonomiespezifischen Annahmen basiert. Einerseits ist sie stark auf strategische Aspekte rationalen Handelns fokussiert und lässt somit die Kommunikations- und Normenebene weitestgehend außen vor. Andererseits sind die Annahmen, die den Akteuren zugeschrieben werden, teilweise fragwürdig. So ist zu bezweifeln, dass alle Akteure ständig nutzenmaximierend und vollkommen rational handeln und zudem vollständig informiert sind. Viele Gesellschaften schaffen es, durch sozialen Druck und kulturelle Veränderungen gesellschaftliche Kollektivgüter wie eine saubere Umwelt oder sichere Straßen zu erzeugen.

8. Handlungsempfehlung

Aus Sicht der Theorie des Kollektiven Handelns müssen die Rahmenbedingungen internationaler Klimapolitik grundlegend geändert werden. So gilt es, vermehrt Anreize zu schaffen, die die Staaten dazu veranlassen, aktiver am Gestaltungsprozess teilzunehmen. Dabei sollte sowohl mit positiven als auch negativen Anreizen gearbeitet werden. Einerseits könnte man den Staaten *side-payments* anbieten, die sie im Falle einer aktiven Teilnahme bekommen – die diskutierte Abgabe der Industrieländer zugunsten der Entwicklungsländer geht in diese Richtung. Andererseits wären auch negative Anreize denkbar, durch die die Staaten dazu bewegt werden, ihren Beitrag zu leisten. Dazu bedarf es aber Strukturen, die Zwang auf die Akteure ausüben, beispielsweise in Form von drastischen Sanktionen oder hohen Opportunitätskosten (vgl. Kap. Internationale Institutionen).

Zu erreichen wäre dies beispielsweise durch eine grundlegende Reform der UNO, die dem United Nations Environment Programme (UNEP) und dem UNFCCC-Prozess künftig eine bedeutendere institutionelle Stellung beimisst. Durch eine Erweiterung des Handlungsspielraums würde so die Position gegenüber den Staaten gestärkt, weil nun mehr Druck auf letztere ausgeübt werden könnte. Außerdem würde sich ein offenerer und transparenterer Kommunikationsstil positiv auswirken, weil so zwischen den Verhandlungspartnern Vertrauen aufgebaut werden könnte, das die, einem Gefangenendilemma ähnliche, Situation entschärfen könnte. Der Handel mit Verschmutzungszertifikaten ist zu begrüßen, weil dadurch die sozialen Kosten wieder in den Markt integriert („internalisiert“) werden, aber den Nationalstaaten darf nicht gestattet werden, die Preise zu manipulieren. Auch hierzu wäre eine starke, supranationale Institution vonnöten, die gleichfalls bei der UNO angesiedelt sein könnte.

Schließlich wäre es angebracht, das Prinzip der gemeinsamen, aber unterschiedlichen Verantwortlichkeiten dahingehend zu ändern, dass es zu einer neuen Lastenteilung kommt. Das Stockholm Environment Institute (SEI) beispielsweise schlägt eine „Kombination von Verursacher- und Leistungsfähigkeitsprinzip" (Schulz/Sommer 2012) vor, so dass sowohl gegenwärtige und historische Treibhausgasemissionen als auch die technischen Kapazitäten und finanziellen Möglichkeiten eines jeden Landes angemessen berücksichtigt werden.

Glossar

Kollektivgut	Nicht-Ausschließbarkeit
Nicht-Rivalität	Summations-Gut
Trittbrettfahrer (*free-rider*)	Soziale Kosten
Tragedy of the commons/Allmende-Problem	Emissionszertifikate
Gefangenendilemma (*prisoner's dilemma*)	Politikversagen
Marktversagen	

Übungsfragen

1. Ist der Emissionshandel ein effektives Instrument zur Überwindung des Marktversagens in der Klimapolitik? Wägen Sie Vor- und Nachteile ab. Erörtern Sie zudem, welche Möglichkeiten es gäbe, den Handel mit Emissionszertifikaten zu verbessern.
2. Transferfrage: Wenden Sie die Theorie der Kollektivgüter auf die Umweltkatastrophe der Deep Water Horizon (vgl. Studie transnationale Akteure) an!
3. Transferfrage: Begreifen Sie die NATO als institutionelle Absicherung zur Produktion des Kollektivguts „Sicherheit in Europa" (vgl. Kap. 1.3.). Diskutieren Sie Kosten und Nutzen! Könnte man Deutschland in diesem Fall als *free rider* bezeichnen (vgl. Kap. Teil 3 im Kap. 5.3.)?
4. Transferfrage: Wenden Sie die Securitization-Theorie auf die Klimaproblematik an (vgl. Erklärung im Kap. 3.2.). Unter welchen Bedingungen könnte eine „Versicherheitlichung" des Klimawandels bessere Lösungen schaffen?

Filmtipp: The Day After Tomorrow (2004), Roland Emmerich [Spielfilm]

Wenngleich Wissenschaftler vor den verheerenden Auswirkungen der Treibhausgase gewarnt haben, ändern die Menschen ihr Verhalten nicht, sodass es zu einer Klimakatastrophe in Form einer Eiszeit kommt. Kanada und die USA verschwinden unter einer Schnee- und Eisdecke; diejenigen, die überleben, wandern nach Mexiko, Prof. Hall (Dennis Quaid) muss jedoch nach New York, um seinen Sohn zu retten (Jake Gyllenhaal).

Empfohlene Texte zu internationaler Klimapolitik

Bundeszentrale für politische Bildung: Dossier Klimawandel. Online unter: http://www.bpb.de/gesellschaft/umwelt/klimawandel/ [letzter Zugriff am 21.01.2014].

Empfohlener Text zu Emissionshandel

Vorholz, Fritz (2013): Mit Dreck gehandelt. In: Die ZEIT 2013, 29, online unter: http://www.zeit.de/2013/29/emissionshandel-unternehmen-umwelt [letzter Zugriff am 21.01.2014].

Empfohlener Originaltext zur Theorie

Olson, Mancur (2004): Die Logik des kollektiven Handelns. 5. durchges. Auflage, Tübingen: Mohr Siebeck, S. 4–21 u. 32–41.

Übrige verwendete Literatur

Böhmelt, Tobias/Pilster, Ulrich H. (2011): Zur Problematik kollektiven Handelns. Eine quantitative Studie internationaler Umweltregime. In: Zeitschrift für Internationale Beziehungen 2, S. 63-90.

Bundesministerium für Umwelt, Naturschutz und Reaktorsicherheit (BMU) (2013): Emissionshandel für Klimaschutz und Energiewende. Online unter: http://www.bmu.de/fileadmin/Daten_BMU/Download_PDF/Emissionshandel/faltblatt_emissionshandel_bf.pdf [letzter Zugriff am 21.01.14]. Seite des BMU zu den Kyoto-Mechanismen. Online unter: http://www.jiko-bmu.de/jiko/aktuell/1.php [letzter Zugriff am 21.01.14].

Coase, Ronald. H. (1960): The Problem of Social Cost. In: Journal of Law and Economics 3, S. 1–44.

Hardin, Garrett (1968): The Tragedy of the Commons. In: Science New Series 162, 3859 (Dec. 13, 1968), S. 1243–1248.

Kyoto-Protokoll. Online unter: http://unfccc.int/kyoto_protocol/items/2830.php [letzter Zugriff am 21.01.14].

Schulz, Astrid/Sommer, Bernd (2012): Internationale Klimagerechtigkeit – Wieso es nicht allein auf die Staaten ankommt. In: Zeitschrift für Politikwissenschaft 2, S. 261–269.

Solomon, S./Manning, M./Qin D. u.a. (2007): Zusammenfassung für politische Entscheidungsträger. In: Klimaänderung 2007: Wissenschaftliche Grundlagen. Cambridge: Cambridge University Press, online unter: http://www.ipcc.ch/pdf/reports-nonUN-translations/deutch/IPCC2007-WG1.pdf [letzter Zugriff am 21.01.14].

Spiegel Online (2009): Sondersitzung zum Klimawandel: Kabinett der Malediven taucht ab. Online unter: http://www.spiegel.de/wissenschaft/natur/sondersitzung-zum-klimawandel-kabinett-der-malediven-taucht-ab-a-655746.html [letzter Zugriff am 21.01.14].

Sztompka, Piotr (1995): Vertrauen: Die fehlende Ressource in der postkommunistischen Gesellschaft. In: Niedelmann, Birgitta (Hrsg.): Politische Institutionen im Wandel. Sonderheft der Kölner Zeitschrift für Soziologie und Sozialpsychologie. Opladen: Westdeutscher Verlag, S. 254–276.

United Nations (1992): United Nations framework convention on climate change. Online unter: http://unfccc.int/files/essential_background/background_publications_htmlpdf/application/pdf/conveng.pdf [letzter Zugriff am 21.01.14].

5.5. Studie zu transnationalen Akteuren

Mitarbeit: Bert Neumeister

In diesem Fall soll das Zusammenspiel zwischen transnationalen und staatlichen Akteuren in der Umweltpolitik beleuchtet werden. Transnationale Akteure werden dabei als nichtstaatliche Individuen oder Organisationen (multinationale Konzerne oder Organisationen wie Greenpeace/Amnesty International) begriffen, die innerhalb der internationalen Weltordnung agieren.

Seitdem sich die Idee des freien Meeres global durchgesetzt hat, werden die internationalen Gewässer jenseits der Küstenstreifen als „freie Meere" definiert. Das Prinzip der freien Meere bedeutet, dass sie außerhalb der nahen Küstengewässer keinem souveränen Staat gehören, dafür aber von der internationalen Staatengemeinschaft und transnationalen Unternehmen (TNC) genützt werden können.[122]

Neben der kommerziellen Bedeutung als Transportweg für global gehandelte Waren beherbergen die Meere selbst zahlreiche Rohstoffe. Angesichts der steigenden Nachfrage und Preise landbasierter Rohstoffe werden die Meeresböden immer attraktiver. In Zeiten der Rohstoffknappheit wird etwa Erdöl nicht mehr nur in flachen Gewässern gesucht, sondern Förderungen aus der Ultratiefsee (bis hin zu 3000 Metern Wassertiefe) sind keine Seltenheit (zum Vergleich: Die Ölfelder der Nordsee liegen etwa 40 Meter tief). Von der Deepwater Horizon-Plattform, 85 Kilometer südlich von der Küste des US-Bundestaates Louisiana gelegen, wurde beispielsweise Öl aus rund 1500 Meter Wassertiefe gefördert. Die Plattform gehörte dem Unternehmen Transocean mit Sitz in der Schweiz. Transocean hat diese Plattform für Explorationsbohrungen an den britischen BP-Konzern verleast.

BP

Die Abkürzung BP stand lange Zeit für „British Petrol". Im Jahr 2000 wechselte das Unternehmen seine Außendarstellung und änderte die Bedeutung der Buchstabenkombination BP zu „beyond petroleum". Diese Worte werden seitdem als Leitmotiv für die Neuorientierung des Unternehmens zum Ende des Erdölzeitalters verstanden. BP ist mit ca. 86.000 Mitarbeitern in über 80 Ländern der Erde geschäftlich aktiv, zählt zu den weltweit zehn größten Unternehmen und konnte in 2012 bei einem Umsatz von 388 Mrd. US-Dollar einen Gewinn von 11,8 Mrd. US-Dollar ausweisen. Die Deepwater Horizon stürzte BP in eine tiefe geschäftliche Krise, von der sich das Unternehmen dank Stützungszusagen der britischen Regierung sowie Abnahmevereinbarungen für Erdölprodukte seitens der US-Streitkräfte wieder erholt hat.

122 Um den daraus potentiell resultierenden Konflikten entgegenzuwirken, wurden in der Internationalen Seerechtskonvention Richtlinien ausformuliert, die festlegen, welches Recht auf See gilt. Innerhalb determinierter Zonen wird dadurch geregelt, wie weit Hoheitsansprüche eines Küstenstaats Geltung erfahren und bis in welche Zonen die Förderung natürlicher Ressourcen durch diese legitim ist. Der Bereich jenseits dieser Zonen kann als rechtsfreier Raum betrachtet werden (United Nations Convention on the Law of the Sea of 10 December 1982 v.a. Part II, V, VII, XV).

Am 20. April 2010 geriet die Quelle außer Kontrolle, es kam zu einem „Blowout“: Ein Gemisch aus Bohrschlamm, Rohöl und Gas schoss unkontrolliert durch die Steigleitung nach oben. Das ausströmende Gas entzündete sich an der Oberfläche, explodierte und steckte die Plattform in Brand. Elf Arbeiter starben und 17 weitere wurden verletzt. Die Plattform brannte trotz Löschversuchen zwei Tage lang und versank schließlich im Meer. Nach der Explosion der Deepwater Horizon zerbrach die Rohrverbindung zwischen Bohrloch und Plattform und sank auf den Meeresboden. Das Öl begann jetzt ungehindert in großen Mengen am Meeresboden auszuströmen. Zwei Tage später entdeckte die Küstenwache die durch das Unglück verursachte Öllache auf der Wasseroberfläche. Drei Tage nach dem Unfall trieb das Öl an Land und begann die Sandstrände von Westflorida zu verseuchen. Insgesamt sind ungefähr 4,9 Millionen Barrel (780 Millionen Liter) ausgeströmt, wovon etwa 800.000 Barrel aufgefangen werden konnten. Es zeigte sich, dass BP als verantwortlicher Betreiber keinerlei Notfallvorkehrungen getroffen hatte. Aus Sicht von BP war dies auch nicht nötig, da der Konzern für das Bohrgenehmigungsverfahren behauptet hatte, ein solcher Unfall sei „virtually impossible“. Am 19. September, erst fünf Monate nach dem tragischen Unfall, gelang es, das Bohrloch mit Zement zu verschließen.

Das empfindliche Ökosystem entlang der Golfküste ist schwer geschädigt worden: Nahezu alle Bewohner des Ökosystems waren betroffen, neben etlichen seltenen Pflanzen auch viele geschützte Tierarten wie Meeresschildkröten, Seekühe und Haie. Die Ölverseuchung kostete tausende Arbeiter ihre wirtschaftliche Existenz. Touristen stornierten ihre Hotelbuchungen und die Besucherzahl am beliebten Ferienort Grand Isle in Louisiana im Jahr 2010 sank von 10.000 auf 100. Auch die Kommerz- und Sportfischerei kam zeitweilig ganz zum Erliegen, sodass der amerikanische Konsument Preissteigerungen für Schrimps, Austern und Meeresfische hinnehmen musste. Wahrscheinlich bedarf es noch mehrerer Jahre an Forschung, um alle menschlichen, ökologischen und ökonomischen Schäden zu evaluieren. Eine von der amerikanischen Regierung eingesetzte unabhängige Expertenkommission kam zu dem Ergebnis, dass jeden Tag bis zu 40.000 Barrel Rohöl in das Meer geflossen sein könnten, bevor es gelang, einen Teil des Öls aufzufangen.

In einem offenen Brief an den BP-Vorstand forderte Greenpeace Deutschland den Ölkonzern dazu auf, Bohrungen in der Tiefsee einzustellen (Bayona 2010). Ab einer Meerestiefe von 200 Metern könne kein Taucher mehr arbeiten und eventuelle Schäden beheben. Der Untergang der Deepwater Horizon sei zudem eine „beispiellose Umweltkatastrophe“, die das Ökosystem im Golf von Mexiko massiv geschädigt hätte und noch viele Jahrzehnte später zu gravierenden Umweltschäden führen könnte. Da es mehrere hundert Tiefseebohrungen weltweit gibt, seien ähnliche Katastrophen zu befürchten.

Regierungen müssen einerseits die Folgen des Handelns transnationaler Akteure immer dann verantworten, wenn diese das Staatsgebiet oder die Staatsbürger betreffen. Andererseits spielen sie als **Stakeholder**[123] für jedes Unternehmen eine bedeutende Rolle, denn jede Regierung hat Eigeninteressen, die sie auch gegenüber Unternehmen zu vertreten sucht. Für BP sind gute Beziehungen zu Regierungsinstitutionen wichtig, um über notwendige Legitimität und Akzeptanz als Grundlage für die jeweiligen Geschäftstätig-

123 Unter Stakeholder versteht man „any group or individual that can affect or is affected by the achievement of a corporation's purpose“ (Freeman 2004: 229). Im Hinblick auf die unterschiedlichen Stakeholdermodelle (Bruton 2011: 158-164) können hierzu u.a. Lieferanten, Mitarbeiter, Kunden, Regierungen und die Zivilgesellschaft gezählt werden.

keiten zu verfügen und innerhalb gesetzlicher Rahmenbedingungen und Vereinbarungen Zugang zu den natürlichen Ressourcen zu erhalten. Im Fall der Deepwater Horizon waren US-Arbeitssicherheits- und Umweltgesetze maßgeblich. Kommt die Regierung zu dem Schluss, dass BP Auflagen und Gesetze nicht eingehalten hat, könnten BP Strafzahlungen oder im schlimmsten Fall der Ausschluss aus dem US-amerikanischen Markt drohen. Die Umweltbehörde EPA sperrte 25 Prozent der Fläche im Golf von Mexiko für Fischerei. Nach heutigen Schätzungen musste die Fischereiindustrie in Louisiana 2,5 Mrd. US-Dollar und die Tourismusindustrie in Florida wegen gesperrter Strände drei Mrd. US-Dollar an Einbußen hinnehmen. BP wurde aufgrund von Fahrlässigkeit dazu verurteilt, für sämtliche Reinigungsarbeiten zu bezahlen (nach Angaben von BP 6 Mio. Dollar am Tag) und einen Fonds für Hilfsgelder über 20 Mrd. US-Dollar einzurichten. Des Weiteren wurden Regierungsmitarbeiter in die betroffenen Regionen entsandt, um die Säuberungsarbeiten auf dem Meer und an den Stränden zu überwachen.

Im November 2012 setzte ein Gericht in New Orleans die Strafzahlung für die von BP verschuldete Ölkatastrophe auf 4,5 Mrd. US-Dollar fest. Für Greenpeace, die weltweit bedeutendste Umweltschutzorganisation, ist diese Summe angesichts der massiven Schädigung des Ökosystems im Golf von Mexiko viel zu niedrig.[124] Sie entspräche nicht einmal dem Gewinn des Ölkonzerns im dritten Quartal von 2012 (5,5 Mrd. US-Dollar). Zudem entzöge sich der Verlust eines vom Aussterben bedrohten Buckelwals jeder monetären Schätzung. Nach Ansicht von Greenpeace schickte dieses Strafmaß die falsche Botschaft an alle erdölfördernden Unternehmen und böte keinen Anreiz, Ölbohrungen sorgsamer zu handhaben. BP hätte sich nach Auffassung von Greenpeace mit der Annahme der Geldstrafe aus der Verantwortung für zukünftige, in ihrer Höhe noch nicht absehbare Ökoschäden, herausgekauft.

Der Ruf von BP hat durch diesen Vorfall stark gelitten, mit Konsequenzen, die bis heute nachhallen. BP bestritt zu Beginn die Verantwortlichkeit für den Unfall. Der Chief Executive Officer (CEO), Tony Hayward, befeuerte die Wut auf BP zusätzlich, indem er bedauerte, dass die Ölkatastrophe ihn zu sehr beschäftige – er nahm zur gleichen Zeit an einer Segelregatta teil. Der finanzielle Schaden für BP und die Anteilseigner (Shareholder) war spürbar, denn das Unternehmen verlor im Jahr 2010 die Hälfte seines Aktienwertes und musste bislang ca. 32 Mrd. US-Dollar für Säuberungsmaßnahmen, Entschädigungen und Strafzahlungen aufwenden.

Übungsfragen

1. Analysieren Sie die Beziehungen zwischen BP, Greenpeace und der US-amerikanischen Regierung. Welche Ziele verfolgen die beiden transnationalen Akteure, welche Rolle nimmt dabei die US-Regierung ein? Wie können BP und Greenpeace Regierungen beeinflussen? Skizzieren Sie die nationalen und internationalen Einflusswege transnationaler Politik!
2. Ist der Fall ein Beispiel für *free riding* einer *transnational corporation* in der Umweltpolitik? Argumentieren Sie mit der Kollektivgüter-Theorie (vgl. Kap. 5.4.)!

124 Floegel, Marc: It's arithmetic, $4.5 billion is small change for BP. Greenpeace.com, Pressemitteilung am 16.11.2012.

3. Wenn Sie die Kollektivgüter-Theorie als Grundlage akzeptieren, welche Schlussfolgerungen ergeben sich dann für die praktische Politik? Welche Maßnahmen halten Sie für geeignet, global agierende Konzerne wie BP grenzüberschreitend zu kontrollieren?
4. Wie können globale Umweltstandards durchgesetzt werden? Argumentieren Sie mit dem Spiralmodell des Transnationalen Konstruktivismus (vgl. Kap. Menschenrechte)!

Verwendete Literatur

Bayona, Michelle: Offener Brief an BP. Pressemitteilung vom 30.06.2010, online unter: http://www.greenpeace.de/themen/oel/nachrichten/artikel/offener_brief_an_bp_esso_total_shell_conocophillips/ [letzter Zugriff: 31.1.2014].

Bruton, James (2011): Unternehmensstrategie und Verantwortung. Wie ethisches Handeln Wettbewerbsvorteile schafft. Berlin: Erich Schmidt.

Freeman, R.Edward (2004): The Stakeholder Approach Revisited. In: Zeitschrift für Wissenschaft und Unternehmensethik 5, 3, S. 228–241.

Schindler, Jörg (2011): Öldämmerung – Deepwater Horizon und das Ende des Ölzeitalters. München: Oekom.

Schor, Elana: Federal Investigators Find Oil Industry Failing to Learn From Past Disasters. In: New York Times, 15.12.2010.

United Nations Convention on the Law of the Sea of 10 December 1982, online unter: http://www.un.org/Depts/los/convention_agreements/texts/unclos/closindx.htm [letzter Zugriff: 31.3.2013].

6. Schlussbetrachtung: Theoriedebatten verstehen

Diese abschließende Betrachtung sollte erst nach Lektüre der Grundlagen und einiger Kapitel (mind. 1.3., 2.1., 3.1., 5.1.) gelesen werden. Es wird an das Ende der Einleitung angeknüpft, in dem die Theorieentwicklung Thema war. Bereits dort ist angeklungen, dass die IB eine immanent theoretische Wissenschaftsdisziplin sind: Erklärungen sind zentral, um einen nachhaltigen Wissensfortschritt zu ermöglichen. Einzelne Theorien, so die Erkenntnis, lassen sich entsprechend ihrer Ähnlichkeit in Theorieschulen zusammenfassen. In der Einleitung hatten wir vier Theorieschulen unterschieden: Die realistische, liberale, revolutionäre und die sozial-konstruktivistische. Die in den Einzelkapiteln behandelten Theorien können wie folgt den Theorieschulen zugeordnet werden:

Theorieschulen			
Realistische Ts	**Liberale Ts**	**Revolutionäre Ts**	**Sozialkonstruktivistische Ts**
• Klassischer Realismus (1.1.) • Neorealismus	• Idealismus (1.1.) • Liberaler Institutionalismus • Liberaler. Intergouvernementalismus • Rent-Seeking • Neofunktionalismus • Theorie der Kollektivgüter • Demokrischer Frieden • Feminismus (liberale Variante)	• Kritische Theorie/ Neogramscianismus • Feminismus (standpoint Variante)	• Systemischer Sozialkonstruktivismus • Transnationaler Sozialkonstruktivismus • Securitization • Rollentheorie • Security Community • Feminismus (poststrukturalistische Variante)

Quelle: Eigene Darstellung.

In den Einzelkapiteln ist jedoch auch deutlich geworden, dass nicht sämtliche Theorien dieser Einteilung gehorchen. Die Englische Schule etwa steht mit ihren Annahmen zwischen Realismus und Liberalismus (vgl. Kap. 1.2.). Rhetorical Action geht von liberalen Prämissen aus, benutzt aber ein sozialkonstruktivistisches Argument (vgl. Kap. 4.3.). Die Theorie zum Demokratischen Frieden fußt primär auf liberalen Annahmen, kann jedoch ihren Erklärungsbeitrag durch eine sozialkonstruktivistische Ergänzung verbessern (vgl. Kap. 4.1.). Feministische Theorien lassen sich gleich in mehreren Theorieschulen verorten (vgl. Kap. 3.4.). Angemerkt sei auch, dass sich in der Literatur auch andere Einteilungen von Theorieschulen finden lassen, die hier vorgenommene wurde aus didaktischen und abgrenzungsermöglichenden Gründen gewählt.

Jede Theorieschule teilt wesentliche Annahmen und diskutiert untereinander die gemeinsamen Anwendungsbereiche und Perspektiven. Gegenüber anderen Theorieschulen werden Argumente ins Feld geführt, warum die eigene Theorieschule besser ist – einen größeren Erklärungswert aufweist – als andere. Geschieht dies systematisch und beteiligen sich viele Wissenschaftler daran, spricht man von einer „**Theoriedebatte**“**:** Welche Theorien, welche Annahmen und Wirkungszusammenhänge versprechen den größeren Erkenntnisgewinn?

Um Theorien und Theorieschulen zu unterscheiden, bedarf es Kriterien. Solche Kriterien werden der **Metatheoretie** (Theorie über Theorien) entlehnt. Metatheorie fragt nach den Annahmen, die hinter bestimmten Theorien stehen und deren Folgen für den Wissenschaftsprozess.

<table>
<tr><th>Beobachtung von Phänomenen</th><th>Abstraktionsniveau 1</th><th></th><th>Abstraktionsniveau 2</th><th>Abstraktionsniveau 3</th></tr>
<tr><td rowspan="3">z.B. Krieg und Frieden</td><td rowspan="3">Theorie 1
.
.
Theorie 2
.
.
.
Theorie 3
.
.
Theorie 4</td><td>ordnen</td><td>Theorieschule 1
(z.B. Realismus)</td><td rowspan="3">Theoriedebatte</td></tr>
<tr><td>Kriterien:
Metatheorie</td><td></td></tr>
<tr><td>ordnen</td><td>Theorieschule 2</td></tr>
</table>

Quelle: Eigene Darstellung.

Vier metatheoretische Kriterien dienen in den Sozialwissenschaften dazu, Theorien zu unterscheiden. Die **Ontologie** fragt nach den Annahmen des Seins, d.h. sie trifft Annahmen darüber, wie die Welt ist. In 1.1. wurde dies als „Weltsicht“ umgesetzt: In der „**Ersten Debatte der IB**“ stritten die Debattenteilnehmer darüber, ob sie die Welt als konfliktbladen oder friedlich, als wandelbar oder statisch sehen. Während die Realisten angesichts der Grauen der Weltkriege argumentierten, der Mensch sei grundsätzlich machtgetrieben und Konflikte der Welt eigen, betonten die Idealisten (eine frühe Variante der liberalen Theorieschule) die Lernfähigkeit des Menschen und die friedensstiftende Kraft des Völkerrechts (vgl. die Theorieschulen in 1.1.). Für die Realisten war der Wiederaufstieg und der Kriegswille Deutschlands auf der einen und die Appeasement-Politik der Westmächte auf der anderen Seite Beweis genug für die Gültigkeit der realistischen Annahmen. Eine gesellschaftliche Konsequenz hiervon ist übrigens bis heute, dass der Pazifismus in den (angegriffenen) Siegerstaaten des Zweiten Weltkriegs (F, GB, USA, RUS) keine Rolle mehr spielt, während er in den (vormals aggressiven) Verliererstaaten Deutschland, Italien und Japan durchaus in der Gesellschaft verwurzelt ist. Die Realisten setzten sich damals durch und begründeten die lang anhaltende Dominanz der realistischen Theorieschule, die bis in die 1980er Jahre andauern sollte.

1. Debatte: Idealismus vs. Realismus (1918 bis 1960er)
2. Debatte: Szientizismus vs. Traditionalismus (1960er)
3. Debatte (Interparadigma-Debatte): Neorealismus – Neoliberalismus (1980er)
4. Debatte: Rationalisten vs. Sozialkonstruktivisten und Positivisten vs. Post-Positivisten (1990er-2000er)

Darstellung nach Kurki/Wight 2010.

In der „**Dritten Debatte** der IB“ – manchmal auch „Interparadigmadebatte“ oder „Neo-Neo-Debatte“ genannt – ging es gleichfalls um Ontologie. Der seit Ende der 1970er Jahre dominierende Neorealismus wurde durch neuere liberale Ansätze wie den Liberalen Institutionalismus (vgl. Kap. 2.1.) herausgefordert. Im Zuge der allseitigen wirtschaftlichen Erholung nach den Weltkriegen und des wirtschaftlichen Aufstiegs Japans und Westdeutschlands stellte sich die Frage, ob die (realistische) „Machtwelt“ nicht von einer (liberalen) „Handelswelt“ abgelöst werden würde. Geht es Staaten, wie der Neorealismus annimmt, immer um „relative Gewinne“ (einen Gewinn relativ zum Gewinn des anderen), oder um „absolute Gewinne“, wie die Liberalen behaupten? Dies hat große Auswirkungen für die Einschätzung von internationalen Institutionen: Wenn Institutionen wie das internationale Handelsregime den Staaten unterschiedlich große Gewinne bringen, ist dies aus Sicht der Liberalen positiv und die Institution darum erhaltenswert. Aber die Neorealisten sehen eher die relativen Verluste einiger Staaten und würden deshalb der Institution keine Dauerhaftigkeit zubilligen. Als Ergebnis der Dritten Debatte konnten sich die liberalen Theorien als mindestens gleichwertig neben den realistischen im Fach etablieren. In der Folge gerieten realistische Theorien immer mehr unter Druck, weil sie keine guten Erklärungen für viele beobachtete Ereignisse mehr generieren konnten (vgl. Bewertung im Kap. 1.3.).

Auch in der „**Vierten Debatte**“ spielt die Ontologie eine Rolle. Während Theorieschulen wie Realismus und Liberalismus von materiellen Faktoren ausgehen, bevorzugt die sozialkonstruktivistische Schule die immaterielle Welt der Ideen und der Sprache: Ist die Außenpolitik von Staaten bspw. eher durch materielles Macht- und Gewinnstreben ausgerichtet, oder folgt es nationalen Identitäten oder Rollenerwartungen? Spätestens seit dem Ende des Kalten Krieges offenbarten sich verschiedene „Welten“ – Regionen des Friedens und der Demokratie (*zones of peace*) stehen Regionen der Unruhe und der gewalttätigen Konflikte (*zones of turmoil*) gegenüber. Vielleicht – so die Anhänger des sogenannten *cultural turn* in den Sozialwissenschaften – lässt sich dies eher mit immateriellen Faktoren wie Ideen, Kulturen und Identitäten erklären. Vor allem in Nord- und Westeuropa konnte sich die sozialkonstruktivistische Theorieschule in der Folge als gleichwertig zur liberalen etablieren.

Ein zweites metatheoretisches Kriterium ergibt sich aus der **Epistemologie** (Annahmen darüber, auf welche Weise die Welt erforscht werden kann). In der „**Zweiten Debatte**“ in den 1960er Jahren wurde die bis dahin vorherrschende „Historische Methode“ der Traditionalisten angegriffen. Erkenntnisfortschritte, so behaupteten die Traditionalisten – wie die Anhänger der Englischen Schule (vgl. Kap. 1.2.) – seien am ehesten durch Mustererkennung in der Geschichte zu erreichen. Im Gegensatz dazu forderten die sogenannten „Szientizisten“, *political science* hätte sich mehr an den in den Naturwissenschaften erprobten Forschungsdesigns zu orientieren. Statistische Methoden etwa böten bessere Chancen, Erkenntnisfortschritt in den IB zu erzielen. Das „*correlates of war*"-Projekt (vgl. 1.1., Analyse zu Krieg und Frieden) etwa prüfte systematisch verschiedene Faktoren für Kriege durch, was u.a. zum Doppelbefund des Demokratischen Friedens führte (vgl. Kap. 4.1.). Während die Szientizisten an den Universitäten der USA, der übrigen angelsächsischen Länder, der nordischen Staaten und auch in Deutschland tonangebend wurden, dominieren in weiten Teilen Ost- und Südeuropas und in den meisten Schwellen- und Entwicklungsländern bis heute noch die Traditionalisten. Dies liegt zum einen darin begründet, dass sich die Disziplin dort noch nicht von ihren „Eltern" Jura und Geschichte gelöst hat. Studierende in Frankreich etwa erwerben im Fach Internationale Politik eher historisches und institutionelles denn theoretisches Wissen. Zum anderen gibt es in vielen autoritären Regimen entweder keine oder nur eine sehr politiknahe Politikwissenschaft, die wenig Interesse an Abstraktion entwickelt.

Auch die „**Vierte Debatte**" hatte eine epistemologische Komponente. Die Trennlinie verlief diesmal zwischen Positivismus und Post-Positivismus.

Positivismus ist eine Wissenschaftsphilosophie, die

- von einer materiellen Welt ausgeht, die unabhängig vom Beobachter erforscht werden kann → Objektivität ist möglich.
- nach beobachtbaren Regelmäßigkeiten sucht. Gefundene Regelmäßigkeiten können durch Theorietests überprüft werden.
- unbeobachtbare „Realitäten" ausklammert, weil sie nicht „formalisiert" (also in einem Ursache-Wirkungs-Mechanismus erfasst) werden können.

Post-Positivismus ist eine Wissenschaftsphilosophie, die

- die Bedeutung von Zeichensystemen (wie Sprache) betont.
- davon ausgeht, dass Wissenschaft „wahre" Aussagen nur über sprachliche Konstruktionen, nicht aber über Wirklichkeit „an sich" erbringen kann. Post-Positivismus geht davon aus, dass es keine wissenschaftliche Erkenntnis außerhalb des Menschen und seiner Wahrnehmung gibt.

  → sprachübergreifend-universale, „objektive" Aussagen nicht möglich

- postuliert, dass Gütekriterien für Wissenschaftlichkeit Theorien eigen sind, d.h. dass sie theorieunabhängig nicht zu begründen sind.

Die Trennlinie zwischen Positivisten und Post-Positivisten verläuft mitten durch die sozialkonstruktivistische Theorieschule. Anhänger des Transnationalen Konstruktivismus etwa suchen nach eindeutigen kausalen Zusammenhängen, um systematisch Gründe für die Ausbreitung von Menschenrechten zu erforschen (vgl. Kap. 2.2.). Demgegenüber lehnt der poststrukturalistische Feminismus solche kausalen Wirkungsmechanismen ab und nimmt die Sprache der Diskriminierung in den Blick.

Bringt man die Debatten in ein sehr vereinfachendes Diagramm, das durch Ontologie (nur Staaten als internationale Akteure vs. sehr viele internationale Akteure) und Epistemologie (Kausalität vs. Interpretative Deutungen) aufgespannt wird, so stellt sich dies wie folgt dar:

Graphische Darstellung 47: Theoriedebatten im Überblick

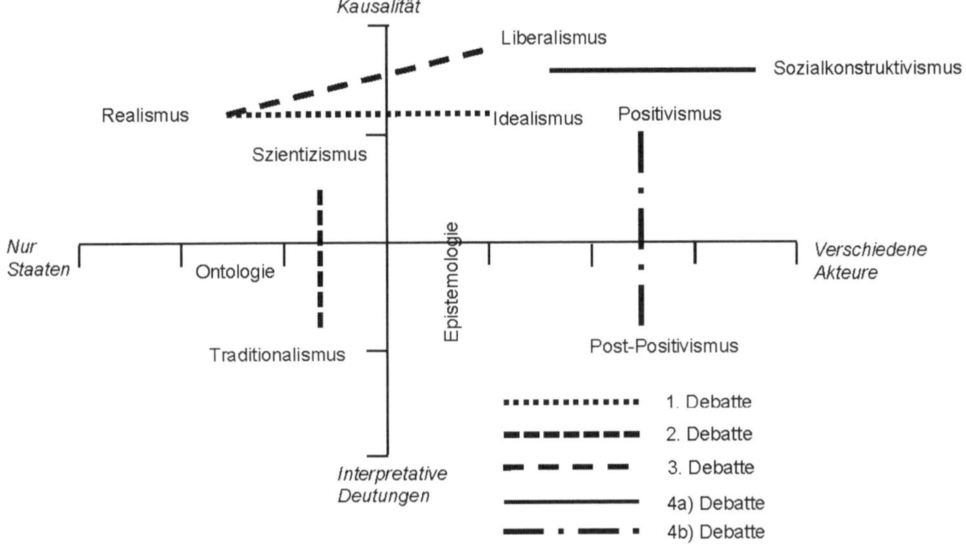

Quelle: Eigene Darstellung.

Ein drittes metatheoretisches Kriterium orientiert sich an der **Methodologie** (Annahmen darüber, wie konkret geforscht wird). Dabei folgen die Trennlinien zwischen verschiedenen Methoden im Groben denjenigen, die die Epistemologie vorgegeben hat: Während Positivisten quantitative Methoden bevorzugen (ohne qualitative auszuschließen!), setzen Post-Positivisten auf qualitative Methoden (vgl. auch 4.5.).

Implizit oder explizit machen Theorien auch Aussagen über **Normativität**, d.h. inwieweit sie den Zustand der Welt als gut oder schlecht ansehen und Theorien den Auftrag haben, zu einer Verbesserung der Welt beizutragen. Revolutionäre Theorien etwa formulieren explizit einen normativen Anspruch. So grenzt die Kritische Theorie von Robert Cox (vgl. Kap. 5.1.) sich deutlich ab von *problem-solving theories* v.a. des liberalen Theorielagers. Vielmehr will er eine bewusste, kritische Perspektive einnehmen, um Handlungsalternativen zu benennen. Liberale und realistische Theorien verneinen i.d.R. eine normative Position, obwohl sie häufig im Subtext oder durch die Wahl der Fragestellung erkennbar wird. So lässt die Lektüre der neofunktionalistischen Theorie schon vermuten, dass ihre Vertreter der europäischen Integration im Prinzip positiv gegenüberstehen (vgl. Kap. 4.2.). Gleichwohl – die Normativität ist kein expliziter Bestandteil des Neofunktionalismus und man könnte einwenden, dass auch Integrationsgegner sich die Theorie zu eigen machen könnten. Sozialkonstruktivistische Theorien nehmen diesbezüglich in der Regel eine Mittelposition zwischen revolutionären und liberalen Theorien ein, indem sie die normativen Annahmen klarer benennen. So macht der Transnationale Konstruktivismus keinen Hehl daraus, dass er die Achtung und Ausbreitung von Menschenrechten willkommen heißt (vgl. Kap. 2.2.).

Diese kurze Schlussbetrachtung kann mitnichten eine fundierte Beschäftigung mit Wissenschaftstheorie oder den Debatten der IB ersetzen. Es soll aber dazu anregen und ein erstes Verständnis für die verschiedenen Abstraktionsgrade schaffen, auf denen Probleme der iB diskutiert werden. Im besten Fall können auf diese Weise Argumente in politischen Diskussionen eingeordnet werden, es gelingt ein Transfer von Argumenten auf andere Themen und das Urteilsvermögen im Studium wie in der praktischen Arbeit verbessert sich. Dass eine Beschäftigung mit Theorien nicht immer zu schnellen und schon gar nicht zu abschließenden Ergebnissen kommen kann, ist selbstverständlich, denn: „Der Zweifel ist kein angenehmer Zustand, Gewissheit aber ist lächerlich“ (Voltaire).

Empfohlene Literatur zur Vertiefung

Kurki, Milja/Wight, Colin (2010): International Relations and Social Science. In: Dunne, Tim et al. (Hrsg.): International Relations Theories. Discipline and Diversity. Oxford: Oxford University Press, S. 14-35.

Verzeichnis graphischer Darstellungen

Mitarbeiterverzeichnis

Diana Alam, BA, Studium der Staatswissenschaften (Governance and Public Policy) an der Universität Passau, dort 2011-2013 als studentische Hilfskraft und Projektmanagerin dieses Lehrbuchs an der Lehrprofessur für Internationale Politik tätig. Seit 2013 Studium der Internationalen Wirtschaft und Governance an der Universität Bayreuth.

Benedikt Backhaus, BA, Studium der Staatswissenschaften (Governance and Public Policy) an der Universität Passau, dort 2012-2013 als Tutor an der Lehrprofessur für Internationale Politik tätig. Seit 2013 Studium in International Studies an der Aarhus University.

Katharina Eimermacher, BA, Studium der Staatswissenschaften (Governance and Public Policy) an der Universität Passau, dort 2012-2013 als studentische Hilfskraft an der Lehrprofessur für Internationale Politik tätig. Seit 2013 Studium der Internationalen Beziehungen (Global Governance and Social Theory) an der Universität Bremen und Jacobs University Bremen.

Elisabeth Huther, seit 2010 Studium der Staatswissenschaften (Governance und Public Policy) an der Universität Passau und International Relations an der Universidade de Lisboa.

Stefanie Idler, Studium BA European Studies an der Universität Passau und Florenz, dort seit 2012 als studentische Hilfskraft an der Lehrprofessur für Internationale Politik tätig.

Manuel Iretzberger, BA, Studium der Staatswissenschaften (Governance and Public Policy) an der Universität Passau, seit 2013 im Masterstudiengang. Seit 2012 Tutor an der Lehrprofessur für Internationale Politik.

Vanessa Jansche, MA, Studium der Kulturwirtschaft und Staatswissenschaften an der Universität Passau, dort 2010-2012 als studentische Hilfskraft und Tutorin und 2012 als wissenschaftliche Hilfskraft an der Lehrprofessur für Internationale Politik tätig. Seit 2012 tätig als wissenschaftliche Assistentin am Lehrstuhl für Politikwissenschaft (Prof. Dr. Dr. Roland Kley) der Universität St. Gallen.

Sonja Keller, MA, Studium der Anglistik, Komparatistik und Musikwissenschaft an der Rheinischen-Friedrich-Wilhelms-Universität Bonn und an der Queen's University of Belfast, Studium der Politik- und Verwaltungswissenschaft an der FernUniversität in Hagen. Forschung zu internationalem Politiklernen und Politikwandel im Bereich der Sozialen Sicherung mit Fokus auf Entwicklungsländern.

Robin Lucke, MA, Studium der Staatswissenschaften (Governance and Public Policy) an der Universität Passau, Universidad Católica de Córdoba (Argentinien) und Texas A&M University. Wissenschaftlicher Mitarbeiter an der Lehrprofessur für Internationale Politik.

Verena Maier, MA, Studium der Staatswissenschaften (BA Governance and Public Policy) an der Universität Passau und an der Universidad Nacional de Santiago del Estero (Argentinien), Peace and Conflict Studies an der Universität Malmö (Schweden).

Katharina Masoud, Studium der Staatswissenschaften (BA Governance and Public Policy) mit den Schwerpunkten Politikwissenschaft und Öffentliches Recht an der Universität Passau. Seit November 2011 tätig als studentische Hilfskraft an der Lehrprofessur für Internationale Politik.

Katharina McLarren, MA, International Relations BSc (LSE), Governance & Public Policy MA (Universität Passau), wissenschaftliche Mitarbeiterin im Fach Internationale Politik.

Bert Neumeister, Dr., Studium der Betriebswirtschaftslehre in Hamburg sowie der Kommunikations- und Medienwissenschaft in Los Angeles und Miami. Promotion an der Ruhr-Universität Bochum. Lehrtätigkeiten an der University of Central Lancashire, den Universitäten Bonn, Bielefeld und Passau und für die Bertelsmann AG.

Rebecca Noppmann, BA, Studium der International and Cultural Business Studies an der Universität Passau, seit 2012 Masterstudiengang Text- und Kultursemiotik an der Universität Passau. Wissenschaftliche Hilfskraft an der Lehrprofessur für Internationale Politik für Layout und Lektorat dieses Buches.

Saskia Scholz, BA, Studium der Staatswissenschaften (Governance and Public Policy) an der Universität Passau und in Tokyo, 2010-2011 Tutorin an der Lehrprofessur für Internationale Politik. Seit 2011 Studium der Friedens- und Konfliktforschung an der Goethe Universität Frankfurt am Main.

Esther Nicola Straub, BA, 2009-2014 Studium der Staatswissenschaften in Passau und Aix-en-Provence, Frankreich. Derzeit Nachhaltigkeitsbeauftragte bei der Brauerei Clemens Härle, Leutkirch.

Daniel Weger, seit 2011 Studium der Staatswissenschaften (Governance and Public Policy) an der Universität Passau.

Dorothee Plümer, Studium der Staatswissenschaften (Governance and Public Policy) mit den Schwerpunkten Politikwissenschaft und Global Governance an der Universität Passau. Mitarbeit am Lektorat dieses Buches.

Jan von Schmettow, Studium der Staatswissenschaften (BA Governance and Public Policy) an der Universität Passau, dort 2012-2013 Tutor an der Lehrprofessur für Internationale Politik.

Regina Welsch, BA, Studium der Staatswissenschaften (Governance and Public Policy) an der Universität Passau, seit 2013 Studium der Internationalen Politik (Democracy and Global Transformations) an der Universität Helsinki.

Stichwortverzeichnis